MICHAEL KLOEPFER

Das Umweltrecht in der deutschen Einigung

Schriften zum Umweltrecht

Herausgegeben von Prof. Dr. Michael Kloepfer, Trier

Band 22

Das Umweltrecht in der deutschen Einigung

Zum Umweltrecht im Einigungsvertrag und zum Umweltrahmengesetz

Von

Prof. Dr. Michael Kloepfer

o. Professor an der Universität Trier
Direktor des Instituts für Umwelt- und Technikrecht
der Universität Trier
Richter am Oberverwaltungsgericht
Rheinland-Pfalz

unter Mitarbeit von

Heribert Kröger

Wissenschaftlicher Mitarbeiter an der
Universität Trier

Duncker & Humblot · Berlin

Die Deutsche Bibliothek – CIP-Einheitsaufnahme

Kloepfer, Michael:
Das Umweltrecht in der deutschen Einigung :
zum Umweltrecht im Einigungsvertrag und zum
Umweltrahmengesetz / von Michael Kloepfer. Unter Mitarb.
von Heribert Kröger. – Berlin: Duncker und Humblot, 1991
(Schriften zum Umweltrecht ; Bd. 22)
ISBN 3-428-07239-1
NE: GT

Fremddatenübernahme: Hagedornsatz, Berlin 46
Druck: Berliner Buchdruckerei Union GmbH, Berlin 61
Printed in Germany

ISSN 0935-4247
ISBN 3-428-07239-1

Vorwort

Die Einheit Deutschlands kann ohne einheitliche ökologische Bedingungen in seinen beiden ehemaligen Teilen keine umfassende materielle Realität werden. Wesentliche Zwischenstation zur ökologischen Einheit war die weitgehende Vereinheitlichung des Umweltrechts in Deutschland. Dies ist im wesentlichen durch die — abgestufte — Übernahme des Umweltrechts der Bundesrepublik Deutschland im Gebiet der (ehemaligen) DDR geschehen, wie dies zunächst durch das — gemeinschaftlich erarbeitete — Umweltrahmengesetz der DDR und dann durch den Einigungsvertrag angeordnet wurde. Allerdings wird diese Rechtsharmonisierung erst dann zu einem einheitlichen Umweltschutzniveau in Deutschland führen können, wenn in den neuen Bundesländern eine effektive Umweltverwaltung und eine funktionierende Verwaltungsgerichtsbarkeit die Anwendung des Umweltrechts sichern werde.

Der vorliegende Band soll über die Entwicklung hin zu einem harmonisierten Umweltrecht im vereinten Deutschland und über die sachlichen Probleme der Umweltrechtsangleichung informieren. Dabei stehen naturgemäß die umweltschutzbezogenen Gehalte des Einigungsvertrages und des Staatsvertrages sowie das Umweltrahmengesetz der DDR im Vordergrund.

Der Verfasser war Mitglied der Arbeitsgruppe „Umweltrecht und Verwaltungsorganisation" der gemeinsamen Kommission der beiden deutschen Staaten. Er vertritt mit diesem Beitrag aber lediglich seine persönliche Meinung. Der Verfasser dankt seinem Assistenten, Herrn Assessor *Heribert Kröger* sehr für seine wertvolle Mitarbeit.

Trier, im November 1991

Inhalt

Abkürzungen

(einschließlich vielbenutzter Literatur)

Ausschuß für UNER
(Volkskammer-)Ausschuß für Umwelt, Naturschutz, Energie, Reaktorschutz.

BMU, Auslegungshinweise
Bundesminister für Umwelt, Naturschutz und Reaktorsicherheit, Hinweise zur Auslegung der sog. „Freistellungsklausel für Altlasten" im Einigungsvertrag, vom 06. Dezember 1990 Umwelt 1991, 11 ff. (vgl. unten Anlage I 6).

BMU, Auslegungshinweise (n. F.)
Bundesminister für Umwelt, Naturschutz und Reaktorsicherheit, Hinweise zur Auslegung der sog. „Freistellungsklausel für Altlasten" im Einigungsvertrag (in der Fassung von Art. 12 des Gesetzes zur Beseitigung von Hemmnissen bei der Privatisierung von Unternehmen und zur Förderung von Investitionen), vom 2. August 1991 (vgl. unten Anlage I 7).

BMU, Umweltpolitik
Bundesministerium für Umwelt, Naturschutz und Reaktorsicherheit (BMU) (Hg.), Umweltpolitik, Deutsches Umweltrecht auf der Grundlage des Einigungsvertrages, 1990.

(DDR-) Verwaltungsrecht
Akademie für Staats- und Rechtswissenschaft der DDR, Potsdam-Babelsberg (Hg.), Verwaltungsrecht, 2. Aufl. 1988.

Drews / Wacke / Vogel / Martens
Bill Drews / Gerhard Wacke / Klaus Vogel / Wolfgang Martens, Gefahrenabwehr, 9. Aufl. 1986.

DtZ
Deutsch-Deutsche Rechts-Zeitschrift.

Einigungsvertrag
Vertrag zwischen der Deutschen Demokratischen Republik und der Bundesrepublik Deutschland über die Herstellung der Einheit Deutschlands — Einigungsvertrag —; Zustimmungsgesetz in der DDR: Gesetz zum Vertrag zwischen der Deutschen Demokratischen Republik und der Bundesrepublik Deutschland über die Herstellung der Einheit Deutschlands — Einigungsvertrag — vom 31. August 1990 (Verfassungsgesetz) vom 20. September 1990, GBl. I Nr. 64 S. 1629; Zustimmungsgesetz in der Bundesrepublik Deutschland: Gesetz zu dem Vertrag vom 31. August 1990 zwischen der Bundesrepublik Deutschland und der Deutschen Demokratischen Republik über die Herstellung der Einheit Deutschlands — Einigungsvertragsgesetz — und der Vereinbarung vom 18. September 1990 vom 23. September 1990, BGBl. II S. 885.

EV
Einigungsvertrag (s. o.).

GBl.
Gesetzblatt der Deutschen Demokratischen Republik.

Hemmnisbeseitigungsgesetz
Gesetz zur Beseitigung von Hemmnissen bei der Privatisierung von Unternehmen und zur Förderung von Investitionen vom 22. März 1991, BGBl. I S. 766ff.

IUR
Informationsdienst Umweltrecht.

Jarass, BImSchG
Hans D. Jarass, Bundes-Immissionsschutzgesetz, 1983.

Kloepfer, Umweltrecht
Michael Kloepfer, Umweltrecht, 1989.

Kloepfer, Umweltrechtliche Instrumente
Michael Kloepfer (Hg.), Instrumente des Umweltrechts der früheren DDR, 1991.

Kloepfer, Umweltschutz
Michael Kloepfer, Umweltschutz, Textsammlung des Umweltrechts der Bundesrepublik Deutschland, (Losebl.) Stand Juli 1990.

Kunig / Schwermer / Versteyl, AbfG
Philip Kunig / Gerfried Schwermer / Ludger-Anselm Versteyl, Abfallgesetz, 1988.

Landeskulturgesetz
Gesetz vom 14. Mai 1970 über die planmäßige Gestaltung der sozialistischen Landeskultur in der Deutschen Demokratischen Republik — Landeskulturgesetz —, GBl. I Nr. 12 S. 67 i.d.F. des Wassergesetzes vom 2. Juli 1982, GBl. I Nr. 26 S. 467.

Landmann / Rohmer
Robert von Landmann / Gustav Rohmer, Gewerbeordnung und ergänzende Vorschriften, Band III, Umweltrecht, (Losebl.) Stand: Februar 1990.

LKG
Landeskulturgesetz.

LKV
Landes- und Kommunalverwaltung.

MDHS
Theodor Maunz / Günter Dürig / Roman Herzog / Rupert Scholz / Peter Lerche / Hans-Jürgen Papier / Albrecht Randelzhofer / Eberhardt Schmidt-Assmann, Grundgesetz, (Losebl.) Stand 1990.

MS
Maschinenschrift.

Staatsvertrag
Vertrag über die Schaffung einer Währungs-, Wirtschafts- und Sozialunion zwischen der Bundesrepublik Deutschland und der Deutschen Demokratischen Republik vom 18. Mai 1990; Zustimmungsgesetz in der DDR: Gesetz zum Vertrag über die Schaffung einer Währungs-, Wirtschafts- und Sozialunion zwischen der Bundesrepublik

Deutschland und der Deutschen Demokratischen Republik vom 18. Mai 1990 (Verfassungsgesetz) vom 21. Juni 1990, GBl. I Nr. 34 S. 331; Zustimmungsgesetz in der Bundesrepublik Deutschland: Gesetz zu dem Vertrag vom 18. Mai 1990 über die Schaffung einer Währungs-, Wirtschafts- und Sozialunion zwischen der Bundesrepublik Deutschland und der Deutschen Demokratischen Republik vom 25. Juni 1990, BGBl. II S. 518.

SV
Staatsvertrag (s. o.)

Stern / Schmidt-Bleibtreu, Einigungsvertrag
Klaus Stern / Bruno Schmidt-Bleibtreu, Verträge und Rechtsakte zur Deutschen Einheit, Band 2, Einigungsvertrag und Wahlvertrag, 1990.

Stern / Schmidt-Bleibtreu, Staatsvertrag
Klaus Stern / Bruno Schmidt-Bleibtreu, Verträge und Rechtsakte zur Deutschen Einheit, Band 1, Staatsvertrag zur Währungs-, Wirtschafts- und Sozialunion, 1990.

Umwelt
Informationen des Bundesministers für Umwelt, Naturschutz und Reaktorsicherheit.

URG
Umweltrahmengesetz vom 29. Juni 1990, GBl. I Nr. 42 S. 649.

v. Münch
Ingo v. Münch, Grundgesetz-Kommentar, Band 2, 2. Aufl. 1983.

WG
(DDR-)Wassergesetz vom 2. Juli 1982, GBl. I Nr. 26 S. 467.

A. Der Weg zur Umweltrechtsvereinheitlichung

I. Staatsvertrag und Umweltrahmengesetz

Im Zuge der sich abzeichnenden Vereinigung beider deutscher Staaten bestand eine der nicht unwesentlichen Aufgaben darin, bereits vor der Vereinigung das (trotz beachtlicher Ansprüche) in weiten Bereichen offenkundig wirkungslos gebliebene Umweltrecht der damaligen DDR[1] an das bundesdeutsche Umweltrecht anzupassen. Zu diesem Zweck wurde bereits geraume Zeit vor dem Abschluß des Vertrags über die Schaffung einer Währungs-, Wirtschafts- und Sozialunion zwischen der Bundesrepublik Deutschland und der Deutschen Demokratischen Republik vom 18. Mai 1990[2] im Rahmen der Gemeinsamen Umweltkommission beider deutscher Staaten eine Arbeitsgruppe „Umweltrecht und Verwaltungsorganisation" eingerichtet, die aus Beamten des Bundes, der Länder und der DDR (auf Gesamt- und Bezirksebene) sowie aus je einem Rechtswissenschaftler auf beiden Seiten bestand und für seine praktische Arbeit auf einen weiteren Beraterkreis zurückgriff. Diese Arbeitsgruppe legte — notwendigerweise — in sehr kurzer Zeit einen Entwurf für ein „Umweltrahmengesetz"[3] vor, der die weitgehende Übernahme des bundesdeutschen Umweltrechts durch die ehemalige DDR vorsah.[4] Der Entwurf wurde am 29. Juni 1990 von der Volkskammer weitgehend unverändert angenommen[5] und am gleichen Tag verkündet, jedoch erst am 20. Juli 1990 im Gesetzblatt der DDR

---

[1] Vgl. hierzu *Kloepfer/Reinert*, ZfU 1990, 1ff.; *Jürk*, IUR 1991, 70ff. [70f.]; zur Umweltsituation in den „neuen Bundesländern" vgl. auch *Petschow*, IUR 1991, 67ff.

[2] Vgl. Anlage I, 1. (Auszug).

[3] Vgl. Anlage II, 1.

[4] Krit. hierzu *Schrader*, IUR 1990, 22ff. [23], der bemängelt, daß keine Synthese der beiden umweltrechtlichen Systeme angestrebt wurde (ebenso bereits in einer Stellungnahme bei der Anhörung zum Umweltrahmengesetz im Ausschuß für UNER am 13. Juni 1990, 9.00 Uhr). Soweit diese Kritik auf rechtliche Gesichtspunkte gestützt ist, berücksichtigt sie zu wenig, daß eine echte Synthese eine weitgehende Umgestaltung auch des bundesdeutschen Umweltrechts bedeutet hätte. Eine solche Umgestaltung wäre im zeitlichen Rahmen des Vereinigungsprozesses schlicht nicht zu bewältigen gewesen. Das Umweltrahmengesetz hindert den (nunmehr gesamtdeutschen) Gesetzgeber jedoch nicht, das bestehende Umweltrecht in Zukunft zu reformieren. Nicht verkannt werden sollte auch, daß Umweltrecht im sozialistischen Staat DDR unter völlig anderen Rahmenbedingungen stand als in der Bundesrepublik Deutschland. Auch dieser Umstand setzte einer Synthese Grenzen.

[5] Zur Beratung des Entwurfs im Ministerrat und der Volkskammer vgl. z. B. *Jürk*, in: Kloepfer, Umweltrechtliche Instrumente, S. 78ff. [84ff.] sowie den Kurzbericht über die Anhörung zum Umweltrahmengesetz im Ausschuß für UNER am 13. Juni 1990, 9.00 Uhr.

veröffentlicht.[6] Daher ist davon auszugehen, daß die durch das Umweltrahmengesetz mit Wirkung vom 1. Juli 1990 übernommenen bundesdeutschen Rechtsvorschriften erst mit der Veröffentlichung des Umweltrahmengesetzes rückwirkend zum 1. Juli 1990 in der damaligen DDR in Kraft traten.[7]

Entgegen einem in der Öffentlichkeit hervorgerufenen Eindruck war es also keineswegs so, daß erst kurz vor Schaffung der Wirtschafts-, Währungs- und Sozialunion auf Drängen der Oppositionsparteien in der Bundesrepublik Deutschland verstärkte Bemühungen um die Verbesserung der Umwelt und des Umweltschutzrechts der DDR einsetzten. Richtig ist freilich, daß ursprünglich — bei den ersten Vorarbeiten zum Staatsvertrag am Jahresanfang 1990 — der Umweltschutz noch ausgeklammert war. Erst im Frühjahr 1990 gelang es dem Bundesumweltminister (zu Recht), den Umweltschutz als ein im Staatsvertrag zu regelndes Thema durchzusetzen.[8]

Der Sache nach handelt es sich bei dem Umweltrahmengesetz um das Ergebnis eines gemeinschaftlichen deutsch-deutschen Rechtsfindungsprozesses. Dies wie auch der starke Einfluß der Exekutive bei der Gesetzesvorbereitung und die enorme Arbeitsüberlastung der Volkskammer in den Tagen der Gesetzesberatung sowie die Diskrepanz zwischen hoher Komplexität des Gesetzes und geringer Beratungskapazität führen zur Frage einer hinreichenden demokratischen Legitimation. Angesichts des voll erforderlich gewesenen Vereinigungstempos wird man mit dieser Frage jedoch leben müssen (und können).

Das grundlegende Regelungsprinzip des Umweltrahmengesetzes bestand in der weitgehenden Übernahme bundesdeutscher Umweltschutzvorschriften. Eine generelle Umweltrechtsprivilegierung des Gebiets der damaligen DDR dagegen hätte ein umweltpolitisch falsches Signal gegeben. Bei der Übernahme umweltschutzrechtlicher Anforderungen an Neuanlagen mußten dabei grundsätzlich keine wesentlichen Abstriche gemacht werden. Ganz anders war dies aber bei bestehenden Anlagen, wollte man doch nicht den Zusammenbruch weiter Bereiche der Industrie der DDR in Kauf nehmen.

Ein weiteres grundlegendes Problem stellte sich bei der Haftung für Altlasten. Die wirtschaftlichen Schwierigkeiten des Gebiets der ehemaligen DDR waren (und sind) nur zu lösen, wenn erhebliche Investitionen aus „dem Westen" in dieses Gebiet flossen (bzw. fließen). Nur so konnte (und kann) auch eine umfassende Sanierung unter Umweltgesichtspunkten wirklich Erfolg versprechen. Eine unkalkulierbare Haftung für möglicherweise oder sogar höchstwahrscheinlich vorhandene Altlasten hätte Investoren in erheblichem Umfang abschrecken und damit sowohl die wirtschaftliche als auch die ökologische

[6] GBl. I Nr. 42 S. 649.

[7] Zu den Folgen der verspäteten Veröffentlichung siehe unten S. 165f.

[8] Zur Entstehungsgeschichte des Staatsvertrags vgl. *Schmidt-Bleibtreu,* in: Stern/Schmidt-Bleibtreu, Staatsvertrag, S. 47ff. [47ff.].

Sanierung behindern können.[9] Umgekehrt hätte eine völlige Freistellung von der Verantwortlichkeit im Erwerbsfalle eine entscheidende Divergenz in der Rechtslage zwischen beiden deutschen Staaten und unabsehbare Kostenfolgen für den künftigen deutschen Gesamtstaat gehabt. Das grundsätzliche Festhalten an der Verantwortlichkeit für Altlasten[10] bei gleichzeitiger Modifizierung durch befristete Freistellungsmöglichkeiten im Einzelfall war daher erforderlich.

Zu berücksichtigen war bei der Schaffung des Umweltrahmengesetzes stets auch, daß die Länder der DDR erst im Entstehen waren[11] und oft ganz andere Verwaltungsstrukturen bestanden, von mangelnder personeller und sachlicher Ausstattung ganz zu schweigen. Hinzu kam das bisherige Fehlen einer wirklichen Verwaltungsgerichtsbarkeit.[12] Diese Defizite sind mit dem Beitritt nicht automatisch beseitigt worden, und ihr völliger Abbau dürfte noch eine geraume Zeit in Anspruch nehmen. Mit diesen Defiziten verbunden war und ist für eine erhebliche Zeit immer noch die Gefahr eines eminenten Vollzugsdefizits des Bundesrechts in der DDR bzw. jetzt im Beitrittsgebiet. Es steht zu hoffen, daß diese unvermeidbare „DDRisierung" des Bundesrechts keine negativen Rückwirkungen im alten Bundesgebiet selbst haben wird.

Nicht zu unterschätzen waren auch die psychologischen Probleme, die sich bei der Übernahme des bundesdeutschen Umweltrechts durch die DDR ergaben. Nur allzuleicht hätte der Eindruck entstehen können, die DDR werde von der Bundesrepublik Deutschland „vereinnahmt".[13] Gegenreaktionen, welche nicht im Interesse einer möglichst weitgehenden Rechtsangleichung gelegen hätten,

---

[9] Insoweit erscheint es zumindest vorschnell, ein angebliches Übergewicht wirtschaftlicher Interessen im Gesetzgebungsverfahren zum Umweltrahmengesetz zu beklagen, so aber *Schrader*, IUR 1990, 22ff. [23]; ders., IUR 1991, 63ff. [63].

[10] Zur bundesdeutschen Rechtslage vgl. *Kloepfer*, Umweltrecht, § 12 Rn. 137ff., zur Rechtslage in der DDR vgl. DDR-Verwaltungsrecht, S. 352 ff.

[11] Vgl. das Verfassungsgesetz zur Bildung von Ländern in der Deutschen Demokratischen Republik — Ländereinführungsgesetz — vom 22. Juli 1990, GBl. Nr. 51 S. 955; vgl. auch *Stern*, in: Stern / Schmidt-Bleibtreu, Einigungsvertrag, S. 3ff. [23].

[12] Von deren Fehlen geht auch Art. 16 Abs. 3 SV aus. Erste Ansätze einer Verwaltungsgerichtsbarkeit gab es allerdings bereits durch verschiedene Regelungen vom 14.12.1988, vgl. das Gesetz über die Zuständigkeit und das Verfahren der Gerichte zur Nachprüfung von Verwaltungsentscheidungen, GBl. I S. 327, das Gesetz zur Anpassung von Regelungen über Rechtsmittel der Bürger und zur Festlegung der gerichtlichen Zuständigkeit für die Nachprüfung von Verwaltungsentscheidungen, GBl. I S. 329, sowie die Verordnung zur Anpassung von Regelungen über Rechtsmittel der Bürger und zur Festlegung der gerichtlichen Zuständigkeit für die Nachprüfung von Verwaltungsentscheidungen, GBl. I S. 330. Der Schritt hin zu einer echten und umfassenden verwaltungsgerichtlichen Kontrolle wurde jedoch erst mit dem Gesetz über die Zuständigkeit und das Verfahren der Gerichte zur Nachprüfung von Verwaltungsentscheidungen — GNV — vom 29. Juni 1990, GBl. I S. 595 = NVwZ 1990, 748, vollzogen. Zur Entwicklung der gerichtlichen Verwaltungskontrolle in der DDR vgl. z.B. *Stelkens*, DtZ 1990, 305ff. [306f.] m.w.N.; *Kiesgen-Millgramm*, LKV 1991, 71ff. sowie FAZ Nr. 33 v. 8.2.1991 S. 6.

[13] Vgl. insoweit *Schrader*, IUR 1990, 22ff. [insb. 23].

wären zu befürchten gewesen. Umgekehrt wurde mit der Übernahme des Bundesrechts auch die erhebliche Chance einer (quasi mitübernommenen) EG-Konformität des Umweltrechts im Gebiet der ehemaligen DDR gesichert.

II. Einigungsvertrag

Im Zuge der Verhandlungen über den Einigungsvertrag[14] war ursprünglich vorgesehen, daß das Umweltrahmengesetz nach der Vereinigung grundsätzlich als weitergeltendes DDR-Recht in Kraft bleiben sollte. Diese Regelungstechnik hätte dazu geführt, daß auch die durch das Umweltrahmengesetz von der DDR übernommenen bundesdeutschen Rechtsvorschriften als weitergeltendes DDR-Recht in Kraft geblieben wären. Insoweit wäre also nicht entsprechend Art. 8 EV das in der (alten) Bundesrepublik Deutschland geltende Recht mit dem Beitritt der DDR für das Gebiet der dann ehemaligen DDR in Kraft gesetzt worden. Vielmehr wäre insoweit das Recht der DDR in Kraft geblieben, so daß es nach deren Beitritt z. B. zwei zwar weitgehend inhaltsgleiche, aber rechtlich nicht (auch nicht teil-) identische Bundes-Immissionsschutzgesetze gegeben hätte. Der Einigungsvertrag ist daher wohl zu recht grundsätzlich einen anderen Weg gegangen, indem er in Art. 8 EV die grundsätzliche Inkraftsetzung des Bundesrechts im Beitrittsgebiet[15] festlegt und die Fortgeltung des Umweltrechts der ehemaligen DDR nach Art. 9 nur in relativ geringem Umfang vorsieht.

Das heißt freilich nicht, daß damit die Bemühungen um vernünftige Übergangsregelungen für das Beitrittsgebiet, die den Entstehungsprozeß des Umweltrahmengesetzes entscheidend prägten, umsonst gewesen wären. Vielmehr sind viele Übergangsregelungen des Umweltrahmengesetzes der Sache nach in den Einigungsvertrag einbezogen worden.[16]

III. Hemmnisbeseitigungsgesetz

Schon bald nach der Vereinigung zeigte sich, daß die Regelungen des Einigungsvertrages in einigen Bereichen nicht ausreichten. So gab es Probleme etwa bei der Privatisierung Volkseigener Betriebe, und auch die Investitionstä-

[14] Zur Entstehungsgeschichte des Einigungsvertrages vgl. z. B. *Stern*, in: Stern / Schmidt-Bleibtreu, Einigungsvertrag, S. 3 ff. [5 f.], sowie *Schmidt-Bleibtreu*, in: Stern / Schmidt-Bleibtreu, Einigungsvertrag, S. 57 ff. [58 ff.].

[15] Vgl. zum Begriff „Beitrittsgebiet" Art. 3 EV (der diesen Begriff allerdings nicht verwendet). Der Einigungsvertrag vermeidet die Kennzeichnung dieses Gebietes als „ehemalige DDR" und trägt damit einerseits dem Umstand Rechnung, daß die Hoheitsgewalt der Bundesrepublik Deutschland sich vor der Vereinigung nicht auf Ost-Berlin erstreckte, erkennt aber andererseits nicht nachträglich Ost-Berlin als Teil der ehemaligen DDR an.

[16] In der Denkschrift zum Einigungsvertrag, BT-Drucks. 11 / 7760, BR-Drucks. 600 / 90 heißt es zu Art. 34 EV insoweit, das Umweltrahmengesetz werde „in seiner Substanz den entsprechenden Vorschriften des Bundesrechts zugeordnet".

tigkeit im Beitrittsgebiet erreichte nicht den gewünschten Umfang. Zur Beseitigung dieser Schwierigkeiten wurde am 22. März 1991 das Gesetz zur Beseitigung von Hemmnissen bei der Privatisierung von Unternehmen und zur Förderung von Investitionen (sog. Hemmnisbeseitigungs- oder Enthemmungsgesetz) verabschiedet.[17] Dieses Gesetz enthielt — wenn auch nicht an zentraler Stelle — auch eine spezifisch umweltrechtliche Regelung in Art. 12, der die Freistellungsregelung des Umweltrahmengesetzes neu faßte.

[17] BGBl. I S. 766. Einen Überblick über den wesentlichen Inhalt dieses Gesetzes gibt z. B. *Schmidt-Räntsch*, DtZ 1991, 169ff.

B. Umweltrechtliche Regelungen im Staatsvertrag

I. Allgemeines

Das Umweltrahmengesetz (und in der Folge auch der Einigungsvertrag) ist im Zusammenhang mit dem Staatsvertrag vom 18. Mai 1990 zu sehen. Dabei ist zu bedenken, daß die Arbeiten am Umweltrahmengesetz schon lange vor dem Abschluß des Staatsvertrages begonnen hatten. Zu einem großen Teil verliefen die Entstehungsverfahren des Umweltrahmengesetzes und des Staatsvertrages im gleichen Zeitraum. Die staatsvertraglichen Vorgaben veränderten sich also während der Arbeiten am Umweltrahmengesetz. Dabei ist andererseits aber auch nicht auszuschließen, daß die sich abzeichnenden Strukturen des Umweltrahmengesetzes die endgültige Fassung der staatsvertraglichen „Vorgaben" zur Umweltunion beeinflußten.[1]

Die zentrale Vorschrift des Staatsvertrages zum Umweltschutz ist dessen Art. 16[2], der vor allem die ehemalige DDR zur Anpassung ihres Umweltrechts an das der Bundesrepublik Deutschland verpflichtete. Darüber hinaus hatte sich die DDR verpflichtet, bis zur Errichtung der Währungsunion das bundesdeutsche Atomgesetz in modifizierter Form zu übernehmen (Art. 3 S. 2 i. V. m. Nr. III 2 der Anlage II SV) sowie — in einer mit Art. 16 SV nur ganz unvollkommen abgestimmten Bestimmung — die Voraussetzungen dafür zu schaffen, daß auf dem Gebiet des Umweltschutzes baldmöglichst dem Recht der Bundesrepublik Deutschland (und zwar dem Bundes-Immissionsschutzgesetz, dem Abfallgesetz, dem Benzinbleigesetz, dem Chemikaliengesetz sowie dem Wasserhaushaltsgesetz nebst den jeweiligen Durchführungsregelungen) entsprechende Regelungen (der DDR) getroffen werden konnten (Art. 4 Abs. 2 S. 2 i. V. m. Nr. I der Anlage VI SV). Ganz allgemein bekannten sich die Vertragsparteien im dritten Absatz der Präambel des Staatsvertrags zur „Verantwortung für die Umwelt". Außerdem wurde die DDR in Art. 11 Abs. 2 Satz 1 SV auf die Förderung der Umwelt verpflichtet.

II. Art. 16 SV

Zunächst sollte — wie verschiedenen Verlautbarungen während der Vertragsverhandlungen zu entnehmen war — Art. 16 SV lediglich aus den beiden ersten

---

[1] Insoweit vergleichbar mit dem häufig stark verzahnten Entstehen von Verfassungsänderungen und die Verfassungsänderung nutzenden Gesetzen (vgl. hierzu *Kloepfer*, Vorwirkung von Gesetzen, 1974, S. 39 ff.).

[2] Vgl. hierzu auch *Kloepfer*, DVBl. 1991, 1 ff. [2 f.].

Absätzen bestehen. Die Absätze 3 bis 5 wurden offenbar erst kurz vor der Unterzeichnung des Vertrags aufgenommen. Dabei ist zu bedenken, daß die Abs. 2, 3 und 5 des Art. 16 SV nur die DDR, die Abs. 1 und 4 dagegen sowohl die DDR wie aber auch die Bundesrepublik Deutschland unmittelbar verpflichten. Es würde den Rahmen dieses Beitrags sprengen, auf alle Grundsatzfragen des Staatsvertrages oder aber auch nur alle Einzelheiten seines Art. 16 SV einzugehen.[3] Jedoch erscheint zu letzterem ein knapper Überblick sinnvoll, nicht zuletzt deshalb, weil nach Art. 40 Abs. 1 EV die Verpflichtungen aus dem Staatsvertrag grundsätzlich fortgelten.

1. Art. 16 Abs. 1 SV

Nach Art. 16 Abs. 1 SV ist der Schutz von Menschen, Tieren und Pflanzen, Boden, Wasser, Luft, Klima und Landschaft sowie von Kultur- und sonstigen Sachgütern vor schädlichen Umwelteinwirkungen besonderes Anliegen beider Vertragsparteien (Satz 1). Sie wollen sich dabei von dem Vorsorge-, Verursacher- und Kooperationsprinzip leiten lassen (Satz 2) und die schnelle Verwirklichung einer deutschen Umweltunion — als (damals gedachtes) Ziel umweltpolitischer Einigungsbemühungen in Deutschland — anstreben (Satz 3).

Während die Regelungen der Sätze 1 und 3 lediglich wenig konkrete Zielsetzungen der zukünftigen Umweltpolitik beinhalten, erklärt Satz 2 das Vorsorge-, Verursacher- und Kooperationsprinzip zu Leitprinzipien der Umweltpolitik beider deutscher Staaten. Das erscheint — gerade auch für die Bundesrepublik Deutschland — bemerkenswert, da es sich bisher — bundesrechtlich — bei diesen Prinzipien weitgehend eher um rechtspolitische Handlungsmaximen gehandelt hat als um Rechtsprinzipien mit systembildender und auslegungsleitender Kraft.[4] Mit dem Staatsvertrag sind diese umweltpolitischen Prinzipien jetzt geltendes Bundesrecht (womit im wesentlichen der EG-rechtliche Standard[5] erreicht ist).

Die Regelung des Art. 16 Abs. 1 S. 2 SV dürfte im übrigen nicht so zu verstehen sein, daß nun andere als die genannten Prinzipien völlig zurücktreten müßten. Vielmehr soll durch den Begriff „leiten“ wohl lediglich ein grundsätzlicher Vorrang der genannten Prinzipien festgelegt werden.

2. Art. 16 Abs. 2-4 SV

Die Regelungen des Art. 16 Abs. 2 bis 4 SV legen ein zeitlich gestaffeltes Programm für die weitere Entwicklung des Umweltrechts vor allem im Gebiet

---

[3] Eine Inhaltsübersicht geben z. B. *Scholz*, BB Beilage 23 zu Heft 18/1990, 1 ff., sowie *Schmidt-Bleibtreu*, in: Stern/Schmidt-Bleibtreu, Staatsvertrag, S. 47 ff. Zu Art. 16 SV vgl. auch *Feldhaus/Eisenbarth*, UPR 1990, 401 ff. [401] sowie *Kloepfer*, DVBl. 1991, 1 ff. [2 f.].

[4] Vgl. *Kloepfer*, Umweltrecht, 1989, § 3 Rn. 1 ff. m. w. N.

[5] Vgl. Art. 130 r Abs. 2 EWGV.

der ehemaligen DDR fest. Die erste Phase — auf die das Umweltrahmengesetz primär gezielt hatte — sollte mit dem Inkrafttreten des Staatsvertrages abgeschlossen sein. Bis dahin hatte die DDR Regelungen zu treffen, die mit dem Inkrafttreten des Staatsvertrages sicherstellen sollten, daß auf ihrem Gebiet für neue Anlagen und Einrichtungen die in der Bundesrepublik Deutschland geltenden Sicherheits- und Umweltschutzanforderungen Voraussetzung für die Erteilung umweltrechtlicher Genehmigungen waren (Art. 16 Abs. 2 S. 1 SV). Für bestehende Anlagen und Einrichtungen sollte die DDR Regelungen treffen, die möglichst schnell zu entsprechenden Anforderungen führen sollten (Art. 16 Abs. 2 S. 2 SV). Dabei wird man Art. 16 Abs. 2 S. 1 SV auch so zu verstehen haben, daß Anlagen, die in der Bundesrepublik Deutschland einem umweltschutzrechtlichen Genehmigungserfordernis unterliegen, auch in der DDR mit den entsprechenden materiell-rechtlichen Anforderungen genehmigungspflichtig sein mußten.

Die zweite Phase, während der nach Art. 16 Abs. 3 SV parallel zur Entwicklung des föderalistischen Staatsaufbaus „auf Länderebene" und mit dem Entstehen einer Verwaltungsgerichtsbarkeit die DDR das Umweltrecht der Bundesrepublik Deutschland übernehmen sollte, läßt sich zeitlich nicht exakt abgrenzen, hätte aber nach der Systematik des Art. 16 Abs. 2-4 SV wohl erst nach dem Inkrafttreten des Staatsvertrages beginnen sollen. Nach Art. 4 Abs. 2 i. V. m. Nr. I der Anlage VI SV sollte die DDR „baldmöglichst" die Voraussetzungen für den Erlaß bestimmter dem Bundesrecht entsprechender umweltschutzrechtlicher Regelungen schaffen.[6] Nach der Systematik des Art. 4 SV, dessen Abs. 1 i. V. m. Anlagen III und IV sich mit der Rechtsanpassung bis zur Währungsunion befaßt, ist aber davon auszugehen, daß die Vertragsparteien einen späteren Zeitpunkt als den der Errichtung der Währungs-, Wirtschafts- und Sozialunion im Auge hatten. Die tatsächliche rechtliche Entwicklung war hier schneller, da die DDR bereits (rückwirkend)[7] mit Wirkung vom 1. Juli 1990 wesentliche Teile des bundesdeutschen Umweltrechts übernahm. (In der Gesetzesbegründung zum Umweltrahmengesetz hieß es ausdrücklich, durch dieses Gesetz sollten die Verpflichtungen aus Art. 16 Abs. 2 und 3 SV erfüllt werden, die Anlage VI Nr. I SV wurde ebenfalls gegenstandslos.)

Insoweit entzog sich das — von der Konzeption des Staatsvertrages her gesehen — weit vorauseilende Umweltrahmengesetz teilweise der dem Art. 16 Abs. 3 SV zugrundeliegenden Regelungsvernunft, das bundesdeutsche Umweltrecht erst mit dem Entstehen der Länder der DDR und einer Verwaltungsgerichtsbarkeit zu übernehmen. Dies wäre an sich sinnvoll gewesen, weil föderativer Aufbau und verwaltungsgerichtliche Überprüfbarkeit zur prägenden Ambiance des Umweltrechts des Bundes gehören. Die Übernahme des

[6] Die unterschiedlichen Nuancen zwischen Art. 16 Abs. 3 SV (Rechtsübernahme) und Anlage VI Nr. I SV (Voraussetzungen für entsprechende Regelungen) sind beachtlich. Augenscheinlich ging die Anlage VI noch von Vorstellungen der Vertragsunion aus.

[7] Zu den Rechtsproblemen der verspäteten Verkündung vgl. unten 165f.

Bundesrechts ohne diese Ambiance mußte dieses Recht im Übernahmebestand zumindest faktisch ganz erheblich verändern. Wegen des wahrscheinlich unvermeidbaren Tempos der deutschen Einigung war freilich auch dieses Verfehlen des Sinns von Art. 16 Abs. 3 SV hinzunehmen. Immerhin gab die in Art. 6 Abs. 1 SV (in Anlehnung an Art. 19 Abs. 4 GG) enthaltene Rechtsschutzgarantie wichtige Ersatzgehalte für die noch einzuführende Verwaltungsgerichtsbarkeit, ohne die noch vorhandene Lücke freilich voll ausfüllen zu können.

Art. 16 Abs. 3 SV ließ bei der Übernahme des bundesdeutschen Umweltrechts durch die ehemalige DDR unproblematisch solche Modifikationen zu, die durch den Entwicklungsstand des föderativen Staatsaufbaus und der Verwaltungsgerichtsbarkeit bedingt waren. Aber auch darüber hinaus mußten Übergangsregelungen aufgrund der in der DDR bestehenden tatsächlichen Lage als zulässig angesehen werden, etwa für bestehende Anlagen, die in Art. 16 Abs. 3 SV — anders als in Abs. 2 — nicht genannt sind.

An die Übernahme des bundesdeutschen Umweltrechts sollte sich nach Art. 16 Abs. 4 SV eine dritte Phase anschließen, in der durch Verpflichtung beider Staaten die Umweltanforderungen der Bundesrepublik Deutschland und der DDR (danach) so schnell wie möglich auf hohem Niveau angeglichen und weiterentwickelt werden sollten. Es wird nicht recht deutlich, inwieweit nach der Übernahme des bundesdeutschen Umweltrechts durch die DDR überhaupt noch ein Bedürfnis nach Angleichung der Umweltanforderungen hätte bestehen sollen. Die eigentliche Bedeutung der Vorschrift dürfte daher darin zu sehen sein, daß beide Vertragspartner sich verpflichteten, die Weiterentwicklung der Umweltanforderungen auf hohem Niveau miteinander abzustimmen. Ob die Regelung des Art. 16 Abs. 4 SV angesichts der Geschwindigkeit des Vereinigungsprozesses überhaupt praktisch relevant werden konnte, mußte bereits beim Abschluß des Staatsvertrages bezweifelt werden. Durch die Verpflichtung auch der Bundesrepublik Deutschland nach Art. 16 Abs. 4 SV wird im übrigen deutlich, daß der Bundesgesetzgeber mit seinem Zustimmungsgesetz eine Art Selbstbindung bezüglich seiner künftigen Umweltgesetzgebung übernommen hat, auf deren rechtliche Qualität noch näher einzugehen sein wird.[8]

3. Art. 16 Abs. 5 SV

Nach Art. 16 Abs. 5 SV schließlich sollte die ehemalige DDR die Bestimmungen zur staatlichen Förderung von Umweltschutzmaßnahmen mit denen der Bundesrepublik Deutschland harmonisieren. Gedacht war hier wohl vor allem an direkte und indirekte Subventionen zu Umweltschutzzwecken.

---

[8] Vgl. hierzu unten S. 33ff.

C. Umweltschutzrecht nach dem Umweltrahmengesetz (Allgemeines)

Das „Umweltrahmengesetz" war, obwohl der — erst sehr spät gefundene[1] — Gesetzestitel etwas anderes nahelegt, kein Rahmengesetz i. S. d. Art. 75, 75a GG, vielmehr enthielt es größtenteils Vollregelungen, ja transformierte sogar vereinzelt (in Art. 6 §3 Abs. 1 S. 1 URG) bundesrechtliche Rahmengesetze in unmittelbar vollziehbares Recht.[2] Das Umweltrahmengesetz war seinem Hauptinhalt nach ein Gesetz zur Übernahme wesentlicher Teile des bundesdeutschen Umweltrechts durch die DDR, also ein Umweltrechtsanpassungs- bzw. ein Umweltrechtsübernahmegesetz. Vielleicht haben bei der Wahl des schließlich gefundenen Gesetzestitels die bereits erwähnten psychologischen Gesichtspunkte eine gewisse Rolle gespielt, wonach der Eindruck einer einseitigen Rechtsübernahme durch die DDR vermieden werden sollte. Das Umweltrahmengesetz war ein Artikelgesetz, dem eine Präambel vorangestellt war. Das Gesetz bestand aus 9 Artikeln: Art. 1 Immissionsschutz, Art. 2 Strahlenschutz, Art. 3 Wasserwirtschaft, Art. 4 Abfallwirtschaft, Art. 5 Chemikalienrecht, Art. 6 Naturschutz- und Landschaftspflege, Art. 7 Umweltverträglichkeitsprüfung, Art. 8 Schlußbestimmungen, Art. 9 Inkrafttreten.

I. Präambel zum Umweltrahmengesetz

Die Präambel zum Umweltrahmengesetz beschrieb zum einen die Ziele des Gesetzes:

1. Schutz von Menschen, Tieren und Pflanzen, Boden, Wasser, Luft, Klima und Landschaft sowie Kultur- und sonstiger Sachgüter, (hinsichtlich des Schutzes von Kultur- und sonstigen Sachgütern wäre eine Klarstellung wünschenswert gewesen, daß es hierbei um den Schutz vor schädlichen Umwelteinwirkungen gehen sollte),

2. wirksame Umweltvorsorge

3. Durchsetzung des Kooperationsprinzips im europäischen Einigungsprozeß zur Lösung globaler Umweltprobleme[3] sowie

4. Gewährleistung von Verfahren, in denen die Öffentlichkeit einbezogen wird und die Auswirkungen von Vorhaben auf die Umwelt frühzeitig und umfassend durch eine Umweltverträglichkeitsprüfung ermittelt, beschrieben und bewertet werden.

---

[1] Der Gesetzestitel sollte zunächst „Leitsätzegesetz zum Umweltschutz", dann einfach „Gesetz zum Umweltschutz" lauten.

[2] *Kloepfer*, DVBl. 1991, 1ff. [3].

[3] Dieses Ziel beinhaltet ein Bekenntnis zur umweltpolitischen Zusammenarbeit auf europäischer Ebene, nicht zu verwechseln mit dem umweltpolitischen Kooperationsprinzip (zu letzterem vgl. z. B. *Kloepfer*, Umweltrecht, § 3 Rn. 44ff.).

Darüber hinaus stellte die Präambel die Verbindung zum Prozeß der Vereinigung beider deutscher Staaten her, indem sie das Bestreben betonte, die Umweltunion mit der Bundesrepublik Deutschland auf der Grundlage des Staatsvertrages zu verwirklichen. Augenscheinlich sollte damit verdeutlicht werden, daß mit dem Umweltrahmengesetz eine (Teil-) Verwirklichung der durch Art. 16 Abs. 1 S. 2 SV schnell zu verwirklichenden Umweltunion erreicht werden sollte. In einem materiellen Sinn war mit der „Umweltunion" aber nicht nur eine (durch das Umweltrahmengesetz bereits weitgehend realisierte) Umweltrechtsunion, sondern auch ein Gesamtgebiet wesentlich gleicher tatsächlicher Umweltbedingungen gemeint.

II. Übrige Regelungen

Während Art. 8 URG („Schlußbestimmungen") Regelungen enthielt, die für alle angesprochenen Bereiche des Umweltrechts galten und Art. 9 URG lediglich das Inkrafttreten des Gesetzes am 1. Juli 1990 regelte, enthielten die Art. 1 - 7 URG die wesentlichen umweltrechtlichen Bestimmungen. Der Aufbau dieser Artikel folgte dabei grundsätzlich einem gleichen Schema: In § 1 des jeweiligen Artikels wurde dessen Zweck in mehr oder weniger starker Anlehnung an die übernommenen bundesdeutschen Regelungen erläutert. § 2 des jeweiligen Artikels legte dann fest, welche bundesdeutschen Vorschriften (auch EG-Recht) zu welchen Terminen übernommen wurden bzw. werden sollten. Diese Regelungen nahmen grundsätzlich Bezug auf zwei Anlagen zum Umweltrahmengesetz, in denen die zu übernehmenden bundesdeutschen Vorschriften aufgeführt waren.[4] Dabei sollten die in Anlage 1 aufgeführten Vorschriften grundsätzlich bereits am 1. Juli 1990 in Kraft treten,[5] die in Anlage 2 aufgeführten Regelungen ganz überwiegend am 1. Januar 1991. Ausdrücklich klargestellt wurde jeweils, daß sich durch die Bezugnahme des Gesetzes der Rechtscharakter der jeweils in Bezug genommenen Regelung als Gesetz, Rechtsverordnung oder Allgemeine Verwaltungsvorschrift[6] nicht veränderte. Die übrigen Vorschriften der Art. 1 - 7 URG enthielten bereichsspezifische Modifizierungen oder Ergänzungen des übergeleiteten Rechts, etwa für Altlasten, Verfahren oder Zuständigkeiten.

---

[4] Ausnahmen von dieser Regelungstechnik fanden sich bei Art. 1 § 2 Abs. 2 URG (Inkrafttreten der Neufassung des Bundes-Immissionsschutzgesetzes vom 14. Mai 1990 am 1. September 1990), Art. 5 § 2 Abs. 2 URG (Inkrafttreten der Neufassung des Chemikaliengesetzes vom 14. März 1990 am 1. August 1990) sowie Art. 7 § 2 URG (Inkrafttreten des UVP-Gesetzes am 1. August 1990). Es handelt sich hier um Konsequenzen des (bezogen auf den 1. Juli 1990) späteren Inkrafttretens des jeweils übernommenen Bundesrechts.

[5] Zur verspäteten Verkündung vgl. unten S. 165f.

[6] Unter Zugrundelegung des Gewaltenteilungsgrundsatzes erscheint der Erlaß (bzw. die Überleitung) von Allgemeinen Verwaltungsvorschriften durch den Gesetzgeber nicht unbedenklich.

Das Umweltrahmengesetz enthielt in seiner abschließenden Fassung keine Regelungen über den Rechtsschutz.[7] Eine solche Regelung fand sich jedoch in Art. 6 SV, dessen Abs. 1 inhaltlich mit Art. 19 Abs. 4 GG übereinstimmt. Entgegen ursprünglichen Konzeptionen wurde auch nicht das Problem der Publikation der übernommenen Bundesvorschriften geregelt, das sich bezüglich der Veröffentlichung des übernommenen Bundesrechts in der DDR ergab.[8]

Die Regelungen zum Immissionsschutz waren, worauf auch die Gesetzesbegründung hinwies, der wichtigste materielle Regelungsbereich des Gesetzes. Die dahinterstehende Bewertung des Bundes-Immissionsschutzgesetzes als umweltrechtliches Leitgesetz war in den umweltrechtlichen Teilgebieten freilich nicht ganz unproblematisch, in denen ein spezifischer Anlagenbezug fehlt. Wegen der immissionsschutzrechtlichen Dominanz im Umweltrahmengesetz wird auch der Schwerpunkt der folgenden Ausführungen im Immissionsschutzrecht liegen. Die Ausführungen zu den übrigen Regelungsbereichen werden sich auf Einzelaspekte beschränken.

III. Bewertung

Mag man auch dem Umweltrahmengesetz möglicherweise an einigen Stellen die starke Zeitknappheit seiner Entstehung anmerken, so schuf es insgesamt doch bereits vor der Vereinigung beider deutscher Staaten eine tragfähige — und das EG-Recht respektierende — weitgehende Umweltrechtsvereinheitlichung als rechtliche Grundlage zur schnellen Verbesserung der Umweltsituation im Gebiet der ehemaligen DDR,[9] wobei es die vorhandenen wirtschaftlichen Zwänge mitberücksichtigte, ohne jedoch das Ziel eines hohen Umweltschutzniveaus aus den Augen zu verlieren.[10] Freilich hatte es viel zu wenig Zeit, sich als

---

[7] Anders in früheren Fassungen, nach denen der Rechtsweg gegen die Verletzung von Individualrechten durch behördliche Maßnahmen nach dem Umweltrahmengesetz eröffnet worden war.

[8] Wegen der durch die Masse der übernommenen Vorschriften hervorgerufenen Kapazitätsprobleme war ursprünglich eine Regelung ins Auge gefaßt worden, nach der die übernommenen Vorschriften als im Zeitpunkt des Inkrafttretens des Umweltrahmengesetzes bekannt gemacht gelten und so bald als möglich im Gesetzblatt der DDR abgedruckt werden sollten.

[9] Vgl. auch *Steinberg*, Die Umweltpolitik der Regierung de Maizière, Umwelt 1990, 330ff.

[10] *Schraders* Kritik, wegen des bestehenden und (wegen der Masse der neuen Gesetze) auch hinsichtlich des Umweltrahmengesetzes in der DDR zu erwartenden Vollzugsdefizits habe die DDR faktisch zu einem Umweltbilligland zu werden gedroht, erscheint völlig überzogen und in sich unstimmig. Wäre die DDR (bzw. das Beitrittsgebiet) ohne Übernahme des Bundesumweltrechts nicht zur Verschmutzungsoase geworden? Hilfestellung bei der Beseitigung von Vollzugsdefiziten im Bereich des Umweltschutzes konnte von Seiten der Bundesrepublik Deutschland wohl am ehesten auf der Grundlage weitgehend gleicher Rechtsvorschriften in den beiden ehedem getrennten deutschen Staaten geleistet werden.

eigenständiges Gesetz der ehemaligen DDR in der Praxis zu bewähren. Die Tauglichkeit vieler seiner Regelungen, die der Einigungsvertrag der Sache nach übernommen hat, wird sich nunmehr aber im vereinten Deutschland erweisen müssen.

Insoweit deutete das Umweltrahmengesetz nicht nur den Kern einer künftigen Überleitungsgesetzgebung im vereinten Deutschland an, sondern stellte faktisch (nicht rechtlich) schon dessen wesentlichen Teil dar. Nicht zu unterschätzen ist freilich das politische Gewicht, das den Vorgaben des Umweltrahmengesetzes bei der Schaffung des Einigungsvertrages zukam. Der Einigungsvertrag konnte politisch grundsätzlich nicht hinter dem erreichten Grad der Umweltrechtsharmonisierung zurückbleiben, sondern den erreichten Stand der rechtlichen Harmonisierung allenfalls weiter perfektionieren. Mit dem Wirksamwerden des Beitritts ist das Umweltrahmengesetz außer Kraft getreten, soweit es nicht nach Art. 9 EV im Beitrittsgebiet fortgilt.[11]

---

[11] Zum Fortgelten von DDR-Recht vgl. unten S. 42ff.

D. Umweltrecht nach dem Einigungsvertrag (Allgemeines)

I. Vorgaben für den Gesetzgeber und sonstige staatliche Stellen

1. Vorgaben des Einigungsvertrags

Abgesehen von seinen Anlagen[1] finden sich im Einigungsvertrag selbst nur wenige — zudem recht allgemein gehaltene — Regelungen, die speziell auf den Umweltschutz ausgerichtet sind. Zunächst enthält Art. 5, 3. Spiegelstrich EV die — angesichts der aktuellen Diskussion um die Aufnahme des „Staatsziels Umweltschutz" in das Grundgesetz erstaunlich vage — Empfehlung der Regierungen beider deutscher Staaten an die gesetzgebenden Körperschaften des vereinten Deutschland, sich innerhalb von zwei Jahren „mit den Überlegungen zur Aufnahme von Staatszielbestimmungen in das Grundgesetz" zu befassen.[2]

Die — zumindest auf den ersten Blick — zentrale umweltschutzrechtliche Regelung des Einigungsvertrages ist jedoch Art. 34 EV,[3] der erst in einer sehr späten Phase in den Einigungsvertrag aufgenommen wurde, u. a. um die Bedeutung des Umweltschutzes im vereinten Deutschland zu betonen. Nach Art. 34 Abs. 1 EV ist es, ausgehend von der in Art. 16 SV begründeten deutschen Umweltunion, Aufgabe der Gesetzgeber[4], die natürlichen Lebensgrundlagen

---

[1] Vgl. insbesondere die jeweiligen Kapitel XII der Anlagen I und II zum Einigungsvertrag.

[2] Vgl. hierzu auch *Stern*, in: Stern / Schmidt-Bleibtreu, Einigungsvertrag, S. 3ff. [46f.]. Entgegen manchen Presseberichten konnten die Vertragspartner sich nicht darauf verständigen, im Einigungsvertrag die Aufnahme des Umweltschutzes als Staatsziel ins Grundgesetz vorzusehen. Über die Aufnahme einer entsprechenden Staatszielbestimmung hinaus (vgl. den Entwurf eines sechsundreißigsten Gesetzes zur Änderung des Grundgesetzes, BT-Drs. 11 / 7423) hatte die DDR im Rahmen der Verhandlungen über den Einigungsvertrag (Tischvorlage vom 18. Juli 1990) die Aufnahme folgender Regelung in das Grundgesetz vorgeschlagen:

„Artikel 5 a

(1) Jeder hat das Recht auf eine für seine Gesundheit und sein Wohlergehen angemessene Umwelt.

(2) Den Schutz der Umwelt und die Sicherung ihrer Entwicklung im Interesse der heutigen und künftiger Generationen regeln die Gesetze."

[3] Vgl. hierzu auch *Kloepfer*, DVBl. 1991, 1ff. [3f.].

[4] Gemeint sind wohl die gesetzgebenden Körperschaften von Bund und Ländern (vgl. auch *Müggenborg*, NVwZ 1991, 735ff. [736].

des Menschen unter Beachtung des Vorsorge-, Verursacher- und Kooperationsprinzips zu schützen und die Einheitlichkeit der ökologischen Lebensverhältnisse auf hohem, mindestens jedoch dem in der Bundesrepublik Deutschland erreichten Niveau zu fördern. Nach Art. 34 Abs. 2 EV sind zur Förderung des in Absatz 1 genannten Ziels im Rahmen der grundgesetzlichen Zuständigkeitsregelungen ökologische Sanierungs- und Entwicklungsprogramme für das in Art. 3 EV genannte Gebiet (Beitrittsgebiet) aufzustellen, wobei vorrangig Maßnahmen zur Abwehr von Gefahren für die Gesundheit der Bevölkerung vorzusehen sind.

Soweit Art. 34 Abs. 1 EV den Gesetzgeber zum Schutz der natürlichen Lebensgrundlagen verpflichtet, enthält der Einigungsvertrag insoweit — bei aller wegen der Problematik der Verbindlichkeit dieser Vorgabe für den Gesetzgeber gebotenen Vorsicht — ebenso wie Art. 16 Abs. 1 SV eine gewisse umweltschutzrechtliche „Staatszielbestimmung". Dabei zeugt Art. 34 Abs. 1 EV deutlicher als Art. 16 Abs. 1 SV von einem anthropozentrischen Umweltschutzverständnis.[5] Dem Hinweis auf die durch Art. 16 SV begründete — aber jedenfalls danach noch nicht vollendete[6] — Umweltunion dürfte kein eigenständiger rechtlicher Gehalt zukommen. Ebenso wie Art. 16 Abs. 1 S. 2 SV betont auch Art. 34 Abs. 1 EV das Vorsorge-, Verursacher- und Kooperationsprinzip. Der terminologische Unterschied zwischen „leiten lassen" und „Beachtung" dürfte dabei rechtlich irrelevant sein. Während Art. 16 SV — jedenfalls zunächst und in erster Linie — die Vereinheitlichung des Umweltschutzrechts anstrebte, verpflichtet Art. 34 Abs. 1 EV den Gesetzgeber darüber hinaus, die Einheitlichkeit der tatsächlichen ökologischen Lebensverhältnisse auf hohem, mindestens jedoch dem in der Bundesrepublik Deutschland (vor der Vereinigung) erreichten Niveau zu fördern. Auch diese Verpflichtung bleibt jedoch recht vage und bedarf der Konkretisierung durch den Gesetzgeber. Immerhin zeigt diese Formulierung, wie wichtig gerade auch die Anpassung der tatsächlichen Lebensumstände in Deutschland ist. Recht offen bleibt auch die Verpflichtung zur Aufstellung ökologischer Sanierungs- und Entwicklungsprogramme. Abgesehen davon, daß der Einigungsvertrag hierzu keine näheren inhaltlichen Vorgaben enthält, erscheint es zumindest denkbar, daß einzelne Stellen unter Hinweis auf Handlungsmöglichkeiten anderer von ihren Zuständigkeiten keinen oder nicht in ausreichendem Maße Gebrauch machen.

2. Bindungswirkung der Verträge bzw. der Ratifikationsgesetze

Abgesehen von der durch Auslegung zu beantwortenden Frage, inwieweit der Staatsvertrag und der Einigungsvertrag rechtlich verbindliche Vorgaben

[5] Vgl. zu dem in seinen praktischen Auswirkungen freilich wenig bedeutsamen Streit um den anthropozentrischen oder ökozentrischen Umweltschutz statt vieler *Kloepfer*, Umweltrecht, § 1 Rn. 23 ff.

[6] Vgl. oben S. 24ff.

enthalten,[7] stellt sich die Frage, welcher Art die Bindungswirkung dieser Verträge bzw. der jeweiligen Ratifikationsgesetze ist.

Zunächst entfalten sowohl der Staatsvertrag als auch der Einigungsvertrag als quasi völkerrechtliche (deutschlandrechtliche) Verträge zwischen den vormals getrennten beiden deutschen Staaten eine vertragliche Bindungswirkung. Zur Durchsetzung solcher Verpflichtungen aus dem Staatsvertrag sah Art. 7 SV ein schiedsgerichtliches Verfahren vor. Das Schiedsgericht ist jedoch niemals besetzt worden. Deshalb und aus anderen Gründen muß die Effektivität einer solchen Regelung bezweifelt werden. Ähnliches gilt für die auf die individualnützigen Vorschriften des Staatsvertrages beschränkte Rechtsschutzregelung des Art. 6 SV. Mit dem Beitritt besteht zudem das Problem, daß der eine Vertragspartner untergegangen ist. Gleichwohl ist, wie Art. 40 Abs. 2 EV bestätigt, grundsätzlich nicht von einem Rechtsuntergang durch Konfusion der durch die Verträge zwischen beiden deutschen Staaten geschaffenen Rechtspositionen auszugehen; wohl aber können Verpflichtungen durch die Einigung gegenstandslos geworden sein. Nach Art. 40 Abs. 1 EV gilt auch der Staatsvertrag grundsätzlich fort. Dies gilt erst recht für den Einigungsvertrag selbst. Daher bestimmt Art. 44 EV, daß Rechte aus dem Einigungsvertrag zugunsten der Deutschen Demokratischen Republik oder der in Art. 1 EV genannten Länder nach Wirksamwerden des Beitritts von jedem dieser Länder geltend gemacht werden können.[8] Der Einigungsvertrag regelt jedoch nicht, welches Gericht für solche Streitigkeiten zuständig ist. Diese im einzelnen nicht unproblematische Frage ist daher nach den allgemeinen Zuständigkeitsregelungen zu entscheiden: Für Bund / Länderstreitigkeiten aus den verfassungsändernden Teilen des Einigungsvertrages steht die Bund / Länderstreitigkeit vor dem Bundesverfassungsgericht (Art. 93 Abs. 1 Nr. 3 GG i. V. m. §§ 13 Nr. 7, 68 ff. BVerfGG), im übrigen — d. h. in der Regel — der Bund / Länderstreit vor dem Bundesverwaltungsgericht (§ 50 Abs. 1 Nr. 1 VwGO) zur Verfügung. Hinsichtlich individualrechtlich relevanter Aussagen sind die Möglichkeiten des (regelmäßig) verwaltungsrechtlichen Individualrechtsschutzes gegeben.[9]

Daneben stellt sich vor allem die Frage, ob die Ratifikationsgesetze zum Staatsvertrag bzw. zum Einigungsvertrag — sofern sie inhaltlich verbindliche

---

[7] Diese Frage stellt sich beim Einigungsvertrag — im Bereich des Umweltschutzes — nicht nur bei den an den Gesetzgeber gerichteten allgemeinen Vorgaben, sondern auch bei den Regelungen zur Rechtsangleichung.

[8] Damit dürfte auch die Schiedsgerichtsklausel des Art. 6 SV hinfällig sein, die von einem Fortbestehen der DDR ausgeht. Nach Sinn und Zweck dürfte Art. 44 EV nicht auf die Rechte aus dem Einigungsvertrag selbst beschränkt sein, sondern auch die im Rahmen des Art. 40 Abs. 1 EV fortbestehenden Rechte aus dem Staatsvertrag erfassen.

[9] Eine andere Konstellation lag den vom Bundesverfassungsgericht bisher entschiedenen Fällen zugrunde (BVerfGE 82, 316; DVBl. 1991, 153; DVBl. 1991, 154; EuGRZ 1991, 121; EuGRZ 1991, 133). Dort ging es nicht um die Geltendmachung von Rechten aus dem Einigungsvertrag, sondern Rechtsschutz gegen Beeinträchtigungen durch den Einigungsvertrag.

Vorgaben enthalten — als einfache Gesetze voll dem Derogationsvorbehalt des späteren einfachen Gesetzes unterliegen, d. h., ob sie bzw. die durch sie in Kraft gesetzten Regelungen durch den Bundesgesetzgeber beliebig geändert werden können, wie dies wohl die Auffassung der Politik ist,[10] die ständig von Nachbesserungen etc. spricht und auch tatsächlich Änderungen vornimmt bzw. vorgenommen hat.[11]

Dem Sinn der Verträge bzw. der ratifizierenden Gesetze entspräche dies kaum, weshalb es sinnvoll erscheinen könnte, einen Rang (der nicht verfassungsändernden Teile) der Verträge zur Einheit Deutschlands oberhalb des einfachen Rechtes, aber unterhalb der Verfassung (wie z. B. bei Art. 25 GG) anzunehmen. Diese möglicherweise primär deutschlandrechtlich (Vereinigungsermächtigung) begründbare rechtliche Sonderqualität würde eine mögliche Diskrepanz zwischen binnenrechtlicher Situation und der quasi-völkerrechtlichen Verpflichtungssituation aus dem Staatsvertrag bzw. dem Einigungsvertrag weitgehend verhindern können.

Umgekehrt wäre aber auch eine völlige (oder doch sehr weitreichende) Unveränderbarkeit der Verträge bzw. Vertragsgesetze in alle Zukunft recht problematisch. Der gesamtdeutsche Gesetzgeber sollte durch die Realisierung der Vereinigung nicht bewegungslos gemacht werden. Am sinnvollsten wäre rechtspolitisch die Forderung nach einer qualifizierten Mehrheit für Änderungen der Vertragsgehalte und Vertragsfolgen, was allerdings kaum allgemein verfassungsrechtlich ableitbar und im übrigen — bezüglich des Staatsvertrages — mit dem Vertragsänderungsvorbehalt in Art. 9 SV nur unvollkommen vereinbar wäre.

Immerhin sind differenzierende Ansätze vorstellbar. Soweit der Einigungsvertrag möglicherweise Verfassungsänderungen enthält (Art. 4, 6, 7 EV), wären Änderungen schon nach Art. 79 Abs. 2 GG nur mit Zwei-Drittel-Mehrheit von Bundestag und Bundesrat möglich. Aus der Idee des Art. 44 EV könnte man wohl auch ableiten, daß „Recht aus diesem Vertrag" (EV) „zugunsten der

---

[10] So *Stern*, in: Stern / Schmidt-Bleibtreu, Einigungsvertrag, S. 3ff. [39] für die nichtverfassungsrechtlichen Teile.

[11] Vgl. etwa das Gesetz zur Beseitigung von Hemmnissen bei der Privatisierung von Unternehmen und zur Förderung von Investitionen vom 22. März 1991, BGBl. I S. 766ff., den Entwurf des Gesetzes zur Förderung von Investitionen und Schaffung von Arbeitsplätzen im Beitrittsgebiet sowie zur Änderrung steuerrechtlicher und anderer Vorschriften (Steuerrechtsänderungsgesetz 1991 — StÄndG), BR-Drucks. 141/91, sowie den Entwurf des Gesetzes über Maßnahmen zur Entlastung öffentlicher Haushalte sowie über strukturelle Anpassungen in dem in Art. 3 des Einigungsvertrages genannten Gebiet (Haushaltsbegleitgesetz 1991 — HBeglG 1991), BR-Drucks. 150/91.
Nicht ganz unbedenklich erscheinen insbesondere Teile des Entwurfs des Haushaltsbegleitgesetzes 1991, soweit in dessen Art. 7 und 8 im Ergebnis Abweichungen von den Regelungen des Art. 7 EV enthalten sind (vgl. auch die Begründung in BR-Drucks. 150/91 S. 30). Denn möglicherweise wird man die Regelungen des Art. 7 EV teilweise als Verfassungsrecht zu qualifizieren haben mit der Folge, daß zu dessen Änderung ein verfassungsänderndes Gesetz erforderlich wäre.

Deutschen Demokratischen Republik“ nur mit Zustimmung aller neuen Bundesländer abänderbar wäre. Allerdings gilt dies nur für die Verträge selbst, während das übergeleitete Recht nach dem Willen der Vertragspartner wohl nicht generell und wohl auch nicht überwiegend unabänderbar sein sollte.[12] Zu denken ist aber an eine materielle, deutschlandrechtliche Festschreibung des einmal erreichten Harmonisierungsstandards (im Sinne eines deutschlandrechtlichen Rückschrittsverbots[13]), was spätere Gesetzesänderungen recht erheblich einengen würde. Politisch sollte jedenfalls nur mit äußerster Behutsamkeit von den Festlegungen des Einigungsvertrages abgewichen werden, jedenfalls soweit zu Lasten der neuen Bundesländer vorgegangen werden sollte.

II. Überleitung des Bundesrechts

Während Art. 5 EV und Art. 34 EV lediglich Vorgaben für zukünftige staatliche Aktivitäten enthalten, sind die Vorschriften zur Überleitung von Bundesrecht (Art. 8 und 9 i. V. m. Anlagen I und II EV) für die Rechtsordnung, insbesondere das Umweltrecht im Beitrittsgebiet von unmittelbarer und ganz entscheidender Bedeutung. Während das Umweltrahmengesetz die Übernahme der einzelnen bundesdeutschen Umweltgesetze regelte, folgen die Art. 8 und 9 EV einem Regel-Ausnahme-Schema, nach dem Bundesrecht grundsätzlich im Beitrittsgebiet in Kraft tritt. Darüber hinaus enthält Art. 9 EV Regelungen über die Fortgeltung von Recht der DDR, die auch außerhalb dieses Regel-Ausnahme-Schemas[14] von Bedeutung sind oder jedenfalls sein können.

Es würde den Rahmen der vorliegenden Untersuchung sprengen, der Regelungstechnik des Art. 8 und 9 EV folgend zu versuchen, die Überleitung sämtlicher für den Umweltschutz bedeutsamer bundesdeutscher Rechtsnormen nachzuvollziehen. Dasselbe gilt für die Untersuchung des Schicksals sämtlicher umweltschutzrelevanter Rechtsnormen der ehemaligen DDR. Eine Beschränkung im wesentlichen auf die Kerngebiete des Umweltschutzrechts, wie sie etwa das Umweltrahmengesetz bzw. die jeweiligen Kapitel XII der Anlagen I und II zum Einigungsvertrag umreißen, erscheint daher erforderlich.

Im folgenden wird zunächst ein allgemeiner Überblick über die Regelungen des Einigungsvertrages zur Rechtsangleichung gegeben. Sodann wird untersucht, wie sich die Einigung beider deutscher Staaten auf das Umweltschutzrecht ausgewirkt hat.

---

[12] Vgl. auch unten S. 40ff.

[13] Dieser Grundsatz bezweckt den Schutz des einmal erreichten Harmonisierungsstandards, nicht eines bestimmten Qualitätsstandards von Rechtsvorschriften.

[14] So steht etwa Art. 9 Abs. 1 EV außerhalb dieses Regel-Ausnahme-Schemas, da nach dieser Vorschrift DDR-Recht nur fortgilt, wenn es dem übergeleiteten Bundesrecht nicht widerspricht. Daher beinhaltet Art. 9 Abs. 1 EV also keine Ausnahme von der generellen Inkraftsetzung des Bundesrechts nach Art. 8 EV.

1. Grundsatz: Umfassende Überleitung (Art. 8 EV)

Nach Art. 8 EV ist mit dem Wirksamwerden des Beitritts grundsätzlich das gesamte Bundesrecht im Beitrittsgebiet in Kraft getreten.[15] Ausgenommen hiervon ist sog. partielles oder partikulares Bundesrecht, dessen Geltungsbereich auf bestimmte bereits vor der Vereinigung zur Bundesrepublik Deutschland gehörende Länder oder Landesteile beschränkt war.[16]

Zweifelhaft ist, ob unter „Recht" i.S. dieser Vorschrift auch Allgemeine Verwaltungsvorschriften zu verstehen sind oder nicht. Zwar könnten diese Binnenrechtssätze[17] vom Wortlaut des Art. 8 EV her gesehen möglicherweise als „Bundesrecht" angesehen werden. Daß sie jedoch nach der Regelungsintention der Vertragspartner nicht als Teil des Bundes*rechts* nach Art. 8 EV im Beitrittsgebiet in Kraft gesetzt werden sollten,[18] zeigt bereits der Umstand, daß etwa umweltrechtliche Verwaltungsvorschriften nach Art. 9 Abs. 2 i. V. m. Anlage II Kap. XII EV weiterhin als fortgeltende, durch das Umweltrahmengesetz übergeleitete Binnenrechtssätze *der DDR* in Kraft bleiben. Zwar wäre es denkbar, in der Fortgeltung der betreffenden Überleitungsvorschriften des Umweltrahmengesetzes gem. Art. 9 Abs. 2 i. V. m. Anlage II, Kap. XII, Abschnitt III Nr. 1 a, c, d und e EV eine neben Art. 8 EV bestehende Regelung zur „Überleitung" Allgemeiner Verwaltungsvorschriften zu sehen. Wenn die Allgemeinen Verwaltungsvorschriften des Bundes bereits nach Art. 8 EV übergeleitet würden, wäre aber nicht einsehbar, aus welchem Grund die bereits durch das Umweltrahmengesetz der ehemaligen DDR übergeleiteten Allgemeinen Verwaltungsvorschriften im Beitrittsgebiet nunmehr als „Recht der DDR" fortgelten sollen, und zwar weitgehend ohne sachliche Änderungen gegenüber den im übrigen Bundesgebiet geltenden Allgemeinen Verwaltungsvorschriften. Durch die „Überleitung" der Allgemeinen Verwaltungsvorschriften nach Art. 9 Abs. 2 i. V. m. Anlage II EV kommt vielmehr zum Ausdruck, daß Allgemeine Verwaltungsvorschriften des Bundes nicht nach Art. 8 EV im Beitrittsgebiet in Kraft gesetzt werden sollten.

Ein mögliches Gegenargument könnte lauten, da nach Art. 19 EV Verwaltungsakte der DDR wirksam bleiben, müsse dies auch für Allgemeine Verwal-

---

[15] Die grundsätzliche Überleitung des gesamten Bundesrechts war bei der Schaffung des Einigungsvertrages umstritten. Teilweise war zunächst die Auffassung vertreten worden, die überzuleitenden Rechtsvorschriften sollten in eine „Positivliste" aufgenommen werden (*Schmidt-Bleibtreu*, in: Stern / Schmidt-Bleibtreu, Einigungsvertrag, S. 57 ff. [67]).

[16] Mit der Inkraftsetzung des Grundgesetzes im Beitrittsgebiet (Art. 3 EV) trat nicht automatisch auch das einfachgesetzliche bundesdeutsche Recht im Beitrittsgebiet in Kraft, vgl. *Stern*, in: Stern / Schmidt-Bleibtreu, Einigungsvertrag, S. 3 ff. [30].

[17] Zur Qualifizierung und Bedeutung von (insbesondere umweltrechtlichen) Allgemeinen Verwaltungsvorschriften vgl. z. B. *Kloepfer*, Umweltrecht, § 2 Rn. 44 m. w. N.

[18] Vgl. Umwelt 1990, 424 ff. [425]; *Feldhaus / Eisenbarth*, UPR 1990, 401 ff. [403]; *Hansmann*, NVwZ 1991, 316 ff. [316].

tungsvorschriften gelten. Dieses Argument greift jedoch nicht durch, denn Art. 19 EV betrifft Verwaltungsakte, also behördliche Einzelfallentscheidungen. Deren Fortwirken sichert das Vertrauen des einzelnen in die Bestandskraft solcher Einzelfallentscheidungen (allerdings unter Einschluß von Allgemeinverfügungen).[19] Ein in gleichem Maße schützenswertes Vertrauen in den Bestand (abstrakt-genereller) Allgemeiner Verwaltungsvorschriften besteht jedoch nicht. Unzutreffend ist auch das Argument, jedenfalls die interpretierenden Verwaltungsvorschriften teilten als akzessorische Binnenrechtssätze das Schicksal der ihnen zugrundeliegenden Rechtsnormen, seien mit deren Überleitung also selbst mittelbar übergeleitet worden. Auch der Rückgriff auf allgemeine Prinzipien über den Fortbestand bzw. die Ausweitung von Staatsakten bei Vergrößerung des Staatsgebietes helfen angesichts der detaillierten Regelungen des Einigungsvertrages kaum weiter. Es bleibt also dabei, daß Art. 8 EV nur für Bundesrecht mit Rechtssatzqualität gilt.[20]

Kritisch anzumerken bleibt freilich, daß der Wortlaut der Art. 8 und 9 EV diesen Umstand nicht hinreichend deutlich macht. Denn auch in Art. 9 Abs. 2 EV ist ausdrücklich von „Recht" der DDR die Rede, obwohl sich diese Vorschrift auf Anlage II zum Einigungsvertrag, damit auch auf Allgemeine Verwaltungsvorschriften bezieht. Freilich handelt es sich dabei rein äußerlich um die Fortgeltung von „Recht der DDR", da durch Art. 9 Abs. 2 i.V.m. Anlage II, Kap. XII, Abschnitt III Nr. 1 a, c, d, e EV nicht die Fortgeltung der bereits von der ehemaligen DDR übergeleiteten Allgemeinen Verwaltungsvorschriften des Bundes, sondern der jeweiligen Überleitungsvorschriften des Umweltrahmengesetzes angeordnet wird. Nach dem ausdrücklichen Wortlaut dieser Überleitungsvorschriften des Umweltrahmengesetzes[21] sollte sich durch die Überleitung an der Rechtsnatur der Allgemeinen Verwaltungsvorschriften jedoch nichts ändern.

Merkwürdig erscheint, daß es im Einigungsvertrag bei der soeben erläuterten Auslegung des Art. 8 EV (außer Art. 9 Abs. 2 i.V.m. Anlage II, Kap. XII, Abschnitt III Nr. 1 a, c, d, e EV) keine allgemeine Vorschrift zur Überleitung Allgemeiner Verwaltungsvorschriften des Bundes gibt. Wahrscheinlich sollte dies der Bundesregierung bzw. den zuständigen Fachministern überlassen bleiben. Diesen bleibt es dann auch überlassen, die Ausweitung der Geltung der Verwaltungsvorschriften auf das Beitrittsgebiet anzuordnen und dabei entsprechende Übergangsregelungen zu schaffen.

---

19 Vgl. auch Art. 18 EV (Fortgeltung gerichtlicher Entscheidungen), vgl. dazu *Stern*, in: Stern / Schmidt-Bleibtreu, Einigungsvertrag, S. 3ff. [52f.].

20 Vgl. auch *Schnapauff*, DVBl. 1990, 1249ff. [1254]; Umwelt 1990, 424ff. [425].

21 Vgl. die jeweiligen §§ 2 URG.

2. Abweichende Regelungen in Anlage I

Eine Abweichung vom Grundsatz des Inkrafttretens des Bundesrechts im Beitrittsgebiet besteht unter anderem dann, wenn in Anlage I zum Einigungsvertrag etwas anderes bestimmt wird. Anlage I ist gegliedert in einen einleitenden Abschnitt (Vorbemerkungen) sowie 19 Kapitel entsprechend den Geschäftsbereichen der Bundesministerien bzw. besonderen Sachgebieten.[22] Die einzelnen Kapitel ihrerseits sind — jedenfalls überwiegend — aufgeteilt nach Sachgebieten, die sich wiederum in bis zu vier Abschnitte gliedern. Die Numerierung dieser Abschnitte gibt Aufschluß über ihren jeweiligen Inhalt.[23] Nach den Vorbemerkungen zu Anlage I enthält der jeweilige „Abschnitt I" Rechtsvorschriften, die vom Inkrafttreten nach Art. 8 EV ausgenommen sind, der jeweilige „Abschnitt II" solche, die aufgehoben, geändert oder ergänzt werden, der jeweilige „Abschnitt III" solche, die mit den dort bestimmten Maßgaben im Beitrittsgebiet in Kraft treten.[24] Der — nur gelegentlich auftauchende — Abschnitt IV enthält Sonderregelungen für Berlin.[25] Formal erfaßt eine Änderung die normative Substanz einer Rechtsnorm, während eine Maßgabe die normative Substanz nicht antastet, sondern gewissermaßen zur formal unangetasteten Norm hinzutritt und damit deren Geltungseffekt verändert.

Zumindest auf den ersten Blick ist nicht erkennbar, warum in Anlage I zum Einigungsvertrag zwischen der Modifizierung des übergeleiteten Bundesrechts (Abschnitt II) und der modifizierten Überleitung (Abschnitt III) differenziert wird. Im jeweiligen „Abschnitt II" finden sich nämlich auch und gerade solche Aufhebungen, Änderungen und Ergänzungen von Rechtsvorschriften, die sich ausschließlich auf das Beitrittsgebiet beziehen. Dennoch besteht auch in diesen Fällen ein Unterschied zur modifizierten Inkraftsetzung im Beitrittsgebiet im jeweiligen „Abschnitt III". Denn während bei der modifizierten Inkraftsetzung im Beitrittsgebiet die „Maßgaben" lediglich in diesem Gebiet gelten, also ihr Geltungsbereich auf das Beitrittsgebiet beschränkt ist, „gelten" die Rechtsänderungen in dem jeweiligen „Abschnitt II" grundsätzlich im gesamten Staatsgebiet, ihr Regelungsgehalt bezieht sich jedoch gegebenenfalls ausschließlich auf das Beitrittsgebiet. Aus welchen Gründen jedoch im jeweiligen Einzelfall eine

---

[22] Die vorliegende Darstellung bezieht sich im wesentlichen auf die Regelungen aus dem Geschäftsbereich des Bundesministers für Umwelt, Naturschutz und Reaktorsicherheit (Kap. XII). Umweltschutzrelevante Vorschriften können sich jedoch auch in Vorschriften finden, die nicht zum Geschäftsbereich des Bundesministers für Umwelt, Naturschutz und Reaktorsicherheit gehören, weil dieser keine umfassende Umweltschutzzuständigkeiten hat. Damit werden manche kompromißhaften Ungereimtheiten der Ressortabgrenzungen innerhalb der Bundesregierung zum Maßstab für die Gliederung des Einigungsvertrages.

[23] Vgl. Anlage I zum Einigungsvertrag, Vorbemerkungen Abs. 1-3.

[24] Vgl. Anlage I zum Einigungsvertrag, Vorbemerkungen Abs. 1-3.

[25] Vgl. z. B. Anlage I, Kap. III, Sachgebiet A: Rechtspflege, Abschnitt IV EV.

Modifizierung in „Abschnitt II“ oder „Abschnitt III“ vorgenommen wird, bleibt überwiegend unklar.

Absatz 4 der Vorbemerkungen zu Anlage I zum Einigungsvertrag enthält über die Erläuterungen zum Inhalt der einzelnen Abschnitte hinaus die Regelung, daß, soweit in übergeleitetem Bundesrecht auf andere Rechtsvorschriften der Bundesrepublik Deutschland verwiesen wird, die Verweisung auch dann wirksam ist, wenn die in Bezug genommenen Rechtsvorschriften nicht übergeleitet sind. Zudem wird ausdrücklich klargestellt, daß an die Stelle der in Bezug genommenen Rechtsvorschriften der Bundesrepublik Deutschland Rechtsvorschriften der Deutschen Demokratischen Republik nur dann treten, wenn dies ausdrücklich bestimmt ist. Diese Regelung dient der Sicherung für den Fall, daß versehentlich bundesrechtliche Vorschriften von der Inkraftsetzung im Beitrittsgebiet ausgenommen worden sind, ohne ihre Inbezugnahme durch andere, im Beitrittsgebiet in Kraft gesetzte Vorschriften zu beachten. Freilich führt die Regelung in Absatz 4 der Vorbemerkungen zu Anlage I zum Einigungsvertrag nicht dazu, daß die in Bezug genommenen Rechtsvorschriften nunmehr umfassend in Kraft gesetzt sind, sondern im Sinne einer relativen Geltung nur insoweit, als dies zur Ausfüllung der jeweiligen Verweisung erforderlich ist. Die Regelung des Absatz 4 der Vorbemerkungen zu Anlage I zum Einigungsvertrag ist im übrigen nicht auf Anlage I beschränkt. Sie gilt vielmehr für das gesamte übergeleitete Bundesrecht.

Hinsichtlich der Normen aus dem Geschäftsbereich des Bundesministers für Umwelt, Naturschutz und Reaktorsicherheit (Kap. XII) sieht Anlage I zum Einigungsvertrag keine Regelungen unter Abschnitt I vor. Damit werden also keine spezifischen Umweltschutzgesetze bzw. -verordnungen von der Überleitung ausgeschlossen. Die Aufteilung des Kapitels XII der Anlage I in Sachgebiete (A: Immissionsschutz, B: Kerntechnische Sicherheit und Strahlenschutz, C: Wasserwirtschaft, D: Abfallwirtschaft, E: Chemikalienrecht, F: Naturschutz und Landschaftspflege) entspricht der Aufteilung des Umweltrahmengesetzes in entsprechende Artikel, allerdings mit dem Unterschied, daß Anlage I Kap. XII EV keine Regelung zur Umweltverträglichkeitsprüfung enthält.[26] Wie weit die Regelungen in den Anlagen I und II zum Einigungsvertrag den Bundesgesetzgeber in der Zukunft binden,[27] hängt von der Rechtsnatur des Einigungsvertrages ab und kann auch nicht generell beantwortet werden, sondern ist im Einzelfall durch Auslegung des Vertragsinhalts zu ermitteln. Generell ist davon auszugehen, daß die in der Anlage angeführten Vorschriften nicht ausnahmslos und wahrscheinlich auch nicht überwiegend dem Gesetzgeber entzogen sein sollen. Wo Regelungen getroffen wurden, um einen schonenden Übergang zu ermöglichen, wird der Gesetzgeber von diesen Regelungen aber jedenfalls nicht ohne jeden sachlichen Grund (und wohl auch nicht ohne

---

[26] Vgl. unten S. 155ff.

[27] Vgl. hierzu oben S. 33ff.

Begründung) abweichen dürfen. Zu Lasten der neuen Bundesländer kann von solchen Übergangsregelungen wohl nicht ohne deren Zustimmung abgewichen werden. Mit zunehmender Angleichung der Verhältnisse im Beitrittsgebiet an die Verhältnisse in der übrigen Bundesrepublik Deutschland wird freilich auch die Bindungswirkung der Übergangsregelungen abnehmen, u. a. weil die neuen Bundesländer dann nicht mehr in gleichem Maße schutzbedürftig sind wie bisher.

3. Inkraftsetzung in einer bestimmten Fassung?

Art. 8 EV setzt das Bundesrecht grundsätzlich umfassend im Beitrittsgebiet in Kraft, und zwar — nach Sinn und Zweck der Regelung — in der zum Beitrittstermin aktuellen Fassung. Die Änderung der auf diese Weise auch im Beitrittsgebiet in Kraft gesetzten Rechtsvorschriften liegt aber grundsätzlich — vorbehaltlich der oben entwickelten Grenzen — im gesetzgeberischen Ermessen des Bundesgesetzgebers. Ob dies allerdings auch für die Rechtsvorschriften gilt, die nach Art. 8 i. V. m. Anlage I EV im Beitrittsgebiet mit bestimmten Maßgaben (Abschnitt III) in Kraft gesetzt werden, ist nicht ganz unproblematisch. Diese Rechtsvorschriften werden nämlich in Anlage I jeweils in einer bestimmten Fassung aufgeführt. Dies könnte — über die Verbindlichkeit einzelner Maßgaben hinaus — zum einen zur Folge haben, daß die Änderungskompetenz des (gesamtdeutschen) Bundesgesetzgebers gewissen Beschränkungen unterliegt, zum anderen, daß nach Unterzeichnung des Einigungsvertrags erfolgte Änderungen der angegebenen Fassung der betreffenden Rechtsvorschriften nicht automatisch im Beitrittsgebiet in Kraft gesetzt sind.

Jedenfalls in den allermeisten Fällen heißt es im jeweiligen Abschnitt III der Anlage I zum Einigungsvertrag, daß die betreffende Rechtsvorschrift, die in einer bestimmten Fassung benannt wird, im Beitrittsgebiet mit den jeweiligen Maßgaben in Kraft gesetzt wird. Sofern die angegebene Fassung der betreffenden Rechtsvorschrift die im Zeitpunkt der Vertragsunterzeichnung aktuelle ist, kann in diesen Fällen davon ausgegangen werden, daß die Benennung dieser aktuellen Fassung lediglich der Rechtsklarheit dient und insoweit keine Festlegung für die Zukunft enthalten soll. In diesen Fällen ist der Gesetzgeber also grundsätzlich nicht gehindert, das übergeleitete Bundesrecht auch mit Wirkung für das Beitrittsgebiet zu ändern. Ebenso gelten in diesen Fällen nach der Vertragsunterzeichnung erfolgte Änderungen der übergeleiteten Rechtsvorschriften im Beitrittsgebiet unmittelbar auch für das Beitrittsgebiet.[28]

---

[28] Als Beispiel sei hier auf die Überleitung des Abwasserabgabengesetzes hingewiesen: Nach Art. 8 i. V. m. Anlage I, Kap. XII, Sachgebiet C: Wasserwirtschaft, Abschnitt III, Nr. 1 EV tritt das Abwasserabgabengesetz i.d.F. vom 5. März 1987, BGBl. I S. 880, im Beitrittsgebiet mit der Maßgabe in Kraft, daß es für bestimmte Einleiter am 1. Januar 1991, für die übrigen am 1. Januar 1993 in Kraft tritt. Nach der hier vertretenen Auffassung tritt bzw. trat das Abwasserabgabengesetz zu den genannten Terminen in der

Freilich kann die Auslegung im Einzelfall auch ergeben, daß mit der Bezugnahme auf eine bestimmte Fassung einer Rechtsvorschrift eine Festlegung für die Zukunft verbunden sein soll. Das dürfte etwa dann der Fall sein, wenn gerade die Maßgabe, mit der die betreffende Rechtsvorschrift im Beitrittsgebiet in Kraft gesetzt wird, darin bestehen würde, daß sie im Beitrittsgebiet (evtl. befristet) in einer bestimmten Fassung gilt.

4. Einschränkung der Überleitung durch die Fortgeltung von DDR-Recht nach Art. 9 Abs. 2-5 EV

Art. 8 EV weist auch darauf hin, daß über Anlage I hinaus auch andere Regelungen des Einigungsvertrages Ausnahmen vom Grundsatz der Überleitung des bundesdeutschen Rechts vorsehen können. Solche Ausnahmen enthält Art. 9 EV in seinen Absätzen 2 bis 5,[29] welche die Fortgeltung von Recht der DDR vorsehen, auch wenn es nicht mit dem grundsätzlich umfassend übergeleiteten Bundesrecht übereinstimmt.[30] Keine Ausnahme vom Grundsatz der umfassenden Überleitung enthält dagegen Art. 9 Abs. 1 S. 1 und S. 2 EV, da nach dieser Vorschrift die Fortgeltung von DDR-Recht gerade davon abhängt, daß es mit dem übergeleiteten Bundesrecht vereinbar ist.

III. Fortgeltendes Recht der Deutschen Demokratischen Republik

1. In Kraft bleibendes enumerativ aufgeführtes Recht der DDR (Art. 9 Abs. 2 i. V. m. Anlage II EV)

Nach Art. 9 Abs. 2 EV bleibt das in Anlage II zum Einigungsvertrag aufgeführte Recht der DDR mit den dort genannten Maßgaben in Kraft. Voraussetzung hierfür ist zum einen, daß dieses Recht mit dem Grundgesetz übereinstimmt. Dabei sind jedoch — gleichgültig, ob das fortgeltende DDR-Recht nach Art. 9 Abs. 4 EV als Bundes- oder als Landesrecht zu qualifizieren wäre[31] — die Modifizierungen zu beachten, die das Grundgesetz insbesondere

---

dann aktuellen Fassung (derzeit in der Fassung des Dritten Gesetzes zur Änderung des Abwasserabgabengesetz vom 2. November 1990, BGBl. I S. 2425) im Beitrittsgebiet in Kraft.

[29] Auf Art. 9 Abs. 5 EV soll hier nicht näher eingegangen werden. Durch die dortige Bezugnahme auf die Aufzählung der (neuen) Länder in Art. 1 Abs. 1 EV wird Berlin (Ost) von der Fortgeltung des DDR-Kirchensteuerrechts ausgenommen.

[30] Vgl. im einzelnen unten S. 42 ff. Insoweit trifft die Aussage von *Feldhaus / Eisenbarth* (UPR 1990, 401 ff. [402]), nach Art. 9 EV könne DDR-Recht nur fortgelten, soweit die entsprechende Materie nicht durch Bundesrecht geregelt werde, nur insoweit zu, als sie sich auf Art. 9 Abs. 1 EV bezieht.

[31] Anders *Lörler*, NVwZ 1991, 133 ff. [134] (Keine Anwendung von Art. 143 GG auf als Landesrecht fortgeltendes DDR-Recht).

durch die Einfügung des Art. 143 GG durch Art. 4 Nr. 5 EV erfahren hat.[32] Zum anderen hängt die Fortgeltung von DDR-Recht nach Art. 9 Abs. 2 i. V. m. Anlage II EV davon ab, daß es mit dem unmittelbar geltenden Recht der Europäischen Gemeinschaften übereinstimmt.

a) Überblick über Anlage II zum Einigungsvertrag

Anlage II zum Einigungsvertrag (Besondere Bestimmungen für fortgeltendes Recht der DDR) ist wie Anlage I gegliedert in einen einleitenden Abschnitt (Vorbemerkungen) sowie ebenfalls 19 Kapitel, die ihrerseits wiederum in Sachgebiete aufgeteilt sein können. Unterhalb dieser Ebene findet sich auch in Anlage II eine Aufteilung in bis zu vier Abschnitte, wobei auch hier die Nummer des jeweiligen Abschnitts sich nach dessen Inhalt richtet. Das im jeweiligen Abschnitt I aufgeführte Recht der DDR bleibt in Kraft, die im jeweiligen Abschnitt II aufgeführten Rechtsvorschriften der DDR werden aufgehoben, geändert oder ergänzt, das im jeweiligen Abschnitt III aufgeführte Recht der DDR bleibt mit den dort bestimmten Maßgaben in Kraft.[33] Abschnitt IV enthält auch in Anlage II Sonderregelungen für (Ost-) Berlin.[34]

Auch die Vorbemerkungen zu Anlage II zum Einigungsvertrag enthalten über die Beschreibung der Bedeutung der einzelnen Abschnitte hinausgehende Regelungen. Nach Absatz 4 der Vorbemerkungen zu Anlage II zum Einigungs-

---

[32] Die Einführung des Art. 143 GG ist ihrerseits nicht unproblematisch. Denn diese Regelung legitimiert entgegen Art. 79 Abs. 1 S. 1 GG (vgl. hierzu z. B. Maunz, in: MDHS, Art. 79 Rn. 1 ff.) Abweichungen vom Grundgesetz ohne ausdrückliche Grundgesetzänderung. Keine Bedenken äußert insoweit *Stern,* in: Stern / Schmidt-Bleibtreu, Einigungsvertrag, S. 3 ff. [41 ff.]. Das Bundesverfassungsgericht (EuGRZ 1991, 121 [128 f.]) hat im Zusammenhang mit Art. 143 Abs. 3 GG die Frage, ob eine Verfassungsänderung erkennen lassen müsse, in welcher Hinsicht und in bezug auf welche konkrete Regelung das Grundgesetz geändert werde und was in Zukunft als Verfassungsrecht gelten solle, offen gelassen mit der Begründung, bei Art. 143 Abs. 3 GG handele es sich um eine Übergangsregelung zur Überleitung des Grundgesetzes auf das Beitrittsgebiet, mit der bestimmt werde, inwieweit bereits vorher entstandene Sachverhalte am Grundgesetz zu messen seien. Diese Begründung ließe sich auf Art. 143 Abs. 1 GG übertragen, wenn man auch diese Regelung grundsätzlich auf das bereits beim Beitritt bestehende DDR-Recht sowie die Regelungen des Einigungsvertrages beschränken würde. Änderungen dieser Regelungen könnten dann nur noch auf Art. 143 Abs. 1 GG gestützt werden, wenn sie eine Annäherung an die Anforderungen des Grundgesetzes brächten, nicht dagegen neue oder weitergehende Abweichungen.

[33] Vgl. die Vorbemerkungen zu Anlage II zum Einigungsvertrag. Die vorliegende Darstellung bezieht sich auch hinsichtlich Anlage II zum Einigungsvertrag im wesentlichen auf die Regelungen aus dem Geschäftsbereich des Bundesministers für Umwelt, Naturschutz und Reaktorsicherheit (Kap. XII). Auch insoweit ist aber darauf hinzuweisen, daß sich umweltschutzrelevante Vorschriften auch in fortgeltendem DDR-Recht finden, das nicht zum Geschäftsbereich des Bundesministers für Umwelt, Naturschutz und Reaktorsicherheit gehört.

[34] Vgl. Anlage II, Kap. III, Sachgebiet A: Rechtspflege, Abschnitt IV EV.

vertrag treten, soweit in Rechtsvorschriften der DDR, die als Bundesrecht fortgelten, auf nicht fortgeltende Vorschriften verwiesen wird, an deren Stelle grundsätzlich die entsprechenden Vorschriften des Bundesrechts, soweit nichts anderes bestimmt ist. Diese Regelung soll verhindern, daß Rechtsvorschriften der ehemaligen DDR allein deshalb fortgelten, weil sie durch andere fortgeltende Rechtsvorschriften in Bezug genommen werden. Ob diese Regelung aber in allen Fällen zu befriedigenden Ergebnissen führt, kann hier nicht abschließend beurteilt werden. Denkbar erscheint immerhin, daß es im konkreten Einzelfall kein dem in Bezug genommenen DDR-Recht entsprechendes Bundesrecht gibt, das bestehende Bundesrecht andererseits einer Fortgeltung des in Bezug genommenen DDR-Rechts entgegensteht.

Da Abs. 4 der Vorbemerkungen zu Anlage II zum Einigungsvertrag eine Regelung für das als Bundesrecht fortgeltende DDR-Recht trifft, bezieht er sich nicht auf solches DDR-Recht, das nach Art. 9 Abs. 1 EV als Landesrecht fortgilt. Jedoch erfaßt Abs. 4 der Vorbemerkungen zu Anlage II auch das nach Art. 9 Abs. 3 i. V. m. Abs. 4 EV als Bundesrecht fortgeltende DDR-Recht, obwohl Art. 9 Abs. 3 EV nicht ausdrücklich auf Anlage II Bezug nimmt. Denn es ist nicht ersichtlich, daß Abs. 4 der Vorbemerkungen zu Anlage II zum Einigungsvertrag ausschließlich auf das nach Art. 9 Abs. 2 i. V. m. Abs. 4 EV fortgeltende DDR-Recht beschränkt wäre.

Nach Absatz 5 der Vorbemerkungen zu Anlage II zum Einigungsvertrag findet, soweit fortgeltende Rechtvorschriften der ehemaligen DDR eine Ermächtigung zum Erlaß von Rechtsverordnungen, Anordnungen oder Allgemeinen Verwaltungsvorschriften enthalten, Art. 129 GG entsprechend Anwendung. Hinzuweisen ist hierbei insbesondere auf Art. 129 Abs. 3 GG, wonach aus rechtsstaatlichen Gründen solche Rechtsvorschriften erloschen sind, die zu ihrer Änderung oder Ergänzung oder zum Erlaß von Rechtsvorschriften an Stelle von Gesetzen ermächtigen.[35]

Schließlich enthalten die Vorbemerkungen zu Anlage II zum Einigungsvertrag eine Regelung zur Fortgeltung von Rechtsvorschriften der ehemaligen DDR, die erst nach der Unterzeichnung des Einigungsvertrages, aber vor dem Wirksamwerden des Beitritts von der ehemaligen DDR erlassen wurden. Soweit solche Vorschriften (in Anlage II zum Einigungsvertrag) ausdrücklich aufgeführt sind,[36] treten sie nach Absatz 6 der Vorbemerkungen zu Anlage II zum Einigungsvertrag i. V. m. Art. 9 Abs. 2 und Abs. 3 EV auch ohne zusätzliche Vereinbarung zwischen der Bundesrepublik Deutschland und der DDR mit den in Anlage II zum Einigungsvertrag niedergelegten Maßgaben in Kraft. Abgesehen von der terminologischen Ungenauigkeit, daß hier von Inkrafttreten statt

---

[35] Vgl. hierzu *Maunz*, in: MDHS, Art. 129 Rn. 13ff.

[36] Vgl. etwa Anlage II, Kap. II, Sachgebiet C: Öffentliche Sicherheit, Abschnitt III, Nr. 2 EV: Gesetz über die Aufgaben der Polizei vom 13. September 1990, GBl. I Nr. 61 S. 1489.

von Fortgeltung gesprochen wird, hätte diese Regelung aus systematischen Gründen im Rahmen des Art. 9 EV getroffen werden sollen. Darüber hinaus sind die Vertragspartner hier auch ein wenig von dem Prinzip abgerückt, Abweichungen vom Grundgesetz (ohne Berücksichtigung des Art. 143 GG) nur zuzulassen, wenn die betreffenden fortgeltenden Regelungen „in den Blick genommen werden konnten".[37] Dieser Blick war in den Fällen des Absatzes 6 der Vorbemerkungen zu Anlage II zum Einigungsvertrag zwar nur ein mehr oder weniger vorläufiger, jedoch dürften die betreffenden Vorschriften bei Vertragsabschluß jedenfalls im Entwurf bekannt gewesen sein.

b) „Recht" der DDR

Anders als Art. 8 EV, der sich auf Bundesrecht i.S.v. förmlichen Gesetzen sowie Rechtsverordnungen bezieht, regelt Art. 9 Abs. 2 EV die Fortgeltung von „Recht der Deutschen Demokratischen Republik". Dabei wurde, wie insbesondere durch die Aufnahme von Anordnungen des Ministerrates der ehemaligen DDR in Anlage II zum Einigungsvertrag zeigt,[38] die Begriffsbildung der Rechtsordnung der DDR zugrunde gelegt.[39]

Kein „Recht der Deutschen Demokratischen Republik" sind jedoch die Allgemeinen Verwaltungsvorschriften, die durch das Umweltrahmengesetz erstmals in der DDR eingeführt wurden, durch diese Überleitung ihre Rechtsnatur aber nicht änderten.[40] Auf diesen Umstand dürfte zurückzuführen sein, daß nach Art. 9 Abs. 2 i. V. m. Anlage II, Kap. XII, Abschnitt III Nr. 1 a, c, d, e EV nicht die in der ehemaligen DDR geltenden (durch das Umweltrahmengesetz übergeleiteten) Allgemeinen Verwaltungsvorschriften, sondern die jeweiligen Überleitungsvorschriften des Umweltrahmengsetzes fortgelten.

2. Fortgeltung nach Unterzeichnung des Einigungsvertrages erlassenen DDR-Rechts (Art. 9 Abs. 3 EV)

Art. 9 Abs. 3 EV macht die Fortgeltung nach Unterzeichnung des Einigungsvertrages erlassenen DDR-Rechts von einer entsprechenden Vereinbarung der Vertragspartner abhängig.[41] Durch diese Regelung soll auch die Weitergeltung

---

[37] Vgl. Denkschrift zum Einigungsvertrag, BT-Drucks. 11/7760, BR-Drucks. 600/90, Zu Art. 9 EV.

[38] Vgl. Denkschrift zum Einigungsvertrag, BT-Drucks. 11/7760, BR-Drucks. 600/90, Zu Art. 9 EV, sowie Anlage II, Kap. XII, Abschnitt III Nrn. 3 und 4 EV.

[39] Danach waren „Recht" auch die normativen Entscheidungen der Mitglieder des Ministerrates, die vorwiegend in der Form von Anordnungen und Durchführungsbestimmungen ergingen, vgl. DDR-Verwaltungsrecht, S. 124ff.

[40] So ausdrücklich die jeweiligen §§ 2 URG.

[41] Vgl. die Vereinbarung zwischen der Bundesrepublik Deutschland und der Deutschen Demokratischen Republik zur Durchführung und Ausführung des am 31. August 1990 in Berlin unterzeichneten Vertrages zwischen der Bundesrepublik Deutschland und der

von Regelungen ermöglicht werden, die deshalb nicht mehr in Anlage II zum Einigungsvertrag aufgenommen werden konnten, weil sie erst später erlassen wurden. An die Fortgeltung nachträglich erlassenen DDR-Rechts wollten die Vertragspartner jedoch offensichtlich keine geringeren Anforderungen stellen als an die Fortgeltung des in Anlage II zum Einigungsvertrag aufgeführten Rechts. Daher bleibt nach Art. 9 Abs. 3 S. 2 EV Absatz 2 „unberührt", was bedeutet, daß die dort festgelegten Voraussetzungen — Konformität mit dem Grundgesetz in der Fassung des Einigungsvertrages und mit unmittelbar geltendem EG-Recht — auch für die Fortgeltung des nach der Unterzeichnung des Einigungsvertrages erlassenen DDR-Rechts gelten.

3. Fortgeltung als Landes- oder (partikulares) Bundesrecht (Art. 9 Abs. 4 EV)

Art. 9 Abs. 4 EV legt fest, ob das nach Art. 9 Abs. 2 und 3 EV fortgeltende Recht der DDR als (partikulares) Bundes- oder als Landesrecht fortgilt. Insoweit handelt es sich zunächst um eine bloße Rangvorschrift, die keine abschließende Aussage zu der Frage enthält, wer zur Änderung des fortgeltenden Rechts zuständig ist. Diese Kompetenz folgt vielmehr im wesentlichen aus den allgemeinen Kompetenzvorschriften der Art. 70ff. GG.[42]

Nach Art. 9 Abs. 4 S. 1 EV gilt das nach Art. 9 Abs. 2 und 3 fortgeltende DDR-Recht als Bundesrecht fort, soweit es Gegenstände der ausschließlichen Bundesgesetzgebung betrifft. Soweit es Gegenstände der konkurrierenden Gesetzgebung oder der Rahmengesetzgebung betrifft, gilt es nach Art. 9 Abs. 4 S. 2 EV als Bundesrecht fort, wenn und soweit es sich auf Sachgebiete bezieht, die im übrigen Geltungsbereich des Grundgesetzes bundesrechtlich geregelt sind. Dabei ist nicht ohne weiteres ersichtlich, was unter dem Begriff „Sachgebiet" zu verstehen ist, den das Grundgesetz in seinen Kompetenzvorschriften nicht verwendet. Auch in Art. 9 Abs. 4 EV ist zunächst wie in Art. 73f. GG von „Gegenständen" der Bundesgesetzgebung die Rede, lediglich im 2. Halbsatz des 2. Satzes taucht der Begriff „Sachgebiete" auf.

Deutschen Demokratischen Republik über die Herstellung der Einheit Deutschlands — Einigungsvertrag —, BGBl. II S. 1239. Siehe aber auch die Regelung in Absatz 6 der Vorbemerkungen zu Anlage II zum Einigungsvertrag (vgl. hierzu oben S. 44f.).
Art. 9 Abs. 3 EV hinderte die ehemalige DDR nicht daran, nach der Unterzeichnung des Einigungsvertrages auch solche Rechtsvorschriften zu erlassen, die nicht Gegenstand einer entsprechenden Vereinbarung waren (anders *Stern*, in: Stern/Schmidt-Bleibtreu, Einigungsvertrag, S. 3ff. [51]). Art. 9 Abs. 3 EV beschränkt sich vielmehr darauf zu regeln, unter welchen Voraussetzungen solche Rechtsvorschriften — abgesehen von Art. 9 Abs. 1 EV — auch nach dem Beitritt fortgelten.

[42] Anders offenbar *Müggenborg*, NVwZ 1991, 735ff. [741]. Zu der entsprechenden Fragestellung im Zusammenhang mit Art. 125 GG vgl. *Maunz*, in: MDHS, aaO., Art. 125 Rn. 4. Darüber hinaus weisen Art. 125 GG und Art. 9 Abs. 4 EV jedoch nicht unerhebliche Unterschiede auf.

a) Art. 72 Abs. 1 GG als Maßstab

Art. 9 Abs. 4 S. 2 EV dient — wie Absatz 4 insgesamt — dazu, das fortbestehende DDR-Recht in das Kompetenzgefüge des Grundgesetzes einzubinden. In Anlehnung an Art. 72 Abs. 1 GG ist daher Art. 9 Abs. 4 S. 2 EV so zu verstehen, daß das nach Art. 9 Abs. 2 und 3 EV fortgeltende Recht der DDR, das sich auf Gegenstände der konkurrierenden Gesetzgebung oder Rahmengesetzgebung bezieht, dann als (partikulares) Bundesrecht fortgilt, wenn eine landesgesetzliche Regelung mit gleichem Inhalt nach Art. 72 Abs. 1 GG daran scheitern würde, daß der Bund von seiner Gesetzgebungskompetenz Gebrauch gemacht hat.[43] Erforderlich hierfür ist, daß die bundesrechtliche Regelung die betreffende Materie erschöpfend regelt.[44] Ob dies der Fall ist, ist aufgrund einer „Gesamtwürdigung des betreffenden Normenkomplexes" zu beurteilen.[45] Daß der Bund eine Frage nicht ausdrücklich regelt, läßt dabei jedoch noch nicht den Schluß zu, daß er von seiner Gesetzgebungskompetenz keinen Gebrauch gemacht hat.[46] Erforderlich ist aber, daß die bundesrechtlichen Vorschriften selbst eine materielle Regelung enthalten, wozu allerdings auch solche Bestimmungen gehören, nach denen gewisse Bereiche der betroffenen Materie bewußt ungeregelt bleiben sollen.[47]

b) „Übriger Geltungsbereich des Grundgesetzes" als Bezugspunkt

Auch bei oder gerade wegen der Heranziehung des Art. 72 Abs. 1 GG zur Beantwortung der Frage, ob ein Sachgebiet bundesrechtlich geregelt ist, erscheint die Beurteilung folgender Fallkonstellation nicht unproblematisch: Angenommen, das Recht der DDR hat für bestimmte Tatbestände eine rechtliche Regelung getroffen, für die auch bereits vor dem Beitritt eine bundesrechtliche Regelung bestand. Nach dem Wortlaut des Art. 9 Abs. 4 S. 2 EV, der darauf abstellt, ob ein Sachgebiet im übrigen Geltungsbereich des Grundgesetzes bundesrechtlich geregelt ist, erscheint es unproblematisch, daß

---

[43] Das gilt für die Rahmengesetzgebung entsprechend. Die von *Müggenborg* (NVwZ 1991, 735ff. [741]) in Erwägung gezogene Möglichkeit, den Begriff des Sachgebietes in Art. 9 Abs. 4 S. 2 EV i. S. der Bezeichnungen der Sachgebiete in den Anlagen zum Einigungsvertrag zu verstehen, führte nicht weiter, wenn man im Anschluß an diese begriffliche Klärung nochmals klären müßte, inwieweit der Bund diese Sachgebiete im übrigen Geltungsbereich des Grundgesetzes geregelt hat. Sollte die Möglichkeit, den Begriff des Sachgebiets in Art. 9 Abs. 4 S. 2 EV und den Anlagen zum Einigungsvertrag als inhaltsgleich anzusehen, bedeuten, daß damit (grundsätzlich, d. h. vorbehaltlich einer speziellen Regelung in den Anlagen selbst) alles in Anlage II aufgeführte DDR-Recht partikulares Bundesrecht wäre, wäre die diffenzierende Regelung in Art. 9 Abs. 4 EV überflüssig. Daher scheidet eine solche Möglichkeit aus.

[44] BVerfGE 7, 342 [347].

[45] Dass., ebd.

[46] BVerfGE 20, 238 [250].

[47] BVerfGE 34, 9 [28].

jenes Recht nach Art. 9 Abs. 2 i.V.m. Anlage II EV als (partikulares) Bundesrecht fortgelten würde.

Nach Sinn und Zweck des Art. 72 Abs. 1 GG und auch des Art. 9 Abs. 4 S. 2 EV ist jedoch fraglich, ob dieses Ergebnis bei allen Fallkonstellationen richtig ist. Unterstellt man etwa — was im konkreten Einzelfall zu prüfen wäre —, daß übergeleitetes Bundesrecht ohnehin bestimmte Sachverhalte im Beitrittsgebiet nicht erfaßt, etwa weil sie zeitlich vor der Überleitung liegen, so erscheint es vor dem Hintergrund des Art. 72 Abs. 1 GG wenig sinnvoll, das insoweit fortgeltende Recht der DDR nach Art. 9 Abs. 4 S. 2 EV deshalb als (partikulares) Bundesrecht anzusehen, weil die entsprechenden Sachverhalte im übrigen Bundesgebiet außerhalb des Beitrittsgebietes von dem betreffenden Bundesrecht erfaßt werden. Die Fallkonstellation ähnelt der, daß der Bund im Rahmen der konkurrierenden (oder Rahmen-) Gesetzgebung ex nunc eine Regelung für einen Bereich trifft, der bisher lediglich landesrechtlich geregelt war. Auch hier steht Art. 72 Abs. 1 GG nicht entgegen, all diejenigen Sachverhalte auch weiterhin dem Landesrecht zu unterwerfen, für die das neue Bundesrecht noch keine Regelung trifft. Genausowenig besteht ein Grund, das fortgeltende DDR-Recht hinsichtlich solcher Sachverhalte als partikulares Bundesrecht anzusehen, die das übergeleitete Bundesrecht ohnehin nicht erfaßt.

Daher erscheint es angebracht, die Regelung des Art. 9 Abs. 4 S. 2 EV nach ihrem Sinn und Zweck so zu verstehen, daß das nach Art. 9 Abs. 2 und 3 EV fortgeltende Recht, soweit es Gegenstände der konkurrierenden Gesetzgebung oder der Rahmengesetzgebung betrifft, als Bundesrecht fortgilt, wenn und soweit es Sachverhalte erfaßt, hinsichtlich derer der Bund an sich durch die grundsätzliche Inkraftsetzung des Bundesrechts im Beitrittsgebiet von seiner Gesetzgebungsbefugnis Gebrauch gemacht hätte. Gegenüber dieser am Sinn und Zweck orientierten Auslegung dürfte dem wohl weiterreichenden Wortlaut des Art. 9 Abs. 4 S. 2 EV kein entscheidendes Gewicht zukommen.

c) Einschränkung von Art. 9 Abs. 2 und 3 durch Art. 9 Abs. 4 EV?

Art. 9 Abs. 4 EV enthält keine — jedenfalls keine ausdrückliche — Regelung über die Fortgeltung von DDR-Recht, das nach der Kompetenzordnung des Grundgesetzes zur konkurrierenden Gesetzgebung oder Rahmengesetzgebung des Bundes gehört, dessen Gegenstände aber im übrigen Bundesgebiet *nicht* bundesrechtlich geregelt sind. Teilweise wird insoweit angenommen, dieses Recht gelte nicht nach Art. 9 Abs. 2 EV fort, sondern nach Art. 9 Abs. 1 S. 2 EV.[48] Diese Folgerung wäre nur dann richtig, wenn Art. 9 Abs. 4 EV nicht nur regeln würde, in welcher Form DDR-Recht nach Art. 9 Abs. 2 und 3 EV fortgilt, sondern auch Einfluß darauf hätte, welches DDR-Recht nach Art. 9 Abs. 2 und 3 i. V. m. Anlage II EV bzw. einer gesonderten Vereinbarung fortgilt. Nach

[48] So *Rehbinder*, DVBl. 1991, 421 ff. [421].

Art. 9 Abs. 2 und 3 EV würde das in Anlage II bzw. einer gesonderten Vereinbarung enthaltene DDR-Recht demnach nur fortgelten, wenn dieses Recht Gegenstände der ausschließlichen Gesetzgebung des Bundes beträfe, oder wenn es Gegenstände der konkurrierenden Gesetzgebung oder Rahmengesetzgebung des Bundes beträfe, die im übrigen Bundesgebiet bundesrechtlich geregelt sind.

Bereits der Wortlaut des Art. 9 Abs. 4 EV läßt eine solche Auslegung schwerlich zu. Die Regelung bezieht sich ausdrücklich auf „nach den Absätzen 2 und 3 fortgeltendes Recht" und begnügt sich damit zu regeln, in welchen Fällen dieses Recht als Bundesrecht fortgelten soll. Die Materialien zum Einigungsvertrag geben insoweit keine ganz klare Auskunft. In der Denkschrift zum Einigungsvertrag heißt es zu Art. 9 Abs. 2, aus dem Zusammenhang mit Absatz 1 ergebe sich, daß Recht der Deutschen Demokratischen Republik als Bundesrecht nur insoweit weiter gelte, als es in Anlage II aufgeführt sei.[49] Daraus zu folgern, nach dem Willen des Gesetzgebers könne DDR-Recht, das Gegenstände der konkurrierenden Gesetzgebung des Bundes betrifft, im übrigen Bundesgebiet aber nicht bundesrechtlich geregelt ist, nicht nach Art. 9 Abs. 2 EV, sondern nur nach Art. 9 Abs. 1 S. 2 fortgelten,[50] erscheint jedenfalls nicht zwingend. Im übrigen wäre auch kaum einzusehen, warum es in der Denkschrift zur Erläuterung des Art. 9 Abs. 4 EV heißt, Art. 9 Abs. 4 EV regele die Weitergeltung des nach Art. 9 Abs. 2 und 3 EV fortgeltenden DDR-Rechts als Bundesrecht *oder als Landesrecht*. Auch dies zeigt, daß die Vertragspartner nicht die Vorstellung hatten, nach Art. 9 Abs. 2 und 3 EV könne DDR-Recht nur fortgelten, wenn es nach Art. 9 Abs. 4 EV als Bundesrecht fortgelte.[51]

Gegen eine solche Annahme sprechen zudem systematische Erwägungen sowie Sinn und Zweck der Regelungen in Art. 9 Abs. 1 - 4 EV. Vorausgesetzt, Anlage II bzw. eine Zusatzvereinbarung zum Einigungsvertrag enthält DDR-Recht, das Gegenstände der konkurrierenden Gesetzgebung oder Rahmengesetzgebung des Bundes betrifft, im übrigen Bundesgebiet aber nicht bundesrechtlich geregelt ist,[52] so ist nicht ersichtlich, aus welchem Grunde solches Recht dann überhaupt in Anlage II bzw. eine Zusatzvereinbarung aufgenommen worden sein sollte, wenn seine Weitergeltung sich nach Art. 9 Abs. 1 EV richten würde. Denn für eine Weitergeltung nach Art. 9 Abs. 1 EV kommt es überhaupt nicht darauf an, ob die betreffenden Vorschriften in Anlage II zum Einigungsvertrag bzw. in einer Zusatzvereinbarung aufgeführt sind oder nicht. Gegen die Annahme, DDR-Vorschriften, die in Anlage II zum Einigungsvertrag bzw. eine gesonderte Vereinbarung aufgenommen wurden, könnten in den hier

[49] BT-Drucks. 11/7760; BR-Drucks. 600/90, Zu Art. 9.

[50] So jedoch *Rehbinder*, aaO.

[51] Freilich betrifft Art. 9 Abs. 2 i.V.m. Anlage II EV primär Recht der DDR, das nach Art. 9 Abs. 4 EV als Bundesrecht fortgilt, vgl. bereits *Kloepfer*, DVBl. 1991, 1 ff. [4].

[52] Gerade davon geht *Rehbinder*, aaO., aus. Ob dies zutrifft, ist bei den in Frage kommenden Vorschriften im einzelnen zu prüfen.

in Rede stehenden Fällen nur nach Art. 9 Abs. 1 EV fortgelten, spricht auch der Sinn der unterschiedlichen Regelung der Fortgeltung nach Art. 9 Abs. 1 EV einerseits und Art. 9 Abs. 2 und 3 EV andererseits. Während DDR-Recht nach Art. 9 Abs. 1 EV nur fortgilt, wenn es mit dem Grundgesetz ohne Berücksichtigung des Art. 143 GG[53] vereinbar ist, muß es für die Fortgeltung nach Art. 9 Abs. 2 und 3 EV lediglich den (u. a.) durch Art. 143 GG relativierten Anforderungen des Grundgesetzes genügen. Diese geringeren Anforderungen an fortgeltendes DDR-Recht finden nach dem Willen der Vertragspartner ihre Rechtfertigung darin, daß die in Anlage II zum Einigungsvertrag bzw. besondere Vereinbarungen aufgenommenen Vorschriften der ehemaligen DDR im einzelnen in den Blick genommen wurden.[54] Dieses Ziel der Vertragspartner, an die Fortgeltung des in Anlage II zum Einigungsvertrag bzw. besondere Vereinbarungen aufgenommenen DDR-Rechts geringere Anforderungen zu stellen als an die Fortgeltung anderen DDR-Rechts, würde verfehlt, wenn man annähme, daß manche der in Anlage II bzw. besondere Vereinbarungen aufgenommene Vorschriften der ehemaligen DDR nicht nach Art. 9 Abs. 2 bzw. 3 EV, sondern nach Art. 9 Abs. 1 EV weitergelten würden, also auch den Anforderungen des Grundgesetzes ohne Berücksichtigung des Art. 143 GG genügen müßten.

Aus all diesen Gründen gilt in Anlage II zum Einigungsvertrag bzw. einer besonderen Vereinbarung aufgeführtes DDR-Recht, das Gegenstände der konkurrierenden Bundesgesetzgebung oder der Rahmengesetzgebung des Bundes betrifft und im übrigen Bundesgebiet nicht bundesrechtlich geregelt ist, dennoch nach Art. 9 Abs. 2 bzw. 3 EV fort. Obwohl Art. 9 Abs. 4 EV diesen Fall nicht ausdrücklich regelt, ist davon auszugehen, daß solches Recht als Landesrecht fortgilt. Offenbar war dies für die Vertragspartner so selbstverständlich, daß sie eine entsprechende Regelung nicht für erforderlich hielten.[55]

Die vorstehenden Erwägungen gelten entsprechend für solches in Anlage II bzw. besondere Vereinbarungen aufgenommenes DDR-Recht, das Gegenstände der „ausschließlichen Landesgesetzgebung" betrifft.[56] Daß auch solches

---

[53] Eingefügt durch Art. 4 Nr. 5 EV.

[54] So die Denkschrift zum Einigungsvertrag, BT-Drucks. 11/7760; BR-Drucks. 600/90, Zu Art. 9 Abs. 1 EV.

[55] In der Denkschrift zum Einigungsvertrag, BT-Drucks. 11/7760; BR-Drucks. 600/90, Zu Art. 9 Abs. 4 EV, heißt es ausdrücklich, Art. 9 Abs. 4 EV regele die Weitergeltung des nach Art. 9 Abs. 2 und 3 EV fortgeltenden DDR-Rechts als Bundesrecht *oder als Landesrecht*.

[56] Ebenso *Brachmann*, LKV 1991, 12ff. [14f.] (mißverständlich allerdings auf S. 14). Zu einem anderen Ergebnis würde man auf der Grundlage der soeben abgelehnten Auffassung *Rehbinders* kommen müssen. Unklar insoweit *Schnapauff*, DVBl. 1990, 1249ff. [1253], der sich zwar ausschließlich auf DDR-Recht bezieht, das Gegenstände der Bundesgesetzgebung betrifft, jedoch nicht ausdrücklich ausschließt, daß nach Art. 9 Abs. 2 und 3 EV auch DDR-Recht aus dem Bereich der „ausschließlichen Landesgesetzgebung" fortgelten kann.

Recht nach dem Willen der Vertragspartner nach Art. 9 Abs. 2 bzw. 3 EV fortgilt, zeigt etwa die ausdrücklich angeordnete Fortgeltung des DDR-Polizeiaufgabengesetzes.[57]

d) Bundesrecht durch Aufnahme in Anlage II zum Einigungsvertrag bzw. in eine besondere Vereinbarung?

Insbesondere bezüglich der sogenannten Freistellungsklausel für Altlasten ist teilweise die Ansicht vertreten worden, diese Freistellungsklausel habe bereits *durch die Aufnahme in Anlage II* des Einigungsvertrags[58] als partikulares Bundesrecht fortgegolten.[59] Diese Auffassung steht jedoch nicht im Einklang mit der differenzierten Regelung des Art. 9 Abs. 4 EV, nach der im einzelnen zu prüfen ist, ob eine nach Art. 9 Abs. 2 bzw. 3 EV fortgeltende Vorschrift der ehemaligen DDR Gegenstände der ausschließlichen bzw. konkurrierenden Gesetzgebung oder Rahmengesetzgebung des Bundes betrifft.[60] Wie die bereits erwähnte Erläuterung der Denkschrift zum Einigungsvertrag zu Art. 9 Abs. 4 EV zeigt,[61] waren auch die Vertragspartner bei Schaffung des Art. 9 EV nicht der Ansicht, durch die Aufnahme einer Vorschrift in Anlage II zum Einigungsvertrag bzw. eine besondere Vereinbarung gelte diese automatisch als Bundesrecht fort.

e) Fortgeltung von Allgemeinen Verwaltungsvorschriften als Bundes- oder Landesbinnenrecht

Bereits oben[62] wurde darauf hingewiesen, daß die Überleitung von Allgemeinen Verwaltungsvorschriften durch den Umweltrahmengesetzgeber der ehemaligen DDR unter Zugrundelegung des Gewaltenteilungsgrundsatzes nicht unproblematisch erscheint. Dieses Problem taucht nun wiederum auf, da durch den Einigungsvertrag die (jedenfalls die umweltrechtlichen) Allgemeinen Verwaltungsvorschriften nicht unmittelbar im Beitrittsgebiet in Kraft gesetzt wurden, sondern die entsprechenden Überleitungsregelungen des Umweltrahmengesetzes nach Art. 9 Abs. 2 i. V. m. Anlage II, Kap. XII, Abschnitt III Nr. 1

---

[57] Gesetz über die Aufgaben der Polizei vom 13. September 1990, GBl. I, Nr. 61 S. 1489. Die Fortgeltung dieses Gesetzes ist angeordnet in Anlage II, Sachgebiet C: Öffentliche Sicherheit, Abschnitt III Nr. 2 EV.

[58] Vor der Neufassung durch Art. 12 des Hemmnisbeseitigungsgesetzes (vom 22. März 1991, BGBl. I S. 766ff.).

[59] So *BMU*, Umweltpolitik, S. 14; Umwelt 1990, 424ff. [426]; *Feldhaus/Eisenbarth*, UPR 1990, 401ff. [403]; *Jänkel*, IUR 1991, 57ff. [61].

[60] *Brachmann*, LKV 1991, 12ff. [15].

[61] In der Denkschrift zum Einigungsvertrag, BT-Drucks. 11/7760, S. 361, Zu Art. 9 Abs. 4 EV, heißt es ausdrücklich, Art. 9 Abs. 4 EV regele die Weitergeltung des nach Art. 9 Abs. 2 und 3 EV fortgeltenden DDR-Rechts als Bundesrecht *oder als Landesrecht*.

[62] Vgl. S. 29 mit Fn. 6.

a, c, d und e EV im Beitrittsgebiet fortgelten.[63] Die Bedenken, die gegen die Übernahme der Allgemeinen Verwaltungsvorschriften durch das Umweltrahmengesetz bestehen, dürften dabei jedenfalls unter Berufung auf die (ihrerseits nicht ganz unproblematische[64]) Regelung des Art. 143 GG[65] hintan gestellt werden können.

aa) Fortgeltung als Bundes- bzw. Landesbinnenrecht

Probleme bereitet die vom Einigungsvertrag gewählte Art der Überleitung von Allgemeinen Verwaltungsvorschriften aber auch, wenn man versucht, sie in das System des Art. 9 Abs. 4 EV einzufügen. Eine direkte Anwendung dieser Regelung muß dabei von vornherein ausscheiden, da sie auf die Verteilung der Gesetzgebungszuständigkeiten nach dem Grundgesetz abstellt. Zwar handelt es sich bei den fortgeltenden Überleitungsvorschriften des Umweltrahmengesetzes selbst um Rechtsnormen. Die Überleitung durch diese Vorschriften des Umweltrahmengesetzes sollte aber nach deren ausdrücklichem Wortlaut nicht zu einer Änderung des Rechtscharakters der Allgemeinen Verwaltungsvorschriften führen.[66] Daher erscheint es nicht sachgerecht, die im Beitrittsgebiet fortgeltenden Allgemeinen Verwaltungsvorschriften gemäß der Verteilung der Gesetzgebungszuständigkeiten zu qualifizieren. Vielmehr ist auf die Verteilung der Zuständigkeiten zum Erlaß Allgemeiner Verwaltungsvorschriften (Art. 84 Abs. 2, Art. 85 Abs. 2 S. 1, Art. 86 S. 1 GG) abzustellen. Art. 9 Abs. 4 EV kann insoweit lediglich (muß aber auch) analog herangezogen werden.

Selbstverständlich erscheint, daß allein der Bund (Bundesregierung) für den Erlaß von Allgemeinen Verwaltungsvorschriften für die bundeseigene Verwaltung zuständig ist.[67] Sofern gem. Art. 9 Abs. 2 i. V. m. Anlage II EV bereits von der DDR übernommene Allgemeine Verwaltungsvorschriften des Bundes fortgelten, sind sie analog Art. 9 Abs. 4 S. 1 EV als (partikulares) Bundesbinnen„recht" zu qualifizieren. Der Bund (Bundesregierung) ist zu ihrer Änderung bzw. Aufhebung befugt. Dasselbe gilt im Ergebnis für fortgeltende Allgemeine Verwaltungsvorschriften des Bundes im Bereich der Bundesauftragsverwaltung (Art. 85 Abs. 2 S. 1 GG)[68] bzw. der Landeseigenverwaltung

---

[63] Einer unmittelbaren Inkraftsetzung Allgemeiner Verwaltungsvorschriften im Beitrittsgebiet durch eine Art. 8 i. V. m. Anlage I EV entsprechende Regelung hätten wohl keine durchgreifenden Bedenken entgegengestanden.

[64] Vgl. hierzu oben S. 43 Fn. 32.

[65] Eingefügt durch Art. 4 Nr. 5 EV.

[66] Vgl. hierzu bereits oben S. 38.

[67] Die Probleme dieser Zuständigkeit liegen in anderen Bereichen, etwa dem Erlaß Allgemeiner Verwaltungsvorschriften gegenüber „bundesunmittelbaren" Rechtspersonen des öffentlichen Rechts bzw. privaten Rechtsträgern (vgl. hierzu z. B. *Lerche*, in: MDHS, Art. 86 Rn. 97 ff.).

[68] Vgl. hierzu z. B. *Lerche*, in: MDHS, Art. 84 Rn. 85 ff.

unter Bundesaufsicht (Art. 84 Abs. 2 GG)[69]. Zwar besteht in diesen Bereichen eine grundsätzliche, der Landesexekutive inhärente Landeskompetenz zum Erlaß allgemeiner Richtlinien unterhalb des Ranges formeller Normen.[70] Diese Befugnis wird aber verdrängt, soweit der Bund aufgrund Art. 84 Abs. 2 GG bzw. Art. 85 Abs. 2 S. 1 GG Allgemeine Verwaltungsvorschriften erläßt. Soweit also Allgemeine Verwaltungsvorschriften des Bundes für die Landeseigenverwaltung unter Bundesaufsicht bzw. die Bundesauftragsverwaltung gem. Art. 9 Abs. 2 i. V. m. Anlage II EV als „Recht" der DDR fortgelten, tun sie dies analog Art. 9 Abs. 4 S. 2 EV ebenfalls als (partikulares) Bundesbinnenrecht.

bb) Änderung der fortgeltenden Verwaltungsvorschriften

Nicht ganz unproblematisch erscheint auf den ersten Blick die Änderung der durch Art. 9 Abs. 2 i. V. m. Anlage II, Kap. XII, Abschnitt III Nr. 1 a, c, d, e EV übergeleiteten Allgemeinen Verwaltungsvorschriften des Bundes. Da die Allgemeinen Verwaltungsvorschriften des Bundes weder unmittelbar im Beitrittsgebiet in Kraft gesetzt werden noch unmittelbar als Allgemeine Verwaltungsvorschriften der ehemaligen DDR fortgelten, sondern — jedenfalls der äußeren Form nach — die betreffenden Überleitungsvorschriften des Umweltrahmengesetzes als Recht der DDR fortgelten, könnte man folgern, es sei dem Gesetzgeber vorbehalten, die betreffenden Allgemeinen Verwaltungsvorschriften zu ändern oder jedenfalls die Voraussetzungen dafür zu schaffen, daß die „übergeleiteten" Verwaltungsvorschriften durch den Erlaß anderer Allgemeiner Verwaltungsvorschriften geändert werden können. Dahinter stünde die Vorstellung, die Überleitung der Allgemeinen Verwaltungsvorschriften durch das insoweit fortgeltende Umweltrahmengesetz habe die betreffenden Allgemeinen Verwaltungsvorschriften in der jeweils übergeleitenen Fassung mit einer erhöhten Geltungskraft ausgestattet, über die sich der Verwaltungsvorschriftengeber nicht ohne weiteres hinwegsetzen könne. Insoweit könnte man allerdings auf Art. 6 Abs. 2 des Einigungsvertragsgesetzes[71] verweisen, der ausdrücklich bestimmt, daß die fortbestehenden Verwaltungsvorschriften der DDR durch Verwaltungsvorschriften geändert oder aufgehoben werden können.

Es muß jedoch bezweifelt werden, daß Art. 6 Abs. 2 Einigungsvertragsgesetz mehr als eine klarstellende Funktion zukommt. Denn die Überleitung Allgemeiner Verwaltungsvorschriften durch das Umweltrahmengesetz änderte, wie die betreffenden Überleitungsvorschriften klarstellten, nichts an deren Rechtsnatur als Allgemeine Verwaltungsvorschriften.[72] Nichts anderes kann gelten, wenn nunmehr Art. 9 Abs. 2 i. V. m. Anlage II, Kap. XII, Abschnitt III Nr. 1 a, c, d, e

[69] Vgl. hierzu z. B. *Lerche*, in: MDHS, Art. 84 Rn. 85 ff. m. w. N.

[70] *Lerche*, in: MDHS, Art. 84 Rn. 85 m. w. N.

[71] Diese Vorschrift wurde erst im Laufe des Gesetzgebungsverfahrens in das Gesetz aufgenommen.

[72] Vgl. die jeweiligen §§ 2 URG.

EV bestimmt, daß die betreffenden Überleitungsvorschriften des Umweltrahmengesetzes fortgelten. Daher ist es selbstverständlich, daß die fortgeltenden Allgemeinen Verwaltungsvorschriften der DDR durch Verwaltungsvorschriften geändert oder aufgehoben werden können.[73] Auch der Umstand, daß die fortgeltenden Überleitungsvorschriften auf eine bestimmte Fassung der Allgemeinen Verwaltungsvorschriften abstellen, kann nicht dahingehend ausgelegt werden, daß diese Fassung gegen zukünftige Veränderungen abgesichert werden sollte.[74]

f) Fortgeltung sonstiger untergesetzlicher Regelungen der ehemaligen DDR

Nach Art. 9 Abs. 2 i. V. m. Anlage II EV gelten auch manche untergesetzlichen Rechtsnormen der ehemaligen DDR fort.[75] Das bedeutet freilich ebenfalls nicht, daß sie durch die Anordnung ihres Fortgeltens im Einigungsvertrag nunmehr selbst zu Rechtsnormen i. S. der bundesdeutschen Rechtsordnung würden.[76] Sofern sie nicht Rechtsnormen i. S. der bundesdeutschen Rechtsordnung sind, kann für die Frage nach der Art ihres Fortgeltens Art. 9 Abs. 4 EV also ebenfalls lediglich entsprechend herangezogen werden, wobei auch hier nicht auf die Verteilung der Gesetzgebungskompetenzen, sondern auf die Verteilung der Kompetenzen zum Erlaß Allgemeiner Verwaltungsvorschriften[77] abzustellen ist.

Da der Bund Allgemeine Verwaltungsvorschriften nach Art. 84 Abs. 2, Art. 85 Abs. 2 S. 1 bzw. Art. 86 S. 1 GG nur dann erlassen kann, wenn es um die Ausführung von Bundesgesetzen geht, gelten analog Art. 9 Abs. 4 EV untergesetzliche Regelungen zur Ausführung von Landesrecht (z. B. Recht der DDR,

[73] Aufgrund der im Einigungsvertrag gewählten indirekten Art der Überleitung (durch Fortgeltung der entsprechenden Überleitungsvorschriften des Umweltrahmengesetzes) bestehen die betreffenden Allgemeinen Verwaltungsvorschriften nicht einheitlich für das gesamte Staatsgebiet, sondern jeweils gesondert (inhaltsgleich, aber nicht identisch) für das Gebiet der Alt-Bundesrepublik sowie das Beitrittsgebiet. Um nicht einer erneuten Rechtszersplitterung Vorschub zu leisten, müßten sich Änderungen jeweils auf die beiden entsprechenden Allgemeinen Verwaltungsvorschriften beziehen. Zweckmäßigerweise sollten gelegentlich einer Änderung die im Beitrittsgebiet fortgeltenden Allgemeinen Verwaltungsvorschriften aufgehoben und die im übrigen Bundesgebiet geltenden Verwaltungsvorschriften auf das gesamte Staatsgebiet erstreckt werden.

[74] Zu dem entsprechenden Problem bei der Überleitung von Bundesrecht vgl. o. S. 41 f.

[75] Vgl. etwa Anlage II, Kap. XII, Abschnitt III Nrn. 3 und 4.

[76] Vgl. Denkschrift zum Einigungsvertrag, BT-Drucks. 11/7760, BR-Drucks. 600/90, Zu Art. 9 EV. Im einzelnen ist die rechtliche Qualifizierung fortgeltenden DDR-Rechts allerdings wegen der Unterschiede zwischen den Rechtsordnungen häufig nicht unproblematisch (vgl. z. B. *Jänkel*, IUR 1991, 57 ff. [60 f.]). Der Einigungsvertrag trifft insoweit keine Regelung.

[77] Unter diesen Begriff dürften sich diese Regelungen unterhalb des Ranges förmlicher Rechtsnormen fassen lassen.

das als Landesrecht fortgilt) als Landesbinnen"recht" fort, so daß die Länder im Beitrittsgebiet über ihre Änderung bzw. Aufhebung entscheiden können.

Soweit solche fortgeltenden Regelungen der ehemaligen DDR die Ausführung von Bundesrecht — insbesondere von gem. Art. 9 Abs. 4 EV als partielles Bundesrecht fortgeltendem DDR-Recht — dienen, ist zu differenzieren: Wird dieses Bundesrecht von den Ländern unter Aufsicht oder im Auftrag des Bundes ausgeführt (Art. 84 f. GG), so handelt es sich bei den entsprechenden fortgeltenden Regelungen unterhalb des Ranges formeller Rechtsnormen um Landesbinnen"recht", wenn der Bund (die Bundesregierung) von seiner Regelungsbefugnis im übrigen Bundesgebiet noch keinen Gebrauch gemacht hat. Denn auch bei der Ausführung von Bundesrecht durch die Länder steht diesen — wie oben[78] bereits ausgeführt — grundsätzlich die Befugnis zum Erlaß genereller Regelung unterhalb des Ranges formeller Rechtsordnungen zu, die erst dadurch verdrängt wird, daß der Bund seinerseits von seiner Kompetenz Gebrauch macht. Art. 9 Abs. 4 S. 2 EV kann insoweit entsprechend herangezogen werden. Hat der Bund in den genannten Fällen bereits im übrigen Bundesgebiet von seiner Regelungsbefugnis Gebrauch gemacht, gelten die entsprechenden Vorschriften der DDR als partikulares Bundesbinnen"recht" fort.[79]

4. Rechtsstaatsprobleme

Art. 82 Abs. 1 GG schreibt grundsätzlich die Verkündung von Gesetzen und Rechtsverordnungen im Bundesgesetzblatt vor. Fraglich ist nun, ob auch diejenigen Rechtsnormen, die durch Art. 8 EV im Beitrittsgebiet in Kraft gesetzt worden sind, nunmehr erneut hätten verkündet werden müssen. Der Wortlaut des Art. 82 Abs. 1 GG erfordert dies nicht, und auch nach Sinn und Zweck dieser Vorschrift erscheint eine Neuverkündung der übergeleiteten Rechtsvorschriften grundsätzlich nicht erforderlich. Denn das Bundesgesetzblatt gibt grundsätzlich auch ohne die Neuverkündung der übergeleiteten Rechtsnormen den aktuellen Bestand des bundesdeutschen Rechts wieder.

Nach Sinn und Zweck des Verkündungserfordernisses ist jedoch zu fordern, daß das Bundesgesetzblatt als Publikationsorgan auch im Beitrittsgebiet in einem solchen Umfang verfügbar ist, daß es den Bürgern auch im Beitrittsgebiet ohne größere Schwierigkeiten möglich ist, von den in ihm enthaltenen Rechtsnormen Kenntnis zu nehmen. Freilich wird man die Anforderungen an die

---

[78] S. 53.

[79] Für die Frage nach dem „Gebrauchmachen" kann es hierbei freilich nicht darauf ankommen, ob der Bund Allgemeine Verwaltungsvorschriften zur Durchführung des im Beitrittsgebiet geltenden partikularen Bundesrechts getroffen hat. Maßgeblich ist vielmehr, ob Allgemeine Verwaltungsvorschriften des Bundes zur Ausführung des entsprechenden im übrigen Bundesgebiet geltenden Bundesrechts bestehen.

Verfügbarkeit nicht allzu hoch ansetzen dürfen, so daß jedenfalls nach dem Beitritt insoweit keine Bedenken mehr bestehen dürften.

Bedenken hinsichtlich des Verkündungserfordernisses ergeben sich auch aus dem Umstand, das Recht der DDR nach Art. 9 Abs. 2 (und Abs. 3) i. V. m. Anlage II i. V. m. Art. 9 Abs. 4 EV als partikulares Bundesrecht fortgelten kann. Soweit sich hier die Frage stellt, ob diese fortgeltenden Rechtsvorschriften selbst im Bundesgesetzblatt verkündet werden müssen, ist dies zu verneinen. Insoweit ist die Lage vergleichbar mit der Fortgeltung vorkonstitutionellen Rechts nach Art. 123 Abs. 1 GG, für das eine Neuverkündung ebenfalls nicht vorgesehen ist. Denn auch das fortgeltende Recht der DDR ist insofern vorkonstitutionell, als das Grundgesetz bisher nach Art. 23 GG (a.F.) im Beitrittsgebiet nicht galt bzw. — im Ostteil Berlins — keine rechtlichen Wirkungen entfalten konnte. Abgesehen davon dürfte das fortgeltende DDR-Recht in der ehemaligen DDR selbst ordnungsgemäß verkündet worden sein.

Zu beachten ist auch, daß das nach Art. 9 Abs. 2 und 3 EV fortgeltende Recht Auswirkungen auf das übergeleitete Bundesrecht hat. Die Frage, inwieweit das fortgeltende Recht der DDR übergeleitetes Bundesrecht verdrängt, ist aber für die einzelnen Rechtsnormen — wie auch sonst das Verhältnis neuer zu bereits bestehenden Rechtsvorschriften — durch Auslegung zu klären. Einer Verkündung des (nicht verdrängten) übergeleiteten Bundesrechts oder des (verdrängenden) fortbestehenden Rechts der DDR bedarf es auch unter diesem Gesichtspunkt nicht.

5. Fortgeltendes DDR-Recht nach Art. 9 Abs. 1 EV

Soweit Art. 9 EV in seinen Absätzen 2 bis 5 die Fortgeltung des Rechts der DDR vorsieht, schränkt dieses Recht die Inkraftsetzung des Bundesrechts im Beitrittsgebiet ein. Darüber hinaus enthält Art. 9 Abs. 1 EV eine generalklauselartige Regelung über die Fortgeltung von Recht der DDR, die selbständig neben der Regelung des Art. 9 Abs. 2 bis 5 EV steht.[80] Freilich wird man im konkreten Fall zunächst die Fortgeltung des Rechts nach Art. 9 Abs. 2 EV prüfen, da die Voraussetzungen für die Fortgeltung von DDR-Recht nach dieser Vorschrift im Regelfall leichter festzustellen sein werden.

a) Abgrenzung der Regelungen des Art. 9 Abs. 1 S. 1 und 2 EV

Art. 9 Abs. 1 S. 1 EV bezieht sich auf Recht, das nach der Kompetenzordnung des Grundgesetzes Landesrecht ist, Art. 9 Abs. 1 S. 2 EV auf solches Recht, das nach der Kompetenzordnung des Grundgesetzes Bundesrecht ist und nicht

---

[80] Insoweit ungenau *Feldhaus/Eisenbarth* (UPR 1990, 401 ff. [402]), Anlage II zum Einigungsvertrag führe abschließend das fortgeltende DDR-Recht auf (ähnlich Roßnagel, LKV 1991, 90 ff. [91]). Von einer (abgesehen von Art. 9 Abs. 2 EV) grundsätzlichen Ablösung des Umweltrahmengesetzes durch den Einigungsvertrag kann daher nicht die

bundeseinheitlich geregelte Gegenstände betrifft. Da Art. 9 Abs. 1 EV auf die Kompetenzordnung des Grundgesetzes abstellt, versteht sich von selbst, daß nicht Recht gemeint ist, das Bundesrecht oder Landesrecht „ist“, sondern solches, das der Bundes- bzw. Landesgesetzgebungskompetenz unterfällt.

Art. 9 Abs. 1 S. 1 EV bezieht sich jedenfalls auf das Recht der DDR, für das nach Art. 70ff. GG dem Bund überhaupt keine Gesetzgebungskompetenz zusteht (sog. „ausschließliche Landesgesetzgebung“). Darüber hinaus könnte Art. 9 Abs. 1 S. 1 EV aber auch das Recht hinsichtlich solcher Gegenstände erfassen, für die dem Bund die konkurrierende Gesetzgebung (Art. 72, 74 GG) oder die Rahmengesetzgebung (Art. 72, 75 GG) zusteht. Denn solange der Bund von seiner Kompetenz zur konkurrienden oder Rahmengesetzgebung keinen Gebauch macht, stehen die betreffenden Regelungsgegenstände der Landesgesetzgebung offen (Art. 72 Abs. 1 GG).[81]

Aus systematischen Gründen ist jedoch davon auszugehen, daß Art. 9 Abs. 1 S. 1 EV sich ausschließlich auf solche Gegenstände beschränkt, für die dem Bund überhaupt keine Gesetzgebungskompetenz zusteht. Denn wenn diese Vorschrift auch die Gegenstände der konkurrierenden oder der Rahmengesetzgebung erfassen würde, müßte Art. 9 Abs. 1 S. 2 EV nämlich — was begrifflich durchaus möglich erschiene — als Regelung über die Fortgeltung des Rechts der DDR im Bereich der ausschließlichen Bundeskompetenz gedeutet werden. Dagegen bestehen jedoch durchgreifende Bedenken, da die Regelung des Art. 9 Abs. 1 S. 2 EV als bewußtes Abweichen von der Kompetenzordnung des Grundgesetzes verstanden werden müßte. Für ein solches Abweichen von der Kompetenzordnung des Grundgesetzes im Rahmen des Art. 9 Abs. 1 EV gibt es jedoch keinerlei Anhaltspunkte.[82] So heißt es in der Denkschrift zum Einigungsvertrag[83] zu Art. 9 Abs. 1 EV (und zwar zu Art. 9 Abs. 1 EV insgesamt, nicht nur zu Satz 1), er sehe die Fortgeltung von Recht der DDR (als Landesrecht) vor, „das nach der Kompetenzordnung des Grundgesetzes in die Zuständigkeit der Länder fällt“. Daß die Vertragspartner die Frage, ob nach Art. 9 EV fortgeltendes DDR-Recht als Bundes- oder Landesrecht fortgilt, insgesamt in Anlehnung an die Kompetenzordnung des Grundgesetzes regeln wollten, zeigt auch die (auf Art. 9 Abs. 2 und 3 EV bezogene) an Art. 70ff. GG orientierte Regelung des Art. 9 Abs. 4 EV. Auch dies spricht dafür, daß nach Art. 9 Abs. 1 S. 2 EV nicht solches DDR-Recht (als Landesrecht) fortgilt, das nach der Kompetenzordnung des Grundgesetzes zur ausschließlichen Bundesgesetzgebung gehört.

Rede sein (anders *Kamphausen,* DB, DDR-Report, Nr. 12 1990, 3136ff. [3136]). Vielmehr ist im einzelnen zu prüfen, ob bestimmte Vorschriften des Umweltrahmengesetzes nach Art. 9 Abs. 1 EV fortgelten können.

[81] Die Möglichkeit bundesgesetzlicher Ermächtigungen für die Länder im Bereich der ausschließlichen Bundesgesetzgebung (Art. 71 GG) bleibt hier zunächst außer Betracht, vgl. dazu unten S. 58 Fn. 84.

[82] Ebenso im Ergebnis *Jänkel,* IUR 1991, 57ff. [59].

[83] BT-Drucks. 11/7760; BR-Drucks. 600/90.

Schließlich ist auch kein sachlicher Grund für eine — wie Art. 9 Abs. 1 EV — generalklauselartige Regelung über die Fortgeltung von Recht der DDR im Bereich der ausschließlichen Bundesgesetzgebung ersichtlich. Im Bereich der konkurrierenden bzw. der Rahmengesetzgebung und erst recht im Bereich der „ausschließlichen Landesgesetzgebung" erscheint eine solche Regelung deshalb sinnvoll, weil die Länder sich zum Zeitpunkt des Beitritts erst im Aufbau befanden. Das bestehende Vakuum im Bereich der Landesgesetzgebung mußte also aufgefüllt werden. Im Bereich der ausschließlichen Bundesgesetzgebung war dies nicht erforderlich. Hier konnten allenfalls Gründe des schonenden Übergangs die vorübergehende Weitergeltung von DDR-Recht sinnvoll erscheinen lassen. Dabei kam es jedoch auf die konkreten Regelungen für den jeweiligen Regelungsgegenstand an, so daß eine generelle Regelung nach dem Muster des Art. 9 Abs. 1 (S. 2) EV wenig sinnvoll gewesen wäre. Die Vertragspartner haben daher die Weitergeltung von DDR-Recht aus Gründen des schonenden Übergangs zu Recht nicht generell, sondern bezogen auf einzelne Rechtsnormen, nämlich in Art. 9 Abs. 2 i. V. m. Anlage II EV geregelt.

Als Zwischenergebnis bleibt also festzuhalten, daß Art. 9 Abs. 1 S. 1 EV sich auf die Regelungsgegenstände bezieht, für die dem Bund überhaupt keine Gesetzgebung zusteht, Art. 9 Abs. 1 S. 2 EV auf solche, für die dem Bund die konkurrierende oder die Rahmengesetzgebung zusteht.[84]

b) Fortgeltung als Landesrecht

Nach Art. 9 Abs. 1 EV fortgeltendes Recht der DDR gilt als Landesrecht fort. Während die Vorschrift in Satz 2 eine entsprechende ausdrückliche Regelung enthält, schweigt Satz 1 zwar zu dieser Frage. Offenbar schien den Vertragspartnern die Fortgeltung von Recht im Bereich der „ausschließlichen Landesgesetzgebung" so selbstverständlich, daß auf eine ausdrückliche Regelung verzichtet wurde. Auch dieser Umstand spricht dagegen, in Art. 9 Abs. 1 S. 1 EV eine Regelung auch über Recht im Bereich der konkurrierenden Bundesgesetzgebung zu sehen. Und wenn man — entgegen der hier vertretenen Auffassung — in Art. 9 Abs. 1 S. 2 EV eine Regelung (auch) über fortgeltendes DDR-Recht im Bereich der ausschließlichen Bundesgesetzgebung sähe, wäre nicht einzusehen, warum dieses (anders als nach Art. 9 Abs. 2 und 3 i. V. m. Abs. 4 S. 1 EV) als Landesrecht fortgelten würde. Das nach Art. 9 Abs. 1 EV als Landesrecht fortgeltende DDR-Recht steht im übrigen — abgesehen von eventuellen

---

[84] Im Ergebnis ebenso *Stern,* in: Stern/Schmidt-Bleibtreu, Einigungsvertrag, S. 3ff. [51] (Nach Art. 9 — gemeint ist Art. 9 Abs. 1 — fortgeltendes Recht müsse nach der Kompetenzordnung des Grundgesetzes in die Zuständigkeit der Länder fallen.).
Eine Ausnahme von dem hier vertretenen Grundsatz ist allerdings für solches DDR-Recht (falls es solches DDR-Recht überhaupt gibt) zu machen, das zwar zur ausschließlichen Gesetzgebung des Bundes gehört, jedoch von einer entsprechenden bundesgesetzlichen Ermächtigung (Art. 71 GG) gedeckt ist. Auch dieses Recht kann (jedenfalls theoretisch) nach Art. 9 Abs. 1 S. 2 EV fortgelten.

Bindungen durch den Einigungsvertrag bzw. entgegenstehendes Bundesrecht — jedenfalls kompetenzmäßig zur Disposition der Bundesländer im Beitrittsgebiet.

c) Übereinstimmung mit dem Grundgesetz ohne Berücksichtigung des Art. 143 GG (Art. 9 Abs. 1 S. 1 und 2 EV)

Die Vertragspartner standen vor der Schwierigkeit, daß durch die abstrakte Regelung der Fortgeltung von Recht der DDR in Art. 9 Abs. 1 EV möglicherweise ganz erhebliche Abweichungen von den Bestimmungen des Grundgesetzes hätten festgeschrieben werden können. Zwar sollten einerseits Übergangslösungen nicht generell am Grundgesetz scheitern, weshalb Art. 143 GG eingeführt wurde. Andererseits sollte vermieden werden, daß diese Regelung sich zugunsten von Rechtsnormen auswirken könnte, welche die Vertragspartner bei Vertragsabschluß nicht im Blick hatten. Daher kommen die Vergünstigungen des Art. 143 GG nur dem Recht der DDR zugute, dessen Fortgeltung die Vertragspartner nach Art. 9 Abs. 2 i.V.m. Anlage II EV ausdrücklich und im einzelnen festgelegt haben.[85] Dagegen fordert die generalklauselartige Regelung des Art. 9 Abs. 1 S. 1 und 2 EV die Übereinstimmung des fortgeltenden Rechts mit dem Grundgesetz ohne Berücksichtigung des Art. 143 GG.[86] Trotz dieser absoluten Forderung des Art. 9 Abs. 1 EV müssen aber auch hier Abweichungen vom Grundgesetz insoweit zulässig sein, als bestimmte Anforderungen von Rechtsvorschriften der DDR regelmäßig nicht eingehalten werden und z.T. gar nicht eingehalten werden können.[87]

d) Übereinstimmung mit dem im Beitrittsgebiet in Kraft gesetzten Bundesrecht und dem unmittelbar geltenden Recht der Europäischen Gemeinschaften (Art. 9 Abs. 1 S. 1 und 2 EV)

aa) Grundsatz

Soweit Art. 9 Abs. 1 S. 1 und 2 EV die Fortgeltung des Rechts der DDR von der Übereinstimmung mit dem im Beitrittsgebiet in Kraft gesetzten Bundesrecht

---

[85] Vgl. hierzu die Ausführungen zu Art. 9 EV in der Denkschrift zum Einigungsvertrag, BT-Drucks. 11/7760, BR-Drucks. 600/90, Zu Art. 9; vgl. aber auch die (abweichende) Regelung in Absatz 6 der Vorbemerkungen zu Anlage II zum Einigungsvertrag.

[86] Aus diesem Grunde und wegen der in Art. 9 Abs. 1 EV gebotenen Vereinbarkeit mit dem übergeleiteten Bundesrecht trifft es nicht zu, daß die Vertragspartner die Fortgeltung von DDR-Recht nach Art. 9 Abs. 2 und Abs. 3 EV von denselben Voraussetzungen abhängig gemacht hätten wie die Fortgeltung nach Art. 9 Abs. 1 EV (so aber *Jänkel*, IUR 1991, 57ff. [59]).

[87] Von welchen Vorschriften des Grundgesetzes auch im Rahmen des Art. 9 Abs. 1 EV abgewichen werden kann, ist im Rahmen der vorliegenden Untersuchung nicht abschließend zu klären. Hierzu werden sicherlich die Regelungen über das Gesetzgebungsverfahren gehören.

abhängig macht, wird lediglich der Vorrang des Bundesrechts (Art. 31 GG) bekräftigt.[88] Entsprechendes gilt für den Vorrang des unmittelbar geltenden Europäischen Gemeinschaftsrechts, der durch Art. 24 Abs. 1 GG verfassungskräftig anerkannt wird.[89] Der Vorrang des übergeleiteten Bundesrechts führt dazu, daß die Fortgeltung von DDR-Recht nach Art. 9 Abs. 1 EV keine Regelung ist, die etwas vom Grundsatz der umfassenden Überleitung von Bundesrecht (Art. 8 EV) Abweichendes bestimmt.

bb) Mit übergeleitetem Bundesrecht inhaltsgleiches DDR-Recht

Auf dieser Grundlage stellt sich die Frage, ob nach Art. 9 Abs. 1 EV auch solches DDR-Recht fortgilt, das mit übergeleitetem Bundesrecht inhaltsgleich ist. Solches inhaltsgleiches Recht der DDR wurde insbesondere durch die Überleitung von Bundesrecht durch das Umweltrahmengesetz geschaffen. Die parallele Vorschrift des Grundgesetzes, Art. 31 GG, steht nach wohl überwiegender Ansicht mit Bundesrecht inhaltsgleichem Landesrecht nicht engegen.[90] Allerdings ist die Bedeutung des Art. 31 GG insoweit relativiert, als kompetenzwidriges Landesrecht bereits aufgrund der Art. 70ff. GG nichtig ist.[91] Entsprechendes gilt auch für Art. 9 Abs. 1 EV. Zwar wären die Vertragspartner nicht gehindert gewesen, im Einigungsvertrag zu vereinbaren, daß DDR-Recht auch dann als Landesrecht weitergelten solle, wenn es nach der Kompetenzordnung des Grundgesetzes nicht Gegenstände der Landesgesetzgebung betrifft. Dies haben die Parteien des Einigungsvertrages jedoch nicht getan. Wie bereits oben[92] gesehen, gilt nach Sinn und Zweck des Art. 9 Abs. 1 EV DDR-Recht nur dann fort, wenn es Gegenstände der „ausschließlichen Landesgesetzgebung" betrifft (S. 1), oder wenn es Gegenstände der konkurrierenden Gesetzgebung oder der Rahmengesetzgebung des Bundes betrifft, die nicht bundeseinheitlich geregelt sind (S. 2). Darüber hinaus gilt solches DDR-Recht nach Art. 9 Abs. 1 S. 2 fort, das im Bereich der ausschließlichen Bundesgesetzgebung durch eine ausdrückliche bundesgesetzliche Ermächtigung gedeckt ist.

Aufgrund dieser eingeschränkten Fortgeltung von DDR-Recht scheidet die Fortgeltung von DDR-Recht, das mit übergeleitetem Bundesrecht inhaltsgleich ist, nach Art. 9 Abs. 1 EV weitgehend aus.[93] Im Bereich der ausschließlichen Bundesgesetzgebung gilt DDR-Recht — sofern es nicht durch eine entsprechende bundesgesetzliche Ermächtigung gedeckt ist — überhaupt nicht nach Art. 9 Abs. 1 EV fort, so daß es insoweit nicht zu einer Kollision kommen kann. Im

---

[88] Vgl. auch *Kloepfer*, DVBl. 1991, 1ff. [4].

[89] Vgl. statt vieler *Hesse*, Grundzüge des Verfassungsrechts der Bundesrepublik Deutschland, 17. Aufl. 1990, Rn. 105ff.

[90] Vgl. *Gubelt*, in: v. Münch, Art. 31 Rn. 23 m. w. N.

[91] Vgl. *Gubelt*, in: v. Münch, Art. 31 Rn. 16 ff. m. w. N.

[92] Vgl. S. 56ff.

[93] Anders wohl *Jänkel*, IUR 1991, 57ff. [61].

Bereich der konkurrierenden Gesetzgebung scheidet eine Kollision inhaltsgleicher (bundes- und DDR-rechtlicher) Regelungen ebenfalls aus, da die Fortgeltung nach Art. 9 Abs. 1 S. 2 EV davon abhängt, daß die betreffenden Gegenstände bisher nicht bundeseinheitlich geregelt sind. (Nach Art. 8 EV tritt nur solches Bundesrecht im Beitrittsgebiet in Kraft, das in seinem Geltungsbereich nicht auf bestimmte Länder oder Landesteile der — alten — Bundesrepublik Deutschland beschränkt ist.) Ebenso scheidet eine Kollision im Bereich der ausschließlichen Bundesgesetzgebung aus, wenn das Bundesrecht eine entsprechende Ermächtigung für die Landesgesetzgebung enthält (Art. 71 GG).

Schwieriger ist die Frage nach kollidierendem inhaltsgleichem (Bundes- und DDR-) Recht jedoch im Bereich der Rahmengesetzgebung. Nach der Kompetenzordnung des Grundgesetzes und auch nach Art. 31 GG können die Landesgesetzgeber in diesem Bereich Regelungen treffen, sofern die durch die bundesrechtlichen Regelungen gezogenen Grenzen eingehalten werden[94]. Danach sind die Länder befugt, bundesgesetzliche Rahmenregelungen durch inhaltsgleiche landesgesetzliche Regelungen auszufüllen. Entsprechendes gilt nach Sinn und Zweck des Art. 9 Abs. 1 und 2 EV auch für DDR-Recht, das einen bundesgesetzlich festgelegten Rahmen ausfüllt. Allerdings handelt es sich bei dieser „Kollision" von Rahmenvorschrift und ausfüllender unmittelbarer Vorschrift nicht im eigentlichen Sinne um eine Kollision inhaltsgleicher Regelungen, da hier keine Identität des Regelungsgegenstandes zweier Normen vorliegt.

Eine Kollision wirklich inhaltsgleicher (bundes- und DDR-rechtlicher) Regelungen im Bereich der Rahmengesetzgebung liegt einmal dann vor, wenn der Bund eine punktuelle Vollregelung trifft und eine inhaltsgleiche Regelung des DDR-Rechts besteht. In diesem Falle kommt eine Fortgeltung des inhaltsgleichen DDR-Rechts nach Art. 9 Abs. 1 S. 2 EV nicht in Betracht, da der betreffende Gegenstand bereits bundeseinheitlich geregelt ist. Zum andern liegt eine Kollision inhaltsgleicher (bundes- und DDR-rechtlicher) Regelungen im Bereich der Rahmengesetzgebung dann vor, wenn es inhaltsgleiche bundes- und DDR-rechtliche Rahmenvorschriften gibt — etwa durch die Überleitung von Rahmenrecht durch das Umweltrahmengesetz. Auch in diesem Fall kommt eine Fortgeltung des DDR-Rechts nach Art. 9 Abs. 1 EV nicht in Betracht, da der betreffende Gegenstand bereits bundesrechtlich geregelt ist. (Im übrigen erschiene die Schaffung von Landesrahmenrecht wenig sinnvoll.)

Zur Frage nach der Fortgeltung von mit dem übergeleiteten Bundesrecht inhaltsgleichem DDR-Recht kann also zusammenfassend festgehalten werden, daß DDR-Recht nicht nach Art. 9 Abs. 1 EV fortgilt, sofern es mit dem übergeleiteten Bundesrecht wirklich inhaltsgleich ist. Fortgelten kann es allerdings insoweit, als es bundesrechtliche Rahmenvorschriften rahmengemäß ausfüllt.

---

[94] Vgl. *Gubelt*, in: v. Münch, Art. 31 Rn. 18.

e) Fortgeltung des Umweltrechts der DDR, insbesondere des Umweltrahmengesetzes (Grundsatz)

DDR-Umweltrecht gilt nach Art. 9 Abs. 2 i. V. m. Anlage II, Kap. XII, Abschnitt III EV[95] nur in geringem Umfang fort. Das schließt jedoch nicht aus, daß es darüber hinaus aufgrund des Art. 9 Abs. 1 EV in Kraft bleibt.[96] Dabei ist jedoch zum einen zu beachten, daß das Umweltrahmengesetz das bis dahin geltende DDR-Recht in weitem Umfang abgeändert hatte, so daß viele ältere umweltrechtliche Vorschriften der DDR im Zeitpunkt des Beitritts bereits nicht mehr existierten, folglich auch nicht nach Art. 9 Abs. 1 EV fortgelten können. Zum andern ist zu beachten, daß DDR-Recht nur fortgilt, soweit es dem übergeleiteten Bundesrecht nicht widerspricht. DDR-Umweltrecht wird daher insbesondere in den Bereichen fortgelten können, für die dem Bund lediglich eine Rahmengesetzgebungskompetenz zusteht.[97]

6. Übergangsregelungen für behördliche Entscheidungen und sonstige Vorgänge aufgrund des DDR-Rechts

Im Zusammenhang mit der Rechtsangleichung stellt sich auch die Frage, wie das nunmehr geltende Recht behördliche Entscheidungen oder sonstige Vorgänge behandelt, die vor seinem Inkrafttreten stattgefunden haben. Auch der Einigungsvertrag enthält insoweit einige Übergangsregelungen. Im Bereich des Umweltrechts besteht dabei die Besonderheit, daß die DDR bereits durch das Umweltrahmengsetz das Bundes-Umweltrecht weitgehend zum 1. Juli 1990 übernommen hatte.

a) Fortwirken von Verwaltungsakten (Art. 19 EV)

Nach Art. 19 S. 1 EV bleiben vor dem Wirksamwerden des Beitritts ergangene Verwaltungsakte[98] der Deutschen Demokratischen Republik wirksam. Sie können nach Art. 19 S. 2 EV jedoch aufgehoben werden, wenn sie mit rechtsstaatlichen Grundsätzen oder mit den Regelungen dieses Vertrags unvereinbar sind. Art. 19 S. 3 EV stellt klar, daß im übrigen die Vorschriften über die Bestandskraft von Verwaltungsakten (und damit auch die allgemeinen Regelungen über die Beseitigbarkeit) unberührt bleiben. Mit dieser Regelung legt der Einigungsvertrag zwar fest, daß mit dem Untergang der ehemaligen DDR

---

[95] Bzw. nach sonstigen Regelungen in Anlage II außerhalb von Kap. XII oder nach Art. 9 Abs. 3 i. V. m. einer entsprechenden Vereinbarung.

[96] Ebenso *Jänkel*, IUR 1991, 57ff. [61].

[97] Etwa Naturschutz und Landschaftspflege (Art. 75 Nr. 3 GG) oder Wasserhaushalt (Art. 75 Nr. 4 GG).

[98] Die Verwendung dieses Begriffs im Zusammenhang mit Akten der DDR ist nicht ganz unproblematisch. In der Terminologie des DDR-Verwaltungsrechts handelte es sich um sog. „Einzelentscheidungen" (vgl. DDR-Verwaltungsrecht, S. 132ff.), wobei Parallelen zum bundesdeutschen Verwaltungsaktsbegriff jedoch unverkennbar sind.

bestehende Verwaltungsakte (also auch z.B. umweltrechtliche Zulassungen) nicht automatisch unwirksam werden. Damit steht deren endgültiges Schicksal aber noch nicht fest, wie der Aufhebungsvorbehalt des Art. 19 S. 2 EV zeigt.

Daß Verwaltungsakte der DDR-Behörden „wirksam" bleiben, bedeutet bei unbefangener Auslegung des Art. 19 EV, daß sie nicht nur als Verwaltungsakte der ehemaligen DDR auf der Grundlage des damals geltenden DDR-Rechts bestehen bleiben, sondern bedeutet darüber hinaus, daß sie auch unter der nach dem Beitritt geltenden Rechtslage eine gewisse Wirkung behalten. Somit gelten nach Art. 19 EV etwa von Behörden der ehemaligen DDR erteilte Genehmigungen, Zulassungen oder Erlaubnisse als solche trotz des neuen Rechts fort. Soweit dies nicht ausdrücklich geregelt ist (wie z.B. in § 57 a Abs. 1 S. 2 AtomG[99]), gelten diese Genehmigungen allerdings regelmäßig nicht materiell als solche nach dem neuen Recht, vielmehr als solche nach dem ursprünglichen DDR-Recht fort. Das bedeutet, daß der Inhalt der weitergeltenden Genehmigungen sich regelmäßig nach dem ursprünglichen DDR-Recht bemißt. Eingeschränkt gilt dies auch für Veränderungen der Genehmigungen nach dem Beitritt, soweit nicht zwingendes Bundesrecht dem entgegensteht. Das Fortwirken von DDR-Genehmigungen hat jedoch, auch wenn sie nicht als solche nach dem neuen Recht gelten, zur Folge, daß die von ihnen erfaßten Tatbestände, die nach dem mit dem Beitritt geltenden Recht einer Genehmigungspflicht unterliegen, nicht formell rechtswidrig werden. Würde Art. 19 EV nicht zu einer solchen formellen Rechtmäßigkeit führen, würde er weitgehend wirkungslos bleiben. Allerdings ist bei alledem zu beachten, daß Art. 19 EV seinerseits durch speziellere — u. U. auch konkludente — Regelungen des Einigungsvertrages verdrängt wird.[100]

b) Modifizierungen im Bereich des Umweltrechts

Neben Art. 19 EV enthält der Einigungsvertrag eine Reihe spezieller Übergangsregelungen im Hinblick auf Vorgänge aus der Zeit vor dem Beitritt. So „ersetzen" die neu eingefügten § 67 a Abs. 1 BImSchG[101] sowie § 9 a Abs. 2 AbfG[102] das Genehmigungs- bzw. Planfeststellungsverfahren durch ein Anzeigeverfahren für solche Anlagen, die im Beitrittsgebiet vor dem 1. Juli 1990 betrieben wurden, oder mit deren Errichtung zu diesem Termin begonnen war. Und nach Art. 57 a Abs. 1 AtG[103] gelten Genehmigungen, Erlaubnisse und Zulassungen, die bis zum 30. Juni 1990 im Beitrittsgebiet erlassen wurden,

[99] Vgl. unten S. 124ff.

[100] Vgl. Denkschrift zum Einigungsvertrag, BT-Drucks. 11/7760, BR-Drucks. 600/90, Zu Art. 19 EV.

[101] Eingefügt durch Art. 8 i.V.m. Anlage I, Kap. XII, Sachgebiet A: Immissionsschutzrecht, Abschnitt II, Buchst. c EV.

[102] Eingefügt durch Art. 8 i.V.m. Anlage I, Kap. XII, Sachgebiet D: Abfallwirtschaft, Abschnitt II, Buchst. b EV.

[103] Eingefügt durch Art. 8 i.V.m. Anlage I, Kap. XII, Sachgebiet B: Kerntechnische Sicherheit und Strahlenschutz, Abschnitt II, Nr. 1 EV.

(befristet) als Genehmigungen nach den entsprechenden Vorschriften des Atomgesetzes und den auf seiner Grundlage erlassenen Rechtsverordnungen fort. Diese Regelungen stellen entscheidend auf den Zeitpunkt des Inkrafttretens des Umweltrahmengesetzes am 1. Juli 1990 ab.

Der Einigungsvertrag enthält — soweit ersichtlich — jedoch (abgesehen von der allgemeinen Regelung des Art. 19 EV) keine speziellen Übergangsregelungen hinsichtlich solcher DDR-Zulassungsakte aufgrund des Umweltrahmengesetzes, die in der Zeit vom 1. Juli bis zum 2. Oktober 1990 ergangen sind, oder hinsichtlich der Verfahren, die in dieser Zeit nach dem Umweltrahmengesetz begonnen wurden, ebensowenig für in dieser Zeit erfolgte Anzeigen nach Art. 1 § 6 bzw. Art. 4 § 5 URG. Wenn es auch allein schon wegen der Verfahrensdauer recht unwahrscheinlich ist, daß in diesem Zeitraum umweltschutzrechtliche Genehmigungen oder sonstige Zulassungsakte ergangen sind, so ist es jedenfalls nicht unwahrscheinlich, daß in diesem Zeitraum mit Zulassungs- oder sonstigen Verfahren im Beitrittsgebiet begonnen wurde oder Anlagen, die bereits vor dem 1. Juli 1991 bestanden, angezeigt wurden. Daher ist die Frage, was mit den in der Zeit vom 1. Juli 1990 bis 2. Oktober 1990 im Beitrittsgebiet erlassenen Zulassungsakten bzw. begonnenen Zulassungsverfahren oder erfolgten Anzeigen geschieht, nicht rein theoretischer Art.

Eine Übergangsregelung für Vorgänge aufgrund des Umweltrahmengesetzes ist auch nicht deshalb entbehrlich, weil die ehemalige DDR durch das Umweltrahmengesetz das Bundesumweltrecht weitgehend bereits zum 1. Juli 1990 übernommen hatte. Denn auch soweit das durch den Einigungsvertrag übernommene Bundesrecht inhaltlich den Regelungen des Umweltrahmengesetzes entspricht, handelt es sich doch um DDR-Recht einerseits, Bundesrecht andererseits. Von einer Identität der Rechtslage vor und nach dem Beitritt kann auch insoweit nicht ausgegangen werden. Möglicherweise haben die Vertragspartner dies beim Abschluß des Einigungsvertrages schlicht übersehen.

Nach alledem ist davon auszugehen, daß nach dem Willen der Schöpfer des Einigungsvertrages Zulassungsakte, die nach dem 1. Juli 1990 im Beitrittsgebiet auf der Grundlage des Umweltrahmengesetzes ergangenen sein sollten, als solche nach dem mit dem Beitritt in Kraft gesetzten Bundesrecht fortgelten. Darüber hinaus ist ebenfalls davon auszugehen, daß nach dem Willen der Vertragspartner Anlagen, die bereits gem. Art. 1 § 6 URG bzw. Art. 4 § 5 URG vor dem Beitritt angezeigt wurden, nicht erneut nach § 67a Abs. 1 BImSchG bzw. § 9a Abs. 2 AbfG angezeigt werden müssen, und daß nach dem Umweltrahmengesetz begonnene Verwaltungsverfahren nach dem jetzt geltenden weitgehend (inhaltsgleichen) Bundesrecht fortzuführen sind. Die Annahme einer solchen Übergangsregelung erscheint auch sachgerecht vor dem Hintergrund der Tatsache, daß das Umweltrahmengesetz im Zusammenwirken der damals noch getrennten beiden deutschen Staaten ein DDR-Umweltrecht schuf, das inhaltlich bereits weitgehend dem entsprach, was nun aufgrund des Einigungsvertrages im Beitrittsgebiet gilt.

IV. Recht der Europäischen Gemeinschaften (Art. 10 EV)

Nach Art. 10 Abs. 1 EV gelten mit dem Wirksamwerden des Beitritts im Beitrittsgebiet die Verträge über die Europäischen Gemeinschaften nebst Änderungen und Ergänzungen sowie die internationalen Vereinbarungen, Verträge und Beschlüsse, die in Verbindung mit diesen Verträgen in Kraft getreten sind. Nach Art. 10 Abs. 2 EV gelten ebenfalls die auf der Grundlage der Verträge über die Europäischen Gemeinschaften ergangenen Rechtsakte mit dem Wirksamwerden des Beitritts im Beitrittsgebiet, soweit nicht die zuständigen Organe der Europäischen Gemeinschaften Ausnahmen erlassen.[104] Diese Regelungstechnik resultiert daraus, daß mit dem Beitritt der DDR keine Änderung des Mitgliederbestandes der Europäischen Gemeinschaften eingetreten ist. Daher war es nicht erforderlich, daß die Europäischen Gemeinschaften ihr Recht durch einen gesonderten Akt auf das Beitrittsgebiet ausdehnten.[105] Dagegen oblag es den Europäischen Gemeinschaften, die Geltung ihrer Rechtsakte aus Gründen der Übergangsgerechtigkeit (befristet) auf das bisherige Gebiet der Bundesrepublik Deutschland zu begrenzen bzw. inhaltlich zu modifizieren. Nach Art. 10 Abs. 3 EV sind die Rechtsakte der Europäischen Gemeinschaften, deren Umsetzung oder Ausführung in die Zuständigkeit der Länder fällt, von diesen durch landesrechtliche Vorschriften umzusetzen oder auszuführen.

[104] Vgl. die Richtilinie des Rates vom 4. Dezember 1990 über die in Deutschland geltenden Übergangsmaßnahmen für bestimmte Gemeinschaftsvorschriften über den Umweltschutz (90/656/EWG), ABl. EG Nr. L 353/59, die Richtlinie des Rates vom 4. Dezember 1990 über die Übergangsmaßnahmen, die in Deutschland im Zusammenhang mit der Harmonisierung der technischen Vorschriften anwendbar sind (90/657/EWG), ABl. EG Nr. L 353/65, die Richtlinie des Rates vom 4. Dezember 1990 betreffend die in Deutschland anzuwendenden Übergangsvorschriften auf dem Gebiet der Sicherheit und des Gesundheitsschutzes der Arbeitnehmer (90/659/EWG), ABl. EG Nr. L 353/77, sowie die Richtlinie des Rates vom 4. Dezember 1990 über die in Deutschland geltenden Übergangsmaßnahmen für bestimmte Gemeinschaftsvorschriften über den Umweltschutz im Zusammenhang mit dem Binnenmarkt (90/660/EWG), ABl. 353/79. Zu den EG-rechtlichen Aspekten der deutschen Vereinigung vgl. auch *Rengeling*, DVBl. 1990, 1307ff., sowie *Schmidt-Bleibtreu*, in: Stern/Schmidt-Bleibtreu, Einigungsvertrag, S. 57ff. [84f.].

[105] Vgl. auch *Rengeling*, DVBl. 1990, 1307ff. [1309]; *Schmidt-Bleibtreu*, in: Stern/Schmidt-Bleibtreu, Einigungsvertrag, S. 57ff. [85]; *Schnapauff*, DVBl. 1990, 1249ff. [1254].

E. Inhalt und Folgen der Rechtsangleichung in ausgewählten Gebieten des Umweltschutzrechts

I. Immissionsschutzrecht

1. Zweckbestimmung (Art. 1 § 1 URG)

Das Umweltrahmengesetz enthielt in Art. 1 § 1 eine eigenständige Zweckbestimmung für seine immissionsschutzrechtlichen Regelungen. Art. 1 § 1 URG ging insofern über § 1 BImSchG in der am 1. Juli 1990 geltenden Fassung hinaus, als auch Boden, Wasser, Atmosphäre und Kulturgüter als Schutzgüter genannt wurden. Sie entsprach damit bereits § 1 BImSchG in der (abgesehen von den Verordnungsermächtigungen) am 1. September 1990 in Kraft getretenen Neufassung des Bundes-Immissionsschutzgesetzes. Der Sinn einer solchen eigenständigen Zweckbestimmung mußte jedoch angesichts der angestrebten Rechtsvereinheitlichung zweifelhaft erscheinen. Der Einigungsvertrag hat daher zu Recht auf eine solche Vorschrift verzichtet.

2. Überleitung des bundesdeutschen Immissionsschutzrechts

a) Übernahme von Vorschriften durch das Umweltrahmengesetz (Art. 1 § 2 URG)

Art. 1 § 2 URG regelte — als Kernstück des Art. 1 URG — die grundsätzliche Übernahme der bundesdeutschen immissionsschutzrechtlichen Vorschriften. Das Bundes-Immissionsschutzgesetz trat danach (rückwirkend) zum 1. Juli 1990 in der DDR in Kraft, jedoch zunächst noch in der Fassung, die es durch Art. 4 des Dritten Gesetzes zur Änderung des Bundes-Immissionsschutzgesetzes[1] erhalten hatte (Art. 1 § 2 Abs. 1 Nr. 1 i. V. m. Anlage 1 zum URG, Zu Art. 1 Nr. 1). Damit traten die in dem Gesetz vom 11. Mai 1990 enthaltenen Ermächtigungen zum Erlaß von Rechtsverordnungen und Allgemeinen Verwaltungsvorschriften bereits am 1. Juli 1990 in der DDR in Kraft. Ab 1. September 1990 galt es dann auch in der DDR in der Fassung der Neubekanntmachung vom 14. Mai 1990[2] (Art. 1 § 2 Abs. 2 URG). Ebenfalls

---

[1] Vom 11. Mai 1990 (BGBl. I S. 870). Art. 6 dieses am 22. Mai 1990 verkündeten Gesetzes sieht vor, daß diejenigen seiner Vorschriften, die zum Erlaß von Rechtsverordnungen und Allgemeinen Verwaltungsvorschriften ermächtigen, am ersten Tag nach der Verkündung in Kraft treten, die übrigen am ersten Tag des auf die Verkündung folgenden vierten Kalendermonats, also am 1. September 1990.

[2] BGBl. I S. 880.

zum 1. Juli 1990 traten (rückwirkend) in Kraft: die 4. BImSchV (Verordnung über genehmigungsbedürftige Anlagen), die 5. BImSchV (Verordnung über Immissionsschutzbeauftragte), die 6. BImSchV (Verordnung über die Fachkunde und Zuverlässigkeit von Immissionsschutzbeauftragten), die 9. BImSchV (Grundsätze des Genehmigungsverfahrens), die 11. BImSchV (Emissionserklärungsverordnung), die 12. BImSchV (Störfallverordnung) einschließlich der 1. und 2. StörfallVwV, die 13. BImSchV (Verordnung über Großfeuerungsanlagen), die TA Luft, die TA Lärm, das Benzinbleigesetz einschließlich der 1. Verordnung zur Durchführung des Benzinbleigesetzes, der Benzinqualitätsverordnung sowie der Allgemeinen Verwaltungsvorschrift zur Durchführung des Benzinbleigesetzes sowie Teile der Straßenverkehrszulassungsordnung[3] (Art. 1 § 2 Abs. 1 Nr. 1 i. V. m. Anlage 1 zum URG, Zu Art. 1). Am 1. Januar 1991 sollten in Kraft treten: die 1. BImSchV (Verordnung über Kleinfeuerungsanlagen), die 2. BImSchV (Verordnung zur Emissionsbegrenzung von leichtflüchtigen Halogenkohlenwasserstoffen), die 3. BImSchV (Verordnung über Schwefelgehalt von leichtem Heizöl und Dieselkraftstoff), die 7. BImSchV (Verordnung über die Auswurfbegrenzung von Holzstaub), die 8. BImSchV (Rasenmäherlärm-Verordnung), die 15. BImSchV (Baumaschinenlärm-Verordnung), die 4. BImSchVwV (Ermittlung von Immissionen in Belastungsgebieten), die 5. BImSchVwV (Emissionskataster in Belastungsgebieten) sowie weitere Teile der StVZO (Art. 1 § 2 Abs. 1 Nr. 2 i. V. m. Anlage 2 zum URG, Zu Art. 1). Damit sollten nach dem Umweltrahmengesetz die wesentlichen Teile des allgemeinen und des verkehrsbezogenen bundesdeutschen Immissionsschutzrechts sowie des Benzinbleirechts in der ehemaligen DDR am 1. Januar 1991 in Kraft gesetzt sein.

b) Inkrafttreten des bundesdeutschen Immissionsschutzrechts im Beitrittsgebiet durch den Einigungsvertrag

Nach Art. 8 (i. V. m. Anlage I, Sachgebiet A: Immissionsschutzrecht, Kap. XII) EV wird das Bundesimmissionsschutzrecht (jedenfalls soweit es zum Geschäftsbereich des Bundesministers für Umwelt, Naturschutz und Reaktorsicherheit gehört) mit dem Wirksamwerden des Beitritts im Beitrittsgebiet grundsätzlich umfassend in Kraft gesetzt. Anlage I, Kap. XII, sieht keine Ausnahmen von diesem Grundsatz vor, sondern enthält in Kap. XII, Abschnitt II bzw. III lediglich einige Modifizierungen.[4] Nach Art. 9 Abs. 2 i. V. m. Anlage

[3] Die Übernahme der StVZO erfolgte „mit der Maßgabe" der im einzelnen in Anlage 1 zum URG, Zu Art. 1, Nr. 3 a bis e festgelegten Regelungen. Das bedeutete, daß zunächst die dort genannten Vorschriften der StVZO übernommen wurden. In der Anlage 2 zum URG, Zu Art. 1, Nr. 9 waren weitere (andere) Vorschriften der StVZO aufgeführt, die zu einem späteren Zeitpunkt in Kraft treten sollten. Art. 1 § 7 URG enthielt eine Zuständigkeitsregelung für die §§ 47 Abs. 9 und 49 Abs. 5 S. 1 StVZO sowie eine Regelung über die Eigenüberwachung durch die Deutsche Reichsbahn, die Deutsche Post sowie die Deutsche Volkspolizei.

II, Kap. XII, Abschnitt III, Nr. 1 b EV gilt darüber hinaus die Freistellungsregelung des Umweltrahmengesetzes — zunächst[5] in nur leicht modifizierter Form — im Beitrittsgebiet fort. Da die immissionsschutzrechtlichen Allgemeinen Verwaltungsvorschriften des Bundes nicht „Bundesrecht" i. S. d. Art. 8 EV sind,[6] ist deren „Überleitung" in Art. 9 Abs. 2 i. V. m. Anlage II, Kap. XII, Abschnitt III Nr. 1 a EV geregelt. Danach gelten die Erste Allgemeine Verwaltungsvorschrift zur Störfall-Verordnung (1. StörfallVwV),[7] die Zweite Allgemeine Verwaltungsorchrift zur Störfall-Verordnung (2. StörfallVwV),[8] die Erste Allgemeine Verwaltungsvorschrift zum Bundes-Immissionsschutzgesetz (Technische Anleitung zur Reinhaltung der Luft — TA Luft),[9] die Allgemeine Verwaltungsvorschrift über genehmigungsbedürftige Anlagen nach § 16 der Gewerbeordnung — Technische Anleitung zum Schutz gegen Lärm (TA Lärm)[10] sowie die Allgemeine Verwaltungsvorschrift zur Durchführung der Benzinqualitätsangabeverordnung,[11] die bereits durch das Umweltrahmengesetz übergeleitet worden waren, im Beitrittsgebiet als partikulares Bundesbinnen„recht" fort.[12]

Diese Aufzählung zeigt, daß zwar alle die immissionsschutzrechtlichen Allgemeinen Verwaltungsvorschriften weiterhin im Beitrittsgebiet gelten, die bereits durch das Umweltrahmengesetz übergeleitet wurden. Da der Einigungsvertrag aber nicht über diesen Rahmen hinausgeht, bleibt die Überleitung der immissionsschutzrechtlichen Allgemeinen Verwaltungsvorschriften des Bundes auf das Beitrittsgebiet (bewußt) lückenhaft.[13] Auch dies zeigt wiederum, daß nach dem Willen der Vertragspartner allgemeine Verwaltungsvorschriften nicht grundsätzlich nach Art. 8 EV übergeleitet werden sollten.

---

[4] Nach Art. 8 i. V. m. Anlage I, Kap. XI, Sachgebiet B: Straßenverkehr, Abschnitt III Nrn. 2ff. EV wird die Straßenverkehrs-Zulassungs-Ordnung einschließlich einiger anderer Rechtsverordnungen im Beitrittsgebiet mit den dort geregelten Maßnahmen in Kraft gesetzt. Z.T. gilt auch noch das Straßenverkehrszulassungsrecht der ehemaligen DDR fort (Art. 9 Abs. 2 i. V. m. Anlage II, Kap. XI, Sachgebiet B: Straßenverkehr, Abschnittt III Nrn. 5ff. EV).

[5] Bis zu ihrer Neufassung durch Art. 12 des Hemmnisbeseitigungsgesetzes.

[6] Vgl. oben S. 37f.

[7] Vom 26. August 1988, GMBl. S. 398.

[8] Vom 27. April 1982, GMBl. 205.

[9] Vom 27. Februar 1986, GMBl. S. 95, 202.

[10] Vom 16. Juli 1968, Beilage zum BAnz. Nr. 137 vom 26. Juli 1968; übergeleitet gem. § 66 Abs. 2 BImSchG.

[11] Vom 6. November 1985, BAnz. vom 13. November 1985.

[12] Vgl. hierzu oben S. 51 ff.

[13] Vgl. den Überblick bei *Kloepfer*, Umweltschutz, Inhalt I, G. Immissionsschutzrecht.

3. Sonderregelungen für das Beitrittsgebiet

Bereits das Umweltrahmengesetz enthielt für die damalige DDR einige Modifizierungen des übergeleiteten Bundesimmissionsschutzrechts, die jedenfalls der Sache nach weitgehend vom Einigungsvertrag übernommen wurden.[14]

a) Verfahrenserleichterungen

Der durch den Einigungsvertrag neu in das Bundes-Immissionsschutzgesetz eingefügte § 10 Abs. 3 S. 2 BImSchG, nach dem im Beitrittsgebiet Einwendungen nur schriftlich erhoben werden können,[15] ist mit Art. 1 § 5 Abs. 5 S. 1 URG vergleichbar. Nach § 10 Abs. 8 S. 2 BImSchG erfolgt im Beitrittsgebiet die Zustellung des Genehmigungsbescheides mit Ausnahme der Zustellung an den Antragsteller durch öffentliche Bekanntmachung.[16] Diese Regelung entspricht Art. 1 § 5 Abs. 5 S. 2 URG mit der Abweichung, daß das URG auch die Zustellung des Genehmigungsbescheides an den Antragsteller durch öffentliche Bekanntmachung vorsah. § 10 Abs. 4 Nr. 5 BImSchG regelt als Folge der neuen Zustellungsregelung in § 10 Abs. 8 S. 2 BImSchG, daß im Beitrittsgebiet darauf hinzuweisen ist, daß die Zustellung der Entscheidung über die Einwendungen durch öffentliche Bekanntmachung erfolgt.[17] Diese Verfahrenserleichterungen unterliegen wie bereits die entsprechenden Regelungen des Umweltrahmengesetzes keinen durchgreifenden rechtlichen Bedenken. Zu begrüßen ist, daß entgegen ursprünglichen Bestrebungen bereits das Umweltrahmengesetz (und ebenso der Einigungsvertrag) davon absah, auf einen Erörterungstermin zu verzichten.

b) Verwaltungshilfe

Gestützt auf die in Art. 5 SV vorgesehene Verpflichtung beider deutscher Staaten zur Amtshilfe regelte bereits Art. 1 § 5 Abs. 1-3 URG die Beteiligung bundesdeutscher Behörden an Genehmigungsverfahren von Behörden der DDR. Dementsprechend sieht auch § 10 a BImSchG die Beteiligung von Behörden aus dem Gebiet des bisherigen Geltungsbereichs des Grundgesetzes an solchen Genehmigungsverfahren vor, für die Genehmigungsbehörden im Beitrittsgebiet zuständig sind.[18] Die Regelung entspricht — abgesehen von

---

[14] Die ebenfalls der Sache nach in diesen Zusammenhang gehörenden Ausführungen zur immissionsschutzrechtlichen Freistellungsregelung für „Altlasten" folgen wegen ihres Umfangs unter einem gesonderten Gliederungspunkt (unten S. 82ff.).

[15] Vgl. Anlage I, Kap. XII, Sachgebiet A: Immissionsschutzrecht, Abschnitt II Buchst. a, aa EV.

[16] Vgl. Anlage I, Kap. XII, Sachgebiet A: Immissisonsschutzrecht, Abschnitt II Buchst. a, cc EV.

[17] Vgl. Anlage I, Kap. XII, Sachgebiet A: Immissionsschutzrecht, Abschnitt II Buchst. a, bb EV.

beitrittsbedingten Formulierungsänderungen — weitgehend der Regelung des Art. 1 § 5 Abs. 1, Abs. 2 S. 1, Abs. 3 und Abs. 4 URG. § 10 a BImSchG tritt am 30. Juni 1992 außer Kraft (§ 74 S. 3 BImSchG).[19] Wenn es sich um die Genehmigung einer (im förmlichen Genehmigungsverfahren zu beurteilenden) Anlage nach Spalte 1 des Anhangs zur 4. BImSchV handelt, hat die Genehmigungsbehörde, nachdem sie geprüft hat, ob die geplante Anlage aufgrund der bestehenden Grundstücks- und Planungssituation realisierbar erscheint,[20] dem Antragsteller grundsätzlich (Ausnahmemöglichkeit nach § 10 a Abs. 3 BImSchG) aufzugeben, eine Stellungnahme einer von ihr benannten Behörde in der Bundesrepublik Deutschland beizubringen (§ 10 a Abs. 1 BImSchG / Art. 1 § 5 Abs. 1 URG).[21] Bei anderen genehmigungsbedürftigen Anlagen kann eine solche Stellungnahme gefordert werden, wenn dies wegen der Art, Menge und Gefährlichkeit der von der geplanten Anlage ausgehenden Emissionen oder wegen der technischen Besonderheiten dieser Anlage erforderlich ist (§ 10a Abs. 2 BImSchG / Art. 1 § 5 Abs. 2 S. 1 URG).[22]

Die Stellungnahmen bundesdeutscher Behörden werden sich im wesentlichen auf standortunabhängige technische Fragen beschränken müssen und dürften als im Rahmen der Amtshilfe erfolgende interne Mitwirkungsakte ohne Außenwirkung zu qualifizieren sein. Nach § 10 a Abs. 1 S. 3 BImSchG / Art. 1 § 5 Abs. 1 S. 2 URG hat die Genehmigungsbehörde die Stellungnahme bei der Prüfung der Genehmigungsvoraussetzungen zu berücksichtigen. Da die immissionsschutzrechtlichen Genehmigungen aufgrund des übernommenen Bundes-Immissionsschutzgesetzes immerhin vor dem Beitritt Akte der Staatsgewalt der DDR bzw. nach dem Beitritt der jeweiligen Bundesländer sind und es den Hilfe leistenden Behörden für verbindliche Akte im Staatsgebiet der ehemaligen DDR bzw. dem Beitrittsgebiet u. a. an der erforderlichen Legitimation fehlt, sind die Stellungnahmen für die Genehmigungsbehörden nicht verbindlich. Die Berücksichtigungspflicht kann nur so verstanden werden, daß die Genehmigungsbe-

---

[18] Vgl. Anlage I, Kap. XII, Sachgebiet A: Immissionsschutzrecht, Abschnitt II Buchst. b EV. Kritisch insbesondere zur Praktikabilität dieser Regelung *Müggenborg*, NVwZ 1991, 735ff. [742f.].

[19] Vgl. Anlage I, Kap. XII, Sachgebiet A: Immissionsschutzrecht, Abschnitt II Buchst. d EV.

[20] Durch die vorherige Prüfung des Vorhabens durch die Genehmigungsbehörde soll sichergestellt werden, daß die Hilfe leistenden Behörden nicht mit der Abgabe von Stellungnahmen beansprucht werden, in denen Rechtsvorschriften, welche die Genehmigungsbehörde vor Ort besser beurteilen kann, der Genehmigungsfähigkeit der geplanten Anlage entgegenstehen.

[21] Vgl. die (weitgehend überholte) Verwaltungsvereinbarung der Länder der Bundesrepublik Deutschland zur Durchführung des Umweltrahmengesetzes der Deutschen Demokratischen Republik vom 26. Juli 1990 (vgl. Anlage II, 2.).

[22] Nicht übernommen wurde die Regelung des Art. 1 § 5 Abs. 2 S. 1 URG, wonach der Regierungsbevollmächtigte im Bezirk bzw. der Oberbürgermeister von Berlin entscheiden sollte, ob bei der Genehmigung anderer als in Spalte 1 der 4. BImSchV genannter Anlagen Verwaltungshilfe erforderlich ist.

hörde die jeweilige Stellungnahme als Hilfsmittel bei der Beurteilung von Anlagen heranzuziehen hat. Eine strikte rechtliche Bindung geht jedenfalls von ihr nicht aus. Nicht unterschätzt werden darf freilich der aufgrund ihrer größeren Sachkompetenz zukommende faktische Einfluß der Hilfe leistenden Behörden auf die Genehmigungsbehörden im Beitrittsgebiet. Es wird entscheidend darauf ankommen, im Beitrittsgebiet möglichst schnell eine kompetente Verwaltung aufzubauen, die zu einer eigenständigen Beurteilung von Genehmigungsanträgen in der Lage ist.

Der Sache nach nicht um Verwaltungshilfe handelt es sich bei § 10 a Abs. 4 BImSchG / Art. 1 § 5 Abs. 4 URG. Nach dieser Vorschrift kann vom Antragsteller die Vorlage von Sachverständigengutachten verlangt werden, soweit dies zur Durchführung von Prüfungen erforderlich ist. Wichtig ist dabei vor allem die Konsequenz, daß der Antragsteller die Kosten von Gutachten etc. tragen muß.

c) Überschreitung von Immissionsgrenzwerten (§ 67 a Abs. 2 BImSchG / Art. 1 § 3 URG)

§ 67 a Abs. 2 BImSchG übernimmt — auf das Beitrittsgebiet beschränkt — inhaltsgleich die Kompensationsregelung des Art. 1 § 3 URG.[23] Grundsätzlich gelten für die immissionsschutzrechtliche Genehmigung von Neuanlagen die §§ 4 ff. BImSchG. Nach § 67 a Abs. 2 BImSchG / Art. 1 § 3 URG darf jedoch eine Genehmigung nicht wegen der Überschreitung eines Immissionswertes durch die Immissionsvorbelastung versagt werden, wenn

1. die Zusatzbelastung geringfügig ist und mit einer deutlichen Verminderung der Immissionsbelastung im Einwirkungsbereich der Anlage innerhalb von fünf Jahren ab Genehmigung zu rechnen ist,

oder

2. im Zusammenhang mit dem Vorhaben Anlagen stillgelegt oder verbessert werden und dadurch eine Verminderung der Vorbelastung herbeigeführt wird, die im Jahresmittel mindestens doppelt so groß ist wie die von der Neuanlage verursachte Zusatzbelastung.[24]

aa) Begünstigung von Investitionen

§ 67 a Abs. 2 BImSchG / Art. 1 § 3 URG nimmt — wie aus der Begründung zum Umweltrahmengesetz hervorgeht — Bezug auf die TA Luft[25]: Nach Nr. 2.2.1.1 lit. a TA Luft wäre eine Genehmigung grundsätzlich zu versagen,

---

[23] Vgl. Anlage I, Kap. XII, Sachgebiet A: Immissionsschutzrecht, Abschnitt II Buchst. c EV.

[24] Zunächst war bei der Schaffung des Umweltrahmengesetzes eine Regelung ins Auge gefaßt worden, nach der eine Genehmigung wegen der Überschreitung des zulässigen Immissionswertes durch die Immissionsvorbelastung nicht hätte versagt werden dürfen, wenn die Emissionen unter Berücksichtigung des Grundsatzes der Verhältnismäßigkeit so weit wie möglich begrenzt worden wären.

wenn eine Anlage Immissionen von Stoffen verursachte und die für diese Stoffe in Nr. 2.5.1 TA Luft festgelegten Immissionswerte auf einer Beurteilungsfläche bereits durch Vorbelastungen erreicht bzw. überschritten wären.[26] Das würde selbst dann gelten, wenn anstelle der neuen Anlage eine ältere, stärker belastende Anlage stillgelegt, somit durch die neue Anlage die Gesamtsituation verbessert würde (ohne jedoch die zulässigen Immissionsgrenzwerte zu unterschreiten). Das würde zu einer im Beitrittsgebiet unerwünschten Investitionshemmung und Behinderung einer schnellen und umfassenden Sanierung bestehender Anlagen führen. Dem wirkt die Regelung des § 67 a Abs. 2 BImSchG / Art. 1 § 3 URG entgegen, die ein Überschreiten der Immissionswerte zuläßt, wenn die Zusatzbelastung geringfügig ist und mit einer deutlichen Verminderung der Immissionsbelastung im Einwirkungsbereich der Anlage innerhalb von fünf Jahren zu rechnen ist, oder wenn die Zusatzbelastung kompensiert wird.

bb) Geringfügige Zusatzbelastung (§ 67 a Abs. 2 Nr. 1 BImSchG / Art. 1 § 3 Buchst. a URG)

Die Regelung des § 67 a Abs. 2 Nr. 1 BImSchG / Art. 1 § 3 Buchst. a URG ist an Nr. 2.2.1.1 lit. b TA Luft angelehnt,[27] nach der eine Genehmigung nicht zu versagen ist, wenn die Zusatzbelastung durch die zu beurteilende Anlage 1% des Immissionswertes IW 1 nicht überschreitet und eine künftige Verminderung der durchschnittlichen Immissionsbelastung innerhalb bestimmter Fristen gesichert ist. Es bestehen gewisse Zweifel, ob diese Vorschrift der TA Luft noch mit der gesetzlichen Schutzpflicht in Einklang steht.[28] Darauf braucht hier jedoch nicht näher eingegangen zu werden, da es sich bei § 67 a Abs. 2 Nr. 1 BImSchG / Art. 1 § 3 Buchst. a URG selbst um eine gesetzliche Regelung handelt.

Wie aus der Begründung zum Umweltrahmengesetz hervorgeht, sollte der in § 67 a Abs. 2 Nr. 1 BImSchG eingegangene Art. 1 § 3 Buchst. a URG hinsichtlich der Geringfügigkeit der Zusatzbelastung — auch wenn die maximal zulässige Überschreitung des Immissionswertes nicht mathematisch exakt angegeben ist — grundsätzlich der o. g. Regelung der TA Luft folgen und lediglich die Frist für die Verbesserung der Imissionssituation im Einwirkungsbereich der jeweiligen Anlage auf fünf Jahre verlängern. Das hat jedoch nicht zur Folge, daß insoweit die Definition der Geringfügigkeit in Nr. 2.2.1.1 lit. b der TA Luft Gesetzeskraft erlangen würde. Sie behält vielmehr ihren Charakter als Allgemeine Verwaltungsvorschrift, kann jedoch nach Sinn und Zweck des § 67 a Abs. 2 Nr. 1 BImSchG zur Auslegung dieser Vorschrift herangezogen werden.[29]

---

[25] Auffällig — und nicht unproblematisch — ist, daß das Umweltrahmengesetz offenkundig von einer funktionellen Gleichwertigkeit von Gesetz (Bundes-Immissionsschutzgesetz) und Verwaltungsvorschrift (TA Luft) ausging.

[26] Vgl. auch *Hansmann*, NVwZ 1991, 316ff. [317].

[27] Vgl. auch *Hansmann*, NVwZ 1991, 316ff. [317].

[28] Vgl. *Hansmann*, in: Landmann / Rohmer, Nr. 2.2.1.1 TA Luft Rn. 17ff.

cc) Kompensation (§ 67 a Abs. 2 Nr. 2 BImSchG / Art. 1 § 3 Buchst. b URG)

Wie aus der Entwurfsbegründung zum Umweltrahmengesetz hervorgeht, ist die Regelung des § 67 a Abs. 2 Nr. 2 BImSchG / Art. 1 § 3 Buchst. b URG an die in einem anderen Zusammenhang stehende Regelung der Nr. 2.2.3.2 S. 3 TA Luft[30] angelehnt. Sie führt dazu, daß die Immissionssituation im Einwirkungsbereich der jeweiligen Neuanlage, auch wenn die Immissionswerte noch nicht eingehalten werden, sich durch die neue Anlage doch insgesamt verbessert.

dd) Modifizierung der gesetzlichen Schutzpflicht

§ 67 a Abs. 2 BImSchG / Art. 1 § 3 URG erfaßt letztlich lediglich die Grenzwerte nach Nr. 2.5.1 TA Luft, da nur diese bei ihrem Überschreiten nach Nr. 2.2.1.1 lit. a TA Luft den Schluß auf die Möglichkeit schädlicher Umwelteinwirkungen erlauben. Da jedenfalls bei den Werten nach Nr. 2.5.1 TA Luft davon auszugehen ist, daß sie die Schwelle zur Gesundheitsgefahr korrekt konkretisieren, bei Immissionen über diese Werte hinaus also eine Gesundheitsgefahr grundsätzlich vorliegt,[31] modifiziert zumindest die Regelung des Art. 1 § 3 Buchst. b URG aber nicht nur die angesprochene Regelung der TA Luft, sondern die gesetzliche Schutzpflicht des § 5 Abs. 1 Nr. 1 BImSchG selbst.[32] Freilich dürfte die grundrechtsabgeleitete, verfassungsrechtliche Pflicht des Staates zum Schutz von Leben und Gesundheit[33] durch diese geringfügige Modifizierung noch nicht verletzt sein.

ee) Würdigung

Die begrenzte Modifizierung der gesetzlichen Schutzpflicht erscheint insgesamt im Interesse der Förderung von Investitionen und der Sanierung von

---

[29] Auch wenn es vielen Unternehmen im Beitrittsgebiet Probleme bereiten sollte, hinreichend verläßliche Prognosen für einen Zeitraum von fünf Jahren abzugeben, handelt es sich dennoch nicht um eine Verschärfung der Genehmigungsvoraussetzungen (so aber *Müggenborg*, NVwZ 1991, 735ff. [743]). Vielmehr wird hier die — wenn auch an recht enge Voraussetzungen geknüpfte — Möglichkeit eröffnet, eine Genehmigung auch in Fällen zu erteilen, in denen wegen der Vorbelastung eine Genehmigung ansonsten zu versagen wäre.

[30] Die Regelung betrifft den Fall, daß eine (grundsätzlich genehmigte) Anlage die festgesetzten Immissionswerte überschreitet, und legt fest, daß in einem solchen Fall eine Änderungsgenehmigung nicht versagt werden darf, wenn die Änderung ausschließlich oder weit überwiegend der Verminderung der Immissionen dient. Vgl. hierzu auch *Hansmann*, NVwZ 1991, 316ff. [317].

[31] Zweifelhaft erschiene es dann, die Vereinbarkeit mit der gesetzlichen Schutzpflicht unter Berufung auf die angebliche Geringfügigkeit der Zusatzbelastung pauschal zu bejahen. Jedoch dürften grundsätzlich geringfügige Zusatzbelastungen auch bei den Werten nach Nr. 2.5.1 TA Luft im Rahmen der gesetzlichen Schutzpflicht zulässig sein (vgl. *Hansmann*, in: Landmann / Rohmer, Nr. 2.2.1.1 TA Luft Rn. 17ff.).

[32] Vgl. auch *Hansmann*, NVwZ 1991, 316ff. [316].

Altanlagen sinnvoll. Hinsichtlich der Praktikabilität der getroffenen Regelung ist zudem darauf hinzuweisen, daß im jeweiligen konkreten Einzelfall die (unter Umständen aufwendige) Ermittlung der Vorbelastung nicht erforderlich ist.[34] Daß darüber hinaus im Rahmen der Vorsorgepflicht, insbesondere zur Verhütung schädlicher Fernwirkungen, in weitem Umfang Emissionsminderungsmaßnahmen ergriffen werden müssen, bleibt davon unberührt. Hinzuweisen ist jedoch auch darauf, daß diese auf das Beitrittsgebiet beschränkte Sonderregelung sachlich nur gerechtfertigt ist, solange in diesem Gebiet hinsichtlich des Immissionsschutzes eine im Vergleich zum übrigen Bundesgebiet besondere Situation herrscht. Daß der Einigungsvertrag hinsichtlich des § 67 a Abs. 2 BImSchG dennoch keine Befristung enthält, dürfte darauf zurückzuführen sein, daß wohl noch nicht abschätzbar war, wieviel Zeit die Angleichung der Verhältnisse in Anspruch nehmen wird. Ist jedoch eine Angleichung erfolgt, so ist der Gesetzgeber gehalten, die bestehenden Sonderregelungen für das Beitrittsgebiet an das im übrigen Bundesgebiet geltende Recht anzugleichen.

d) Altanlagen

Besonders problematisch war die Übertragung des bundesdeutschen Umweltrechts auf die im Beitrittsgebiet bereits bestehenden Anlagen. Um nicht weite Bereiche der Industrie auf dem Gebiet der ehemaligen DDR von heute auf morgen stillegen zu müssen, waren entsprechende Modifizierungen erforderlich. Das Umweltrahmengesetz enthielt in Art. 1 § 4 Abs. 1 eine ausdrückliche Definition des Begriffs der Altanlage. Altanlagen waren danach solche Anlagen, die bis zum Zeitpunkt des Inkrafttretens der in Art. 1 § 2 Abs. 1 Nr. 1 URG genannten Vorschriften (1. Juli 1990) errichtet worden waren oder mit deren Errichtung begonnen worden war.[35] Die Regelung lehnte sich inhaltlich an § 67 Abs. 2 S. 1 BImSchG an. Eine solche gesonderte Definition des Altanlagenbegriffs kennt der Einigungsvertrag nicht. Dennoch enthält auch er eine Reihe von Regelungen, die der Sache nach ausdrücklich oder konkludent auf solche Anlagen bezogen sind, die vor dem 1. Juli 1990 errichtet worden sind oder mit deren Errichtung vor diesem Zeitpunkt begonnen wurde.[36]

---

[33] Vgl. hierzu z. B. *Kloepfer*, Umweltrecht, § 2 Rn. 9ff. m. w. N.

[34] *Hansmann*, NVwZ 1991, 316ff. [317f.].

[35] Der Begriff ist also nicht mit dem im bundesdeutschen Recht existierenden (inhaltlich) verwandten Begriff der Altanlagen zu verwechseln.

[36] Daß der Einigungsvertrag dagegen keine Altanlagenregelungen enthält, die auf den Beitrittstermin abstellen, also auch den Zeitraum vom 1. 7.-2. 10. 1990 umfassen, dürfte darauf zurückzuführen sein, daß die Vertragspartner übersahen, daß die Rechtslage im Beitrittsgebiet nach dem Beitritt nicht mit der Rechtslage vor diesem Zeitpunkt identisch ist. Es ist davon auszugehen, daß nach dem Willen der Vertragspartner die Vorgänge, die auf der Grundlage des Umweltrahmengesetzes stattfanden, als solche auf der Grundlage des nach dem Beitritt geltenden inhaltsgleichen Umweltrechts gelten sollen.

aa) Anzeigeverfahren (§ 67 a Abs. 1 BImSchG / Art. 1 § 6 URG)

Nach § 67 a Abs. 1 BImSchG[37] / Art. 1 § 6 URG sind „genehmigungsbedürftige" Altanlagen, d. h. solche, die an sich einer immissionsschutzrechtlichen Genehmigung bedürften, innerhalb von 6 Monaten nach Inkrafttreten der in Art. 1 § 2 Abs. 1 Nr. 1 URG genannten Vorschriften (1. Juli 1990) der zuständigen Behörde anzuzeigen. Entgegen ursprünglichen Plänen hatte der Gesetzgeber des Umweltrahmengesetzes bewußt davon abgesehen, lediglich angezeigte Altanlagen den aufgrund des Bundes-Immissionschutzgesetzes genehmigten Anlagen gleichzustellen.[38] Wie bereits an anderer Stelle gezeigt, gelten nach Art. 19 EV DDR-Genehmigungen aus der Zeit vor dem 1. Juli 1990 nicht als solche nach dem neuen Recht fort. Allerdings bewirken sie, daß die ihnen zugrundeliegenden Tatbestände keiner erneuten Genehmigung (nach dem neuen Recht) bedürfen.[39] § 67 a Abs. 1 BImSchG / Art. 1 § 6 URG ergänzt diese allgemeine Regelung durch die Regelung einer Anzeigepflicht für solche Altanlagen, die an sich einer immissionsschutzrechtlichen Genehmigung nach dem Bundes-Immissionsschutzgesetz bedürften.

Der Anzeige sind Unterlagen über Art, Umfang und Betriebsweise beizufügen. § 67 a Abs. 1 BImSchG / Art. 1 § 6 URG regeln jedoch nicht, welchen Anforderungen die vorzulegenden Unterlagen zu genügen haben. Insbesondere haben die Vertragsparteien darauf verzichtet, entsprechend § 67 Abs. 2 S. 2 i. V. m. § 10 Abs. 1 BImSchG vorzuschreiben, daß regelmäßig dieselben Unterlagen vorzulegen sind, wie sie nach § 4 Abs. 2 der 9. BImSchV auch für das Genehmigungsverfahren gefordert werden.[40] Es erscheint auch fraglich, ob nicht bei einer so weitgehenden Forderung sowohl die verpflichteten Betriebe als

---

[37] Eingefügt durch Art. 8 i. V. m. Anlage I, Kap. XII, Sachgebiet A: Immissionschutzrecht, Abschnitt II Buchst. c EV.

[38] Eine Regelung über die Fortgeltung immissionsschutzrechtlicher DDR-Genehmigungen aus der Zeit vor dem 1. Juli 1990 als solche nach dem Bundes-Immissionsschutzgesetz wäre durchaus denkbar gewesen. Zwar kannte das Landeskulturgesetz der DDR kein den Regelungen des Bundes-Immissionschutzgesetzes adäquates immissionsschutzrechtliches Genehmigungsverfahren. Jedoch waren im Rahmen der erforderlichen Investitionsentscheidungen auch die Überprüfung von Anlagen unter immissisonsschutzrechtlichen Gesichtspunkten und die verbindliche Festlegung von Emissionsgrenzwerten für die betreffenden Anlagen vorgesehen, vgl. §§ 4 ff. der Fünften Durchführungsverordnung zum Landeskulturgesetz — Reinhaltung der Luft — vom 12. Februar 1987, GBl. I Nr. 7 S. 51, die Erste Durchführungsbestimmung zur Fünften Durchführungsverordnung zum Landeskulturgesetz — Reinhaltung der Luft — Begrenzung, Überwachung und Kontrolle der Immissionen — vom 12. Februar 1987, GBl. I Nr. 7 S. 56, sowie die Dritte Durchführungsbestimmung zur Fünften Durchführungsverordnung zum Landeskulturgesetz — Reinhaltung der Luft — Begrenzung, Überwachung und Kontrolle der Emissionen — vom 12. Februar 1987, GBl. I Nr. 7 S. 61 (insb. § 1).
Zum Fortwirken von Genehmigungen oder sonstigen Vorgängen in der Zeit vom 1. Juli 1990 bis zum Beitritt vgl. o. S. 62ff.

[39] Vgl. o. S. 63.

[40] Vgl. hierzu *Hansmann*, in: Landmann / Rohmer, § 67 BImSchG Rn. 26.

auch die zuständigen Behörden überfordert würden. Daher erscheint es sinnvoll, die Entscheidung darüber, welche Unterlagen vorzulegen sind, dem pflichtgemäßen Ermessen der zuständigen Behörden im konkreten Einzelfall zu überlassen.[41]

bb) Anforderungen an „genehmigungsbedürftige" Altanlagen (Art. 1 § 4 Abs. 2 URG)

Art. 1 § 4 Abs. 2 URG enthielt eine besondere Regelung der Betreiberpflichten hinsichtlich bestimmter Altanlagen, die vom Einigungsvertrag nicht übernommen worden ist. Nach Art. 1 § 4 Abs. 2 S. 1 URG hatten die Altanlagen, die zum Kreis der im Anhang der 4. BImSchV genannten Anlagen gehörten (also nach § 4 BImSchG grundsätzlich genehmigungsbedürftig wären), unter Berücksichtigung des Verhältnismäßigkeitsprinzips und der sozialen Verträglichkeit so bald wie möglich den für Neuanlagen geltenden Anforderungen zu genügen. Nach Art. 1 § 4 Abs. 2 S. 3 URG waren die zum Schutz vor Gesundheitsgefahren erforderlichen Maßnahmen unverzüglich zu treffen. Die Regelung zeigt, daß auch für bestehende Anlagen grundsätzlich kein „Vereinigungs-Rabatt" auf die Umwelt gewährt werden sollte.

Das Umweltrahmengesetz machte die Anpassungspflicht an die immissionsschutzrechtlichen Anforderungen jedoch nicht nur vom Grundsatz der Verhältnismäßigkeit abhängig, sondern daneben auch von der sozialen Verträglichkeit.[42] Damit sollten neben den Interessen des von verschärften Umweltschutzanforderungen betroffenen Anlagenbetreibers, die ohnehin in die Verhältnismäßigkeitsprüfung einfließen, auch die Interessen der Allgemeinheit an einem Weiterbetrieb der Anlage ohne oder mit weniger einschneidenden Anforderungen mit einbezogen werden, etwa struktur- oder arbeitsmarktpolitische Interessen. Für dieses Verständnis spricht u. a. auch die enge sprachliche Verknüpfung „Beachtung des Grundsatzes der Verhältnismäßigkeit und der sozialen Verträglichkeit". Der Staat nahm hier sein auf den ersten Blick strenges umweltpolitisches Postulat im Interesse der sozialen Verträglichkeit zurück, und es bestand zumindest eine gewisse Gefahr, daß dies auf die Auslegung der von der DDR übernommenen bundesdeutschen Vorschriften über die Sanierung bestehender Anlagen nicht ohne Auswirkungen bleiben würde. Insoweit wurde diese Regelung daher zu Recht nicht in den Einigungsvertrag übernommen.

cc) Maßnahmen in bezug auf anzeigebedürftige bzw. angezeigte Altanlagen

Weder im Umweltrahmengesetz noch im Einigungsvertrag ist ausdrücklich geregelt, welche Maßnahmen in bezug auf anzeigebedürftige bzw. angezeigte Altanlagen getroffen werden können. Allerdings halfen Art. 1 § 4 Abs. 2 S. 1 und

---

[41] Kritisch zur Praxis im Beitrittsgebiet *Müggenborg*, NVwZ 1991, 735ff. [742].

3 URG hier insoweit weiter, als sie nicht nur Betreiberpflichten regelten, sondern wohl auch behördliche Maßnahmen ermöglichten. Ob diese Vorschriften des Umweltrahmengesetzes nach Art. 9 Abs. 1 EV fortgelten, erscheint wegen der Überleitung des Bundes-Immissionsschutzgesetzes durch Art. 8 EV allerdings zweifelhaft. Da die behördliche Bestätigung der ordnungsgemäßen Anzeige (die der immissionsschutzrechtlichen Genehmigung gleichgestellt werden sollte) entgegen ursprünglichen Absichten bereits im Umweltrahmengesetz nicht mehr vorgesehen war, ist freilich § 17 BImSchG nicht ohne weiteres unmittelbar auf lediglich anzuzeigende Altanlagen anwendbar. Allerdings können wohl entsprechend § 17 Abs. 5 BImSchG die Vorschriften des § 17 Abs. 1-4a BImSchG analog auf solche Anlagen angewandt werden, die nach § 67a Abs. 1 BImSchG/Art. 1 § 6 URG anzuzeigen sind bzw. angezeigt worden sind.[43] Deren Stillegung oder Beseitigung dürfte analog § 21 Abs. 1 Nrn. 3-5 BImSchG i. V. m. § 20 Abs. 2 BImSchG analog angeordnet werden können. Die analoge Anwendbarkeit dieser Vorschriften des Bundes-Immissionsschutzgesetzes steht einer Fortgeltung des Art. 1 § 4 Abs. 2 S. 1 und 3 URG nach Art. 9 Abs. 1 EV entgegen.

dd) Sanierungsfristen der TA Luft

Nach § 67 a Abs. 3 BImSchG verlängern sich die in der TA Luft vorgesehenen Fristen für die Durchführung von Maßnahmen zur Sanierung von Altanlagen (Nr. 4.2 TA Luft) für das Beitrittsgebiet um ein Jahr, wobei als Fristbeginn der 1. Juli 1990 gilt.[44] Auch diese auf den ersten Blick wenig spektakuläre Regelung birgt einige Zweifelsfragen.

aaa) Änderung partikularen Bundes-Binnenrechts

Diese Regelung des Einigungsvertrages erscheint zunächst insofern merkwürdig, als sie sich auf eine Allgemeine Verwaltungsvorschrift bezieht, die nicht nach Art. 8 i. V. m. Anlage I EV im Beitrittsgebiet in Kraft gesetzt wird, sondern nach Art. 9 Abs. 2 i. V. m. Anlage II, Kap. XII, Abschnitt III Nr. 1 a, aa, ccc EV fortgilt. Abgesehen davon, daß es — wegen des Gewaltenteilungsgrundsatzes — nicht ganz unproblematisch erscheint, daß der (Vertrags-) Gesetzgeber eine Allgemeine Verwaltungsvorschrift ändert, bestehen jedoch keine weiteren kompetentiellen Bedenken, da der Bund für Änderungen der TA Luft zuständig ist.[45]

---

[42] Diese — für das Bundesrecht ungebräuchliche — Formulierung war auf Vorschlag des Ausschusses für UNER in das Gesetz aufgenommen worden.

[43] Vgl. *Kloepfer*, DVBl. 1991, 1 ff. [5].

[44] Vgl. Anlage I, Kap. XII, Sachgebiet A: Immissionsschutzrecht, Abschnitt II, c. Das Umweltrahmengesetz enthielt in Art. 8 § 2 eine allgemeine, sachgebietsübergreifende Fristenregelung.

[45] Vgl. hierzu oben S. 53 f.

bbb) Altanlagen

Der Wortlaut des § 67 a Abs. 3 BImSchG definiert nicht, was unter dem Begriff „Altanlagen“ i.S. dieser Vorschrift zu verstehen ist. Nach Nr. 4.2.1 Abs. 2 TA Luft, auf die § 67 a Abs. 3 BImSchG Bezug nimmt, sind Altanlagen im Sinne dieser Anleitung zum einen solche Anlagen, für die am 1. März 1986 die Genehmigung zur Errichtung und zum Betrieb erteilt ist oder in einem Vorbescheid oder einer Teilgenehmigung Anforderungen nach § 5 Abs. 1 Nr. 2 BImSchG festgelegt sind (Nr. 4.2.1 Abs. 2 Nr. 1 a und b TA Luft). Anlagen im Beitrittsgebiet fallen nicht unter diese Definition. Darüber hinaus sind Altanlagen im Sinne der TA Luft auch solche, die nach § 67 Abs. 2 BImSchG anzuzeigen sind oder vor Inkrafttreten des Bundes-Immissionsschutzgesetzes nach § 16 Abs. 4 GewO anzuzeigen waren. Anlagen, die nach § 16 Abs. 4 GewO anzuzeigen waren, gibt es im Beitrittsgebiet nicht. Aber auch die Bezugnahme der Nr. 4.2.1 Abs. 2 TA Luft auf § 67 Abs. 2 BImSchG, nach der unter bestimmten Voraussetzungen genehmigungspflichtige Anlagen innerhalb eines Zeitraums von drei Monaten nach Inkrafttreten der Vierten Verordnung zur Durchführung des Bundes-Immissionsschutzgesetzes (Verordnung über genehmigungsbedürftige Anlagen — 4. BImSchV)[46] anzuzeigen waren, wenn sie beim Inkrafttreten dieser Verordnung errichtet oder wesentlich geändert worden waren oder mit deren Errichtung oder wesentlicher Änderung begonnen worden war, ist nicht geeignet, die mit § 67 a Abs. 3 BImSchG beabsichtigte Übergangsgerechtigkeit herbeizuführen.

Das Umweltrahmengesetz trug (u. a.) diesem Umstand durch die allgemeine Definition des Altanlagenbegriffs in Art. 1 § 4 Abs. 1 URG Rechnung, die zwar an § 67 Abs. 2 BImSchG angelehnt war, jedoch nicht an den Zeitpunkt des Inkrafttretens der Verordnung über genehmigungsbedürftige Anlagen, sondern den Zeitpunkt der Überleitung des Bundes-Immissionsschutzgesetzes durch das Umweltrahmengesetz, den 1. Juli 1990 anknüpfte.[47] Diese Definition hat der Einigungsvertrag zwar nicht in dieser allgemeinen Form, jedoch der Sache nach in § 67 a Abs. 1 BImSchG übernommen, ohne den Begriff „Altanlage“ zu gebrauchen. Nach Sinn und Zweck auch des § 67 a Abs. 3 BImSchG, eine Überleitungsregelung für diejenigen Anlagen zu treffen, die an die neue Rechtslage angepaßt werden müssen, erscheint es angebracht, die in Art. 1 § 4 Abs. 1 URG enthaltene Definition der Altanlagen auch § 67 a Abs. 3 BImSchG i. V. m. Nr. 4.2 TA Luft zugrunde zu legen. Demnach gilt § 67 a Abs. 3 BImSchG i. V. m. Nr. 4.2 TA Luft für solche Anlagen im Beitrittsgebiet, die vor dem 1. Juli 1990 errichtet wurden, oder mit deren Errichtung vor diesem Zeitpunkt begonnen wurde.

---

[46] Vom 14. Februar 1975, BGBl. I S. 499 (Erstfassung), in Kraft getreten am 1. März 1975 (vgl. § 8 der 4. BImSchV, aaO). § 67 Abs. 2 BImSchG gilt analog für die Fälle, in denen durch Änderung oder Neufassung der 4. BImSchV eine Genehmigungspflicht begründet wird (vgl. *Jarass*, BImSchG, § 67 Rn. 6).

[47] Vgl. hierzu oben S. 20.

ccc) Fristberechnung

Nr. 4. 2 TA Luft legt die für Altanlagen eingeräumten Sanierungsfristen nicht dadurch fest, daß sie deren Länge in Jahren oder Monaten angibt, sondern durch die Angabe der Termine, zu denen die Fristen enden. Daß sich nach Art. 67a Abs. 3 BImSchG die Fristen der TA Luft um ein Jahr verlängern, kann allerdings nicht bedeuten, daß lediglich die in Nr. 4.2 TA Luft vorgesehenen Endtermine um ein Jahr nach hinten verschoben werden. Gegen eine solche Auslegung spricht bereits der Wortlaut des § 67 a Abs. 3 BImSchG, der ausdrücklich nicht die Verschiebung der Termine, sondern die Verlängerung der sich aus den Terminfestlegungen ergebenden Fristen vorschreibt und als Fristbeginn den 1. Juli 1990 festlegt. Im übrigen wären bei einer bloßen Verschiebung der Fristenden um ein Jahr die meisten in Nr. 4.2 TA Luft festgelegten Fristen bereits zu dem Zeitpunkt abgelaufen, zu dem sie nach § 67 a Abs. 3 BImSchG erst zu laufen beginnen sollten, nämlich am 1. Juli 1990.

Sinn und Zweck des § 67 a Abs. 3 BImSchG gehen vielmehr dahin, den Betreibern von Altanlagen im Beitrittsgebiet nicht nur ebenso lange Sanierungsfristen einzuräumen wie seinerzeit den Betreibern beim Inkrafttreten der TA Luft im übrigen Bundesgebiet, sondern darüber hinaus diese Fristen um ein Jahr zu verlängern. Daher ist zur Berechnung der Sanierungsfristen im Beitrittsgebiet zunächst die Länge der entsprechenden Frist zu ermitteln, die Nr. 4.2 TA Luft bei seiner Einführung den Anlagenbetreibern ließ. Dabei ist davon auszugehen, daß die in Nr. 4.2 TA Luft festgelegten Fristen mit dem Inkrafttreten der TA Luft am 1.3.1986[48] zu laufen begannen. Entsprechende, um ein Jahr verlängerte Sanierungsfristen werden nun den Betreibern von „Altanlagen" im Beitrittsgebiet eingeräumt, beginnend mit dem 1. Juli 1990.

e) Sonstige Modifizierungen des übergeleiteten Bundesimmissionsschutzrechts

Die in Anlage I vorgesehenen Maßgaben bei der Überleitung des Bundesimmissionsschutzrechts beschränken sich nicht auf das Bundes-Immissionsschutzgesetz. Nach Art. 8 i. V. m. Anlage I, Kap. XII, Sachgebiet A: Immissionsschutzrecht, Abschnitt III EV ist vorgesehen, daß einige immissionsschutzrechtliche Rechtsverordnungen der Bundesregierung mit den dortigen Maßgaben im Beitrittsgebiet in Kraft treten.[49] Hingewiesen sei hier nochmals darauf, daß Modifizierungen auch außerhalb des Kapitels XII der Anlagen I und II zu finden sind, etwa in Gestalt der straßenverkehrszulassungsrechtlichen Regelungen in Anlage I, Kap. XI, Sachgebiet B: Straßenverkehr, Nr. 2, Maßgaben 23 (Wirksamkeit von Betriebserlaubnissen nach DDR-Recht) und Maßgaben 38 ff. (Abgassonderuntersuchung).

---

[48] Nach Nr. 6 TA Luft.

[49] Kritisch *Müggenborg*, NVwZ 1991, 735 ff., der eine Überforderung der Unternehmen im Beitrittsgebiet sieht.

f) Fortgeltendes Immissionsschutzrecht der DDR

Es stellt sich die Frage, ob und inwieweit über die wenigen in Anlage II zum Einigungsvertrag aufgeführten DDR-Rechtvorschriften hinaus sonstiges Immissionsschutzrecht der DDR — aufgrund Art. 9 Abs. 1 EV — fortgilt.[50] Dabei ist festzuhalten, daß bereits aufgrund der Regelungen des Umweltrahmengesetzes mit der weitgehenden Übernahme des Bundesimmissionsschutzrechts durch die ehemalige DDR das vormalige bis dahin dort geltende Immissionsschutzrecht weitestgehend verdrängt wurde. Auch wenn vor dem Beitritt möglicherweise aufgrund von Besonderheiten des Rechts der DDR von einer weniger weitreichenden Sperrwirkung des übernommenen Bundesimmissionsschutzrechts hätte ausgegangen werden können, so besteht jedenfalls mit der grundsätzlichen Inkraftsetzung des Bundesrechts im Beitrittsgebiet durch Art. 8 EV die volle Sperrwirkung des Bundesimmissionsschutzrechts[51] gegenüber dem Immissionsschutzrecht der (ehemaligen) DDR, soweit dieses nicht nach Art. 9 Abs. 2 oder Abs. 3 EV fortgilt. Denn nach Art. 9 Abs. 1 EV hängt die Fortgeltung des DDR-Rechts davon ab, daß es mit dem Grundgesetz (ohne Berücksichtigung der Erleichterungen in Art. 143 GG) sowie dem übergeleiteten Bundesrecht vereinbar ist.

Ob vor diesem Hintergrund insbesondere die Regelung über das Staub- und Abgasgeld[52] noch Bestand haben kann, erscheint zweifelhaft.[53] Ein Fortbestehen dieser Regelung erschiene noch am ehesten denkbar, wenn man in ihr eine Regelung über den Verwaltungsvollzug oder eine Sanktionsnorm sähe.[54] Auch hiergegen bestehen jedoch durchgreifende Bedenken. Die Regelung über das Staub- und Abgasgeld knüpfte nämlich an die Festsetzung von Emissionsgrenzwerten an, die im Immissionsschutzrecht der ehemaligen DDR in einem völlig anderen Regelungszusammenhang standen[55] als etwa in der TA Luft.[56] Insofern erscheint es bedenklich, von einer Fortgeltung der Regelung des Staub- und

---

[50] Vgl. allgemein hierzu oben S. 56ff. Zur Fortgeltung von DDR-Immissionsschutzrecht vgl. auch *Jänkel,* IUR 1991, 57ff. [61f.]

[51] Vgl. hierzu etwa *Jarass,* BImSchG, Einl. Rn. 3ff.

[52] Vgl. § 18 der Fünften Durchführungsverordnung zum Landeskulturgesetz — Reinhaltung der Luft — vom 12. Februar 1987, GBl. I Nr. 7 S. 51, sowie § 5 der Dritten Durchführungsbestimmung zur Fünften Durchführungsverordnung zum Landeskulturgesetz — Reinhaltung der Luft — Begrenzung, Überwachung und Kontrolle der Emissionen — vom 12. Februar 1987, GBl. I Nr. 7 S. 61.

[53] Ebenso *Schrader,* IUR 1990, 22ff. [24]; differenzierend *Jänkel,* IUR 1991, 57ff. [61f.].

[54] Zweifelnd *Müggenborg,* NVwZ 1991, 735ff. [736] (eher Sonderabgabe).

[55] Vgl. § 6 der Fünften Durchführungsverordnung zum Landeskulturgesetz — Reinhaltung der Luft — vom 12. Februar 1987, GBl. I Nr. 7 S. 51, sowie die Dritte Durchführungsbestimmung zur Fünften Durchführungsverordnung zum Landeskulturgesetz — Reinhaltung der Luft — Begrenzung, Überwachung und Kontrolle der Emissionen vom 12. Februar 1987, GBl. I Nr. 7 S. 61.

[56] Vgl. etwa Nr. 2.2.1.4 i.V.m. Nr. 3 TA Luft.

Abgasgeldes auszugehen, obwohl sich die zugrundeliegende materiellrechtlichen Regelungen durch die Überleitung des BImSchG grundlegend geändert haben.[57]

Problematisch scheint auch, ob die Smogordnung[58] der früheren DDR nach Art. 9 Abs. 1 EV als Landesrecht fortgelten kann. Die §§ 40 Satz 1 und 49 Abs. 2 BImSchG enthalten entsprechende Rechtsverordnungsermächtigungen für die Landesregierungen. Ob die Smogordnung diesen bundesgesetzlichen Ermächtigungen — zumindest teilweise — entspricht,[59] bedarf einer eingehenden Betrachtung ihrer einzelnen Regelungen, die jedoch den Rahmen der vorliegenden Untersuchung sprengen würde. Ausgeschlossen erscheint jedenfalls eine Fortgeltung derjenigen Regelungen der Smogordnung, die auf dem System der staatlichen Wirtschaftslenkung der früheren DDR basieren.[60] Da die Effektivität der allenfalls fortgeltenden Teile der Smogordnung gering sein dürfte, erscheint es jedoch sinnvoll, im Beitrittsgebiet möglichst schnell (Landes-) Smogverordnungen zu verabschieden.[61]

---

[57] *Jänkel* (IUR 1991, 57ff. [61 f.]) vertritt demgegenüber die Ansicht, soweit Emittenten im Beitrittsgebiet über — nach Art. 19 EV grundsätzlich fortwirkende Emissionsgrenzwertbescheide verfügten, könnten *insoweit* die Regelungen über das Staub- und Abgasgeld weiter angewandt werden. Diese Ansicht überzeugt jedoch nicht. Die Emissionsgrenzwertbescheide der früheren DDR führen nicht dazu, daß diese Anlagen als i. S. d. Bundes-Immissionsschutzgesetzes genehmigt angesehen werden müßten (vgl. oben S. 62ff., 75). Daher konkretisieren diese Bescheide auch nicht die den Anlagenbetreibern obliegenden immissionsschutzrechtlichen Pflichten. Diese Pflichten folgen vielmehr unmittelbar aus §§ 5 und 22 BImschG. Bereits aus diesem Grunde erschiene es mit dem Bundes-Immissionsschutzgesetz kaum vereinbar, Verstöße gegen die durch Emissionsgrenzwertbescheide festgelegten Grenzwerte durch die Erhebung von Staub- und Abgasgeld zu sanktionieren. Da für die Anlagen, für die noch Emissionsgrenzwertbescheide bestehen, nach § 67 a Abs. 1 BImSchG keine Genehmigung erforderlich ist, werden die aus dem Bundes-Immissionsschutzgesetz folgenden Pflichten der Anlagenbetreiber vielmehr durch (nachträgliche) Anordnungen gem. §§ 17 bzw. 24 BImSchG konkretisiert. Auch insoweit dürfte somit eine abschließende Regelung durch das Bundes-Immissionsschutzgesetz vorliegen, so daß auch aus diesem Grunde die Fortgeltung der Regelungen über das Staub- und Abgasgeld ausscheidet.

[58] 4. Durchführungsbestimmung zur 5. Durchführungsverordnung zum Landeskulturgesetz — Reinhaltung der Luft — Smogordnung — vom 2. November 1989, GBl. I Nr. 21 S. 239.

[59] Keine Schranke für die Fortgeltung der Smogordnung beinhaltet dagegen der von der Umweltministerkonferenz am 4. Dezember 1987 zustimmend zur Kenntnis genommene Musterentwurf einer Smog-Verordnung, da es sich insoweit gerade nicht um Bundesrecht handelt (vgl. Kloepfer, Umweltschutz, Nr. 680, insb. ebd. Fn. 1). Entsprechendes gilt für bestehende Landes-Smogverordnungen.

[60] Vgl. *Jänkel*, IUR 1991, 57ff. [61].

[61] Ebenso *Jänkel*, IUR 1991, 57ff. [61].

4. Insbesondere: Haftungsfreistellung für „Altlasten"

a) Überblick

Um die aus wirtschafts-, struktur-, arbeitsmarkt-, aber auch umweltpolitischen Gründen erwünschte Übernahme von Altanlagen in der ehemaligen DDR durch private Investoren zu erleichtern, war es erforderlich, diese im Erwerbsfalle von der Verantwortlichkeit für Altlasten in gewissem Umfang zu entlasten. Neben dem Aspekt der erleichterten Investitionsermöglichung mußte allerdings auch der Gesichtspunkt der (an sich zu vermeidenden) innerdeutschen Rechtsdisharmonie bedacht werden, die dadurch eintreten würde, daß Erwerber von Grundstücken in der damaligen DDR umfassend und auf Dauer von der Verantwortlichkeit für Altlasten befreit würden, im bisherigen Geltungsbereich des Grundgesetzes nach h. M. dagegen nicht. Das könnte sich auch zu unabsehbaren Kostenfolgen für das wiedervereinigte Deutschland auswirken.

Dies gilt um so mehr, als die Verhaltensverantwortlichkeit der Altlastenverursacher im Beitrittsgebiet sehr häufig ins Leere gehen dürfte, da die hierfür verantwortlichen Volkseigenen Betriebe, die rechtlich nicht ohne weiteres mit dem „Staat" gleichgesetzt werden können,[62] zwischenzeitlich nicht mehr existieren. Zwar deuten die §§ 11 Abs. 2, 23 Treuhandgesetz der DDR[63] auf eine Gesamtrechtsnachfolge hin, wodurch die Verhaltensverantwortlichkeit der ehemaligen Volkseigenen Betriebe mit der Umwandlung auf die neugeschaffenen Kapitalgesellschaften übergegangen wäre.[64] Zudem würde durch den zu erwartenden Konkurs vieler neuer Nachfolgegesellschaften aber auch eine Verhaltensverantwortlichkeit kraft Gesamtrechtsnachfolge faktisch folgenlos bleiben. Insoweit sind die Diskussionen um letztlich billigkeitsorientierte Eingrenzungen der Zustandsverantwortlichkeit in der (alten) Bundesrepublik Deutschland[65] nur begrenzt vergleichbar, weil hier regelmäßig der Rückgriff auf die Verhaltensverantwortlichen bleibt. Schließlich waren auch einige Mißbrauchsmöglichkeiten bei der Verantwortlichkeitsbefreiung im Erwerbsfall zu bedenken.

Aus allen diesen Gründen hatte sich bereits das Umweltrahmengesetz in Art. 1 § 4 Abs. 3 URG für einen Mittelweg zwischen einer strikten Einforderung der Verantwortlichkeit für Altlasten und einer allgemeinen Haftungsbefreiung entschieden. Der Einigungsvertrag hatte diese Kompromißformel übernommen. Nach Art. 9 Abs. 2 i. V. m. Anlage II, Kap. XII, Abschnitt III Nr. 1 b galt

---

[62] Ausführlich hierzu *Michael/Thull*, Beil. 30 zu BB Heft 24/1990, 1 ff. [7].

[63] Gesetz zur Privatisierung und Reorganisation des volkseigenen Vermögens (Treuhandgesetz) vom 17. Juni 1990 (GBl. I Nr. 33 S. 300). Das Treuhandgesetz gilt nach Art. 25 EV mit den dort genannten Maßgaben fort.

[64] *Michael/Thull*, Beil. 30 zu BB Heft 24/1990, 1 ff. [5 f.]; *Rehbinder*, DVBl. 1991, 421 ff. [424].

[65] Vgl. hierzu z. B. *Kloepfer*, Umweltrecht, § 12 Rn. 145.

die Freistellungsregelung des Art. 1 § 4 Abs. 3 URG (also Recht der früheren DDR) mit geringfügigen Änderungen fort. Zum einen wurde angeordnet, daß es sich um Anlagen handeln mußte, die gewerblichen Zwecken dienten oder im Rahmen wirtschaftlicher Unternehmungen Verwendung fanden. Auf den Begriff der *Alt*anlage wurde verzichtet. Darüber hinaus wurde die Freistellung nun vom Einvernehmen der jeweiligen obersten Landesbehörde abhängig gemacht. Die aufgrund des Einigungsvertrages zunächst geltende Freistellungsregelung lautete:[66]

„Erwerber von Anlagen, die gewerblichen Zwecken dienen oder im Rahmen wirtschaftlicher Unternehmungen Verwendung finden, sind für die durch den Betrieb der Anlage vor dem 1. Juli 1990 verursachten Schäden nicht verantwortlich, soweit die zuständige Behörde im Einvernehmen mit der obersten Landesbehörde sie von der Verantwortung freistellt. Eine Freistellung kann erfolgen, wenn dies unter Abwägung der Interessen des Erwerbers, der Allgemeinheit und des Umweltschutzes geboten ist. Der Antrag auf Freistellung muß spätestens bis zum 31. Dezember 1991 gestellt sein. Die Haftung auf Grund privatrechtlicher Ansprüche bleibt unberührt.“

Diese Freistellungsregelung erwies sich (jedenfalls nach Auffassung der Bundesregierung)[67] insbesondere wegen ihrer Beschränkung auf die Freistellung von der öffentlich-rechtlichen Verantwortlichkeit zur Förderung von Investitionen als unzureichend. Daher wurde in das Hemmnisbeseitigungsgesetz[68] folgender Artikel aufgenommen:

„Artikel 12
Änderung des Umweltrahmengesetzes der Deutschen
Demokratischen Republik vom 29. Juni 1990 (GBl. I Nr. 42
S. 649) in der Fassung des Gesetzes vom 23. September 1990
(BGBl. 1990 II S. 885).

Artikel 1 § 4 Abs. 3 des Umweltrahmengesetzes der Deutschen Demokratischen Republik vom 29. Juni 1990 (GBl. I Nr. 42 S. 649) in der Fassung der Nummer 1 Buchstabe b der Anlage II Kapitel XII Abschnitt III des Einigungsvertrages vom 31. August 1990 in Verbindung mit Artikel 1 des Gesetzes vom 23. September 1990 (BGBl. 1990 II S. 885, 1226) erhält folgende Fassung:[69]

‚Eigentümer, Besitzer oder Erwerber von Anlagen und Grundstücken, die gewerblichen Zwecken dienen oder im Rahmen wirtschaftlicher Unternehmungen Verwendung

---

[66] Im folgenden: alte Fassung bzw. a. F.

[67] Vgl. BT-Drucks. 12/216, S. 9f.

[68] Vom 22. März 1991, BGBl. I S. 766. Das Gesetz ist nach Art. 15 einen Tag nach seiner Verkündung (28. März 1991) am 29. März 1991 in Kraft getreten. Der Gesetzentwurf (BT-Drucks. 12/204) war von der Bundesregierung unter Bezugnahme auf einen früheren Entwurf der Regierungsfraktionen (BT-Drucks. 12/103) im Bundestag eingebracht worden. Die Neufassung der Freistellungsregelung geht zurück auf die Beschlußempfehlung des Rechtsausschusses des Bundestages (BT-Drucks. 12/255, S. 55), der seinerseits eine Anregung der Bundesregierung anläßlich deren Gegenäußerung zur Stellungnahme des Bundesrates (BT-Drucks. 12/216, S. 9f.) aufgegriffen hatte.

[69] Im folgenden: neue Fassung bzw. n. F.

finden, sind für die durch den Betrieb der Anlage oder die Benutzung des Grundstücks vor dem 1. Juli 1990 verursachten Schäden nicht verantwortlich, soweit die zuständige Behörde im Einvernehmen mit der obersten Landesbehörde sie von der Verantwortung freistellt. Eine Freistellung kann erfolgen, wenn dies unter Abwägung der Interessen des Eigentümers, des Besitzers oder des Erwerbers, der durch den Betrieb der Anlage oder durch die Benutzung des Grundstücks möglicherweise Geschädigten, der Allgemeinheit und des Umweltschutzes geboten ist. Die Freistellung kann mit Auflagen versehen werden. Der Antrag auf Freistellung muß spätestens innerhalb eines Jahres nach Inkrafttreten des Hemmnisbeseitigungsgesetzes gestellt sein. Im Falle der Freistellung treten an Stelle privatrechtlicher, nicht auf besonderen Titeln beruhender Ansprüche zur Abwehr benachteiligender Einwirkungen von einem Grundstück auf ein benachbartes Grundstück Ansprüche auf Schadensersatz. Die zuständige Behörde kann vom Eigentümer, Besitzer oder Erwerber jedoch Vorkehrungen zum Schutz vor benachteiligenden Einwirkungen verlangen, soweit diese nach dem Stand der Technik durchführbar und wirtschaftlich vertretbar sind. Im übrigen kann die Freistellung nach Satz 1 auch hinsichtlich der Ansprüche auf Schadensersatz nach Satz 4 sowie nach sonstigen Vorschriften erfolgen; auch in diesem Falle ist das Land Schuldner der Schadensersatzansprüche.'"

Die Freistellungregelung birgt eine ganze Reihe von umstrittenen Fragen, und zwar sowohl in der Fassung des Einigungsvertrages als auch in der Fassung des Hemmnisbeseitigungsgesetzes.[70] Problematisch ist hierbei nicht zuletzt das Verhältnis beider Fassungen zueinander: So stellt sich etwa, da die Neufassung jedenfalls dem Wortlaut nach lediglich die immissionsschutzrechtliche Freistellungsregelung nach Anlage II, Kap. XII, Abschnitt III Nr. 1 b EV betrifft, die Frage, ob die abfallrechtliche Freistellungsregelung nach Anlage II, Kap. XII, Abschnitt III Nr. 1 f i. V. m. Nr. 1 b EV ebenfalls neu gefaßt ist oder in der alten Fassung fortgilt. Aus diesem Grunde erscheint es angebracht, im folgenden zunächst auf die Freistellungsregelung in der Fassung des Einigungsvertrages und erst dann auf die Neufassung einzugehen. Dies erleichtert auch die Beantwortung mancher Einzelfragen sowie eine Beurteilung der Neuregelung insgesamt.

b) Freistellungsregelung in der Fassung des Einigungsvertrages

aa) Inhalt der Freistellung

Die Freistellung beseitigte (nach der der Freistellungsregelung a. F.) die Verantwortlichkeit des Erwerbers für die durch den Betrieb der betreffenden Anlage(n) vor dem 1. Juli 1990 verursachten Schäden. Gemeint war hier ausschließlich die öffentlich-rechtliche Verantwortlichkeit; folgerichtig blieb nach Satz 4 des fortgeltenden Art. 1 § 4 Abs. 3 URG die Haftung auf Grund

[70] Vgl. auch *BMU*, Auslegungshinweise, Umwelt 1991, 11 ff. *Kloepfer*, DVBl. 1991, 1 ff. [5 f.]; *Michael/Thull*, Beil. 30 zu BB Heft 24/1990, 1 ff. sowie *Rehbinder*, DVBl. 1991, 421 ff.

privatrechtlicher Ansprüche unberührt.[71] Für den Gesetzgeber stand bei der Schaffung des Umweltrahmengesetzes die Freistellung von der Zustandsverantwortlichkeit nach dem allgemeinen Polizei- und Ordnungsrecht im Vordergrund, wenn nicht sogar ausschließlich an die Freistellung von der Zustandsverantwortlichkeit[72] gedacht wurde. Das hindert aber nicht, nach dem objektiven Willen des Gesetzgebers eine Freistellungsmöglichkeit von der Verantwortlichkeit über die nach dem allgemeinen Polizei- und Ordnungsrecht bestehende Zustandsverantwortlichkeit hinaus zu bejahen.[73]

Nach Ansicht des Bundesministers für Umwelt, Naturschutz und Reaktorsicherheit befreite die Freistellung lediglich von der öffentlich-rechtlichen Verantwortlichkeit, „so wie sie nach der zum Zeitpunkt der Freistellungsentscheidung geltenden Rechtslage begründet war“.[74] Danach wäre jede spätere gesetzliche Erweiterung der Haftung für „Altlasten“ (i. S. d. Freistellungsklausel) automatisch nicht von der Freistellung erfaßt gewesen. Ließ sich eine solche Begrenzung mit dem Sinn und Zweck der Freistellungsklausel jedoch nur schwer vereinbaren, da doch die Sicherung des Erwerbers durch die Freistellung doch erheblich relativiert worden wäre? Oder war vielmehr davon auszugehen, daß die Freistellung auch öffentlich-rechtliche Verantwortlichkeiten erfaßte, die erst

[71] Die Freistellung von der Verantwortlichkeit bedeutete grundsätzlich, daß der Betreiber nicht mehr als Störer in Anspruch genommen werden konnte. Sanierungen konnten dann nur noch unter den Voraussetzungen des polizeilichen Notstands durchgeführt werden (vgl. § 9 des [DDR-] Gesetzes über die Aufgaben und Befugnisse der Polizei vom 13. September 1990, GBl. I Nr. 61 S. 1489). Ebenso *Michael/Thull*, Beil. 30 zu BB Heft 24/1990, 1 ff. [5]; a. A. *Rehbinder*, DVBl. 1991, 421 ff. [427 f.]; *Schrader*, IUR 1991, 63 ff. [67].

[72] Auch das DDR-Polizeirecht kannte und kennt die Unterscheidung von Verhaltens- und Zustandsstörern, vgl. § 9 Volkspolizeigesetz (Gesetz über die Aufgaben und Befugnisse der Deutschen Volkspolizei vom 11. Juni 1968, GBl. I Nr. 11 S. 232, i.d.F. des Gesetzes über Rechtsmittel gegen Entscheidungen staatlicher Organe vom 24. Juni 1971, GBl. I Nr. 3 S. 49), sowie §§ 6 f. des Gesetzes über die Aufgaben und Befugnisse der Polizei v. 13. September 1990, GBl. I Nr. 61 S. 1489. Das letztgenannte Gesetz gilt nach Art. 9 Abs. 2 i. V. m. Anlage II, Kap. II, Sachgebiet C: Öffentliche Sicherheit, Abschnitt II Nr. 2 vorläufig fort.

[73] Noch nicht völlig geklärt ist die Frage nach der „Legalisierungswirkung“ (vgl. allg. z. B. *Kloepfer*, Umweltrecht, § 12 Rn. 141 ff. m. w. N.) von Gestattungsakten der früheren DDR. Gegen die Annahme einer weitgehenden „Legalisierungswirkung“ (vgl. *Rehbinder*, DVBl. 1991, 421 ff. [424 f.]) scheint jedoch Skepsis angebracht (vgl. *Michael/Thull*, Beil. 30 zu BB Heft 24/1990, 1 ff. [7]). Ob der von *Rehbinder* (aaO.) angeführte Gesichtspunkt des „hoheitlichen Zwangs“ durch die Verweigerung der für Umweltschutzmaßnahmen erforderlichen Investitionsmittel die öffentlich-rechtliche Verantwortlichkeit der Unternehmen ausschließt, kann an dieser Stelle nicht abschließend beurteilt werden. Möglicherweise sollte sowohl bei dem Problem der Legalisierungswirkung als auch bei dem Problem des „hoheitlichen Zwangs“ die — trotz weitgehender rechtlicher Trennung (vgl. *Michael/Thull*, Beil. 30 zu BB Heft 24/1990, 1 ff. [7]; *Rehbinder*, DVBl. 1991, 421 ff. [423], jew. m. N.) — bestehende wirtschaftliche Verflechtung von Staat und Volkseigenen Betrieben in der früheren DDR größeres Gewicht zukommen.

[74] *BMU*, Auslegungshinweise, Umwelt 1991, 11 ff. [13].

nach der Freistellungsentscheidung durch den Gesetzgeber begründet wurden?[75] Zwar dürfte letzteres dem Interesse der potentiellen Erwerber entsprochen haben, gleichwohl war diese Auslegung nicht haltbar, weil sonst die Behörde etwas in ihre Entscheidung hätte aufnehmen müssen, was sie überhaupt noch nicht übersehen konnte. Folglich war die ministerielle Ansicht zutreffend. Spätere Verantwortlichkeitsverschärfungen waren allerdings am Rückwirkungsverbot zu messen.

aaa) Verantwortlichkeit nach dem allgemeinen Polizei- und Ordnungsrecht

Die Verantwortlichkeit für die durch den Betrieb von Anlagen im Beitrittsgebiet vor dem 1. Juli 1990 verursachten Schäden richtet sich unter Umständen nach dem allgemeinen Polizei- und Ordnungsrecht der ehemaligen DDR bzw. der Länder im Beitrittsgebiet.[76] Daß nach der Freistellungsregelung (a. F.) von einer insoweit bestehenden Zustandverantwortlichkeit freigestellt werden konnte, erschien unproblematisch. Weniger eindeutig ließ sich dagegen die Frage beantworten, ob auch die Freistellung von der Verhaltensverantwortlichkeit möglich war. Der Zweck der Freistellungsregelung (a. F.) schien auf den ersten Blick dagegen zu sprechen, denn diese Regelung sollte gerade nicht eine Privilegierung von Umweltsündern im Beitrittsgebiet bewirken. Nicht umsonst dachte der Gesetzgeber in erster Linie oder sogar ausschließlich an eine Freistellung von der Zustandsverantwortlichkeit. Die Freistellung sollte lediglich diejenigen Investoren im Beitrittsgebiet begünstigen, die mit dem Erwerb von Anlagen für den ordnungswidrigen Zustand dieser Anlage in die Verantwortung genommen wurden, obwohl sie diesen ordnungswidrigen Zustand nicht durch ihr Verhalten verursacht hatten.

Gerade dieser Zweck der Freistellungsregelung (a. F.) konnte aber in bestimmten Fällen die Freistellung des Erwerbers auch von der Verhaltensverantwortlichkeit (für das Verhalten seiner Vorgänger) gebieten.[77] Denn es war (und ist immer noch) durchaus möglich, daß ein Erwerber von Anlagen im Wege der Gesamtrechtsnachfolge (etwa bei der Übernahme eines kompletten Unternehmens) in eine bestehende Verhaltensverantwortlichkeit eintrat, ohne selbst einen Beitrag zur Verursachung des ordnungswidrigen Zustandes geleistet zu haben. Nach Sinn und Zweck der Freistellungsregelung (a. F.) mußte auch die Freistellung des Erwerbers von dieser Verhaltensverantwortlichkeit möglich

---

[75] Davon zu unterscheiden ist die Frage, inwieweit der Gesetzgeber nachträglich die Freistellung von der Verantwortlichkeit beseitigen kann. Hierbei sind ihm insbesondere durch das Rechtsstaatsprinzip mehr oder weniger enge Grenzen gesetzt.

[76] Vgl. § 9 Volkspolizeigesetz (aaO.) bzw. §§ 6f. des Gesetzes über die Aufgaben und Befugnisse der Polizei (aa0.). Vgl. auch *Michael/Thull*, Beil. 30 zu BB Heft 24/1990, 1 ff. [2f.]; *Rehbinder*, DVBl. 1991, 421 ff. [421 ff.]).

[77] Vgl. zum folgenden *Michael/Thull*, Beil. 30 zu BB Heft 24/1990, 1 ff. [6]; ebenso wohl *Rehbinder*, DVBl. 1991, 421 ff. [426f.]; a. A. *Schrader*, IUR 1991, 63 ff. [66].

sein. Nicht möglich war allerdings die Freistellung eines Erwerbers von der Verantwortlichkeit für eigene Verursachungsbeiträge.

bbb) Verantwortlichkeit nach sonstigem Landesrecht

Soweit es im Beitrittsgebiet spezielle Vorschriften über die Verantwortlichkeit für Schäden der genannten Art geben sollte (etwa im Landeswasserrecht), so erfaßte die Freistellungsregelung (a. F.) grundsätzlich auch diese Verantwortlichkeiten. Hierbei stellte sich jedoch die weitere Frage, inwieweit die Länder im Beitrittsgebiet befugt gewesen wären, von der Freistellungsregelung des Art. 1 § 4 Abs. 3 URG (a. F.) in Zukunft abzuweichen.[78]

ccc) Verantwortlichkeit nach Bundesrecht

Das Bundes-Immissionsschutzgesetz hatte in seiner bis zum 31. August 1990 geltenden Fassung[79] keinerlei Regelung über die Verantwortlichkeit für die in der Vergangenheit von Anlagen ausgegangenen schädlichen Umwelteinwirkungen enthalten: Die Grundpflichten des § 5 Abs. 1 Nrn. 1 und 2 bzw. §§ 22 Abs. 1 Nrn. 1 und 2 BImSchG waren auf den gegenwärtigen und zukünftigen Anlagenbetrieb gerichtet, ebenso die zur Durchsetzung dieser Grundpflichten möglichen Anordnungen (§§ 17, 24 BImSchG). Diese betriebsbezogenen Regelungen ermöglichten nicht Maßnahmen gegen die durch den Betrieb einer Anlage in der Vergangenheit verursachten Umwelteinwirkungen, etwa die Anordnung, die durch die Verunreinigung von Nachbargrundstücken oder des Anlagengrundstücks selbst verursachten Gefahren zu beseitigen. Da das Bundes-Immissionsschutzgesetz erstmals zum 1. Juli 1990 (durch das URG) im Beitrittsgebiet in Kraft gesetzt wurde, enthielt es also in der bis zum 31. August 1990 geltenden Fassung keine Regelungen über die Verantwortlichkeit für den Anlagenbetrieb in der früheren DDR in der Zeit vor dem 1. Juli 1990. Demnach hätte die Freistellungsklausel (a. F.) die Verantwortlichkeit nach dem Bundes-Immissionsschutzgesetz in dieser ursprünglichen Fassung nicht berührt.

Etwas anderes könnte jedoch aufgrund der durch das 3. Gesetz zur Änderung des Bundes-Immissionsschutzgesetzes eingeführten und auch im Beitrittsgebiet in Kraft gesetzten § 5 Abs. 3 Nr. 1 und § 17 Abs. 4 a BImSchG gegolten haben.[80]

---

[78] Vgl. dazu unten S. 103.

[79] Die Neufassung des Bundes-Immissionsschutzgesetzes (in der Fassung der Bekanntmachung vom 14. Mai 1990, BGBl. I S. 880) trat in der früheren DDR aufgrund Art. 1 § 2 Abs. 2 URG am 1. September 1990 in Kraft. Lediglich die im 3. Gesetz zur Änderung des Bundes-Immissionsschutzgesetzes enthaltenen Ermächtigungen zum Erlaß von Rechtsverordnungen und Allgemeinen Verwaltungsvorschriften waren nach Art. 1 § 2 Abs. 1 i. V. m. Anlage 1 URG, Zu Art. 1, Nr. 1 i. V. m. Art. 6 des Dritten Gesetzes zur Änderung des Bundes-Immissionsschutzgesetzes vom 11. Mai 1990, BGBl. I S. 870, bereits zum 1. Juli 1990 in die frühere DDR übergeleitet worden.

[80] Die Neufassung trat (abgesehen von den Ermächtigungen zum Erlaß von Rechtsverordnungen und Allgemeinen Verwaltungsvorschriften) nach Art. 6 des Dritten

Nach § 5 Abs. 3 Nr. 1 BImSchG hat der Betreiber sicherzustellen, daß auch nach einer Betriebseinstellung[81] von der Anlage oder dem Anlagengrundstück keine schädlichen Umwelteinwirkungen und sonstige Gefahren, erheblichen Nachteile und erheblichen Belästigungen für die Allgemeinheit und die Nachbarschaft hervorgerufen werden können. Nach § 17 Abs. 4 a BImSchG können nach der Einstellung des gesamten Betriebes Anordnungen zur Erfüllung der sich aus § 5 Abs. 3 ergebenden Pflichten (nur) noch während eines Zeitraumes von zehn Jahren getroffen werden.

Diese Neuregelung des Bundes-Immissionsschutzgesetzes erfaßt nach ihrem Wortlaut auch Schäden, die durch den Betrieb der betreffenden Anlagen im Beitrittsgebiet vor dem 1. Juli 1990 verursacht wurden. Ist etwa durch den Betrieb einer Anlage i. S. d. Bundes-Immissionsschutzgesetzes im Beitrittsgebiet vor dem 1. Juli 1990 das Anlagengrundstück verseucht worden, so hätte nach dem Wortlaut des mit dem Beitritt der DDR im Beitrittsgebiet in Kraft gesetzten § 5 Abs. 3 Nr. 1 BImSchG der Betreiber sicherzustellen, daß vom Anlagengrundstück keine schädlichen Umwelteinwirkungen hervorgerufen werden können.[82]

Voraussetzung hierfür ist, daß die oben wiedergegebenen Neuregelungen nicht nach dem Willen des Gesetzgebers bzw. ihrem Sinn und Zweck lediglich auf den nach ihrem Inkrafttreten stattfindenden Anlagenbetrieb bezogen sind. Dann würden sie nicht die durch den Anlagenbetrieb im Beitrittsgebiet vor dem 1. Juli 1990 verursachten Schäden erfassen. Die Gesetzesmaterialien enthalten jedoch keinerlei Anhaltspunkte für eine solche Einschränkung. Auch rechtlich erscheint eine solche Einschränkung grundsätzlich nicht geboten.[83] Die Freistellungsmöglichkeit erfaßte somit auch die neu begründeten Altlastenverantwortlichkeiten des Bundes-Immmissionsschutzgesetzes für Schäden, die durch den Anlagenbetrieb in der früheren DDR vor dem 1. Juli 1990 verursacht wurden.

Auch § 9 a Abs. 1 S. 2 i. V. m. § 9 S. 2, § 10 a Abs. 3 i. V. m. § 10 Abs. 2 AbfG[84] begründen eine bundesrechtliche Verantwortlichkeit auch für die aus dem

---

Gesetzes zur Änderung des Bundes-Immissionsschutzgesetzes vom 11. Mai 1990, BGBl. I S. 870, am 1. September 1990 in Kraft. Dasselbe gilt aufgrund Art. 1 § 2 Abs. 1 i. V. m. Anlage 1 URG, Zu Art. 1, Nr. 1, Art. 1 § 2 Abs. 2 URG auch für die ehemalige DDR.

[81] Wie aus den Gesetzesmaterialien eindeutig hervorgeht, soll diese Regelung jedoch nicht auf stillgelegte Anlagen beschränkt sein (vgl. BT-Drs. 11/6633, S. 44).

[82] Vgl. auch den Hinweis bei *Rehbinder*, DVBl. 1991, 421 ff. [422 Fn. 8].

[83] § 5 Abs. 3 BImSchG dürfte als Form der Zustandsverantwortlichkeit anzusehen sein. Rechtliche Bedenken gegen ein in dem beschriebenen Sinne weites Verständnis dieser Regelung könnten allenfalls insoweit bestehen, als sie (i. V. m. § 17 BImSchG, insb. Abs. 4 a) auch solche Anlagen erfaßt, die bereits im Zeitpunkt des Inkrafttretens dieser Regelung stillgelegt waren (vgl. zu der entsprechenden abfallrechtlichen Problematik *Schwermer*, in: Kunig/Schwermer/Versteyl, AbfG, § 10 Rn. 5 m. w. N.).

[84] §§ 9 a und 10 a AbfG eingefügt durch Art. 8 i. V. m. Anlage I, Kap. XII, Sachgebiet D: Abfallwirtschaft, Abschnitt II Buchst. b und c EV. Diese Regelung erwähnt *Rehbinder* [DVBl. 1991, 421 ff.] nicht.

Betrieb von Abfallentsorgunganlagen vor dem 1. Juli 1990 verursachten Schäden. Diese Verantwortlichkeit wurde ebenfalls von der Freistellungsregelung erfaßt.[85]

Ob darüber hinaus bundesrechtliche Vorschriften existieren, die mit ihrem grundsätzlichen Inkrafttreten im Beitrittsgebiet eine öffentlich-rechtliche Verantwortlichkeit für Schäden festlegen, die durch den Betrieb von Anlagen i. S. d. Bundes-Immisisonsschutzgesetzes vor dem 1. Juli 1990 im Beitrittsgebiet verursacht wurden, erscheint zweifelhaft. Denken könnte man insoweit etwa an die §§ 26 Abs. 2 und 34 Abs. 2 WHG, die jedoch nicht den Anlagenbetrieb bzw. das Lagern oder Transportieren von Stoffen als Teil des Anlagenbetriebs vor dem 1. Juli 1990 im Beitrittsgebiet erfassen dürften.[86] Dasselbe gilt für den Auffangtatbestand des § 3 Abs. 2 Nr. 2 WHG, wenn man den Anlagenbetrieb vor dem 1. Juli 1990 als Maßnahme i.S. dieser Vorschrift betrachtet. Einschlägig wäre § 3 Abs. 2 Nr. 2 WHG jedoch dann, wenn man nicht unmittelbar auf den Anlagenbetrieb vor dem 1. Juli 1990 abstellen würde, sondern etwa auf den durch diesen Anlagenbetrieb verursachten und auch nach dem 1. Juli 1990 andauernden gewässerbedrohenden Zustand des Anlagengrundstücks. Das ist jedoch nicht möglich, da eine Maßnahme i. S. d. § 3 Abs. 2 Nr. 2 WHG zwar kein gewässerbezogenes, aber doch stets ein zweckgerichtetes Verhalten erfordert. Ein solches zweckgerichtetes Verhalten ist der gewässerbedrohende Zustand eines Grundstücks jedoch nicht.

Noch ein weiterer Grund spricht dagegen, in den genannten Vorschriften des Wasserhaushaltsgesetzes bundesrechtliche Regelungen der Verantwortlichkeit für Umweltschäden zu sehen. Denn sie verbieten zwar die Lagerung bzw. den Transport von Stoffen in einer gewässergefährdenden Weise, regeln jedoch nicht die Verantwortlichkeit für die Folgen eines Verstoßes gegen diese Verbote. Vielmehr richten sich die Maßnahmen gegen die Folgen eines insoweit pflichtwidrigen Verhaltens nach dem jeweiligen Landeswasserrecht.[87] Es bleibt also dabei, daß die Freistellungsklausel (a. F.) eine bundesrechtliche Verantwortlichkeit lediglich aus §§ 5 Abs. 3 Nr. 1, 17 Abs. 4 a BImSchG bzw. aus §§ 9 a Abs. 1 S. 2, 9 S. 2, §§ 10 a Abs. 3, 10 Abs. 2 AbfG erfaßte.

---

[85] Ein gewisses Abgrenzungsproblem folgt daraus, daß der immissionsschutzrechtliche und der abfallrechtliche Anlagenbegriff sich nicht ausschließen (zu den daraus folgenden Konkurrenzproblemen bei der Anlagenzulassung vgl. z. B. *Kloepfer*, Umweltrecht, § 12 Rn. 126ff., insb. 128 a. E.). Die sich daraus möglicherweise ergebenden Abgrenzungsprobleme können hier jedoch dahingestellt bleiben, da jedenfalls nach dem Einigungsvertrag die Freistellungsklausel sowohl im Abfallrecht als auch im Immissionsschutzrecht gilt (Art. 9 Abs. 2 i. V. m. Anlage II, Kap. XII, Abschnitt III, Nr. 1 b, f EV).

[86] Das Wasserhaushaltsgesetz trat nach Art. 3 § 2 Abs. 1 Nr. 1 i. V. m. Anlage 1 URG, Zu Art. 3, Nr. 1 in der früheren DDR am 1. Juli 1990 in Kraft.

[87] Vgl. z. B. *Kloepfer*, Umweltrecht, § 11 Rn. 164.

ddd) Freistellung von der privatrechtlichen Haftung

Nach dem insoweit mit der Regelungsintention des Gesetzgebers übereinstimmenden eindeutigen Wortlaut des Art. 1 § 4 Abs. 3 URG (a. F.) konnte eine Freistellung von der privatrechtlichen Haftung für die durch den Anlagenbetrieb verursachten Schäden aufgrund dieser Vorschrift nicht erfolgen.[88] Obwohl auch das Risiko einer privatrechtlichen Haftung ein nicht zu unterschätzendes Investitionshemmnis sein kann, hatte die Beschränkung der Freistellung auf die öffentlich-rechtliche Verantwortlichkeit ihren guten Sinn. Denn während bei der Freistellung von der öffentlich-rechtlichen Verantwortlichkeit die zuständigen Behörden es (jedenfalls weitgehend) in der Hand haben, wie stark der Staat durch die Freistellung belastet wird — der Umfang von Maßnahmen zur Gefahrenabwehr bzw. Störungsbeseitigung steht weitgehend in ihrem pflichtgemäßen Ermessen —, ist der Umfang möglicher privatrechtlicher Ansprüche vielfach kaum absehbar und ihre Geltendmachung kaum steuerbar. Aus verfassungsrechtlichen Gründen (Art. 14 GG) konnten solche Ansprüche nicht einfach durch Gesetz entschädigungslos gestrichen werden. Vielmehr hätte der Staat eine Entschädigung (oder seinen eigenen Schuldeintritt) vorsehen müssen,[89] wodurch die Freistellung von privatrechtlichen Ansprüchen ein kaum kalkulierbares Finanzierungsrisiko der öffentlichen Hand bedeutet hätte. Selbst dann hätten im übrigen die Verfassungsgehalte des Art. 14 GG eine Beteiligung der betroffenen Gläubiger im Freistellungsverfahren erfordert.[90]

Freilich stand die insoweit beschränkte Freistellungsregelung (a. F.) nicht vertraglichen Vereinbarungen entgegen, nach denen der Veräußerer den Erwerber einer Anlage auch von privatrechtlichen Ansprüchen freistellte mit der Folge, daß er gegenüber dem Erwerber verpflichtet war (bzw. ist), für die Erfüllung von Ansprüchen Dritter einzustehen.[91] Eine solche Freistellung war offenbar auch bei der Veräußerung von Unternehmen durch die Treuhandanstalt vereinbart worden.[92] Dagegen war aus der Sicht der Freistellungsregelung (a. F.) wohl nichts einzuwenden, obwohl damit die im Interesse der öffentlichen Hand liegende Begrenzung der Freistellung quasi umgangen wurde. Denn letztlich ist es die öffentliche Hand, die für die Verbindlichkeiten der Treuhandanstalt, die durch Art. 25 Abs. 1 EV eine rechtsfähige bundesunmittelbare

---

[88] Krit. *Müggenborg*, NVwZ 1991, 735ff. [740].

[89] Letzteres hat er im Rahmen der Neufassung der Freistellungsregelung schließlich getan.

[90] Zu dieser Frage vgl. im Zusammenhang mit der Neufassung der Freistellungsregelung unten S. 120f.

[91] So schon *Michael/Thull*, Beil. 30 zu BB Heft 24/1990, 1ff. [8].

[92] Um eine solche Vereinbarung (nicht eine Freistellung nach Art. 1 § 4 Abs. 3 URG) dürfte es sich bei der Vereinbarung zwischen der Treuhandanstalt und der BASF anläßlich der Übernahme des Synthesewerks Schwarzheide gehandelt haben (vgl. hierzu Süddeutsche Zeitung Nr. 239 vom 17. 10. 1990, S. 25).

Anstalt des öffentlichen Rechts wurde, einstehen muß. Freilich ist nicht ersichtlich, daß die Parteien des Einigungsvertrages durch die Beschränkung der Freistellungsklausel (a. F.) auf die öffentlich-rechtliche Verantwortlichkeit eine Freistellung von zivilrechtlichen Ansprüchen durch die Treuhandanstalt (als Veräußerer von Anlagen) ausschließen wollten.

Eine andere Frage ist es allerdings, ob die Treuhandanstalt aus anderen Gründen an einer solchen Freistellung von privatrechtlichen Forderungen gehindert war. Art. 25 Abs. 5 EV ermächtigt die Treuhandanstalt, im Einvernehmen mit dem Bundesminister der Finanzen Bürgschaften, Garantien und sonstige Gewährleistungen zu übernehmen. Diese Vorschrift eröffnet auch die Möglichkeit, Erwerber von Anlagen von privatrechtlichen Forderungen freizustellen. Dadurch, daß eine solche Freistellung jedoch an das Einvernehmen des Bundesfinanzministers gebunden ist, wird sichergestellt, daß die Kontrolle der damit verbundenen Finanzierungsrisiken der Bundesregierung nicht entgleitet. Vorbehaltlich einer entsprechenden haushaltsrechtlichen Absicherung[93] dürfte die Treuhandanstalt also grundsätzlich nicht daran gehindert (gewesen) sein, Erwerber von Anlagen vertraglich von privatrechtlichen Forderungen freizustellen.

Bedenklich erscheint eine solche Praxis der Treuhandanstalt allerdings auch unter dem — vornehmlich rechtspolitischen — Gesichtspunkt, daß vorwiegend Großunternehmen in der Lage (gewesen) sein dürften, eine solche Freistellung durchzusetzen.[94]

eee) Freistellung von sonstigen Risiken

Die Freistellungsregelung des Art. 1 § 4 Abs. 3 URG (a. F.) erfaßte ebenfalls nicht die außerhalb einer möglichen Inanspruchnahme durch den Staat bestehenden Risiken für den Erwerber, etwa von den Risiken einer möglichen späteren Betriebsunterbrechung. Auch insofern dürfte aber eine Sicherung durch eine vertragliche Vereinbarung zwischen Veräußerer und Erwerber möglich gewesen sein.

bb) Umfang der Freistellung

aaa) Umfassende und teilweise Freistellung / Nebenbestimmungen

Wurde der Erwerber einer Anlage von der Verantwortlichkeit für die durch den Betrieb der Anlage vor dem 1. Juli 1990 verursachten Schäden freigestellt,

---

[93] Vgl. insbesondere Art. 115 Abs. 1 S. 1 GG, wonach die Aufnahme von Krediten sowie die Übernahme von Bürgschaften, Garantien oder sonstigen Gewährleistungen, die zu Ausgaben in künftigen Rechnungsjahren führen können, einer der Höhe nach bestimmten oder bestimmbaren Ermächtigung durch Bundesgsetz bedürfen.

[94] Zur Neufassung auch *Müggenborg*, NVwZ 1991, 735 ff. [741].

ohne daß nähere Angaben zum Umfang der Freistellung gemacht wurden, ist davon auszugehen, daß der Erwerber von der öffentlich-rechtlichen Verantwortlichkeit für alle vor diesem Zeitpunkt verursachten Schäden freigestellt wurde, und zwar unabhängig davon, ob sie erkennbar waren oder nicht. Nicht ausgeschlossen dürfte allerdings gewesen sein, die Freistellung hinsichtlich nicht erkennbarer Schäden auf solche zu beschränken, die durch Anlagen dieser Art typischerweise verursacht werden, wobei es allerdings im konkreten Einzelfall erhebliche Schwierigkeiten bereiten dürfte, einen Schaden, der durch den Betrieb einer Anlage verursacht wurde, als „untypisch" anzusehen.

Da nach Art. 1 § 4 Abs. 3 S. 2 URG (a. F.) die Freistellung im Ermessen der zuständigen Behörde stand, bestanden keine Bedenken, die Freistellung mit Nebenbestimmungen zu versehen[95] bzw. den Erwerber nur teilweise freizustellen.[95a] So konnte etwa in Nebenbestimmungen festgelegt werden, daß der Erwerber Maßnahmen der Erfassung, Gefährdungsabschätzung und der Sanierung der freigestellten Schäden entschädigungslos zu dulden hatte, oder es konnte dem Erwerber aufgegeben werden, die Anlage entsprechend den bei der Freistellung zu berücksichtigenden Gemeinwohlbelangen zu betreiben. Auch eine befristete Freistellung erschien nicht ausgeschlossen.

Eine teilweise Freistellung hätte etwa darin bestehen können, daß eine gewisse Selbstbeteiligung des Erwerbers oder eine Freistellungshöchstgrenze festgelegt worden wäre. Möglich dürfte auch gewesen sein, die Freistellung auf solche Schäden zu beschränken, die in einem bestimmten Zeitraum verursacht wurden.[96] Denkbar wäre überdies eine Begrenzung lediglich auf die Zustandshaftung gewesen, wobei die Praktikabilität einer solchen Abgrenzung sich im konkreten Einzelfall allerdings erst noch hätte erweisen müssen.

bbb) Stichtag

Freigestellt werden konnte nur von der Verantwortlichkeit für solche Schäden, die durch den Betrieb der Anlage vor dem 1. Juli 1990 verursacht wurden. Daß dabei auf den 1. Juli 1990 abgestellt wurde, hatte seinen Grund darin, daß bereits zu diesem Zeitpunkt wesentliche Teile des bundesdeutschen Umweltrechts in der ehemaligen DDR in Kraft traten und der Anlagenbetrieb — theoretisch — ab diesem Zeitpunkt (grundsätzlich) nach den neuen rechtlichen Regelungen ablaufen mußte.[97] Aus diesem Grunde konnte es für die Freistellung nicht entscheidend darauf ankommen, ob ein Schaden bereits am 1. Juli 1990 entstanden oder festgestellt worden war. Entscheidend war vielmehr

---

[95] Vgl. auch *BMU*, Auslegungshinweise, Umwelt 1991, 11 ff. [13]; *Schrader*, IUR 1991, 63 ff. [67].

[95a] So bezüglich der Freistellungsregelung (n. F.) ausdrücklich BMU, Auslegungshilfe (n. F.) S. 7, 11.

[96] Vgl. zum Ganzen *Michael/Thull*, Beil. 30 zu BB Heft 24/1990, 1 ff. [5].

[97] Kritisch zu dieser Stichtagsregelung *Müggenborg*, NVwZ 1991, 735 ff. [740].

der Zeitpunkt, in dem durch den Betrieb der Anlage die Ursache für den möglicherweise erst später entstehenden Schaden gesetzt wurde.[98]

Zu nicht unerheblichen Problemen führte hinsichtlich des Stichtages die Freistellung in den Fällen, in denen durch den Anlagenbetrieb kontinuierlich Schäden verursacht wurden bzw. werden und nicht genau abgegrenzt werden konnte bzw. kann, welcher Schadensanteil durch den Betrieb vor dem 1. Juli 1990 und welcher durch den Anlagenbetrieb nach diesem Zeitpunkt verursacht wurde.[99] Gemessen an traditionellen polizeirechtlichen Maßstäben wäre es in vielen solcher Fälle wohl durchaus möglich gewesen, den Erwerber allein wegen seiner durch den Betrieb der Anlage nach dem 1. Juli 1990 geleisteten Verursachungsbeiträge in vollem Umfang zur Verantwortung zu ziehen.[100] Das wäre jedoch mit dem Sinn und Zweck der Freistellungsregelung (a. F.) oftmals kaum zu vereinbaren gewesen.

Andererseits sollten die Erwerber gerade nicht von der Verantwortlichkeit für den Anlagenbetrieb nach dem 1. Juli 1990 freigestellt werden. Daher kam, soweit die erforderlichen Gefahrenabwehr- bzw. Störungsbeseitigungsmaßnahmen auch bereits aufgrund des Betriebs nach dem 1. Juli 1990 erforderlich wären, eine Entlastung des freigestellten Erwerbers nicht in Betracht. Lediglich soweit die erforderlichen Gefahrenabwehr- bzw. Störungsbeseitigungsmaßnahmen ausschließlich durch den Betrieb der Anlage vor dem 1. Juli 1990 verursacht wurden, war der Betreiber aufgrund der Freistellung entlastet.

An einem (theoretischen) Beispiel läßt sich dies folgendermaßen verdeutlichen: Angenommen, durch den Betrieb einer Anlage bis zum 1. Juli 1990 wurden bestimmte Grundstücke verseucht. Zur Abwehr der dadurch bestehenden Gefahren bzw. zur Beseitigung der Störung wäre es erforderlich gewesen, eine bestimmte Menge Boden auf diesen Grundstücken abzugraben und zu deponieren. Nimmt man weiterhin an, daß die Anlage über den 1. Juli 1990 hinaus eine mehr oder weniger lange Zeit weiterbetrieben wurde und die schädlichen Umwelteinwirkungen auf die betreffenden Grundstücke weiter andauerten, so stellt sich bei einer zukünftigen Gefahrenabwehr bzw. Störungsbeseitigung die Frage, welche Maßnahmen erforderlich wären, wenn lediglich die schädlichen Umwelteinwirkungen durch den Anlagenbetrieb nach dem 1. Juli 1990 auf die betreffenden Grundstücke eingewirkt hätten. Diese Maßnahmen erfaßte die Freistellung (nach der Freistellungsregelung a. F.) nicht. Die andere denkbare

---

98 Somit erfaßte die Freistellung (a. F.) etwa auch den Fall, daß vor dem 1. Juli 1990 eine Bodenkontamination erfolgte, der Schadensumfang nach dem 1. Juli 1990 jedoch durch Ausbreitung der Schadstoffe zunahm (so auch *BMU*, Auslegungshinweise, Umwelt 1991, 11ff. [13], sowie dass., Auslegungshilfe (n. F.) S. 6).

99 Eine teilweise geforderte Verpflichtung zur Vornahme einer Inventur bestehender Verursachungsbeiträge zu einem bestimmten Termin (vgl. *Schrader*, IUR 1991, 63ff. [66]) hätte Erwerber wohl in vielen Fällen überfordert und ein beachtliches Investitionshemmnis dargestellt.

100 Vgl. *Drews/Wacke/Vogel/Martens*, § 20,3., S. 310ff., insb. S. 314ff.

Möglichkeit, den Erwerber von den Gefahrenabwehr- bzw. Störungsbeseitigungslasten freizustellen, die bereits durch den Anlagenbetrieb vor dem 1. Juli 1990 verursacht wurden, hätte demgegenüber den Anlagenbetreiber zwar besser gestellt, hätte aber gegen die Intention des Einigungsvertrages verstoßen, den Betreiber gerade nicht von Verursachungsbeiträgen nach dem 1. Juli 1990 freizustellen. Auch wenn insoweit eine Freistellung von der öffentlich-rechtlichen Verantwortlichkeit nicht möglich war, stand es allerdings im pflichtgemäßen Ermessen der zuständigen Behörde, den Erwerber für Verursachungsbeiträge nach dem 1. Juli 1990 in Anspruch zu nehmen oder nicht in Anspruch zu nehmen.

ccc) Schäden

Aus dem polizei- bzw. umweltschutzrechtlichen Zusammenhang folgte, daß die Freistellung (a. F.) nicht nur die Verantwortlichkeit für Schäden, sondern auch für Gefahren bzw. unterhalb der Gefahrenschwelle bleibende Risiken erfaßte.[101] Erfaßt wurden dabei nicht lediglich „Altlasten" im Sinne der Altlastendiskussion in der Bundesrepublik Deutschland vor der Vereinigung.[102]

cc) Kreis der Begünstigten

Die Freistellung (nach der Freistellungsregelung a. F.) ließ die öffentlich-rechtliche Verantwortlichkeit des Erwerbers in dem oben erläuterten Umfang entfallen; die Verantwortlichkeit Dritter blieb grundsätzlich unberührt.[103] Damit verschlechterte die Freistellung eines Verantwortlichen möglicherweise mittelbar die Position der übrigen Verantwortlichen, da ein (in der Regel wohl zahlungskräftiger) Störer für die Inanspruchnahme ausfiel. Dieser Umstand mußte wohl auch bei der Auswahl unter den übrig gebliebenen Störern berücksichtigt werden. In der Regel dürfte die Freistellung eines Störers der vollen Inanspruchnahme der übrigen Störer jedoch im Ergebnis nicht entgegengestanden haben. Zu berücksichtigen war nämlich, daß der Erwerber einer Anlage den Erwerb regelmäßig von der Freistellung abhängig gemacht haben

---

[101] Teilweise wurde die Auffassung vertreten, da die Freistellungsregelung lediglich auf eine Reduktion der Zustandshaftung abziele, könne nur von der Verantwortlichkeit für solche Schäden freigestellt werden, die durch Bodenverunreinigungen oder weiterwirkend an eigentumsfähigen Gewässern entstanden seien, nicht dagegen für Schäden durch Luft- und Gewässerverunreinigungen und durch direkte Bodeneinträge (*Schrader*, IUR 1991, 63 ff. [66]). Diese Einschränkung überzeugte nicht, da die Freistellungsregelung (a. F.) — wie oben S. 86 f. gesehen — nicht zwangsläufig auf die Zustandsverantwortlichkeit begrenzt war.

[102] Vgl. dazu etwa *Kloepfer*, Umweltrecht, aaO., § 12 Rn. 132 ff.; vgl. auch *Rehbinder*, DVBl. 1991, 421 ff. [425].

[103] Zur Auswahl und zum Lastenausgleich unter mehreren polizei- und ordnungsrechtlich Verantwortlichen vgl. z. B. *Kloepfer*, NuR 1987, 7 ff. [18], sowie *ders./Thull*, DVBl. 1989, 1122 ff.

dürfte, also bei der Ablehnung einer Freistellung auf den Erwerb verzichtet und folglich nicht als Verantwortlicher zur Verfügung gestanden hätte. Aber auch wenn man die Freistellung nach Art. 1 § 4 Abs. 3 URG außer acht gelassen hätte, wäre es wohl nicht ermessensfehlerhaft gewesen, bei der Störerauswahl hinsichtlich der in der Vergangenheit durch den Anlagenbetrieb verursachten Schäden den Neuerwerber nicht zur Verantwortung zu ziehen.

Durch die Freistellung (nach der Freistellungsregelung a. F.) wurden auch (Einzel- bzw. Gesamt-) Rechtsnachfolger des Erwerbers begünstigt. Die Freistellung bewirkte nicht nur, daß die Verantwortlichkeit beim Erwerber in dem oben dargelegten Umfang nicht entstand, also auch nicht durch Rechtsnachfolge übergehen konnte, sondern nach Sinn und Zweck auch, daß eine Zustandsverantwortlichkeit des Rechtsnachfolgers als Eigentümer bzw. Inhaber der tatsächlichen Sachherrschaft nicht neu entstand.[104] Die Freistellung (nach der Freistellungsregelung a. F.) erfaßte selbstverständlich nicht die Verhaltensverantwortlichkeit der Rechtsnachfolger für eigene Verursachungsbeiträge.

dd) Keine Verpflichtung des Staates

Die Freistellung des Erwerbers (nach der Freistellungsregelung a. F.) bedeutete nicht, daß der Staat nunmehr in dessen Verantwortlichkeit eintrat, sondern lediglich, daß er darauf verzichtete, den Erwerber zur Verantwortung zu ziehen. Daraus folgte, daß der Staat jedenfalls durch die Freistellung keinerlei Verpflichtung übernahm, an Stelle des freigestellten Erwerbers Gefahrenabwehr- bzw. Störungsbeseitigungsmaßnahmen durchzuführen. Daraus folgte weiterhin, daß der Staat auch bei der Störerauswahl weder hinsichtlich der Pflicht zur Gefahrenabwehr bzw. Störungsbeseitigung noch hinsichtlich der Kostentragungspflicht an die Stelle des freigestellten Erwerbers trat und dessen „Anteil" zu tragen gehabt hätte. Er konnte sich daher grundsätzlich auf eine „Ausfallhaftung" für den Fall beschränken, daß ein anderer Störer nicht vorhanden war oder nicht herangezogen werden konnte. Wenn der Staat allerdings mit dem Erwerber den potentiell einzig zahlungskräftigen Verantwortlichen freigestellt hatte, liefen spätere Gefahrenabwehr- bzw. Störungsbeseitigungsmaßnahmen auf das Gemeinlastprinzip, d.h. auf die Gefahrenabwehr- bzw. Störungsbeseitigung auf Kosten der Steuerzahler, hinaus.

---

[104] A. A. (wohl) *Rehbinder*, DVBl. 1991, 421 ff. [426]; Bedenken auch bei *Gallas*, Die „Freistellungsklausel für Altlasten" im Einigungsvertrag, (Unveröffentlichtes Manuskript) S. 14f. (im Ergebnis offengelassen); krit. auch BMU, Auslegungshilfe (n. F.) S. 12f. (die „Abtretung" der aus der Freistellung folgenden Rechte bedürfe der behördlichen Zustimmung).

ee) Anlage

Der Anlagenbegriff des Art. 1 § 4 Abs. 3 URG (a. F.) knüpfte an den Anlagenbegriff des § 3 Abs. 5 BImSchG an.[105] Er umfaßte sowohl genehmigungsbedürftige als auch nicht genehmigungsbedürftige Anlagen.[106]

aaa) Ortsfeste Anlagen

Wegen der bei der Freistellungsentscheidung erforderlichen standortbezogenen Risikoabschätzung erfaßte Art. 1 § 4 Abs. 3 URG (a. F.) in der Regel lediglich ortsfeste Anlagen.[107] Unproblematisch erfaßte Art. 1 § 4 Abs. 3 URG (a. F.) ebenso wie § 3 Abs. 5 Nr. 3 BImSchG auch Grundstücke, auf denen Stoffe gelagert oder abgelagert oder Arbeiten durchgeführt werden, die Emissionen verursachen können, ausgenommen öffentliche Verkehrswege.[108]

bbb) Stillgelegte Anlagen

Die Freistellungsregelung (a. F.) schloß nach ihrem Wortlaut stillgelegte Anlagen nicht grundsätzlich aus. Jedoch ergaben sich Einschränkungen nach dem Sinn und Zweck der Freistellungsregelung (a. F.). Daß diese Regelung sich auf den Erwerb von Anlagen beschränkte — und nicht etwa allgemein auf den Erwerb von Grundstücken —, zeigte, daß die Freistellungsregelung (a. F.) das Ziel verfolgte, Investitionen in solche Anlagen zu fördern, die auch nach der Freistellung weiterbetrieben werden sollten. Damit war die Freistellungsregelung (a. F.) zwar recht eng — schließlich konnte und kann jede Investition einen Beitrag zur wirtschaftlichen Entwicklung des Beitrittsgebietes leisten —, jedoch konnte in dieser Begrenzung der Freistellungsregelung (a. F.) eine planwidrige

---

[105] *BMU*, Auslegungshinweise, Umwelt 1991, 11 ff. [12]; *Müggenborg*, NVwZ 1991, 735 ff. [740]; *Rehbinder*, DVBl. 1991, 421 ff. [425].

[106] *BMU*, Auslegungshinweise, Umwelt 1991, 11 ff. [12]. Etwas anderes dürfte auch nicht für die ursprüngliche Fassung des Art. 1 § 4 Abs. 3 URG gegolten haben. Denn Art. 1 § 4 Abs. 3 URG nahm auf den Altanlagenbegriff in Art. 1 § 4 Abs. 1 Bezug, der nicht auf genehmigungsbedürftige Anlagen beschränkt war. Ein „systematischer Zusammenhang" zu Art. 1 § 4 Abs. 2 URG, der sich mit (grundsätzlich) genehmigungsbedürftigen Anlagen befaßte, ist nicht ersichtlich (anders jedoch *Schrader*, IUR 1991, 63 ff. [64]).

[107] *BMU*, Auslegungshinweise, Umwelt 1991, 11 ff. [12]; ebenso für die Freistellungsregelung (n. F.) dass., Auslegungshilfe (n. F.) S. 4. Eine Freistellung von der Verantwortlichkeit für ortsveränderliche Anlagen konnte jedoch nicht ausnahmslos ausgeschlossen werden. So kann es etwa durchaus sein, daß eine ortsveränderliche Anlage in einem Betrieb ausschließlich ortsfest verwendet wurde (z. B. ein auf Dauer abgestellter Tankwagen) (ebenso *Gallas*, Die „Freistellungsklausel für Altlasten" im Einigungsvertrag, [Unveröffentlichtes Manuskript] S. 16).

[108] *BMU*, Auslegungshinweise, Umwelt 1991, 11 ff. [12]; *Rehbinder*, DVBl. 1991, 421 ff. [425]; *Schrader*, IUR 1991, 63 ff. [64]. Zu § 3 Abs. 5 Nr. 3 BImSchG vgl. z. B. *Jarass*, BImSchG, § 3 Rn. 52. Dabei war jedoch stets zu beachten, daß der immissionsschutzrechtliche Anlagenbegriff das Merkmal des „Betreibens" voraussetzt (vgl. *Jarass*, BImSchG, § 3 Rn. 49).

Regelungslücke der Norm noch nicht gesehen werden. Folglich setzte die Freistellung grundsätzlich voraus, daß die erworbene Anlage auch nach der Freistellung weiterbetrieben wurde, auch wenn sie im Zeitpunkt des Erwerbs möglicherweise vorübergehend stillgelegt war.[109]

ccc) Ersatzanlagen

Im Zusammenhang mit der Frage nach der Freistellung des Erwerbers einer stillgelegten Anlage stellte sich auch die Frage, ob tatsächlich dieselbe Anlage weiterbetrieben werden mußte, oder ob es ausreichte, daß der Erwerber die erworbene Anlage stillegte und an ihrer Stelle eine neue Anlage errichtete und betrieb. Umweltpolitisch wäre es in der Tat fragwürdig gewesen, wenn man dem Erwerber durch eine insoweit beschränkte Freistellungsregelung nahegelegt hätte, sich anstelle einer — oftmals ökonomisch und ökologisch sinnvollen — Neuerrichtung auf eine bloße Änderung einer stillgelegten Anlage zu beschränken.[110] Insoweit dürfte bei allem vom Gesetzgeber beabsichtigten Anlagenbezug der Freistellungsregelung insoweit eine planwidrige Regelungslücke vorgelegen haben, die durch Analogie zu schließen war. Allerdings war auch bei einer solchen Analogie der von Gesetzgeber grundsätzlich gewünschte Anlagenbezug der Freistellungsregelung zu beachten. Aus diesem Grunde kam eine Freistellung nur in Betracht, wenn der Erwerber wenigstens eine der erworbenen Anlage entsprechende Anlage weiterbetrieb. Um eine entsprechende Anlage handelte es sich nur dann, wenn die Anlage auf dem bisherigen Betriebsgrundstück betrieben wurde und in etwa denselben Zwecken dient wie die erworbene Anlage.[111]

Das Problem der Ersatzanlagen bestand nach der Freistellungsregelung (a. F.) auch bei der Frage, in welchen Fällen Schäden durch den Betrieb der erworbenen Anlage verursacht waren. Auch hier schien der Wortlaut der Freistellungsregelung eindeutig: Die Freistellung hätte sich ausschließlich auf die von der konkreten erworbenen Anlage verursachten Belastungen erstreckt, nicht jedoch auf Schäden von solchen Anlagen, die vorher auf dem Betriebsgrundstück betrieben worden waren. Um den Umfang der Freistellung zu beurteilen, hätte dann in jedem Einzelfall nachgeprüft werden müssen, ob in der Vergangenheit die auf dem Anlagengrundstück bestehende Anlage jeweils lediglich geändert oder durch eine entsprechende, aber nicht identische Anlage ersetzt worden war. Abgesehen von den praktischen Schwierigkeiten einer solchen Ermittlung — insbesondere bei Anlagen innerhalb größerer industriel-

---

[109] Vgl. auch *Müggenborg*, NVwZ 1991, 735ff. [740]; (weiter) *Rehbinder*, DVBl. 1991, 421 ff. [425].

[110] Zur Abgrenzung von Änderung und Neuerrichtung vgl. z. B. *Jarass*, BImSchG, § 15 Rn. 5f.

[111] In diesem Sinne wohl auch *Müggenborg*, NVwZ 1991, 735ff. [740], der von bestimmungsgemäßer Wiedernutzung spricht.

ler Komplexe — hätte eine so enge, lediglich am Wortlaut orientierte Auslegung wohl nicht der Regelungsintention des Einigungsvertrages entsprochen. Dem Gesetzgeber kam es augenscheinlich darauf an, mit der Freistellung (a. F.) bezüglich der Zeit vor dem 1. Juli 1990 Klarheit zu schaffen.[112] Aus diesem Grunde erfaßte die Freistellung auch Schäden, die von nicht mehr bestehenden Anlagen verursacht wurden, wenn die erworbene Anlage eine Ersatzanlage im oben dargelegten Sinne war.

ddd) Gewerbliche Zwecke / wirtschaftliche Unternehmungen

Anders als nach dem ursprünglichen Art. 1 § 4 Abs. 3 URG wurde die Freistellungsregelung in der Fassung des Einigungsvertrages durch Art. 9 Abs. 2 i.V.m. Anlage II, Abschnitt III, Nr. 1 b EV auf solche Anlagen begrenzt, die gewerblichen Zwecken dienten oder im Rahmen wirtschaftlicher Unternehmungen Verwendung fanden.[113] Diese Begrenzung war offenbar an die Regelung des § 4 Abs. 1 S. 2 BImSchG angelehnt, die aus Kompetenzgründen die Genehmigungspflicht auf Anlagen beschränkt, die gewerblichen Zwecken dienen oder sonst im Rahmen wirtschaftlicher Unternehmungen Verwendung finden.[114]

ff) Erwerber

Freigestellt werden konnte nach dem Wortlaut des Art. 1 § 4 Abs. 3 URG (a. F.) nur der Erwerber, ohne daß diese Vorschrift den Begriff des Erwerbers näher erläuterte. Grundsätzlich durfte auch die Auslegung dieses Begriffs sich nicht auf den Wortsinn beschränken, sondern mußte sich entscheidend auf die Regelungsintention des Gesetzgebers stützen, Investitionen in bestehende Anlagen zu begünstigen.

aaa) Bloße Erwerbsabsicht

Nach einem engen Verständnis des Wortlauts der Freistellungsregelung (a. F.) hätte die Freistellung einen abgeschlossenen Erwerbsvorgang vorausgesetzt. Abgesehen davon, daß der Wortlaut der Vorschrift insoweit nicht zwingend war, wäre eine solche Auslegung der Intention der Freistellungsregelung, ein Investitionshemmnis zu beseitigen, nicht gerecht geworden. Mögliche Investoren wurden und werden nur dann nicht durch das Risiko einer Haftung

---

[112] Dieser Funktion der Freistellung wäre man nur in geringem Maße gerecht geworden, wenn man den Erwerber insoweit auf die Möglichkeit verwiesen hätte, von der zuständigen Behörde eine (grundsätzlich mögliche) Zusicherung zu erhalten, daß er auch für die von der Freistellung nicht erfaßten Schäden nicht in Anspruch genommen werde.

[113] Zu den Begriffen vgl. z.B. *Jarass*, BImSchG, § 4 Rn. 7.

[114] Vgl. hierzu *Jarass*, BImSchG, § 4 Rn. 5; *Kutscheid*, in: Landmann / Rohmer, § 4 BImSchG Rn. 6. Freilich ist der Bund beim Abschluß von Verträgen analog Art. 59 GG hinsichtlich der Vertragsschlußkompetenzen nicht an den Umfang seiner Gesetzgebungskompetenz gebunden (vgl. etwa *Maunz* in: MDHS, Art. 59 Rn. 13 ff.)

abgeschreckt, wenn die Freistellung erteilt wurde bzw. wird, bevor die Investition getätigt war bzw. ist.[115] Daher reichte eine ernsthafte Erwerbsabsicht für eine Freistellungsentscheidung aus.[116]

bbb) Einräumung von Nutzungsrechten

Nach Sinn und Zweck der Freistellungsregelung (a. F.) erschien es geboten, auch die Einräumung von Nutzungsrechten (etwa durch Pachtvertrag) als Erwerb anzusehen, da auch der bloß Nutzungsberechtigte für die durch den Betrieb der Anlage vor dem 1. Juli 1990 verursachten Schäden verantwortlich sein konnte bzw. sein kann.[117]

ccc) Mittelbarer Erwerb von Anlagen

Bei einer engen Auslegung der Freistellungsregelung (a. F.) hätte sich der Erwerb unmittelbar auf die betreffende Anlage beziehen müssen. Nach Sinn und Zweck der Vorschrift war „Erwerb" darüber hinaus jedoch jede rechtsgeschäftliche Rechtsnachfolge in bezug auf eine Anlage, also auch im Rahmen eines Unternehmenskaufs sowie beim Erwerb von Beteiligungen an umgewandelten Betrieben (AG oder GmbH).[118] Ganz problemlos erschien eine solche weite Auslegung jedoch nicht.

Ein Problem beim Erwerb von Beteiligungen an Gesellschaften folgte daraus, daß es wenig sinnvoll gewesen wäre, lediglich den Erwerber der Anteile

---

[115] Ebenso *Michael/Thull*, Beil. 30 zu BB Heft 24/1990, 1ff. [4]; *Müggenborg*, NVwZ 1991, 735ff. [739]; *Rehbinder*, DVBl. 1991, 421ff. [425f.]; enger: *BMU*, Auslegungshinweise, Umwelt 1991, 11ff. [12] (Der Erwerbsvorgang müsse zum Zeitpunkt der Entscheidung über den Freistellungsantrag abgeschlossen sein.); ähnlich *Gallas*, Die „Freistellungsklausel für Altlasten" im Einigungsvertrag, (Unveröffentlichtes Manuskript) S. 12f. (Erforderlich sei zumindest ein unterschriftsreifer, mit festem Unterschriftstermin verbundener Kaufvertrag).

[116] Die erforderliche Ernsthaftigkeit der Erwerbsabsicht dürfte regelmäßig bereits dadurch hinreichend sichergestellt gewesen sein, daß der Antragsteller eine nicht unerhebliche Mitwirkungslast trug, vgl. u. S. 103. Gegebenenfalls konnte auch durch eine Bedingung sichergestellt werden, daß die Freistellung nur dann wirksam wurde, wenn der Erwerbsvorgang tatsächlich abgeschlossen wurde. Dies dürfte insbesondere bei Beteiligungen an Gesellschaften sinnvoll gewesen sein, da in diesen Fällen die jeweilige Gesellschaft selbst freigestellt wurde, vgl. u. S. 100.

[117] Vgl. etwa hinsichtlich der polizeirechtlichen Zustandsverantwortlichkeit *Drews/Wacke/Vogel/Martens*, § 21, 1 b. Zum „Pachtmodell" des BDI vgl. *Michael/Thull*, Beil. 30 zu BB Heft 24/1990, 1ff. [8]; Vgl. auch *Rehbinder*, DVBl. 1991, 421ff. [425].

[118] So wohl auch *Rehbinder*, DVBl. 1991, 421ff. [425, 426f.]; A. A. *Tettinger*, DtZ 1991, 40ff. [45]; *Schrader*, IUR 1991, 63ff. [65]. Daß die Umwandlung als solche noch kein Erwerb i. S. d. Freistellungsregelung war, sondern ein Erwerb durch eine weitere Person erfolgen mußte, war wohl bereits durch den Wortlaut der Regelung hinreichend klargestellt (i. E. ebenso *Schrader*, aaO.).

persönlich von der Verantwortlichkeit freizustellen.[119] Denn nach polizeirechtlichen Grundsätzen sind juristische Personen bzw. körperschaftlich organisierte nicht rechtsfähige Vereinigungen grundsätzlich selbst verantwortlich.[120] Insoweit hätte die Gesellschaft selbst von der Verantwortlichkeit freigestellt werden müssen, nicht lediglich der Erwerber der Anteile an der Gesellschaft.[121] Eine andere Möglichkeit hätte darin bestanden, in diesen Fällen durch die Freistellung lediglich sicherzustellen, daß der Erwerber von Anteilen im Fall der Inanspruchnahme die investierten Mittel nicht verlieren würde. Das hätte allerdings detailliertere gesetzliche Regelungen erfordert als sie der Einigungsvertrag mit der Freistellungsregelung (a. F.) beinhaltete. Daher blieb, um andererseits nicht die Freistellungsregelung (a. F.) zu eng auszulegen, nur die Möglichkeit, die Gesellschaft selbst freizustellen. Freilich war, sofern nicht alle Anteile erworben wurden, auch die Freistellung in ihrem Umfang anteilig zu beschränken.

Problematisch erschien die Freistellung bei einer Beteiligung an einer Gesellschaft auch deshalb, weil der erforderliche Anlagenbezug nicht mehr in jedem Falle vorhanden war. Daher war die Freistellung nach der Freistellungsregelung (a. F.) nur dann möglich, wenn die Beteiligung sich nach den konkreten Umständen nicht mehr als reine Kapitalinvestition, sondern darüber hinaus als maßgebliche Beteiligung an dem von der Gesellschaft betriebenen Geschäft darstellte. Dies war bei Kapitalgesellschaften wohl regelmäßig im Falle einer Beteiligung von mehr als 50% der Fall,[122] jedoch dürfte in einzelnen Fällen eine Freistellung auch bei einer geringeren Beteiligung möglich gewesen sein, wenn bereits damit ein bestimmender Einfluß auf das Unternehmen verbunden war. Auch in diesen Fällen kam allerdings wohl lediglich eine im Umfang anteilig begrenzte Freistellung in Frage.

ddd) Rückübertragung enteigneter bzw. zwangsverwalteter Vermögensgegenstände

Problematisch war auch, ob ein Erwerb im Sinne der Freistellungsregelung vorlag, wenn Vermögensgegenstände nach §§ 3 ff. des Gesetzes zur Regelung offener Vermögensfragen[123] auf den früheren Eigentümer rückübertragen wurden oder nach §§ 11 ff. dieses Gesetzes die staatliche Verwaltung aufgehoben wurde. Auch hier konnte man die Frage, ob es sich um einen Erwerb im Sinne der Freistellungsklausel handelte, nicht allein anhand des Wortsinns beantwor-

---

[119] Vgl. insoweit auch *Schrader*, IUR 1991, 63 ff. [65].

[120] Vgl. *Drews / Wacke / Vogel / Martens*, § 19, 4 a.

[121] Ebenso *Müggenborg*, NVwZ 1991, 735 ff. [739 f.].

[122] *BMU*, Auslegungshinweise, Umwelt 1991, 11 ff. [12].

[123] Inkraftgetreten nach Art. 9 Abs. 2 i. V. m. Anlage II, Kap. III, Sachbereich B: Bürgerliches Recht, Abschnitt I Nr. 4 EV.

ten, sondern mußte entscheidend auf Sinn und Zweck der Freistellungsklausel abstellen. Dabei war zum einen festzustellen, daß Eigentümer, die aufgrund des Gesetzes zur Regelung offener Vermögensfragen wieder in ihre alte Rechtsstellung einrückten, ebenso wie andere Erwerber jedenfalls während eines mehr oder weniger langen Zeitraums keinen Einfluß auf die Betriebsvorgänge der betreffenden Anlagen gehabt hatten.[124] Dies sprach dafür, auch in solchen Fällen einen Erwerb im Sinne der Freistellungsregelung anzunehmen.[125] Zu beachten war allerdings, daß die Freistellungsklausel geschaffen worden war, um Investitionshemmnisse zu beseitigen. Waren konkrete Investitionen im Falle der Rückübertragung von Eigentum bzw. der Aufhebung staatlicher Verwaltung nicht zu erwarten, kam eine Freistellung nicht in Betracht.[126]

eee) Umwandlung

Wegen der bei der Freistellungsregelung (a. F.) gebotenen wirtschaftlichen Betrachtungsweise handelte es sich auch bei der kraft Gesetzes eintretenden Rechtsnachfolge im Falle der Umwandlung oder Verschmelzung von Betrieben nicht um einen Erwerb. Dasselbe galt auch für die Umwandlung eines Betriebes nach dem Gesetz zur Privatisierung und Reorganisation des volkseigenen Vermögens (Treuhandgesetz)[127] bzw. nach der Verordnung zur Umwandlung von volkseigenen Kombinaten, Betrieben und Einrichtungen in Kapitalgesellschaften (UmwandlungsVO).[128] Ebenfalls problematisch erschien die Annahme eines Erwerbs i. S. d. Freistellungsregelung in den Fällen der kostenlosen Übertragung von Vermögensgegenständen aufgrund des Kommunalvermögensgesetzes auf Gemeinden, Städte und Landkreise.[129]

---

[124] Selbstverständlich konnten sie jedenfalls nicht von der Verantwortlichkeit für solche Schäden freigestellt werden, die verursacht wurden, während ihre Eigentums- und Besitzrechte (noch) nicht beschränkt waren (so auch *BMU*, Auslegungshinweise, Umwelt 1991, 11 ff. [12]).

[125] So auch *BMU*, Auslegungshinweise, Umwelt 1991, 11 ff. [12]; *Müggenborg*, NVwZ 1991, 735 ff. [739]; *Rehbinder*, DVBl. 1991, 421 ff. [426]; a. A. *Schrader*, IUR 1991, 63 ff. [64 f.]. Soweit *Schrader* seine Argumentation auf die Problematik der Reduzierung der Zustandsverantwortlichkeit stützt, ist einzuwenden, daß diese Problematik mit der Frage nach der Auslegung des Erwerberbegriffs nur begrenzt vergleichbar ist. Immerhin hat der Gesetzgeber mit der Freistellungsregelung eine Regelung zur Entlastung des (regelmäßig des Zustands-) Störers geschaffen, während es bei der allgemeinen Frage nach der vorrangigen Verantwortlichkeit des Handlungsstörers darum geht, ob auch ohne gesetzliche Regelung ein solcher Vorrang besteht.

[126] Zu weit deshalb *Müggenborg*, NVwZ 1991, 735 ff. [739], der diesbezüglich keine Differenzierung vornimmt, (gleichwohl aber zutreffend den Zweck der Investitionsförderung durch die Freistellung hervorhebt).

[127] Vom 17. Juni 1990, GBl. I Nr. 33 S. 300.

[128] Verordnung zur Umwandlung von volkseigenen Kombinaten, Betrieben und Einrichtungen in Kapitalgesellschaften vom 1. März 1990, GBl. I Nr. 14 S. 107; vgl. auch *BMU*, Auslegungshinweise, Umwelt 1991, 11 ff. [12]; *Schrader*, IUR 1991, 63 ff. [65].

fff) Mißbrauch

Da die Freistellung nach der Freistellungsregelung (a. F.) von einer umfassenden Interessenabwägung abhing und zudem im Ermessen der zuständigen Behörde stand, existierte bereits hierdurch die Möglichkeit, die mißbräuchliche Inanspruchnahme der Freistellungsregelung zu verhindern. Darüber hinaus lag bei der gebotenen wirtschaftlichen Betrachtungsweise bereits kein Erwerb vor, wenn Veräußerer und Erwerber als im wesentlichen gleiches Wirtschaftssubjekt erschienen, insbesondere in den Fällen, in denen die angestrebte Freistellung alleiniger oder jedenfalls bestimmender Zweck des Erwerbsvorgangs war.[130]

gg) Abwägung

Die Freistellung stand nach der Freistellungsregelung (a. F.) im Ermessen der zuständigen Behörde und durfte nur erfolgen, wenn sie unter Abwägung der Interessen des Erwerbers, der Allgemeinheit und des Umweltschutzes geboten war. Als in die Interessenabwägung einzubeziehende Gesichtspunkte nannte die Begründung zum Umweltrahmengesetz den Nutzen des Erwerbs für die Allgemeinheit, insbesondere unter struktur- und arbeitsmarktpolitischen Gesichtspunkten, die durch die Freistellung für die Allgemeinheit entstehenden Gefahrenabwehr- bzw. Störungsbeseitigungsrisiken, den Nutzen des Erwerbs für den Erwerber sowie die ohne Freistellung für den Erwerber bestehenden Haftungsrisiken.[131] Durch die ausdrückliche Aufnahme der Interessen des Umweltschutzes in den Gesetzestext wurde deren besonderes Gewicht im Rahmen der Interessenabwägung hervorgehoben.[132] Aufgrund dieser umfassenden Interessenabwägung dürfte es auch möglich gewesen sein, die Freistellung solchen Erwerbern zu verweigern, die bei wirtschaftlicher Betrachtungsweise bereits in der Zeit vor einem näher zu bestimmenden Zeitpunkt an dem Betrieb der Anlage beteiligt gewesen waren oder aus anderen Gründen nicht als schutzwürdig erschienen.[133]

---

[129] Vgl. das Gesetz vom 6. Juli 1990 über das Vermögen der Gemeinden, Städte und Landkreise — Kommunalvermögensgesetz — (GBl. I Nr. 42 S. 660). Das Kommunalvermögensgesetz gilt fort nach Art. 9 Abs. 2 i. V. m. Anlage II, Kap. IV, Abschnitt III Nr. 2 EV.

[130] So auch *BMU*, Auslegungshinweise, Umwelt 1991, 11 ff. [12]. Dies steht einer Freistellung im Falle der Rückübereignung enteigneter Vermögensgegenstände bzw. der Aufhebung der Zwangsverwaltung (vgl. o. S. 100 f.) jedoch nicht entgegen.

[131] Vgl. auch *BMU*, Auslegungshinweise, Umwelt 1991, 11 ff. [13]. Konkrete bei der Abwägung zu berücksichtigende Interessen des Erwerbers lagen auch bereits bei einer bloßen (hinreichend konkreten) Erwerbsabsicht vor (ebenso *Rehbinder*, DVBl. 1991, 421 ff. [426]; einschränkend: *Michael/Thull*, Beil. 30 zu BB Heft 24/1990, 1 ff. [4]).

[132] Ein unbedingter Vorrang kam jedoch keinem der genannten Kriterien zu (ebenso *Schrader*, IUR 1991, 63 ff. [66]).

[133] In manchen Mißbrauchsfällen dürfte bereits das Tatbestandsmerkmal „Erwerb" entfallen sein (vgl. oben S. 98 ff.).

hh) Verfahren

Nach Art. 1 § 4 Abs. 3 URG (a. F.) konnte die Freistellung nur aufgrund eines Antrags erfolgen.[134] Anträge hätten bis spätestens 31. Dezember 1991 gestellt sein müssen. Durch diese Befristung sollte sichergestellt werden, daß es durch die Freistellungsregelung nicht längerfristig zu einer Rechtsdisharmonie hinsichtlich der Verantwortlichkeit für die in der Vergangenheit durch den Betrieb von Anlagen verursachten Schäden kommen konnte.[135] Soweit und solange die Verantwortlichkeit für solche Schäden jedoch landesrechtlich geregelt waren, stand es den Ländern allerdings frei, auch nach dem 31. Dezember 1991 Freistellungsmöglichkeiten von der landesrechtlichen Verantwortlichkeit zu eröffnen. Auch der Bundesgesetzgeber dürfte nicht gehindert gewesen sein, im Rahmen seiner Kompetenzen[136] Freistellungsmöglichkeiten auch über den 31. Dezember 1991 hinaus zu schaffen.[137]

Die für die Freistellung zuständige Behörde bedurfte zur Freistellung außerdem des Einvernehmens mit der obersten Landesbehörde (d. h. des zuständigen Landesministers). Dadurch sollte sichergestellt werden, daß nicht aufgrund lokaler Interessen Belange der Allgemeinheit und insbesondere der Umwelt zu kurz kamen. Es war grundsätzlich Sache der Länder, weitere Verfahrensregelungen festzulegen.[138] Das galt nach Art. 84 Abs. 1 GG auch, wenn man annehmen würde, daß die Freistellungsregelung nach Art. 9 Abs. 4 EV als Bundesrecht fortgegolten hätte.

---

[134] Nach Ansicht des Bundesministers für Umwelt, Naturschutz und Reaktorsicherheit mußte der Antrag neben den Angaben zum Anlagenerwerb Angaben enthalten über: die Erwerbsabsicht einschließlich vorhandener Unterlagen über die zu übernehmende Anlage, die Beschreibung des geplanten Vorhabens, die Beschreibung der Altlast nach vorliegendem Kenntnisstand, die Einschätzung der Risikosituation, die Höhe der geschätzten Kostenbelastung sowie die Erklärung, daß die Schäden vor dem 1. Juli 1990 verursacht worden waren (*BMU*, Auslegungshinweise, Umwelt 1991, 11 ff. [13]; vgl. auch *Schrader*, IUR 1991, 63 ff. [66] sowie für die Freistellungsregelung (n. F.) *BMU*, Auslegungshinweise (n. F.), S. 8 f.).
Die Anforderungen an die Darlegung des Schadensumfangs, der Risikosituation sowie der zu erwartenden Kostenbelastung durften jedoch nicht so hoch angesetzt werden, daß sie ihrerseits zu einem Investitionshemmnis geworden wären. Die zuständigen Behörden sollten sich im Einzelfall mit den Angaben begnügen, die sie zu einer ermessensfehlerfreien Entscheidung benötigten. Da die Freistellung nach der Freistellungsregelung (a. F.) grundsätzlich auch unerkannte Schäden erfaßte (vgl. o. S. 94), war eine Gefahrerforschung auch auf bisher nicht erkannte Gefahren zu erstrecken. Allerdings waren Übertreibungen zu vermeiden. Zu beachten war auch hier, daß der Erwerber seine Investition häufig von der Freistellung abhängig gemacht haben dürfte, so daß auch bei Ablehnung der Freistellung ein solventer Verantwortlicher häufig nicht zur Verfügung gestanden hätte. Vgl. zu dieser Frage auch BMU, Auslegungshilfe (n. F.) S. 10 f.

[135] Vgl. *BMU*, Auslegungshinweise, Umwelt 1991, 11 ff. [12].

[136] Vgl. insbesondere Art. 74 Nr. 11 GG (Recht der Wirtschaft).

[137] Zur Neufassung der Freistellungsregelung vgl. insoweit unten S. 108 ff.

[138] Als besonders problematisch erwies sich in der Praxis das weitgehende Fehlen von landesrechtlichen Zuständigkeitsregelungen (vgl. z. B. *Müggenborg*, NVwZ 1991, 735 ff.

Nicht ganz unproblematisch war die Frage, ob andere in Betracht kommende Verantwortliche am Freistellungsverfahren zu beteiligen waren.[139] Zwar berührt die Freistellung eines Verantwortlichen die rechtlichen Interessen der übrigen Verantwortlichen, da der Kreis der heranziehbaren Verantwortlichen durch die Freistellung verkleinert wird. Rechtlich geboten dürfte eine Beteiligung jedoch nicht gewesen sein, da die Freistellung eines Verantwortlichen (nach der Freistellungsregelung a. F.) für die übrigen jedenfalls nicht zwingend eine rechtsgestaltende Wirkung entfaltete. Vielmehr hatte bzw. hat die zuständige Behörde, wenn sie die oder einen der übrig gebliebenen Verantwortlichen in Anspruch nehmen wollte bzw. will, erneut ihr Ermessen hinsichtlich der Störerauswahl auszuüben und zu entscheiden, ob es sachgerecht war bzw. ist, einen anderen als den freigestellten Verantwortlichen in Anspruch zu nehmen.[140]

ii) Zusätzliche Freistellungsmöglichkeiten

Von den Freistellungsmöglichkeiten nach Artikel 1 § 4 Abs. 3 URG (a. F.) blieben andere Freistellungsmöglichkeiten grundsätzlich unberührt.

aaa) Nichteinforderung der Verantwortlichkeit

Insbesondere blieben die Behörden grundsätzlich befugt, die Einforderung von Altlastenverantwortlichkeiten zu unterlassen, weil (und soweit) die polizeirechtliche Generalklausel oder andere Rechtsvorschriften die Behörde zwar zum Eingriff ermächtigen, aber nicht verpflichten. Im Rahmen der allgemeinen gesetzlichen Grenzen konnten die zuständigen Behörden sich zu einem solchen Verhalten auch durch Zusicherung (vgl. § 38 VwVfG) verpflichten.

bbb) Privatrechtliche Freistellungsvereinbarungen

Unberührt blieb auch die Möglichkeit von privatrechtlichen Freistellungsvereinbarungen zwischen Erwerber und Veräußerer (insbesondere der Treuhandanstalt).[141] Derartige privatrechtliche Vereinbarungen berühren die grundsätzlichen Verantwortlichkeiten nicht, sondern schaffen nur einen inter-

---

[737 ff.]). Eine gewisse Erleichterung bestand allerdings darin, daß Anträge zur Weiterleitung an die zuständigen Behörden an das jeweiligen Umweltministerium oder die „Gemeinsame Einrichtung der Länder, BMU, Außenstelle" gerichtet werden konnten (vgl. *Gallas*, Die „Freistellungsklausel für Altlasten" im Einigungsvertrag, [Unveröffentlichtes Manuskript] S. 19).

[139] Vgl. hierzu allgemein *Bonk*, in Stelkens / Bonk / Leonhard, Verwaltungsverfahrensgesetz, 3. Aufl. 1990, § 13 Rn. 20 ff.

[140] Anders dürfte die Frage der Verfahrensbeteiligung zu beantworten gewesen sein, wenn man annähme, bei der Auswahl unter den verbleibenden Störern habe der Umstand, daß einer der in Frage kommenden Verantwortlichen freigestellt würde, völlig außer acht gelassen werden können.

[141] *BMU*, Auslegungshinweise, Umwelt 1991, 11 ff. [13]; vgl. o. S. 90 f.

nen Rückgriffsanspruch gegenüber dem Veräußerer.[142] Soweit dieser seinen Verpflichtungen nicht nachkommt, treffen den Erwerber die vollen Konsequenzen.

Lag eine privatrechtliche Freistellungsvereinbarung bezüglich der öffentlich-rechtlichen Verantwortlichkeit vor, hätte eine behördliche Freistellung nach Artikel 1 § 4 Abs. 3 URG (a. F.) sich im Endeffekt als Begünstigung des Veräußerers auswirken und aus diesem Grunde mißbräuchlich erscheinen können. Andererseits wäre es nicht sachgerecht gewesen, in diesen Fällen den Erwerber generell auf den möglicherweise unsicheren Rückgriff auf den Veräußerer zu verweisen. Zur Verhütung eines Mißbrauchs erschien es vielmehr ausreichend (aber auch geboten), die behördliche Freistellung insoweit zu begrenzen, als der Erwerber von dem Veräußerer tatsächlich freigestellt wurde.[143]

jj) Fortgeltung als Landesrecht oder partikulares Bundesrecht?

Erhebliche Probleme warf die Frage auf, ob die Freistellungsregelung des Art. 1 § 4 Abs. 3 URG nach Art. 9 Abs. 4 EV als partikulares Bundesrecht[144] oder als Landesrecht[145] fortgalt.[146] Eine ausschließliche Gesetzgebungskompetenz des Bundes war nicht ersichtlich. Da sich die Freistellungsregelung nach dem Einigungsvertrag jedoch auf Anlagen bezog, die gewerblichen Zwecken dienten oder im Rahmen wirtschaftlicher Unternehmungen Verwendung fanden, war — neben Art. 74 Nr. 24 GG — jedenfalls die konkurrierende Gesetzgebungszuständigkeit des Bundes nach Art. 74 Nr. 11 GG (Recht der Wirtschaft) einschlägig. Es stellte sich also nach den obigen Ausführungen[147] die Frage, ob der Bund hinsichtlich der von der Freistellungsregelung erfaßten Sachverhalte durch das grundsätzlich übergeleitete Bundesrecht von seiner Gesetzgebungskompetenz in einer die Landesgesetzgebung ausschließenden Weise Gebrauch gemacht hatte. Es kam also darauf an, ob die Freistellung von der Verantwortlichkeit nach Art. 1 § 4 Abs. 3 URG (a. F.) auch solche Verantwortlichkeiten betraf, die durch das grundsätzlich übernommene Bundesrecht geregelt werden, ob also das grundsätzlich mit dem Beitritt übernom-

---

142 Vgl. *Michael/Thull*, Beil. 30 zu BB Heft 24/1990, 1 ff. [8].

143 Vgl. (bezogen auf Freistellungen durch die Treuhandanstalt) *Schrader*, IUR 1991, 63 ff. [67]. Nach den Musterverträgen der Treuhandanstalt erlischt die privatrechtliche Freistellungsvereinbarung, sobald eine Freistellungserklärung der zuständigen Behörde vorliegt, vgl. *Scheifele*, BB 1991, 629 ff. [635]. Eine solche (auflösend bedingte) privatrechtliche Freistellung hätte einer Freistellung gemäß der Freistellungsregelung (a. F.) nicht entgegengestanden.

144 So *BMU*, Umweltpolitik, S. 14; Umwelt 1990, 424 ff. [426]; *Feldhaus/Eisenbarth*, UPR 1990, 401 ff. [403].

145 So *Rehbinder*, DVBl. 1991, 421 ff. [421]; *Schrader*, IUR 1991, 63 ff. [63 f.].

146 Zur allgemeinen Bedeutung dieser Frage vgl. oben S. 46 ff.

147 Vgl. oben S. 47 f.

mene Bundesrecht Regelungen über die öffentlich-rechtliche Verantwortlichkeit für Schäden enthält, die durch den Betrieb einer Anlage i.S.d. Bundes-Immissionsschutzgesetzes im Beitrittsgebiet vor dem 1. Juli 1990 verursacht wurden.

Das Bundes-Immissionsschutzgesetz enthält neuerdings — wie oben[148] dargelegt — in § 5 Abs. 3 i.V.m. § 17 Abs. 4 a eine Regelung über die Verantwortlichkeit des Anlagenbetreibers, die auch die Folgen des Betriebs von Anlagen im Beitrittsgebiet vor dem 1. Juli 1990 erfaßt, soweit dieser Betrieb dazu geführt hat, daß von der Anlage oder dem Anlagengrundstück nach dem Beitritt schädliche Umwelteinwirkungen ausgehen. Folglich galt nach Art. 9 Abs. 4 S. 2, Abs. 2[149] i.V.m. Anlage II, Kap. XII Abschnitt III Nr. 1 b die Freistellungsregelung des Art. 1 § 4 Abs. 3 URG — in modifizierter Form — insoweit als (partikulares) Bundesrecht fort, als sie von der Verantwortlichkeit nach § 5 Abs. 3 i.V.m. § 17 Abs. 4 a BImSchG freistellte. Entsprechendes galt für § 9 a Abs. 1 S. 2 i. V. m. § 9 S. 2, § 10 a Abs. 3 i. V. m. § 10 Abs. 2 AbfG.[150]

Fraglich erscheint, inwieweit die genannten Vorschriften des Bundes-Immissionsschutzgesetzes und des Abfallgesetzes noch Raum für landesrechtliche Regelungen über die Verantwortlichkeit für Schäden aus dem Betrieb von Anlagen i.S.d. Bundes-Immissionsschutzgesetzes lassen. Vor der Neufassung des Bundes-Immissionsschutzgesetzes war die Abwehr von Gefahren bzw. Beseitigung von Störungen, die durch einen in der Vergangenheit liegenden Anlagenbetrieb verursacht wurden, als jedenfalls ganz überwiegend landesrechtliches Problem angesehen worden.[151] Insoweit dürfte der Regelungsspielraum der Länder durch die Neuregelung des § 5 Abs. 3 i.V.m. § 17 Abs. 4 a BImSchG doch erheblich eingeschränkt worden sein, aus der hervorgeht, daß nachträgliche Anordnungen bis zu zehn Jahre nach Stillegung einer Anlage ergehen können.[152]

Dennoch dürfte auch in dem von der Freistellungsregelung erfaßten Bereich (jedenfalls vor deren Neufassung) noch Raum für landesrechtliche Regelungen der Verantwortlichkeit für die durch den Betrieb von (auch von genehmigungsbedürftigen) Anlagen verursachte Schäden geblieben sein. So durfte etwa die Beseitigung von Gefahren, die von verseuchten Nachbargrundstücken ausgehen, wohl immer noch durch Landesrecht geregelt gewesen sein bzw. werden.

---

148 Vgl. oben S. 87f.

149 Vgl. allgemein zu Art. 9 Abs. 4 EV oben S. 46ff.

150 Vgl. oben S. 88f.

151 Vgl. z.B. *Kloepfer*, Umweltrecht, § 12 Rn. 132ff.; *Rehbinder*, DVBl. 1991, 421ff. [421ff.].

152 Diese Neuregelung durchbricht die bisherige Konzeption des § 17 BImSchG, der in gewisser Hinsicht als gesetzlich beigefügter Auflagenvorbehalt verstanden werden konnte (vgl. *Kloepfer*, Umweltrecht, § 7 Rn. 93). Die Genehmigung erlischt aber schon dann, wenn eine Anlage mehr als drei Jahre lang nicht mehr betrieben wird (§ 18 Abs. 1 Nr. 2 BImSchG).

Soweit eine solche Regelung bestand,[153] wurde auch sie durch die Freistellungsregelung des Art. 1 § 4 Abs. 3 URG (a. F.) verdrängt. Da die Freistellungsregelung (a. F.) also sowohl bundesrechtliche als auch landesrechtliche Verantwortlichkeiten erfassen konnte, lag die Folgerung an sich nahe, daß sie insoweit als (partikulares) Bundesrecht fortgalt, als sie bundesgesetzlich geregelte Verantwortlichkeiten verdrängte, als Landesrecht hingegen, soweit sie von landesrechtlich geregelten Verantwortlichkeiten freistellte. Daß eine solche gespaltene Fortgeltung einer Regelung (teilweise) als partikulares Bundesrecht, (teilweise) als Landesrecht den Vertragspartnern bei Abschluß des Vertrages vor Augen gestanden hätte, war (und ist) nicht ersichtlich. Dennoch erscheint sie nach Sinn und Zweck des Art. 9 Abs. 4 EV möglich.

Unabhängig davon, ob die Freistellungsregelung (a. F.) bisher bundesrechtlich oder landesrechtlich geregelte Verantwortlichkeiten erfaßte, war und ist der Bund im Rahmen seiner Gesetzgebungskompetenzen — etwa aus Art. 74 Nr. 11 GG (Recht der Wirtschaft) oder Art. 74 Nr. 24 (Abfallbeseitigung, Luftreinhaltung und Lärmbekämpfung) — befugt, die Verantwortlichkeit von Anlagenbetreibern weitgehend zu regeln. Von seiner Kompetenz kann der Bund auch dergestalt Gebrauch machen, daß er eine Verantwortlichkeit in bestimmtem Umfang durch eine Freistellungsregelung ausschließt.[154] Und er kann eine solche Freistellungsregelung — für eine Übergangszeit — grundsätzlich auch auf das Beitrittsgebiet begrenzen, also insoweit partikulares Bundesrecht schaffen. Für eine landesrechtliche Regelung bleibt dann insoweit kein Raum.

Eine solche einheitlich als Bundesrecht zu qualifizierende Regelung enthielt der Einigungsvertrag aber gerade nicht. Denn die Freistellungsregelung (a. F.) wurde gerade nicht in Anlage 1 zum Einigungsvertrag als Änderung bzw. Ergänzung des bestehenden Bundesrechts eingeführt. Vielmehr galt sie lediglich als Teil des Umweltrahmengesetzes fort. Ihre Qualifizierung als Bundes- oder Landesrecht richtete sich deshalb, da es sich um den Bereich der konkurrierenden Gesetzgebung handelte, gem. Art. 9 Abs. 4 EV nicht danach, was der Bund hätte regeln können, sondern danach, was er für das übrige Bundesgebiet geregelt hatte. Daher konnte die fortgeltende Freistellungsregelung nicht als eine einheitliche bundesrechtliche Regelung angesehen werden. Deshalb war sie in einen bundes- und einen landesrechtlichen Teil aufzuteilen.[155]

---

[153] Etwa in § 7 des vorläufig als Landesrecht weitergeltenden Gesetzes über die Aufgaben der Polizei (vgl. o.).

[154] Um eine solche (sachlich und zeitlich) begrenzte Freistellungsregelung dürfte es sich der Sache nach bei § 17 Abs. 4 a BImSchG handeln. Diese Regelung dürfte jetzt im Rahmen ihres Geltungsbereichs als lex specialis die Regelungen der allgemeinen polizeilichen Verantwortlichkeit verdrängen, so daß nach Ablauf der dort vorgesehenen Frist von 10 Jahren nach Einstellung des Betriebs für die betreffenden Anlagen bzw. Anlagengrundstücke eine Verantwortlichkeit (im Rahmen des Regelungsbereichs des § 17 a BImSchG) auch nach dem allgemeinen Polizei- und Ordnungsrecht nicht mehr bestehen dürfte.

c) *Neufassung der Freistellungsregelung*[156]

aa) Bundesrechtliche Gesamtregelung oder partielle Fortgeltung der (immissionsschutzrechtlichen) Freistellungsregelung a. F.?

aaa) *Wortlaut*

Es wurde bereits ausgeführt, daß die Freistellungsregelung des Art. 1 § 4 Abs. 3 URG nach Art. 9 Abs. 2, 4 i. V. m. Anlage II, Kap. XII, Abschnitt III Nr. 1 b EV in leicht modifizierter Form teilweise als Bundes-, teilweise als Landesrecht fortgalt.[157] Daraus könnte man folgern, daß eine Änderung dieser Vorschrift des Umweltrahmengesetzes durch Bundesgesetz jedenfalls nicht den als Landesrecht fortgeltenden Teil der Freistellungsregelung erfasse. Für eine solche Annahme könnte der Wortlaut des Art. 12 des Hemmnisbeseitigungsgesetzes sprechen, wonach Art. 1 § 4 Abs. 3 URG „in der Fassung ... des Einigungsvertrages ...“ neu gefaßt wird. Diese Formulierung könnte so zu verstehen sein, daß die Neufassung der Freistellungsregelung nichts an deren durch Art. 9 Abs. 4 EV festgelegtem Rang als Landes- bzw. partikulares Bundesrecht ändern soll. Da der Bundesgesetzgeber jedoch weder nach Art. 9 Abs. 4 EV noch aus den allgemeinen Kompetenzvorschriften des Grundgesetzes befugt ist, Landesgesetze zu erlassen, würde der nach dem Einigungsvertrag als Landesrecht fortgeltende Teil der Freistellungsregelung[158] nicht von der bundesgesetzlichen Änderung erfaßt, würde also unverändert fortgelten.

Der Wortlaut des Art. 12 des Hemmnisbeseitigungsgesetzes ist insoweit jedoch nicht zwingend.[159] Er läßt seinem Wortsinn nach auch die Deutung zu, daß der Bundesgesetzgeber zwar inhaltlich an die (immissionsschutzrechtliche) Freistellungsregelung in der Fassung des Einigungsvertrages anknüpft, von der Neufassung jedoch nicht die Teile der (immissionsschutzrechtlichen) Freistellungsregelung ausnimmt, die nach Art. 9 Abs. 4 EV zunächst als Landesrecht fortgalten, also eine umfassende bundesrechtliche Freistellungsregelung schafft.

---

[155] Vgl. bereits *Kloepfer*, DVBl. 1991, 1 ff. [4]. Ob dabei der Schwerpunkt der weitergeltenden Freistellungsregelung (a. F.) auf ihrem bundesrechtlichen oder ihrem landesrechtlichen Teil lag, läßt sich abstrakt nur schwer beantworten. Nach der hier vertretenen Ansicht (vgl. o. S. 106 f.) dürften die einschlägigen bundesrechtlichen Vorschriften einen nicht unbeträchtlichen Teil der vor dem 1. Juli 1990 durch den Anlagenbetrieb verursachten Schäden erfassen.

[156] Die Darstellung konzentriert sich im wesentlichen auf die mit der Neufassung verbundenen Änderungen. Darüber hinaus sei auf die obigen Ausführungen zur Freistellungsregelung (a. F.) verwiesen.

[157] Vgl. o. S. 105 ff.

[158] Vgl. o. S. 107.

[159] Zur Auslegung von Gesetzen, insb. zur Begrenzung (auch der verfassungskonformen) Auslegung durch den Wortsinn vgl. *Larenz*, Methodenlehre der Rechtswissenschaft, 5.Aufl. 1983, S. 298 ff., insb. 326.

bbb) Bundeskompetenz

Eine Deutung der Neufassung der (immissionsschutzrechtlichen) Freistellungsregelung als umfassende bundesrechtliche Neuregelung setzt allerdings eine entsprechende Gesetzgebungskompetenz des Bundes voraus, die sich nach den allgemeinen Kompetenzregelungen des Grundgesetzes richtet.[160] In Betracht kommt hier insbesondere die konkurrierende Gesetzgebung aus Art. 72 Abs. 2 i. V. m. Art. 74 Nr. 11 GG (Recht der Wirtschaft). Da sich die Freistellungsregelung auch nach der Neuregelung nur auf solche Anlagen bzw. Grundstücke bezieht, die gewerblichen Zwecken dienen oder im Rahmen wirtschaftlicher Unternehmungen Verwendung finden, handelt es sich auch insoweit um Recht der Wirtschaft i. S. d. Art.74 Nr. 11 GG.[161] Auch aufgrund Art. 72 Abs. 2 GG dürften keine durchgreifenden Bedenken bestehen, die neue Fassung der Freistellungsregelung auf die Bundeskompetenz zur konkurrierenden Gesetzgebung nach Art. 74 Nr. 11 GG zu stützen, denn diese Freistellungsregelung dürfte jedenfalls der Wahrung bzw. Herstellung einheitlicher Lebensverhältnisse über das Gebiet eines Landes hinaus (Art. 72 Abs. 2 Nr. 3 GG) dienen.[162]

ccc) Sinn und Zweck

Da der Wortlaut des Art. 12 des Hemmnisbeseitigungsgesetzes in der Frage nach einer umfassenden oder lediglich begrenzten bundesrechtlichen Neufassung der (immissionsschutzrechtlichen) Freistellungsregelung nicht eindeutig ist, kommt es entscheidend auf den Sinn und Zweck der Regelung an. Für eine Deutung als umfassende bundesrechtliche Freistellungsregelung könnte die offenbar in der Bundesregierung herrschende[163] und möglicherweise auch dem Gesetzgebungsverfahren zugrundeliegende Auffassung ins Feld geführt werden, die Freistellungsregelung habe nach dem Einigungsvertrag ausschließlich als (partikulares) Bundesrecht fortbestanden. Nach dieser (unrichtigen) Auffassung bestünde auch durch eine bloße Änderung des Art. 1 § 4 Abs. 3 URG (a. F.) ohne Änderung ihres sich aus dem Einigungsvertrag ergebenden Ranges eine einheitliche bundesrechtliche Freistellungsregelung. Dieses Argument wäre für sich allein jedoch noch nicht überzeugend, denn daraus könnte man ebensogut folgern, der Bundesgesetzgeber habe überhaupt keine Notwendigkeit gesehen, von der durch Art. 9 Abs. 4 EV festgelegten Rangordnung abzuweichen und seine Regelung auch auf den bislang als Landesrecht fortgeltenden Teil der Freistellungsregelung auszudehnen.

---

[160] Vgl. o. S. 46.

[161] Vgl. hierzu statt vieler *Maunz*, in: MDHS, aaO., Art. 74 Rn. 130ff. sowie *Schmidt-Bleibtreu / Klein*, Kommentar zum Grundgesetz, 7. Aufl. 1990, Art. 74 Rn. 28ff. m. w. N.

[162] Zu Art. 72 Abs. 2, insb. Nr. 3 GG vgl. z. B. *Maunz*, in: MDHS, aaO., Art. 72 Rn. 16ff., insb. 23.

[163] Zu den entsprechenden Äußerungen des Bundesministeriums für Umwelt, Naturschutz und Reaktorsicherheit vgl. oben S. 105.

Für die Annahme, daß die (notwendigerweise) bundesrechtliche Freistellungsregelung (n. F.) auch landesrechtlich geregelte Verantwortlichkeiten erfaßt, spricht jedoch der Umstand, daß die (immissionsschutzrechtliche) Freistellungsregelung (n. F.), wie die Streichung von Satz 4 (a. F.) und die Einfügung der Sätze 5-7 zeigt, die Freistellung auch von der privatrechtlichen Verantwortlichkeit ermöglicht. Der Gesetzgeber hatte hierbei Ansprüche aus dem Nachbarrecht oder Besitzschutzansprüche, aber auch Haftungstatbestände im Blick.[164] Danach erfaßt die Freistellungsregelung (n. F.) grundsätzlich auch deliktische Ansprüche.[165] Insoweit ist jedoch zu beachten, daß die §§ 823 bis 853 BGB zwar nach Art. 8 EV mit dem Beitritt im Beitrittsgebiet in Kraft traten, jedoch mit der Maßgabe, daß sie nur auf Handlungen anzuwenden waren bzw. sind, die am Tag des Wirksamwerden des Beitritts oder danach begangen wurden bzw. werden.[166] Für deliktische Ansprüche wegen des Betriebs von Anlagen oder der Benutzung von Grundstücken vor dem 1. Juli 1990 galten bzw. gelten daher auch nach dem Beitritt die entsprechenden Vorschriften des DDR-Rechts.[167] Ohne eine Erfassung dieser Ansprüche wäre die neue Freistellungsregelung allerdings lückenhaft.[168] Es ist daher davon auszugehen, daß die Freistellungsregelung (n. F.) sich jedenfalls insoweit, als sie sich auf privatrechtliche Ansprüche bezieht, nicht an die Systematik des Art. 9 Abs. 4 EV hält, sondern als bundesrechtliche Regelung auch landesrechtliche Ansprüche erfaßt.

Wenn die Neufassung der Freistellungsregelung also hinsichtlich privatrechtlicher Ansprüche eine umfassende bundesrechtliche Regelung beinhaltet, also sich nicht an die Systematik des Art. 9 Abs. 4 EV hält, so ist nicht einzusehen, daß diese Regelung (wenigstens) hinsichtlich der öffentlich-rechtlichen Verantwortlichkeit den Teil der (alten) Freistellungsregelung ausgespart haben sollte, der nach Art. 9 Abs. 4 EV als Landesrecht fortgalt. Auch der Wortlaut der

---

[164] BT-Drucks. 12/216, S. 9f.

[165] Diese sind zwar in der Begründung zum Entwurf des Art. 12 des Hemmnisbeseitigungsgesetzes nicht ausdrücklich genannt, jedoch auch nicht ausgeschlossen.

[166] Art. 8 i. V. m. Anlage I, Kap. III, Sachgebiet B: Bürgerliches Recht, Abschnitt II Nr. 1, Art. 232 § 10 EGBGB.

[167] Vgl. §§ 323ff. ZGB (DDR). Diese Vorschriften gelten nach Art. 9 Abs. 1 EV als Landesrecht insoweit fort, als sie dem übergeleiteten Bundesrecht nicht widersprechen. Insoweit hätte die Freistellungsregelung a. F. nach der Systematik des Art. 9 Abs. 4 EV als Landesrecht fortgegolten (vgl. oben S. 105ff.).
Zu den §§ 323ff. ZGB vgl. *Ministerium der Justiz*, Kommentar zum Zivilgesetzbuch der Deutschen Demokratischen Republik ..., Berlin (Ost), 2. Aufl. 1985, §§ 323ff.; *Göhring / Posch* (Leitung und Gesamtredaktion), Zivilrecht, Berlin (Ost) 1981, Bd. 2 S. 164 ff.

[168] Auch wenn man davon ausginge — was noch zu prüfen ist —, daß es auch nach der Neufassung der Freistellungsregelung (n. F.) keine Freistellung von der Verantwortlichkeit für eigene Verursachungsbeiträge geben sollte, würden die gegen den Schädiger gerichteten deliktischen Ansprüche in den Fällen einer Gesamtrechtsnachfolge bzw. Beteiligung an einer juristischen Person relevant bleiben. Vgl. die entsprechenden Überlegungen zur Freistellung von der Verhaltensverantwortlichkeit oben S. 86f.

Regelung enthält keinerlei entsprechende Hinweise. Vielmehr beschränkt sich die Freistellungsregelung (n. F.) bereits äußerlich nicht auf eine (auch) ergänzende Änderung der alten Freistellungsregelung, sondern faßt diese umfassend neu. Zudem dürfte auch die durch eine andernfalls bestehende sachliche Divergenz zwischen einer neugefaßten bundesrechtlichen Freistellungsregelung einerseits und einer landesrechtlichen Freistellungsregelung in der alten Fassung andererseits nicht dem Sinn und Zweck der Neufassung entsprechen. Daher handelt es sich bei der (immissionsschutzrechtlichen) Freistellungsregelung nach Art. 1 § 4 Abs. 3 URG i. d. F. d. Art. 12 des Hemmnisbeseitigungsgesetzes um eine umfassende bundesrechtliche Regelung.

bb) Eigentümer, Besitzer, Erwerber

Eine der Neuerungen der Freistellungsregelung (n. F.) besteht in der Ausweitung des Kreises der Begünstigten. Damit dürften einige Probleme, die sich aus der Begrenzung der Freistellungsregelung (a. F.) auf Erwerber ergaben und durch Auslegung zu lösen waren, entfallen oder doch entschärft worden sein.[169] Ob die Ausweitung der Freistellungsregelung auf Eigentümer und Besitzer[169a] sich allerdings hierin erschöpft, oder ob ihr — entsprechend ihrem Wortlaut — eine weitergehende Bedeutung zukommt, ist nicht unproblematisch und für die Tragweite der Neuregelung von ganz erheblicher Bedeutung.

Wegen der nach der alten Fassung der Freistellungsregelung gebotenen wirtschaftlichen Betrachtungsweise handelte es sich auch bei der kraft Gesetzes eintretenden Rechtsnachfolge im Falle der Umwandlung oder Verschmelzung von Betrieben nicht um einen Erwerb. Dasselbe galt auch für die Umwandlung von Betrieben nach dem Gesetz zur Privatisierung und Reorganisation des volkseigenen Vermögens (Treuhandgesetz)[170] bzw. nach der Verordnung zur Umwandlung von volkseigenen Kombinaten, Betrieben und Einrichtungen in Kapitalgesellschaften (UmwandlungsVO). Darüber hinaus lag kein Erwerb vor, wenn Veräußerer und Erwerber als im wesentlichen gleiches Wirtschaftssubjekt erschienen, insbesondere in den Fällen, in denen die angestrebte Freistellung alleiniger oder jedenfalls bestimmender Zweck des Erwerbsvorgangs war.[171] Ob die Neufassung der Freistellungsregelung bewirkt, daß in diesen Fällen, in denen eine Freistellung (z. T.) sogar als mißbräuchlich anzusehen war, nunmehr eine Freistellung erfolgen kann, erscheint zweifelhaft. Zwar wäre nach dem Wortlaut der Neufassung in den genannten Fällen zukünftig eine Freistellung nicht mehr grundsätzlich ausgeschlossen. Jedoch wird man angesichts des bereits aus dem

---

[169] Vgl. auch *Gallas*, Die „Freistellungsklausel für Altlasten" im Einigungsvertrag, (Unveröffentlichtes Manuskript) S. 13f.

[169a] Nach *BMU*, Auslegungshilfe (n. F.) S. 3, kommen als Besitzer vor allem Pächter und sonstige Nutzungsberechtigte in Betracht.

[170] Vom 17. Juni 1990, GBl. I Nr. 33 S. 300.

[171] Vgl. o. S. 102.

Titel des Hemmnisbeseitigungsgesetzes ersichtlichen Zweckes auch der Freistellungsregelung (n. F.) zumindest folgern müssen, daß eine Freistellung nicht allein mit dem Ziel erfolgen darf, einem wirtschaftlich angeschlagenen Unternehmen aus seinen Schwierigkeiten zu helfen. Vielmehr muß die Freistellung der Förderung von Investitionen oder der Erleichterung der Privatisierung dienen. Ob hierdurch allerdings eine effektive Begrenzung der Freistellungsregelung erreicht werden kann, muß bezweifelt werden. Zudem ist auch zweifelhaft, ob die Freistellungsregelung (n. F.) überhaupt der Beseitigung von Hemmnissen bei der Privatisierung von Unternehmen dient. In den Gesetzesmaterialien zu Art. 12 des Hemmnisbeseitigungsgesetzes ist ausschließlich von der Förderung von Investitionen die Rede.[172]

Die Ausweitung der Freistellungsklausel auf die von der Treuhandanstalt verwalteten Kapitalgesellschaften[173] erschiene zudem auch rechtspolitisch bedenklich. Wegen der wirtschaftlichen Machtfülle der Treuhandanstalt im Beitrittsgebiet wäre zu befürchten, daß der den neuen Ländern bei der jeweiligen konkreten Freistellungsentscheidung zustehende Ermessensspielraum faktisch erheblich eingeschränkt würde. Eine besondere Qualität hätten die insoweit auftretenden Interessenkonflikte zwischen der Treuhandanstalt und den jeweiligen Ländern zudem aufgrund des Umstandes, daß die Treuhandanstalt eine öffentlich-rechtliche Anstalt des Bundes und nicht ein privatwirtschaftliches Unternehmen ist. Vor diesem Hintergrund erschiene es rechtspolitisch fragwürdig, wenn die Freistellungsregelung (auch) dazu dienen sollte, die von der Treuhandanstalt verwalteten Kapitalgesellschaften bei der Fortführung von Unternehmen auf Kosten der betreffenden Länder von „Altlasten"-Risiken zu befreien. Weniger bedenklich wäre die Freistellung der von der Treuhandanstalt verwalteten Kapitalgesellschaften jedoch in den Fällen, in denen konkrete Privatisierungspläne bestehen, da die Freistellung insoweit letztlich dem jeweiligen Erwerber zugute käme, also lediglich vorverlagert würde.[174]

---

[172] BT-Drucks. 12/216, S. 9f.

[173] Nach Art. 25 Abs. 1 S. 4 EV handelt es sich um mittelbare Beteiligungen des Bundes.

[174] Rechtspolitisch bedenklich erschiene auch eine Freistellung der Treuhandanstalt bzw. unmittelbar des Bundes. Zwar dürften die Treuhandanstalt bzw. der Bund in den Fällen, in denen es um die Verantwortlichkeit der von der Treuhandanstalt verwalteten Kapitalgesellschaften geht, nicht als Verhaltens- oder Zustandsverantwortliche anzusehen sein (vgl. *Rehbinder*, DVBl. 1991, 421 ff. [427]), so daß insoweit auch eine Freistellung nicht in Betracht kommt. Eine Verantwortlichkeit der Treuhandanstalt oder unmittelbar des Bundes erscheint jedoch nicht ausgeschlossen, wenn ihnen Vermögensgegenstände unmittelbar zustehen, ohne daß eine juristische Person als Rechtsinhaber zwischengeschaltet ist (vgl. etwa Art. 21 f. EV sowie hierzu z. B. *Scheifele*, BB 1991, 557 ff. [557]). Soweit entsprechende Vermögensgegenstände den Ländern oder Kommunen zustehen (vgl. ebd. sowie das Kommunalvermögensgesetz der früheren DDR [vgl. oben S. 101]), bestehen Bedenken gegen eine Freistellung insbesondere in den Fällen, in denen die Freistellung zu Lasten der von den negativen Auswirkungen Betroffenen geht.

Ebenfalls unklar ist, ob trotz der Ausweitung des Kreises der Begünstigten auch weiterhin die Freistellung für eigene Verursachungsbeiträge ausgeschlossen bleiben soll.[175] Für eine Freistellungsmöglichkeit auch für eigene Verursachungsbeiträge spricht allerdings wiederum der Wortlaut der Neuregelung. Während die Begrenzung der Freistellung auf den Erwerber darauf hinwies, daß lediglich von einer durch (insbesondere Rechts-) Nachfolge erworbenen Verantwortlichkeit freigestellt werden konnte, fehlt ein solcher Hinweis durch die Ausweitung auf Eigentümer und Besitzer nunmehr völlig. Eine Freistellung auch von der Verantwortlichkeit für eigene Verursachungsbeiträge würde allerdings entgegen den ursprünglichen Absichten[176] nun doch zu einer Privilegierung von Umweltsündern im Beitrittsgebiet führen.

Zusammenfassend ist festzustellen, daß mit einer am (weiten) Wortlaut orientierten Auslegung der Tatbestandsmerkmale „Eigentümer" und „Besitzer" der Freistellungsregelung (n. F.), die lediglich durch den Zweck des Hemmnisbeseitigungsgesetzes begrenzt wäre, eine ganz erhebliche und rechtspolitisch nicht unbedenkliche Änderung des Inhalts und auch der ratio der Freistellungsregelung verbunden wäre. Gegen eine solche weitgehende Bedeutung der Neufassung sprechen nicht nur die genannten rechtspolitischen Bedenken, sondern auch der Umstand, daß die Gesetzesmaterialien insoweit schweigen.[177] Wäre durch die Erstreckung der Freistellungsmöglichkeit eine Ausweitung der Freistellungsregelung in dem geschilderten rechtspolitisch fragwürdigen Umfang beabsichtigt gewesen, wäre nicht verständlich, warum die Gesetzesmaterialien Ausführungen zur Freistellung von der privatrechtlichen Verantwortlichkeit, zur Einbeziehung von Grundstücken sowie sogar zur Verlängerung der Antragsfrist enthalten, nicht jedoch zur Ausweitung auf Eigentümer und Besitzer. Ob die hier geäußerten Bedenken allerdings in der Praxis tatsächlich zu einer restriktiven Auslegung der Freistellungsregelung (n. F.) führen werden, bleibt abzuwarten. Es wäre zu begrüßen gewesen, wenn die Neufassung der Auslegungshilfe des Bundesministers für Umwelt, Naturschutz und Reaktorsicherheit zu den genannten Fragen deutlich Stellung genommen hätte.[177a]

---

175 Vgl. zu dieser Einschränkung nach der alten Fassung oben S. 86f.; ebenso für die Neufassung Nachtrag zu *Schrader*, IUR 1991, 63ff., IUR 2/91; ebenso wohl auch *Gallas*, Die „Freistellungsklausel für Altlasten" im Einigungsvertrag, (Unveröffentlichtes Manuskript) S. 22f.

176 Vgl. o. S. 20f., 86f.

177 Die Begründung des Gesetzentwurfs erwähnt die Ausweitung auf Eigentümer und Besitzer lediglich beiläufig im Rahmen der Ausführungen zur Freistellung von der privatrechtlichen Verantwortlichkeit, vgl. BT-Drucks. 12/216, S. 9f.

177a Die Auslegungshilfe (n. F.) weist lediglich daraufhin, daß auch die Freistellungsregelung (n. F.) in erster Linie die Übernahme oder Fortführung der bisher staatlichen Anlagen durch Private erleichtern solle (a. a. O. S. 3).

cc) Anlagen, Grundstücke

Eine weitere Änderung der Freistellungsregelung besteht darin, daß sie nun nicht mehr nur Anlagen[178], sondern auch Grundstücke erfaßt, die gewerblichen Zwecken dienen oder im Rahmen wirtschaftlicher Unternehmungen Verwendung finden.[179] In den Gesetzesmaterialien heißt es zur Begründung dieser Änderung lediglich, sie solle dem Umstand Rechnung tragen, daß Schäden auch von Grundstücken ausgehen könnten, die nicht Anlagen i. S. d. Bundes-Immissionsschutzgesetzes seien.[180] Durch diese Ausweitung sind auch die nach der alten Regelung problematischen Fragen nach der Freistellung von der Verantwortung für stillgelegte Anlagen oder Ersatzanlagen[181] weitgehend erledigt. Eine Freistellung ist in diesen Fällen nunmehr unproblematisch möglich.

Allerdings ist die Freistellungsmöglichkeit bei Grundstücken auch nicht unbegrenzt. Zum einen muß es sich um Grundstücke handeln, die gewerblichen Zwecken dienen oder im Rahmen wirtschaftlicher Unternehmungen Verwendung finden. Trotz der Weite des Begriffs der wirtschaftlichen Unternehmung dürfte hierdurch eine gewisse Begrenzung bestehen. „Verwendung finden" dürfte insoweit mehr bedeuten als die bloße Zugehörigkeit zu dem betreffenden Unternehmen. So dürfte etwa der Grundstückserwerb ausschließlich zum Zweck der Kapitalanlage grundsätzlich nicht freistellungsfähig sein. Dagegen dürfte eine Freistellung hinsichtlich solcher Grundstücke möglich sein, die — wenn auch erst zukünftig — als Firmengelände genutzt werden sollen.[181a]

Freigestellt werden kann auch nicht von der Verantwortlichkeit für jede Art von einem Grundstück ausgehender Schäden, sondern nur für solche, die durch die Benutzung des betreffenden Grundstücks (vor dem 1. Juli 1991) verursacht wurden. Erforderlich ist daher, daß die Schäden von einem zweckgerichteten Zugriff auf das betreffende Grundstück herrühren müssen. Haben etwa die von anderen Grundstücken ausgehenden Immissionen ein Grundstück verunreinigt, so ist eine Freistellung von der (Zustands-) Verantwortlichkeit für die nunmehr auch von diesem Grundstück ausgehenden Schäden bzw. Gefahren nicht möglich, da allein die Einwirkung von Immissionen noch keine Benutzung dieses Grundstücks ist.

Nach dem Wortlaut der Neufassung genügt es im übrigen, daß das betreffende Grundstück zum Zeitpunkt der Freistellungsentscheidung bzw. in

---

[178] Vgl. oben, sowie *BMU,* Auslegungshilfe (n. F.) S. 5.

[179] Zu den gewerblichen Zwecken bzw. der Verwendung im Rahmen wirtschaftlicher Unternehmen vgl. oben S. 98.

[180] Vgl. BT-Drucks. 12/216, S. 9f.

[181] Vgl. oben S. 97f.

[181a] Weiter: *BMU,* Auslegungshilfe (n. F.) S. 5f. Es genüge, wenn wenn die Anlagen bzw. Grundstücke in der Vergangenheit gewerblichen Zwecken dienten bzw. im Rahmen wirtschaftlicher Unternehmungen Verwendung fanden.

Zukunft gewerblich oder im Rahmen eines wirtschaftlichen Unternehmens Verwendung findet. Nicht erforderlich ist, daß auch die schadenstiftende Benutzung gewerblicher Art war oder im Rahmen eines wirtschaftlichen Unternehmens erfolgte. Eine solche Einschränkung erscheint auch nicht nach dem Sinn und Zweck der Regelung geboten.

dd) Freistellung von der privatrechtlichen Verantwortlichkeit

aaa) Grundsatz

Eine der (aus der Sicht der Bundesregierung[182]) wesentlichen Unzuträglichkeiten der Freistellungsregelung in ihrer alten Fassung bestand in der Beschränkung auf die Freistellung von der öffentlich-rechtlichen Verantwortlichkeit. Dies ist jedenfalls insoweit zutreffend, als die Freistellung bloß von der öffentlich-rechtlichen Verantwortlichkeit privatrechtliche Abwehransprüche nicht ausschloß. Die entsprechende Einschränkung in Satz 4 (a. F.) ist daher aufgehoben worden, und die Sätze 5-7 (n. F.) enthalten spezielle auf die Freistellung von der privatrechtlichen Verantwortlichkeit zugeschnittene Regelungen.

Die Freistellung von der privatrechtlichen Verantwortlichkeit ist wie die Freistellung von der öffentlich-rechtlichen Verantwortlichkeit ein Hoheitsakt. Sie darf nicht mit der bereits vor der Neufassung der Freistellungsregelung bestehenden Möglichkeit einer vertraglichen (privatrechtlichen) Haftungsfreistellung von der privatrechtlichen oder öffentlich-rechtlichen Verantwortlichkeit[183] verwechselt werden. Solche privatrechtlichen Freistellungsvereinbarungen sind auch durch die Neufassung der Freistellungsregelung nicht ausgeschlossen, dürften aber wegen der Möglichkeit der (hoheitlichen) Freistellung auch von der privatrechtlichen Verantwortlichkeit erheblich an Bedeutung verlieren (sofern die zuständigen Behörden in der Lage sind, eingeleitete Freistellungsverfahren in angemessener Zeit zu bearbeiten und abzuschließen).

bbb) Lediglich Freistellung von Ansprüchen, die nicht auf besonderen Titeln beruhen

Nach Satz 5 der Freistellungsregelung (n. F.) treten im Falle der Freistellung Schadensersatzansprüche an die Stelle privatrechtlicher Ansprüche zur Abwehr benachteiligender Einwirkungen von einem Grundstück auf ein benachbartes Grundstück, sofern diese Ansprüche nicht auf besonderen Titeln beruhen.[184] Diese Einschränkung besteht jedoch nach dem Willen des Gesetzgebers[185] nicht

---

[182] Vgl. BT-Drucks. 12/216, S. 9f.

[183] Vgl. hierzu oben S. 104f.

[184] Insoweit ist Art. 1 § 4 Abs. 3 S. 5 URG offensichtlich an § 14 S. 1 BImSchG angelehnt, vgl. hierzu *Jarass*, BImSchG, aaO., § 14 Rn. 11.

nur für die genannten Abwehransprüche, sondern für alle Arten privatrechtlicher Ansprüche. Eine Freistellung von privatrechtlichen Ansprüchen kommt also ausschließlich dann in Betracht, wenn diese nicht auf einem besonderen Titel — etwa einem Vertrag[186] — beruhen.

ccc) Privatrechtliche Verantwortlichkeit

Die Freistellungsregelung (n. F.) ist nicht auf bestimmte privatrechtliche Ansprüche beschränkt, sondern erfaßt alle möglichen privatrechtlichen Ansprüche wegen der Verursachung von Schäden durch den Betrieb einer Anlage bzw. die Benutzung eines Grundstücks vor dem 1. Juli 1990.[187] Hinsichtlich der ausdrücklich in der Gesetzesbegründung genannten Abwehransprüche ist (wie bei der Freistellung von der öffentlich-rechtlichen Verantwortlichkeit[188]) für die Freistellung nicht erforderlich, daß ein Schaden bereits eingetreten ist, es genügt vielmehr eine drohende Beeinträchtigung der geschützten Rechtsgüter.

ddd) Umwandlung von Abwehr- in Schadensersatzansprüche

Nach Satz 5 der Freistellungsregelung (n. F.) treten im Falle der Freistellung an die Stelle privatrechtlicher Ansprüche zur Abwehr benachteiligender Einwirkungen von einem Grundstück auf ein benachbartes Grundstück Ansprüche auf Schadensersatz. Die Regelung erscheint wegen ihrer Beschränkung auf Ansprüche zur Abwehr benachteiligender Auswirkungen zwischen benachbarten Grundstücken zu eng, da Abwehransprüche etwa auch wegen Einwirkungen bestehen können, die nicht auf ein Grundstück gerichtet sind.[189] Nach Sinn und Zweck des Satzes 5 der Freistellungsregelung (n. F.) ist davon auszugehen, daß auch in diesen Fällen an die Stelle des Abwehranspruchs ein Schadensersatzanspruch treten soll.

Satz 5 der Freistellungsregelung (n. F.) sagt nicht ausdrücklich, was unter Schadensersatzansprüchen i. S. dieser Vorschrift zu verstehen ist. Im Rahmen

---

185 Vgl. BT-Drucks. 12/216, S. 9f.

186 Vgl. *Jarass*, BImSchG, aaO., § 14 Rn. 11.

187 *Gallas*, Die „Freistellungsklausel für Altlasten" im Einigungsvertrag, (Unveröffentlichtes Manuskript) S. 24; Vgl. bereits oben, sowie *BMU*, Auslegungshilfe (n. F.) S. 7.

188 Vgl. oben S. 94.

189 Vgl. etwa § 328 Abs. 1 ZGB: „Werden Rechte eines Bürgers oder Betriebes durch das rechtswidrige Verhalten eines anderen beeinträchtigt oder gefährdet, kann der Bürger oder Betrieb von dem anderen verlangen, daß die Störung oder der Gefahrenzustand beseitigt wird." Diese Vorschrift dürfte in den Fällen einschlägig sein, in denen der Betrieb einer Anlage bzw. die Benutzung eines Grundstücks vor dem 1. Juli 1990 ein rechtswidriges Verhalten i. S. dieser Vorschrift darstellt. Wie bereits an anderer Stelle dargelegt, finden die §§ 823ff. BGB im Beitrittsgebiet nur auf die nach dem Beitritt begangenen unerlaubten Handlungen Anwendung. (Zu den „deliktischen Abwehransprüchen" nach §§ 823ff. BGB vgl. z.B. *Medicus*, Bürgerliches Recht, 14. Aufl. 1988, Rn. 628ff.)

des § 14 BImSchG, der als Vorbild fungierte,[190] sind Schadensersatzansprüche i. S. der §§ 249ff. BGB zu verstehen.[191] Ob allerdings im Falle der Freistellung von Abwehransprüchen die Interessen der Gläubiger durch einen solchen Schadensersatzanspruch hinreichend gewahrt sind, erscheint zweifelhaft, wie folgendes (fiktives) Beispiel zeigt: Angenommen, durch den Betrieb einer Anlage ist vor dem 1. Juli 1990 das Betriebsgrundstück verunreinigt worden. Diese Verunreinigung gefährdet nunmehr (etwa durch Emissionen) die Gesundheit in der Nachbarschaft wohnender Menschen. Wenn nun eine Freistellung von den privatrechtlichen (deliktischen) Abwehransprüchen dieser Menschen erfolgen würde, so würde ein an die Stelle der Abwehransprüche tretender Schadensersatzanspruch nach §§ 249ff. BGB zwar die Kosten einer Heilbehandlung erfassen. Nicht erfassen würde er jedoch die Kosten für Maßnahmen zum Schutz der Nachbarschaft.[192] Denn solche Maßnahmen gleichen nicht einen entstandenen Schaden aus, sondern verhindern bereits einen Schadenseintritt. Da es vielfach für die Betroffenen unzumutbar wäre, wenn sie u. U. erhebliche Beeinträchtigungen zunächst hinnehmen müßten und lediglich auf einen Schadensersatzanspruch verwiesen würden, erscheint es erforderlich, den Begriff „Schadensersatzanspruch" nach Satz 5 der Freistellungsregelung (n. F.) weiter zu verstehen als nach §§ 249ff. BGB. Er erfaßt demnach — zumindest in gewissem Umfang — auch den Ersatz von Aufwendungen der Betroffenen für die Abwehr von Beeinträchtigungen bzw. zur Milderung von deren Auswirkungen oder Aufwendungen zum Ausweichen vor Beeinträchtigungen.[193]

Auch bei einer weiten Auslegung des Begriffs des Schadensersatzanspruchs kann die Freistellung von einem Abwehranspruch für die Beeinträchtigten allerdings nicht unerhebliche nachteilige Auswirkungen haben, etwa in den Fällen, in denen sie keine Möglichkeit haben, Rettungsmaßnahmen[194] zu ergreifen oder den Beeinträchtigungen auszuweichen. Insofern ist freilich zu beachten, daß die zuständige Behörde im konkreten Einzelfall auch die Interessen „der durch den Betrieb der Anlage oder die Benutzung des Grundstücks möglicherweise Geschädigten" in ihre Abwägung einzubeziehen hat[195] und auch in gewissem Umfang Schutzvorkehrungen fordern kann.[196] Sollte jedoch eine Freistellung von Abwehransprüchen nur unter Inkaufnahme schwerer Beeinträchtigungen etwa der Gesundheit von Betroffenen möglich

---

[190] *Gallas*, Die „Freistellungsklausel für Altlasten" im Einigungsvertrag, (Unveröffentlichtes Manuskript) S. 24.

[191] *Jarass*, BImSchG, § 14 Rn. 17.

[192] Vgl. *Heinrichs*, in: Palandt, Bürgerliches Gesetzbuch, 50. Aufl. 1991, Vorbem v § 249 Rn. 44.

[193] Vgl. zu dem ähnlichen Problem der sog. Rettungskosten im Rahmen des § 22 WHG z. B. *Breuer*, Öffentliches und privates Wasserrecht, 2. Aufl. 1987, Rn. 803f. m. w. N.

[194] So die wasserrechtliche Terminologie, vgl. *dens.*, ebd.

[195] Vgl. Satz 2 der Freistellungsregelung (n. F.).

[196] Vgl. Satz 6 der Freistellungsregelung (n. F.).

sein, so ist eine Freistellung abzulehnen. Das Ermessen der zuständigen Behörde ist in solchen Fällen auf Null reduziert.

eee) Schutzvorkehrungen

Nach Satz 6 der Freistellungsregelung (n. F.) kann die zuständige Behörde vom Eigentümer Vorkehrungen zum Schutz vor benachteiligenden Einwirkungen verlangen, soweit diese nach dem Stand der Technik durchführbar und wirtschaftlich vertretbar sind.[197] Durch die sprachliche Verknüpfung mit dem vorhergehenden Satz („jedoch") wird deutlich, daß diese Regelung dazu dient, die Folgen der Ersetzung von Abwehransprüchen durch Schadensersatzansprüche zu mildern. An die Stelle des privatrechtlichen Abwehranspruchs tritt also im Falle der Freistellung sowohl ein privatrechtlicher Schadensersatzanspruch als auch eine Ermächtigung der zuständigen Behörde, Schutzvorkehrungen durch Verwaltungsakt anzuordnen. Insoweit wird also im Falle der Freistellung von privatrechtlichen Abwehransprüchen die Freistellung von der öffentlich-rechtlichen Verantwortlichkeit in gewissem Umfang relativiert, indem zum Ausgleich für die Freistellung von einem privatrechtlichen Abwehranspruch eine neue öffentlich-rechtliche Verantwortlichkeit begründet wird. Daher erscheint es in Einzelfällen durchaus denkbar, daß ein Antragsteller, der das Risiko der Durchsetzung privatrechtlicher Abwehransprüche als gering einschätzt, auf die Freistellung von der privatrechtlichen Verantwortlichkeit verzichtet und seinen Freistellungsantrag entsprechend einschränkt.

Nach der Gesetzesbegründung hat die zuständige Behörde die Erforderlichkeit von Schutzvorkehrungen *bei ihrer Entscheidung* (über die Freistellung von einem Abwehranspruch) zu prüfen.[197a] Der Gesetzeswortlaut und auch der Sinn und Zweck von Satz 6 der Freistellungsregelung schließen jedoch auch entsprechende Anordnungen zu einem späteren Zeitpunkt nicht aus. Insoweit handelt es sich bei dieser Regelung um einen gesetzlich angeordneten Auflagenvorbehalt.

fff) Freistellung von Schadensersatzansprüchen

Daß die Freistellung von der privatrechtlichen Verantwortlichkeit nicht nur Abwehransprüche, sondern auch — nicht auf besonderen Titeln beruhende — Schadensersatzansprüche erfassen kann, verdeutlicht die Regelung in Satz 7, 1. Halbsatz der Freistellungsregelung (n. F.). Danach kann die Freistellung nach Satz 1 auch hinsichtlich der Ansprüche auf Schadensersatz nach Satz 4 sowie nach sonstigen Vorschriften[198] erfolgen. Abgesehen von dem unrichtigen Hinweis auf Satz 4 der Freistellungsregelung (n. F.) — es müßte „Satz 5"

---

[197] Zu den Begriffen des Standes der Technik und der wirtschaftlichen Vertretbarkeit vgl. z. B. *Kloepfer*, Umweltrecht, aaO., § 7 Rn. 56, 96f.

[197a] Vgl. a. *BMU*, Auslegungshilfe (n. F.) S. 8.

heißen[199] — wird auf den ersten Blick nicht recht deutlich, warum hier überhaupt ein gesonderter Hinweis auf die Freistellungsmöglichkeit von den durch die Freistellung von Abwehransprüchen entstandenen Schadensersatzansprüchen erfolgt. Offenbar soll die Freistellung von einem Abwehranspruch nicht automatisch auch die Freistellung von dem an dessen Stelle tretenden Schadensersatzanspruch bewirken. Vielmehr hat die Behörde im jeweiligen Einzelfall zu prüfen, ob sie lediglich von dem Abwehranspruch oder auch von dem an dessen Stelle tretenden Schadensersatz (möglicherweise auch nur teilweise) freistellt. Wird diese Entscheidung im Wortlaut des Freistellungsbescheides nicht ausdrücklich getroffen, ist der Umfang der Freistellung im jeweiligen Einzelfall durch Auslegung zu ermitteln.

Nach Satz 7, 2. Halbsatz der Freistellungsregelung (n. F.) wird im Falle der Freistellung von einem Schadensersatzanspruch das jeweilige Land Schuldner des betreffenden Anspruchs.[200] Diese gesetzlich angeordnete befreiende Schuldübernahme[201] dürfte für den jeweiligen Gläubiger keine Nachteile bringen, insbesondere da für ihn das bei einem privaten Schuldner mögliche Konkursrisiko entfällt. Diese Schuldübernahme durch den Staat bei der Freistellung von privatrechtlichen Ansprüchen erfolgt im Interesse der bisherigen Gläubiger.[202] Daher können hieraus keine Rückschlüsse auf die Stellung des Staates bei der Freistellung von der öffentlich-rechtlichen Verantwortlichkeit gezogen werden, etwa dergestalt, daß auch dort der Staat durch die Freistellung in die Störerposition des Freigestellten eintrete.[203]

ee) Nebenbestimmungen

Nach Satz 3 der Freistellungsregelung (n. F.) kann die Freistellung mit Auflagen versehen werden. Davon war bereits nach der Freistellungsregelung

---

198 Die Gesetzesbegründung nennt insoweit Ansprüche aus § 22 WHG. Die Anwendbarkeit dieser Vorschrift erscheint jedoch nicht unproblematisch (vgl. *Rehbinder*, DVBl. 1991, 421 ff. [427]. Einschlägig dürften allerdings insbesondere Ansprüche aus §§ 323 ff. ZGB sein.

199 Dieses Redaktionsversehen ist darauf zurückzuführen, daß Satz 3 der Freistellungsregelung (n. F.) erst im Laufe des Gesetzgebungsverfahrens eingefügt wurde. Der Sache nach existierte eine Art. 13 des Hemmnisbeseitigungsgesetzes entsprechende Regelung bereits im Art. 9 des ersten Entwurfs (vgl. BT-Drucks. 12/204 i. V. m. BT-Drucks. 12/103). Zur Entstehungsgeschichte der Neufassung der Freistellungsregelung vgl. o. S. 82 ff.

200 Die Formulierung, daß „auch in diesem Falle" das Land Schuldner werde, ist insofern irreführend, als diese Regelung die einzige ist, die im Rahmen der Freistellungsregelung (ausdrücklich) einen Schuldnerwechsel vorsieht. Es handelt sich hierbei gerade nicht um eine lediglich klarstellende Regelung.

201 Zur befreienden Schuldübernahme nach §§ 414 ff. BGB vgl. *Heinrichs*, in: Palandt, Bürgerliches Gesetzbuch, 50. Aufl. 1991, §§ 414 ff. BGB.

202 Vgl. insoweit auch bereits oben S. 83 f.

203 Vgl. hierzu oben S. 95.

(a. F.) auszugehen. Unklar ist jedoch, ob aus der ausdrücklichen Zulassung von Auflagen nunmehr zu schließen ist, daß andere Arten von Nebenbestimmungen unzulässig sein sollen. Dafür gibt es jedoch keinerlei weitere Hinweise. Es spricht daher mehr für die Annahme, daß die Zulässigkeit von Auflagen allein deshalb ausdrücklich geregelt wurde, weil insoweit Unsicherheiten aufgetreten waren. Daraus kann nicht geschlossen werden, andere Nebenbestimmungen seien nunmehr unzulässig.

ff) Abwägung

Satz 2 der Freistellungeregelung hat gegenüber der alten Fassung den Katalog der in die Abwägung einzubeziehenden Belange um die Interessen des Eigentümers oder Besitzers einerseits und die Interessen der durch den Betrieb der Anlage oder die Benutzung des Grundstücks möglicherweise Geschädigten[204] andererseits erweitert. Die Belange der möglicherweise Geschädigten werden wegen der möglichen Freistellung von der privatrechtlichen Verantwortlichkeit nun ausdrücklich genannt.[205] Daß durch die Neuformulierung klargestellt werden sollte, daß die Freistellung nunmehr die Regel sein solle, die Nichtfreistellung die Ausnahme,[206] ist allerdings weder dem Wortlaut noch den Gesetzesmaterialien zu entnehmen.[207] Ebensowenig ist ersichtlich, daß durch die Neuregelung der Gesichtspunkt der Wirtschaftsförderung gegenüber dem des Umweltschutzes stärkeres Gewicht erhalten hätte.[208]

gg) Verfahren

Die Neufassung der Freistellungsregelung hatte neben inhaltlichen Änderungen auch eine Verlängerung der Antragsfrist zum Inhalt. Nach Satz 4 der Freistellungsregelung (n. F.) müssen Anträge auf Freistellung spätestens innerhalb eines Jahres nach Inkrafttreten des Hemmnisbeseitigungsgesetzes gestellt sein.[209] Wegen der (privat-) rechtsgestaltenden Wirkung der Freistellung von privatrechtlichen Abwehransprüchen erscheint zudem jedenfalls in diesen Fällen auch eine Beteiligung möglicherweise Anspruchsberechtigter am Frei-

---

[204] Da es sich nicht nur um die Freistellung von Schadensersatzansprüchen, sondern gerade auch von Abwehransprüchen handelt, sollte auch hier nicht nur auf eine bereits erfolgte Schädigung abgestellt werden. Es wäre daher sinnvoll gewesen, statt von Geschädigten von Beeinträchtigten bzw. Gefährdeten zu sprechen.

[205] Beeinträchtigungen einzelner waren allerdings auch schon nach der Freistellungsregelung (a. F.) als Belange des Umweltschutzes oder der Allgemeinheit zu berücksichtigen, jedoch unter einem anderen Blickwinkel.

[206] So *Scheifele*, BB 1991, 629ff. [635].

[207] Vgl. BT-Drucks. 12/216, S. 9f. sowie BT-Prot., 12. Wahlperiode, 16. Sitzung am 15. März 1991 S. 1001ff.

[208] So aber der Nachtrag zu *Schrader*, IUR 1991, 63ff., IUR 2/91.

[209] Das Gesetz ist nach dessen Art. 15 einen Tag nach seiner Verkündung (28. März 1991) am 29. März 1991 in Kraft getreten.

stellungsverfahren geboten, da diese in ihren Grundrechten, insbesondere ihrem Eigentumsgrundrecht aus Art. 14 GG betroffen sind.[210]

hh) Zusätzliche Freistellungsmöglichkeiten

Von den Freistellungsmöglichkeiten nach Artikel 1 § 4 Abs. 3 URG (a. F.) blieben andere Freistellungsmöglichkeiten, etwa durch die Nichteinforderung der Verantwortlichkeit oder privatrechtliche Freistellungsvereinbarungen unberührt.[211] Durch die Neufassung der Freistellungsregelung hat sich hieran grundsätzlich nichts geändert. Allerdings werden privatrechtliche Freistellungsvereinbarungen wegen der Ausweitung der öffentlich-rechtlichen Freistellungsmöglichkeiten an Bedeutung verlieren.[212]

ii) Begonnene Verfahren / Erteilte Freistellungen

Nach Art. 13 des Hemmnisbeseitigungsgesetzes sind Art. 2, 3 und 7 (dieses Gesetzes) auch auf Verfahren anzuwenden, die vor Inkrafttreten dieses Gesetzes begonnen, aber noch nicht durch eine Entscheidung der Behörde abgeschlossen worden sind. Daraus könnte man umgekehrt schließen, daß die neue Freistellungsregelung nach Art. 12 des Hemmnisbeseitigungsgesetzes gerade nicht auf vor Inkrafttreten dieses Gesetzes begonnene Verfahren angewendet werden soll, sondern insoweit die Freistellungsregelung (a. F.) Anwendung findet. Dies wäre allerdings wenig sinnvoll, da die Antragsteller in der Regel an einer möglichst weitgehenden Freistellung nach der Neufassung interessiert sein dürften. (Diejenigen, bei denen dies möglicherweise nicht der Fall ist,[213] könnten ihre Interessen durch eine entsprechende Einschränkung ihrer Anträge wahren.) Zudem erscheint es nach der Entstehungsgeschichte des Art. 13 des Hemmnisbeseitigungsgesetzes zweifelhaft, ob durch diese Vorschrift die Anwendung der Neufassung der Freistellungsregelung auf begonnene Verfahren tatsächlich ausgeschlossen werden sollte. Denn Art. 12 des Hemmnisbeseitigungsgesetzes wurde erst zu einem Zeitpunkt in den Gesetzentwurf eingefügt, als die Überleitungsbestimmung des Art. 13 bereits formuliert war. Aus diesen Gründen ist also die Neufassung der (immissionsschutzrechtlichen) Freistellungsregelung auch auf bereits vor Inkrafttreten des Hemmnisbeseitigungsgesetzes begonnene Verfahren anzuwenden.[214] Sofern Freistellungen bereits vor dem Inkrafttreten der Novellierung erteilt worden sind, muß sich deren Inhalt

---

[210] Vgl. auch den Nachtrag zu *Schrader*, IUR 1991, 63ff., IUR 2/91. Zur Verfahrensbeteiligung vgl. im übrigen bereits oben S. 103f.

[211] Vgl. oben S. 104f.

[212] In ihren Musterverträgen schließt die Treuhandanstalt eine Haftung für Altlasten ausdrücklich aus, vgl. *Scheifele*, BB 1991, 629ff. [635].

[213] Vgl. oben S. 118.

[214] Ebenso *Gallas*, Die „Freistellungsklausel für Altlasten" im Einigungsvertrag, (Unveröffentlichtes Manuskript) S. 22.

allerdings weiterhin nach der Freistellungsregelung (a. F.) richten, da die Behörde auch ihr Ermessen nur insoweit ausgeübt hat.

jj) Bewertung

Die Neufassung der Freistellungsregelung ist insofern zu begrüßen, als sie die Beseitigung der von privatrechtlichen Abwehransprüchen ausgehenden Investitionshemmnisse ermöglicht. Kritisch anzumerken ist allerdings, daß — nicht zuletzt durch die undifferenzierte Ausdehnung auf Eigentümer und Besitzer die Konturen der Freistellungsregelung (a. F.) weitgehend verwischt wurden. Nicht zuletzt aus Gründen der Rechtseinheit in Deutschland wäre ein behutsameres Vorgehen des Gesetzgebers zu begrüßen gewesen. Ob die Ausweitung der Freistellungsmöglichkeiten allerdings auch in der Praxis zu einer Ausweitung der Freistellungen führen wird, bleibt angesichts der auf die neuen Länder (insbesondere durch die Freistellung von der privatrechtlichen Ansprüchen) zukommenden finanziellen Risiken abzuwarten.[215]

II. Kerntechnische Sicherheit und Strahlenschutz

1. Zweck

Art. 2 § 1 URG enthielt eine eigenständige Zweckbestimmung, die § 1 Nr. 2 AtG entsprach, aber nicht ohne weiteres erkennen ließ, welche Auswirkungen der Umstand, daß die anderen in § 1 AtG genannten Ziele (etwa die Förderung der Erforschung, Entwicklung und Nutzung der Kernenergie, § 1 Nr. 1 AtG) nicht genannt wurden, auf die übernommenen bundesdeutschen Vorschriften haben sollte. Diese Vorschrift gilt daher nach dem Einigungsvertrag zu Recht nicht fort.

2. Überleitung des bundesdeutschen Rechts der kerntechnischen Sicherheit und des Strahlenschutzrechts

a) Übernahme von Vorschriften durch das Umweltrahmengesetz (Art. 2 § 2 URG)

Aufgrund Art. 3 S. 2 i. V. m. Anlage II Nr. III 2 SV wurde das Atomgesetz der Bundesrepublik Deutschland von der DDR bereits durch §§ 1 Abs. 1, 15 des Gesetzes über die Inkraftsetzung von Rechtsvorschriften der Bundesrepublik Deutschland in der Deutschen Demokratischen Republik[216] „in Verbindung mit den im Umweltrahmengesetz der Deutschen Demokratischen Republik enthal-

[215] Der Bundesrat hat im Zusammenhang mit seinem zustimmenden Beschluß zum Hemmnisbeseitigungsgesetz ausdrücklich eine finanzielle Beteiligung des Bundes an den durch die Freistellung entstehenden Risiken gefordert (BR-Drucks. 158/91).

[216] Vom 21. Juni 1990, GBl. I Nr. 34 S. 357.

tenen Festlegungen“ in modifizierter Form übernommen. Daneben traten nach Art. 2 § 2 Abs. 1 i. V. m. Anlage 1 zum URG, Zu Art. 2 am 1. Juli 1990 (rückwirkend) in Kraft: die Strahlenschutzverordnung (StrlSchV), die Atomrechtliche Verfahrensverordnung (AtVfV), die Atomrechtliche Deckungsvorsorge-Verordnung (AtDeckV), die Röntgenverordnung (RöV), die Kostenverordnung zum Atomgesetz (AtKostV), die Allgemeine Verwaltungsvorschrift zu § 45 Strahlenschutzverordnung: Ermittlung der Strahlenexposition durch die Ableitung radioaktiver Stoffe aus kerntechnischen Anlagen oder Einrichtungen sowie die Allgemeine Verwaltungsvorschrift zu § 62 Abs. 2 Strahlenschutzverordnung („AVV-Strahlenpaß“). Nach dem — inzwischen überholten — Art. 2 § 2 Abs. 1 i. V. m. Anlage 2 zum URG, Zu Art. 2 sollten am 1. Januar 1991 verschiedene EG-Verordnungen in der DDR in Kraft treten,[217] die sich auf Radioaktivität in Nahrungs- oder Futtermitteln im Fall eines nuklearen Unfalls oder einer anderen radiologischen Notstandssituation befassen. Art. 2 § 2 Abs. 2 URG stellte klar, daß einige Vorschriften des bisherigen Rechts der DDR in Kraft bleiben sollten, etwa Regelungen zum Strahlenschutz im Bergbau im Hinblick auf natürliche Radioaktivität.

b) Inkraftsetzung des bundesdeutschen Rechts der kerntechnischen Sicherheit und Strahlenschutzrechts durch den Einigungsvertrag

Nach Art. 8 EV wird auch das bundesdeutsche Recht der kerntechnischen Sicherheit und des Strahlenschutzes im Beitrittsgebiet umfassend in Kraft gesetzt, da in Anlage I zum Einigungsvertrag in Kapitel XII, Sachgebiet B: Kerntechnische Sicherheit und Strahlenschutz, keine Ausnahmen in Abschnitt I vorgesehen sind. Jedoch sind im dortigen Abschnitt II einige Modifizierungen des übergeleiteten Bundesrechts vorgesehen. Zudem gelten nach Art. 9 Abs. 2 i. V. m. Anlage II, Kap. XII, Abschnitt III Nrn. 2 und 3 die Verordnung über die Gewährleistung von Atomsicherheit und Strahlenschutz[218] nebst der entsprechenden Durchführungsbestimmung sowie die Anordnung zur Gewährleistung des Strahlenschutzes bei Halden und industriellen Absetzanlagen und bei der Verwendung darin abgelagerter Materialien[219] fort für bergbauliche und andere Tätigkeiten, soweit dabei radioaktive Stoffe, insbesondere Radonfolgeprodukte anwesend sind.

Nach Art. 9 Abs. 2 i. V. m. Anlage II, Kap. XII, Abschnitt III Nr. 1 c EV gilt Art. 2 § 2 Abs. 1 i. V. m. Anlage 1 zum URG, Zu Art. 2 Nrn. 6 und 7 im

---

[217] Da die EG-Verordnungen unmittelbar in der Bundesrepublik Deutschland geltendes supranationales Recht sind, die DDR (bzw. ihr Gebiet) aber (noch) nicht Mitglied der EG war, war diese Regelung so zu verstehen, daß die DDR diese EG-Verordnungen als inhaltsgleiche inerstaatliche Gesetze übernahm.

[218] Vom 11. Oktober 1984, GBl. I Nr. 30 S. 341.

[219] Vom 17. November 1980, GBl. I Nr. 34 S. 347.

Beitrittsgebiet fort. Damit gelten die bereits durch das Umweltrahmengesetz übergeleiteten Allgemeinen Verwaltungsvorschriften (in dieser Rechtsqualität) im Beitrittsgebiet fort.[220] Andere untergesetzliche Regelungen, z.B. die Richtlinie für den Fachkundenachweis von Kernkraftwerkspersonal[221] und die Richtlinie für den Schutz von Kernkraftwerken und Druckwasserreaktoren gegen Störmaßnahmen oder sonstige Einwirkungen Dritter[222], sind durch den Einigungsvertrag noch nicht übergeleitet worden.[223]

3. Sonderregelungen für das Beitrittsgebiet

Auch hier stand man vor der Schwierigkeit, daß ohne Modifizierung der übergeleiteten atom- bzw. strahlenschutzrechtlichen Vorschriften massive wirtschaftliche Schwierigkeiten in der ehemaligen DDR bzw. im Beitrittsgebiet zu befürchten waren. Daher entschied man sich — wie in Art. 3 i.V.m. Anl. II Nr. III 2 SV vorgesehen — im Umweltrahmengesetz für Übergangsregelungen, die durch den Einigungsvertrag weitgehend unverändert übernommen wurden.

a) Modifizierung des Atomgesetzes

aa) Fortgeltung von Genehmigungen, Erlaubnissen und Zulassungen

Auch im Atomrecht stellt sich die Frage, was mit den von DDR-Behörden vor dem Beitritt erteilten Genehmigungen, Erlaubnissen und Zulassungen geschieht. Der (weitgehend Art. 2 § 3 URG entsprechende) neu eingeführte § 57 a Abs. 1 AtG[224] enthält für den Bereich des Atomgesetzes hierzu eine spezielle — Art. 19 EV insoweit verdrängende — Regelung für bis zum 30. Juni 1990 im Beitrittsgebiet erteilte Genehmigungen, Erlaubnisse und Zulassungen.[225] Nach § 57 a Abs. 1 Nr. 1 AtG werden die (bis zum 30. Juni 1990 im Beitrittsgebiet erteilten) Genehmigungen und Erlaubnisse für Kernkraftwerke mit Ablauf des 30. Juni 1995, für Beförderungen radioaktiver Stoffe mit Ablauf des 30. Juni 1992 sowie alle sonstigen Genehmigungen, Erlaubnisse und Zulassungen mit Ablauf des 30. Juni 2000 unwirksam, sofern nicht in den Genehmigungen, Erlaubnissen und Zulassungen selbst kürzere Befristungen vorgesehen sind.[226]

---

220 Vgl. hierzu allgemein oben S. 37f., 45.

221 Vom 13.11.1987, GMBl. S. 569.

222 Vom 24.11.1987, GMBl. 1988 S. 89.

223 Vgl. hierzu allgemein oben S. 37f.

224 Eingefügt durch Art. 8 i.V.m. Anlage I, Kap. XII, Sachgebiet B: Kerntechnische Sicherheit und Strahlenschutz, Abschnitt II Nr. 1 EV.

225 Zum Fortwirken von Genehmigungen oder sonstigen Vorgängen aus der Zeit vom 1. Juli 1990 bis zum Beitritt vgl. o. S. 62ff.

Mit diesen Befristungen gelten die Genehmigungen, Erlaubnisse und Zulassungen als Genehmigungen nach den entsprechenden Vorschriften des Atomgesetzes und den aufgrund des Atomgesetzes erlassenen Verordnungen fort.[227] Diese Regelung einschließlich der Dauer der Übergangsfristen entspricht inhaltlich Art. 2 § 3 Abs. 1 S. 1 URG, der sich seinerseits an die Vorgaben in Anlage II Nr. III 2 SV anlehnte.

§ 57 a Abs. 1 Nr. 1 S. 2 AtG stellt klar, daß eine Genehmigung zur wesentlichen Veränderung einer Anlage oder ihres Betriebes im Sinne des § 7 Abs. 1 AtG die nach § 57 a Abs. 1 S. 1 AtG fortgeltenden Genehmigungen insoweit unberührt lassen, als diese nicht von der Änderung betroffen sind. Auch diese Regelung war bereits in Art. 2 § 3 Abs. 3 S. 2 URG enthalten. Sie stellt sicher, daß eine nach den Vorschriften des übergeleiteten bundesdeutschen Atomrechts erteilte Änderungsgenehmigung nicht dazu führt, daß die Befristung der über die Änderungen hinausgehenden fortgeltenden Genehmigung entfällt.

Nach § 57 a Abs. 1 Nr. 3 S. 1 AtG gelten bei Umwandlungen von Rechtsträgern[228] aufgrund des Treuhandgesetzes der DDR die erteilten Genehmigungen, Erlaubnisse und Zulassungen mit den Befristungen nach § 57 a Abs. 1 Nr. 1 AtG fort,[229] soweit eine Anordnung der Fortgeltung im Zeitpunkt des Wirksamwerdens des Beitritts noch nicht erfolgt ist. Damit bezieht sich die Regelung wohl auf Art. 2 § 3 Abs. 6 URG, wonach es in den genannten Fällen Sache der zuständigen Behörde war, die Fortgeltung von Genehmigungen etc. im Einzelfall anzuordnen. In den Fällen, in denen die Fortgeltung der Genehmigung bereits aufgrund Art. 2 § 3 Abs. 6 S. 1 URG angeordnet wurde, findet § 57 a Abs. 1 Nr. 3 AtG keine Anwendung. Da andererseits § 57 a Abs. 1 Nr. 3 AtG

---

[226] Das Unwirksamwerden hat zur Folge, daß die durch die Genehmigungen, Erlaubnisse und Zulassungen begründete formelle Rechtmäßigkeit aufgehoben wird.

[227] Diese Regelung weicht von der immissionsschutzrechtlichen Regelungstechnik ab, wonach die aufgrund alten Rechts erteilten Genehmigungen zwar nicht als solche nach dem neuen Recht fortgelten, ein erneutes Genehmigungsverfahren jedoch nicht erforderlich ist (vgl. o. S. 75f.). § 57 a AtG lehnt sich vielmehr an die bereits in § 56 AtG getroffene Übergangsregelung an, nach der die nach Landesrecht erteilten Regelungen als solche nach § 7 AtG fortgalten. § 57 a Abs. 1 AtG weicht durch die Befristung von Art. 19 EV ab, wonach Verwaltungsakte der DDR grundsätzlich unbefristet fortwirken (vgl. o. S. 62ff., sowie Umwelt 1990, 424ff. [427]). Eine Abweichung von Art. 19 EV bedeutet auch die Fortgeltung als Genehmigungen, Erlaubnisse und Zulassungen nach dem Atomgesetz bzw. den aufgrund des Atomgesetzes erlassenen Verordnungen (zu Art. 19 EV vgl. oben S. 62ff.). Zur Einordnung und Fortgeltung der Genehmigungen für die im Beitrittsgebiet im einzelnen vorhandenen Kernkraftwerke vgl. *Roßnagel*, LKV 1991, 90ff.

[228] Zu den Genehmigungsinhabern im Beitrittsgebiet vgl. *Roßnagel*, LKV 1991, 90ff. [91].

[229] Nach § 11 Abs. 2 TreuhandG dürfte die Umwandlung eine Gesamtrechtsnachfolge bewirken (ebenso etwa *Michael/Thull*, BB, Beilage 30 zu Heft 24/1990, 1ff. [6]). Möglicherweise waren sich die Vertragspartner darüber nicht ganz im Klaren und wollten insoweit bestehende Unsicherheiten ausräumen.

eine Spezialregelung für die „Umwandlungsfälle" beinhaltet, könnte insoweit auch ein Rückgriff auf § 57a Abs. 1 Nr. 1 AtG ausgeschlossen sein.

Dennoch gelten die Genehmigungen, Erlaubnisse und Zulassungen, deren Fortgeltung bereits aufgrund des Art. 2 § 3 Abs. 6 S. 1 URG angeordnet wurde, ebenfalls als solche nach dem Atomgesetz und den aufgrund des Atomgesetzes erlassenen Rechtsverordnungen fort. Es ist kein vernünftiger Grund ersichtlich, warum diese Genehmigungen, Erlaubnisse und Zulassungen nicht fortgelten sollten, obwohl gerade ihre Fortgeltung aufgrund des Umweltrahmengesetzes bereits ausdrücklich angeordnet wurde. Ein entsprechender Umkehrschluß aus § 57 a Abs. 1 Nr. 3 S. 1 EV erscheint nicht angebracht. Vielmehr ist davon auszugehen, daß die aufgrund des Art. 2 § 3 Abs. 6 S. 1 URG erfolgte Anordnung der Fortgeltung ihrerseits (nicht unmittelbar die betreffenden Genehmigungen, Zulassungen und Erlaubnisse, deren Fortgeltung angeordnet wurde) wirksam bleibt.[230] Daher wirken auch die Genehmigungen, Erlaubnisse und Zulassungen, deren Fortgeltung aufgrund des Umweltrahmengesetzes angeordnet wurde, als solche nach dem Atomgesetz und den aufgrund des Atomgesetzes erlassenen Rechtsverordnungen mit den nach Art. 2 § 3 Abs. 6 S. 2 i. V. m. Abs. 1 URG vorgesehenen Befristungen — die denen nach § 57 a Abs. 1 Nr. 3 S. 1 i. V. m. Abs. 1 S. 1 AtG entsprechen — fort. Daher konnte darauf verzichtet werden, deren Fortgeltung in § 57 a Abs. 1 Nr. 3 AtG nochmals zu regeln.[231]

bb) Inhaltliche Beschränkungen, Auflagen, Rücknahme und Widerruf

Die befristete Fortgeltung von Genehmigungen, Erlaubnissen und Zulassungen soll nicht dazu führen, daß bestehende Sicherheitsmängel — insbesondere an den im Beitrittsgebiet bestehenden Kernkraftwerken — für diese Zeit einfach

---

[230] Zur Fortgeltung von aufgrund des Umweltrahmengesetzes ergangenen DDR-Verwaltungsakten vgl. allgemein oben S. 64.

[231] Auch hier zeigt sich, daß der Einigungsvertrag nicht berücksichtigt, daß zwischen dem durch das Umweltrahmengesetz geschaffenen DDR-Recht und dem durch den Einigungsvertrag im Beitrittsgebiet in Kraft gesetzten Bundesrecht auch insoweit keine Identität besteht, als dieses Recht inhaltlich übereinstimmt, vgl. o. S. 54 Fn. 73. Streng genommen gelten die aufgrund des Art. 2 § 3 Abs. 6 S. 1 URG erfolgten Anordnungen der Fortgeltung von Genehmigungen, Erlaubnissen und Zulassungen nämlich nicht unverändert fort, sondern ändern auch ihren Inhalt. Ursprünglich (bis zum Beitritt) ordneten sie an, daß die alten DDR-Genehmigungen, Zulassungen und Erlaubnisse als solche nach dem (durch das Umweltrahmengesetz in der DDR in Kraft gesetzten) Atomgesetz und den aufgrund des Atomgesetzes erlassenen Verordnungen fortgalten, also als solche nach DDR-Recht. Da die aufgrund des Umweltrahmengesetzes erlassenen Verwaltungsakte grundsätzlich als solche nach dem mit dem Beitritt im Beitrittsgebiet in Kraft gesetzten Bundesrecht fortgelten, vgl. o. S. 64, müssen auch die aufgrund des Art. 2 § 3 Abs. 6 S. 1 URG erfolgten Anordnungen sich inhaltlich insoweit verändern, als sie nunmehr anordnen, daß die betreffenden Genehmigungen, Erlaubnisse und Zulassungen als solche nach dem im Beitrittsgebiet als Bundesrecht geltenden Atomgesetz und den auf seiner Grundlage erlassenen Verordnungen, also als solche nach Bundesrecht fortgelten.

hingenommen werden müßten.[232] Nach Art. 2 § 3 Abs. 2 S. 1 URG hatte daher die zuständige atomrechtliche Aufsichtsbehörde insbesondere anzuordnen, daß ein Zustand beseitigt wurde, aus dem sich durch die Wirkung ionisierender Strahlen Gefahren für Leben, Gesundheit oder Sachgüter ergeben konnten. Mit dieser Formulierung sollte, wie in der Gesetzesbegründung ausdrücklich betont wurde, klargestellt werden, daß die „Überwachungsvorschriften" des Atomgesetzes auch auf diese Anlagen Anwendung fanden.

Obwohl diese Vorschrift des Umweltrahmengesetzes durch den Einigungsvertrag nicht übernommen wurde, ändert sich in der Sache kaum etwas an der Rechtslage. Wegen der Fortgeltung der Genehmigungen, Erlaubnisse und Zulassungen als solche nach dem Atomgesetz bzw. den aufgrund des Atomgesetzes erlassenen Verordnungen steht den Behörden das übliche rechtliche Instrumentarium insbesondere nach § 17 Abs. 1 S. 3, Abs. 2 bis 5 AtG zur Verfügung.[233] Daß Art. 2 § 3 Abs. 2 URG eine weitergehende Ermessensbindung der zuständigen Behörden vorsah als § 17 AtG, dürfte ebenfalls keinen gravierenden Unterschied bedeuten, da bereits nach allgemeinen polizeirechtlichen Grundsätzen sich das Ermessen der Behörden um so mehr reduziert, je größer eine bestehende Gefahr ist.[234]

Während nach Art. 2 § 3 Abs. 6 S. 1 URG die zuständige Behörde im Falle der Umwandlung der Inhaber von Genehmigungen, Erlaubnissen und Zulassungen in Rechtspersonen des Privatrechts die Fortgeltung der Genehmigungen, Erlaubnisse und Zulassungen nur anordnen durfte, wenn der neue Inhaber durch organisatorische Maßnahmen und durch die Bereitstellung von sachlichen und persönlichen Mitteln die Fortführung der Errichtung oder des Betriebs der Anlage oder der Tätigkeit gewährleistete, ist eine solche Einzelfallentscheidung — wie oben gesehen — in § 57 a Abs. 1 Nr. 3 S. 1 AtG nicht mehr vorgesehen.[235] Allerdings hat die zuständige Behörde in diesen Fällen zu prüfen, ob der neue Inhaber durch organisatorische Maßnahmen und durch die Bereitstellung von sachlichen und persönlichen Mitteln die Fortführung der Errichtung und des Betriebes der Anlage oder der Tätigkeit gewährleistet. Diese Prüfung soll die zuständigen Behörden in die Lage versetzen, über die Notwendigkeit von Maßnahmen zu entscheiden.

---

232 Im Beitrittsgebiet bestehende Kernkraftwerke wurden z. T. auch nach dem Beitritt noch (für eine gewisse Zeit) weiterbetrieben (vgl. FAZ Nr. 294 v. 18.12.1990, S. 4). Darüber hinaus wurden (und werden wohl immer noch) kerntechnische Anlagen (etwa Zwischenlager für abgebrannte Brennelemente) weiterbetrieben (vgl. FAZ. aaO.). Einen Überblick über die Kernkraftwerke im Beitrittsgebiet gibt *Roßnagel*, LKV 1991, 90ff. [90f.].

233 Vgl. *Roßnagel*, LKV 1991, 90ff. [93f.].

234 Vgl. z.B. *Drews / Wacke / Vogel / Martens*, § 24,8.

235 Zu den Motiven für diese nicht unbedenkliche Regelung vgl. (ebenfalls kritisch) *Roßnagel*, LKV 1991, 90ff. [91f.].

Nach § 18 AtG muß im Falle der Rücknahme oder des Widerrufs einer nach dem Atomgesetz oder einer auf Grund des Atomgesetzes erteilten Genehmigung oder allgemeinen Zulassung (Abs. 1) oder im Falle einer nachträglichen Auflage (Abs. 3) dem Berechtigten eine angemessene Entschädigung in Geld geleistet werden. Der Gesetzgeber des Umweltrahmengesetzes und die Parteien des Einigungsvertrages hielten eine solche Entschädigung in den Fällen für nicht angemessen, in denen der Genehmigungsinhaber ein Rechtsträger ist, auf den das Treuhandgesetz Anwendung findet bzw. wenn ein neuer Genehmigungsinhaber durch Umwandlung aufgrund des Treuhandgesetzes entstanden ist.[236] In diesen Fällen schließt § 57 a Abs. 1 Nr. 2 und Nr. 3 S. 2 AtG — ebenso wie bereits Art. 2 § 3 Abs. 2 S. 2, Abs. 6 S. 4 URG[237] — ausdrücklich die Anwendung des § 18 AtG aus.

cc) Vorbescheid / Teilgenehmigung

§ 57 a AtG enthält — ebenso wie Art. 2 § 3 URG — keine besonderen Regelungen über Teilentscheidungen im Rahmen eines gestuften Genehmigungsverfahrens. Insbesondere bei der atomrechtlichen Genehmigung ist das gestufte Genehmigungsverfahren jedoch faktisch der Regelfall,[238] und auch die Verordnung über die Gewährleistung von Atomsicherheit und Strahlenschutz der ehemaligen DDR[239] sah in § 4 Abs. 4 ein gestuftes System von Zustimmungen vor. Soweit diese Zustimmungen einen eigenständigen Regelungscharakter hatten und nicht lediglich die in § 4 Abs. 4 der Verordnung über die Gewährleistung von Atomsicherheit und Strahlenschutz ebenfalls vorgesehene Genehmigung vorbereiteten, gelten auch sie grundsätzlich nach § 57 a Abs. 1 AtG befristet fort. Soweit die in ihnen enthaltenen Vorgaben in eine Genehmigung nach dem neuen Recht einfließen bzw. eingeflossen sind, darf dies jedoch nicht dazu führen, daß die Befristung faktisch umgangen wird. Darüber hinaus kann auch gegen Teilentscheidungen im gestuften Verfahren mittels nachträglicher Anordnung vorgegangen werden.[240]

dd) Beförderung radioaktiver Stoffe

Nach § 57 a Abs. 2 AtG, der Art. 2 § 3 Abs. 1 S. 2 URG entspricht, unterliegen Beförderungen radioaktiver Stoffe, die bisher im Beitrittsgebiet keiner Genehmigung bedurften, erst ab 1. Juli 1992 den Genehmigungsvorschriften des

---

[236] Diese Regelung erfaßt die im Beitrittsgebiet vorhandenen Genehmigungsinhaber, vgl. *Roßnagel*, LKV 1991, 90 ff. [94].

[237] Die Formulierungsunterschiede zwischen dem Umweltrahmengesetz und dem Atomgesetz dürften insoweit keine wesentlichen sachlichen Unterschiede bewirken.

[238] Vgl. *Kloepfer*, Umweltrecht, § 8 Rn. 47 ff.

[239] Vom 21. November 1984, GBl. I Nr. 30 S. 341.

[240] Vgl. *Kloepfer*, Umweltrecht, § 8 Rn. 53.

Atomgesetzes und der auf Grund dieses Gesetzes ergangenen Rechtsverordnungen.

b) Modifizierungen der Strahlenschutzverordnung

Nach dem neu eingefügten § 89 a StrlSchV[241] finden die Regelungen des § 1 Abs. 1 Nr. 1, des § 3 Abs. 3 und des § 29 Abs. 1 S. 1, Abs. 2 S. 1 und Abs. 6 StrlSchV für die Aufsuchung, Gewinnung und Aufbereitung radioaktiver Bodenschätze im Beitrittsgebiet keine Anwendung. Ob diese Modifizierung überhaupt erforderlich ist, erscheint fraglich. Denn nach Art. 9 Abs. 2 i. V. m. Anlage II, Kap. XII, Abschnitt III Nrn. 2 und 3 EV gelten insoweit (unabhängig von der Übereinstimmung mit übergeleitetem Bundesrecht)[242] Regelungen des DDR-Rechts fort, und zwar die Verordnung über die Gewährleistung von Atomsicherheit und Strahlenschutz vom 11. Oktober 1984[243] nebst Durchführungsbestimmung[244] sowie die Anordnung zur Gewährleistung des Strahlenschutzes bei Halden und industriellen Absetzanlagen und bei der Verwendung darin abgelagerter Materialien vom 17. November 1980.[245] Diese Vorschriften gelten fort für bergbauliche und andere Tätigkeiten, soweit dabei radioaktive Stoffe, insbesondere Radonfolgeprodukte, anwesend sind.[246] Dabei treten die nach bundesdeutschem Recht zuständigen Stellen an die Stelle des in den fortgeltenden Regelungen genannten Staatlichen Amtes für Atomsicherheit und Strahlenschutz bzw. des Präsidenten dieses Amtes.

c) Modifizierung des Strahlenschutzvorsorgegesetzes

Nach dem mit dem Einigungsvertrag geschaffenen § 11 Abs. 9 StrVG[247] ist die Ermittlung der Umweltradioaktivität, die aus bergbaulicher Tätigkeit in Gegenwart natürlicher radioaktiver Stoffe stammt, im Beitrittsgebiet Aufgabe des Bundes im Sinne von § 2 StrVG. Zuständig hierfür ist das Bundesamt für Strahlenschutz.

---

241 Vgl. Anlage I, Kap. XII, Sachgebiet B: Kerntechnische Sicherheit und Strahlenschutz, Abschnitt II Nr. 2 EV.

242 Vgl. oben S. 42ff.

243 GBl. I. Nr. 30 S. 341.

244 Durchführungsbestimmung zur Verordnung über die Gewährleistung von Atomsicherheit und Strahlenschutz vom 11. Oktober 1984, GBl. I Nr.30 S. 348; ber. GBl. I 1987 Nr. 18 S. 196.

245 GBl. I Nr. 34 S. 347.

246 Ebenso bereits Art. 2 § 2 Abs. 2 S. 2 URG. Die (DDR-) Verordnung über die Gewährleistung von Atomsicherheit und Strahlenschutz erfaßt — anders als die (Bundes-) Strahlenschutzverordnung auch den allgemeinen Bergbau, vgl. *Oertzen*, DtZ 1990, 247ff. [247].

247 Vgl. Art. 8 i. V. m. Anlage I, Kap. XII, Sachgebiet: Kerntechnische Sicherheit und Strahlenschutz, Abschnitt II Nr. 3 EV.

III. Wasserwirtschaft

1. Zweck

Art. 3 § 1 URG enthielt eine eigenständige, mit dem Grundsatz des § 2 Abs. 1 WHG übereinstimmende Zweckbestimmung.[248] Wegen der Überleitung des Wasserhaushaltsgesetzes durch das Umweltrahmengesetz[249] war diese eigenständige „Zweckbestimmung" von Anfang an überflüssig und ist durch den Einigungsvertrag nicht übernommen worden.

2. Überleitung des Wasserwirtschaftsrechts des Bundes

a) Übernahme von Vorschriften durch das Umweltrahmengesetz (Art. 3 § 2 URG)

Am 1. Juli 1990 traten (rückwirkend) in der DDR in Kraft: das Wasserhaushaltsgesetz (WHG), die Abwasserherkunftsverordnung (AbwHerkV) sowie die Allgemeinen Verwaltungsvorschriften nach § 7 a WHG (Art. 3 § 2 Abs. 1 Nr. 1 i.V.m. Anlage 1 zum URG Zu Art. 3 URG). Das Abwasserabgabengesetz (AbwAG) sollte für bestimmte Einleiter bereits am 1. Januar 1991, darüber hinaus am 1. Januar 1993 in Kraft treten (Art. 3 § 2 Abs. 1 Nr. 2 S. 1 i. V. m. Anlage 2 zum URG, Zu Art. 3 Nr. 1).[250] Am 1. Januar 1991 sollten in Kraft treten: das Wasch- und Reinigungsmittelgesetz (WRMG), die Tensidverordnung (TensV) sowie die Phosphathöchstmengenverordnung (PHöchstMengV) (Art. 3 § 2 Abs. 1 Nr. 2 i. V. m. Anlage 2 zum URG, Zu Art. 3 Nr. 2). Das Wassergesetz der DDR sollte weiterhin in Kraft bleiben, soweit es den übernommenen Vorschriften nicht widersprach.

b) Inkraftsetzung des Wasserwirtschaftsrechts des Bundes durch den Einigungsvertrag

Nach Art. 8 EV wird grundsätzlich auch das gesamte Wasserwirtschafts- (und Wasserreinhaltungs-)[251] Recht des Bundes im Beitrittsgebiet mit dem Beitritt in Kraft gesetzt. Damit gilt, da insoweit keine anderweitigen Regelungen im Einigungsvertrag vorhanden sind, das Wasserhaushaltsgesetz, das bereits durch

---

[248] Dabei handelt es sich weniger um eine Festlegung des Gesetzeszwecks als um eine wasserwirtschaftliche Grundsatznorm.

[249] Gem. Art. 3 § 2 Abs. 1 Nr. 1 i.V.m. Anlage 1 zum URG, Zu Art. 3, Nr. 1.

[250] Der Minister für Umwelt, Naturschutz, Energie und Reaktorsicherheit (der DDR) war ermächtigt, zu den Verfahren der Bewertung der Schadstoffe und Schadstoffgruppen sowie der Schwellenwerte Übergangsregelungen zu treffen (Art. 3 § 2 Abs. 1 Ziff. 2 S. 2 URG).

[251] Die in Anlage I für Sachgebiet C verwendete Überschrift „Wasserwirtschaft" erscheint etwas zu eng.

Art. 3 § 2 Abs. 1 Nr. 1 i. V. m. Anlage I zum URG, Zu Art. 3 Nr. 1 zum 1. Juli 1990 in der ehemaligen DDR in Kraft gesetzt worden war, ohne Einschränkungen im Beitrittsgebiet.[252]

Nach Art. 9 Abs. 2 i. V. m. Anlage II, Kap. XII, Abschnitt III Nr. 1 d EV gilt Art. 3 § 2 Abs. 1 Nr. 1 i. V. m. Anlage 1 zum URG, Zu Art. 3 Nr. 3 im Beitrittsgebiet fort. Mit dieser Regelung hatte die ehemalige DDR bereits zum 1. Juli 1990 die Allgemeinen Verwaltungsvorschriften nach § 7 a WHG übernommen.[253]

3. Sonderregelungen für das Beitrittsgebiet

a) Modifizierte Inkraftsetzung des Abwasserabgabengesetzes

Nach Art. 8 i. V. m. Anlage I, Kap. XII, Sachgebiet C: Wasserwirtschaft, Abschnitt III Nr. 1 EV wird das Abwasserabgabengesetz mit der dort näher geregelten Maßgabe in Kraft gesetzt. Diese Maßgabe entspricht im wesentlichen der Regelung in Art. 3 § 2 Abs. 1 Nr. 2 URG.[254] Damit ist das Abwasserabgabengesetz im Beitrittsgebiet am 1. Januar 1991 in Kraft getreten bzw. tritt am 1. Januar 1993 im Beitrittsgebiet in Kraft.[255] Diese Übergangsregelung ist wegen der erforderlichen umfangreichen Vorbereitungen im Beitrittsgebiet geschaffen worden.[256]

Nicht unproblematisch erscheint, daß der Einigungsvertrag im Anschluß an das Umweltrahmengesetz den Zeitpunkt des Inkrafttretens des Abwasserabgabengesetzes davon abhängig macht, ob die betreffenden Einleiter, die nach der Anordnung vom 2. Februar 1984 über Abwassereinleitungsentgelt,[257] geändert

---

[252] Dasselbe gilt für die bereits durch Art. 3 § 2 Abs. 1 Nr. 1 i. V. m. Anlage I zum URG, Zu Art. 3 Nr. 2 übernommene Abwasserherkunftsverordnung.

[253] Zur Fortgeltung der Allgemeinen Verwaltungsvorschriften vgl. allgemein oben S. 37f. Die bei oberflächlicher Betrachtung lückenhafte Aufzählung der Allgemeinen Verwaltungsvorschriften nach § 7 a WHG in Anlage 1 zum URG, Zu Art. 3 Nr. 3 hat ihren Grund darin, daß diese im Zuge ihrer Überarbeitung als Anhänge in die Allgemeine Rahmen-Verwaltungsvorschrift über Mindestanforderungen an das Einleiten von Abwasser in Gewässer vom 8.9.1989, GMBl. S. 518, geändert durch Allgemeine Verwaltungsvorschrift vom 19.12.1989, GMBl. S. 798, übernommen werden bzw. (z.T.) bereits übernommen worden sind. Insoweit kann von einer bloßen „Rahmen"-Verwaltungsvorschrift allerdings kaum mehr gesprochen werden.

[254] Neben unbedeutenden terminologischen Änderungen werden die Zuständigkeit für Übergangsregelungen zu den Verfahren der Bewertung der Schadstoffe, der Schadstoffgruppen und der Schwellenwerte den Ländern übertragen und diese Übergangsregelungen bis zum 31. Dezember 1992 befristet.

[255] Das Abwasserabgabengesetz ist mittlerweile geändert worden, ohne daß klargestellt wurde, ob diese Änderungen auch für das Beitrittsgebiet gelten sollen. Es ist aber davon auszugehen, daß das Abwasserabgabengesetz im Beitrittsgebiet in der geänderten Fassung in Kraft getreten ist bzw. am 1. Januar 1993 in Kraft treten wird (vgl. o. S. 41 f.).

[256] Vgl. Umwelt 1990, 424ff. [427].

durch Anordnung Nr. 2 vom 1. Juni 1987,[258] im Beitrittsgebiet am 30. Juni 1990 entgeltpflichtig waren.[259] Nähme man diese Regelung wörtlich, so könnte sie zu einer Privilegierung von Neueinleitern im Beitrittsgebiet nach dem Stichtag des 30. Juni 1990 führen. Denn diese Einleiter waren ja am 30. Juni 1990 nicht entgeltpflichtig, so daß sie erst ab dem 1. Januar 1993 dem Abwasserabgabengesetz unterworfen wären. Zudem trat die vorläufig fortgeltende Anordnung vom 2. Februar 1984 über Abwassereinleitungsentgelt der ehemaligen DDR[260] nach Anlage II, Kap. XII, Abschnitt III Nr. 4 am 31. Dezember 1990 außer Kraft.[261]

Es gibt aber keine Anhaltspunkte dafür, daß der Gesetzgeber Neueinleiter nach dem 30. Juni 1990 absichtlich nicht dem Abwasserabgabengesetz unterwerfen und damit im Ergebnis privilegieren wollte. Eine Privilegierung von Neueinleitern würde einen Rückschritt gegenüber der vor dem 30. Juni 1990 in der DDR bestehenden Rechtslage bedeuten und war daher sicherlich weder von dem Umweltrahmengesetzgeber noch den Parteien des Einigungsvertrages beabsichtigt. Beabsichtigt war lediglich eine Übergangsregelung mit dem Ziel, den zuständigen Stellen im Beitrittsgebiet die erforderlichen Vorbereitungen zu ermöglichen, nicht jedoch die neu hinzukommenden Einleiter besser zu stellen als diejenigen, die bereits am 30. Juni 1990 entgeltpflichtig waren. Daher erscheint es sachgerecht, bei der Auslegung der Übergangsregelung in Art. 8 i. V. m. Anlage I, Kap. XII, Sachgebiet C: Wasserwirtschaft, Abschnitt III Nr. 1 EV nicht darauf abzustellen, ob der betreffende Einleiter im konkreten Einzelfall am 30. Juni 1990 entgeltpflichtig war, sondern darauf, ob er nach der zu diesem Zeitpunkt im Beitrittsgebiet geltenden Rechtslage entgeltpflichtig gewesen wäre.

b) Modifizierte Inkraftsetzung des Wasch- und Reinigungsmittelgesetzes, der Tensidverordnung und der Phosphathöchstmengenverordnung

Nach Art. 8 i. V. m. Anlage I, Kap. XII, Sachgebiet C: Wasserwirtschaft, Abschnitt III Nrn. 2, 3 und 4 EV treten das Wasch- und Reinigungsmittelgesetz, die Tensidverordnung und die Phosphathöchstmengenverordnung im Beitrittsgebiet zum 1. Januar 1992 in Kraft. Diese Regelung trägt den Anpassungsproblemen der Industrie[262] im Beitrittsgebiet noch stärker Rechnung als die

---

[257] GBl. I Nr. 5 S. 70.

[258] GBl. I Nr. 14 S. 164.

[259] Zum Abwassergeld bzw. Abwassereinleitungsentgelt in der ehemaligen DDR vgl. *Lübbe-Wolff*, DVBl. 1990, 855ff. [860f.].

[260] GBl. I Nr. 5 S. 70, geändert durch Anordnung Nr. 2 vom 1. Juni 1987, GBl. I Nr. 14 S. 164.

[261] Das steht auch einer Weitergeltung dieser Anordnung nach Art. 9 Abs. 1 EV über den 31. Dezember 1990 hinaus entgegen.

[262] Vgl. Umwelt 1990, 424ff. [427].

Regelung in Art. 3 § 2 Abs. 1 Nr. 3 i. V.m. Anlage 2 zum URG, Zu Art. 3 Nr. 2, die ein Inkrafttreten dieser Vorschriften zum 1. Januar 1991 vorsah.

c) *Fortgeltendes Wasserrecht der DDR*

aa) Grundsatz

Angesichts des Umstands, daß das Wasserhaushaltsgesetz als Rahmengesetz (im technischen Sinne) auf Ausfüllung durch die Bundesländer angewiesen ist, hätte in Erwägung gezogen werden können, für eine Übergangszeit entsprechende DDR-weite Regelungen zu erlassen. Darauf hatte das Umweltrahmengesetz verzichtet, da das Wassergesetz der ehemaligen DDR als eine für eine Übergangszeit hinreichende gesetzliche Regelung erschien.[263] Nach Art. 3 § 2 Abs. 2 URG sollten daher das (DDR-) Wassergesetz[264] und die hierzu erlassenen Folgebestimmungen fortgelten, sofern sie den übernommenen bundesdeutschen Vorschriften nicht widersprachen. Das gilt aufgrund des Art. 9 Abs. 1 EV auch weiterhin, so daß das bisherige DDR-Wasserrecht in der Fassung des Umweltrahmengesetzes den Rahmen des Wasserhaushaltsgesetzes als fortgeltendes Landesrecht ausfüllt, bis es im Beitrittsgebiet durch Landeswassergesetze abgelöst wird. Freilich ist nach Art. 9 Abs. 1 EV Voraussetzung für die Fortgeltung, daß dieses Recht den in Kraft gesetzten bundesdeutschen Rechtsvorschriften nicht widerspricht.

Welche Teile des Wasserrechts der ehemaligen DDR danach fortgelten, ist für die einzelnen Vorschriften jeweils gesondert zu prüfen. Eine solche ins einzelne gehende Prüfung würde den Rahmen der vorliegenden Untersuchung allerdings sprengen. Ausgeschlossen aber erscheint von vorneherein etwa die Fortgeltung solcher Regelungen, die auf dem System der Planwirtschaft basieren.[265] Im Wasserrecht der ehemaligen DDR finden sich jedoch auch eine Reihe von Parallelen zum bundesdeutschen Wasserrecht,[266] etwa im Bereich der wasserwirtschaftlichen Fachplanung,[267] wobei jedoch im einzelnen näher untersucht werden muß, inwieweit diese Regelungen in das System des übergeleiteten Bundesrechts passen.

---

[263] Insoweit krit. *Schrader*, IUR 1990, 22ff. [23]. Nach § 24 des Verfassungsgesetzes zur Bildung von Ländern in der DDR — Ländereinführungsgesetz — vom 22. Juli 1990, GBl. Nr. 51 S. 955, gilt „das Recht der Republik als Landesrecht weiter, soweit die Länder nicht selbst von ihrer (Gesetzgebungs-) Befugnis Gebrauch machen".

[264] Vom 2. Juli 1982, GBl. I Nr. 26 S. 467. Zum Wasser- bzw. Wasserwirtschaftsrecht der ehemaligen DDR vgl. *Lübbe-Wolff*, DVBl. 1990, 855ff.

[265] Ebenso *Jänkel*, IUR 1991, 57ff. [62].

[266] *Jänkel*, IUR 1991, 57ff. [62].

[267] Vgl. §§ 36, 36 b WHG.

bb) Insbesondere: Wasserwirtschaftliche Abgabenregelungen

Ausdrücklich geregelt ist im Einigungsvertrag,[268] daß die Anordnung vom 2. Februar 1984 über Abwassereinleitungsentgelt[269] bis zum 31. Dezember 1990 weitergegolten hat und an diesem Termin außer Kraft getreten ist. Diese ausdrückliche Regelung des Außerkrafttretens läßt auch eine — grundsätzlich neben Art. 9 Abs. 2 EV mögliche — Fortgeltung der Anordnung über Abwassereinleitungsentgelt nach Art. 9 Abs. 1 EV über den 31. Dezember 1990 hinaus nicht zu.[270]

Nicht ganz so eindeutig ist das Schicksal der beiden anderen abgabenrechtlichen Instrumente des Wasserwirtschaftsrechts der ehemaligen DDR, des Abwassergeldes und des Wassernutzungsentgelts.[271] Da der Einigungsvertrag insoweit keine ausdrückliche Regelung enthält, kommt es für ein Fortgelten der betreffenden Vorschriften nach Art. 9 Abs. 1 EV darauf an, ob sie mit dem Grundgesetz sowie dem übergeleiteten Bundesrecht vereinbar sind. Um diese Frage beurteilen zu können, sind die diesen Abgaben zugrundeliegenden Regelungen näher zu betrachten.[272]

Abwassergeld ist nach § 1 der Zweiten DV zum Wassergesetz zu zahlen bei Verstößen gegen § 17 Abs. 1 WG (Genehmigungspflicht von Gewässernutzungen), bei der Überschreitung von Grenzwerten gem. § 27 Abs. 3 WG sowie bei Verstößen gegen § 24 WG (Schutzanforderungen an den Umgang mit festen Stoffen, Flüssigkeiten und Gasen). Das Abwassergeld stellt also eine finanzielle Sanktion i.S.v. § 43 WG dar.[273] Die Beantwortung der Frage, ob das im Beitrittsgebiet in Kraft gesetzte Wasserrecht des Bundes der Regelung des Abwassergeldes der ehemaligen DDR entgegensteht, wird dadurch erschwert, daß dem Bund für den Wasserhaushalt nur die Rahmengesetzgebung (Art. 75 Nr. 4 GG) zusteht, was ihn freilich nicht hindern kann, punktuelle Vollregelungen zu erlassen. Solche Vollregelungen hat der Bundesgesetzgeber in § 41 WHG getroffen, wonach Verstöße gegen bestimmte Vorschriften des Wasserhaushaltsgesetzes als Ordnungswidrigkeiten sanktioniert werden.

Daraus folgt für das Abwassergeld: Der Regelung, daß Abwassergeld bei Verstößen gegen die Genehmigungspflicht nach § 17 Abs. 1 WG erhoben

[268] Art. 9 Abs. 2 i.V.m. Anlage II, Kap. XII, Abschnitt III Nr. 4 EV.

[269] GBl. I Nr. 5 S. 79, geändert durch Anordnung Nr. 2 vom 1. Juni 1987, GBl. I Nr. 14 S. 164.

[270] Auch insoweit ist Anlage II zum Einigungsvertrag nicht auf die Ausfüllung des Art. 9 Abs. 2 EV begrenzt.

[271] Vgl. Zweite Durchführungsverordnung vom 2.7.1982 zum Wassergesetz — Abwassergeld und Wassernutzungsentgelt —, GBl. I Nr. 26 S. 485.

[272] Die Vereinbarkeit der Regelungen über Abwassergeld und Wassernutzungsentgelt wird pauschal bejaht von *Jänkel*, IUR 1991, 57ff. [62]. Zum folgenden vgl. etwa *Lübbe-Wolff*, DVBl. 1990, 855ff. [860ff.].

[273] Ebenso *Jänkel*, IUR 1991, 57ff. [62].

werden kann, dürfte § 41 Abs. 1 Nr. 1 WHG entgegenstehen, wonach ordnungswidrig handelt, wer vorsätzlich oder fahrlässig entgegen § 2 WHG eine Benutzung ohne behördliche Erlaubnis oder Bewilligung ausübt. Da die genehmigungspflichtigen Tatbestände des § 17 WG wohl nicht über die nach §§ 2f. WHG hinausgehen, bleibt für das Abwassergeld insoweit kein Raum.[274] Dasselbe dürfte für die Regelung gelten, daß Abwassergeld beim Überschreiten von Grenzwerten nach § 27 Abs. 3 WG erhoben wird. Auch insoweit dürfte jedenfalls § 41 Abs. 1 Nr. 1 WHG eine Sperrwirkung entfalten, da diese Regelung auch die Überschreitung der Befugnis zur Gewässerbenutzung erfaßt.[275]

Fraglich erscheint, ob eine umfassende Sperrwirkung des Bundesrechts auch insoweit gilt, als Abwassergeld für Verstöße gegen die Schutzanforderungen nach § 24 WG erhoben wird. Insoweit dürfte die Regelung des § 41 Abs. 1 Nr. 9 i. V. m. §§ 26, 32 b, 34 Abs. 2 WHG für das Abwassergeld ebenfalls kaum mehr Raum lassen. Dabei ist allerdings zu beachten, daß die Schutzanforderungen beider Regelungen nicht ganz identisch sind. So erfaßt § 24 WG — anders als die §§ 26, 32 b, 34 Abs. 2 WHG — z. B. auch die Beseitigung von festen Stoffen, Flüssigkeiten oder Gasen, so daß insoweit auch für das Abwassergeld nach dem Recht der ehemaligen DDR ein gewisser Raum bleiben dürfte.[276] Dieser im Bereich der Schutzanforderungen wohl noch vorhandene Raum für das Abwassergeld dürfte auch dann noch bestehen, wenn das Abwasserabgabengesetz, das an völlig andere Tatbestände anknüpft, im Beitrittsgebiet (am 1.1.1991 bzw. 1.1.1993) in Kraft tritt bzw. bereits in Kraft getreten ist.

Weiterhin dürften — als Landesrecht — die Regelungen der §§ 4ff. der 2. DVO zum Wassergesetz über das Wassernutzungsentgelt nebst den dort in Bezug genommenen Rechtsvorschriften fortgelten. Denn insoweit ist eine Sperrwirkung weder des Wasserhaushaltsgesetzes noch des Abwasserabgabengesetzes erkennbar.

d) Fortgeltung von Genehmigungen

Auch im Wasserrecht stellt sich die Frage, ob die von der DDR erteilten Genehmigungen, Erlaubnisse und Bewilligungen nach der Überleitung des Wasserwirtschaftsrechts des Bundes als solche nach diesem neuen Recht

---

[274] Zwar gibt es auch in manchen Landeswassergesetzen Vorschriften, die den Verstoß gegen Erlaubnis- bzw. Bewilligungserfordernisse zu Ordnungswidrigkeiten erklären (etwa § 116 Abs. 1 Nr. 2 WHG). Diese Regelungen beziehen sich allerdings — anders als § 1 der Zweiten Durchführungsverordnung zum Wassergesetz der ehemaligen DDR — auf einen gegenüber § 3 WHG erweiterten Kreis von Benutzungstatbeständen (vgl. z. B. § 15 Abs. 1 Hess. WG).

[275] *Gieseke / Wiedemann / Czychowski*, Wasserhaushaltsgesetz, 5. Aufl. 1984, § 41 Rn. 5.

[276] Dabei ist aber auch zu berücksichtigen, daß möglicherweise bundesrechtliche Regelungen auch außerhalb des Wasserrechts den Regelungen über das Wassergeld entgegenstehen können (vgl. z. B. § 18 Nr. 1 AbfG).

fortgelten. Anders als beim Immissionsschutzrecht und dem Recht der kerntechnischen Sicherheit und des Strahlenschutzes enthalten die wasserwirtschaftlichen Vorschriften des Umweltrahmengesetzes und des Einigungsvertrages keinerlei spezifische Regelungen zu dieser Frage. Wie bereits oben festgestellt,[277] kann aber auch im Wasserwirtschaftsrecht davon ausgegangen werden, daß Erlaubnisse und Bewilligungen, die von Behörden der DDR aufgrund des durch das Umweltrahmengesetz übergeleiteten Wasserhaushaltsgesetzes vor dem Beitritt erteilt wurden — sofern dies überhaupt einmal geschehen ist — auch nach dem Beitritt als solche nach dem Wasserhaushaltsgesetz fortgelten.

Daß dies nicht aufgrund der Regelung des Art. 19 EV in gleicher Weise für die aufgrund des Wassergesetzes der ehemaligen DDR vor dem 1. Juli 1990 erteilten Genehmigungen[278] gilt, wurde bereits an anderer Stelle ausgeführt.[279] Nähme man an, die Genehmigungen aufgrund des Wassergesetzes der damaligen DDR würden als solche nach dem Wasserhaushaltsgesetz fortgelten, müßte man im übrigen entscheiden, ob sie als Erlaubnis oder als Bewilligung zu qualifizieren wären.[280] Hierzu enthalten das Umweltrahmengesetz bzw. der Einigungsvertrag jedoch keinerlei Anhaltspunkte.

Auch wenn die wasserrechtlichen DDR-Genehmigungen nicht als solche nach dem Wasserhaushaltsgesetz fortgelten, wirken sie nach Art. 19 EV aber insoweit fort, als sie eine formelle Rechtswidrigkeit (die ein faktisches Verbot bedeuten würde) der durch die frühere DDR genehmigten Gewässerbenutzungen verhindern. Dies entspricht im übrigen auch der Regelung, die das Wasserhaushaltsgesetz selbst bei seiner erstmaligen Einführung für bestehende Genehmigungen in § 15 Abs. 1 WHG traf. Daher bietet sich auch hinsichtlich der fortwirkenden wasserrechtlichen DDR-Genehmigungen eine analoge Anwendung des § 15 Abs. 4 WHG an.

IV. Abfallwirtschaft

1. Zweck (Art. 4 § 1 URG)

Nach Art. 4 § 1 URG waren Abfälle, soweit sie nicht vermieden oder nicht verwertet werden konnten, so zu entsorgen, daß das Wohl der Allgemeinheit nicht beeinträchtigt wurde. Die Vorschrift enthielt somit ebenfalls weniger eine Zweckbestimmung des Art. 4 URG als vielmehr eine Grundsatzregelung. Diese „Zweckbestimmung" entsprach zudem nicht völlig dem im Abfallgesetz festgelegten Verhältnis von Abfallvermeidung, Abfallverwertung und Abfallentsor-

---

[277] Vgl. o. S. 62ff.

[278] Vgl. hierzu §§ 17f. WG sowie die entsprechenden Durchführungsregelungen.

[279] Vgl. o. S. 63f.

[280] Zu diesen unterschiedlichen Genehmigungstypen vgl. *Kloepfer*, Umweltrecht, § 11 Rn. 73ff.

gung.[281] Daher ist — im Interesse der Rechtsangleichung zu Recht — auch diese Zweckbestimmung des Umweltrahmengesetzes nicht durch den Einigungsvertrag übernommen worden.

2. Überleitung des Abfallrechts des Bundes

a) Übernahme von Vorschriften durch das Umweltrahmengesetz (Art. 4 § 2 URG)

Am 1. Juli 1990 traten aufgrund von Art. 4 § 2 URG in der ehemaligen DDR (rückwirkend) in Kraft: das Abfallgesetz (AbfG), die §§ 72-78 VwVfG[282], die Verordnung über die Rücknahme und Pfanderhebung von Getränkeverpackungen aus Kunststoffen, die Verordnung über die Entsorgung gebrauchter halogenierter Lösemittel (HKWAbfV), die Allgemeine Abfallverwaltungsvorschrift über Anforderungen zum Schutz des Grundwassers bei der Lagerung und Ablagerung von Abfällen, die Abfallverbringungsverordnung (AbfVerbrV), die Verordung über Betriebsbeauftragte für Abfall sowie das Gesetz zu dem Übereinkommen vom 15. Februar 1972 und 29. Dezember 1972 zur Verhütung der Meeresverschmutzung durch das Einbringen von Abfällen durch Schiffe und Luftfahrzeuge vom 11. Februar 1977 (sog. Hohe-See-Einbringungsgesetz) (Art. 4 § 2 Nr. 1 i. V. m. Anlage 1 zum URG, Zu Art. 4 Nrn. 1-6 und Nr. 9).

Von der Übernahme des Abfallgesetzes ausgenommen waren zunächst § 11 Abs. 2 und 3 AbfG (Nachweis von Abfällen, die nicht zusammen mit dem Hausmüll entsorgt werden), § 12 AbfG (Einsammlungs- und Beförderungsgenehmigung) und § 13 b AbfG (Kennzeichnung von Fahrzeugen im Rahmen der Genehmigungspflicht nach §§ 12f. AbfG). Diese Vorschriften sollten in der ehemaligen DDR erst am 1. Januar 1991 in Kraft treten (Art. 4 § 2 Nr. 2 i. V. m. Anlage 2 zum URG, Zu Art. 4 Nr. 4). Am 1. Oktober 1990 — also noch vor dem Beitritt — traten die Abfallbestimmungs-Verordnung (AbfBestV) sowie die Reststoffbestimmungs-Verordnung (RestBestV) in Kraft (Art. 4 § 2 Nr. 1 i. V. m. Anlage 1 zum URG, Zu Art. 4 Nrn. 7 und 8).

Am 1. Januar 1991 sollten in der ehemaligen DDR neben den o. a. Vorschriften des Abfallgesetzes in Kraft treten: die Altölverordnung (AltölV), die Klärschlammverordnung (AbfKlärV), die TA Abfall (Teil 1) sowie die

---

[281] Vgl. hierzu z. B. *Kloepfer*, Umweltrecht, § 12 Rn. 15ff., 56ff.

[282] Die §§ 72-78 VwVfG sollten lediglich „Anwendung finden", wurden also nicht umfassend, sondern nur übergeleitet, soweit es um die Regelung abfallrechtlicher Planfeststellungsverfahren ging. Nach dem Umweltrahmengesetz hätten an sich auch diejenigen Vorschriften des Verwaltungsverfahrensgesetzes, die von den §§ 72-78 in Bezug genommen werden, als stillschweigend mit übernommen angesehen werden müssen. Dies wäre allerdings rechtsstaatlich nicht unproblematisch gewesen.

Abfall- und Reststoffüberwachungs-Verordnung (AbfRestÜberwV) (Art. 4 Nr. 2 i. V. m. Anlage 2 zum URG, Zu Art. 4 Nrn. 1-3 und 5).

b) Inkraftsetzung des Abfallrechts des Bundes durch den Einigungsvertrag

Das Abfallrecht des Bundes wird nach Art. 8 EV grundsätzlich umfassend mit dem Beitritt im Beitrittsgebiet in Kraft gesetzt. In Anlage I zum Einigungsvertrag sind jedoch Änderungen des Abfallgesetzes vorgesehen.

Nach Art. 9 Abs. 2 i. V. m. Anlage II, Kap. XII, Abschnitt III Nr. 1 e EV gelten Art. 4 § 2 Nr. 1 i. V. m. Anlage 1 zum URG, Zu Art. 4 Nr. 4 sowie Art. 4 § 2 Nr. 2 i. V. m. Anlage 2 zum URG, Zu Art. 4 Nr. 3, fort, letztere Vorschrift jedoch mit der Maßgabe, daß sich die in Nrn. 9 und 10 dieser Anleitung (TA Abfall Teil 1) genannten Fristen um ein Jahr verlängern. Danach gilt im Beitrittsgebiet die bereits zum 1. Juli 1990 durch das Umweltrahmengesetz übernommene Allgemeine Verwaltungsvorschrift über Anforderungen zum Schutz des Grundwassers bei der Lagerung und Ablagerung von Abfällen[283] weiterhin fort. Die TA Abfall (Teil 1)[284] gilt im Beitrittsgebiet gemäß dem fortgeltenden Art. 4 § 2 Nr. 2 URG seit dem 1.1.1991.[285] Der Einigungsvertrag sieht also insgesamt eine raschere Rechtsangleichung vor als das Umweltrahmengesetz.

3. Sonderregelungen für das Beitrittsgebiet

a) Prüfung der Zulassungsvoraussetzungen

Bereits Art. 4 § 4 URG hatte eine an die dortigen immissionsschutzrechtlichen Regelungen des Umweltrahmengesetzes angelehnte Modifizierung des Planfeststellungs- bzw. Genehmigungsverfahrens vorgesehen. Dem entspricht auch die Regelung des § 8 a AbfG,[286] dessen Absätze 1 bis 4 am 30. Juni 1992 außer Kraft treten.[287] Während sich Art. 4 § 4 URG jedoch weitgehend darauf beschränkte, auf die immissionsschutzrechtliche Regelung in Art. 1 § 5 URG zu verweisen,

---

[283] GBl. 1990 S. 74.

[284] Zweite allgemeine Verwaltungsvorschrift zum Abfallgesetz (TA Abfall), Teil 1: Technische Anleitung zur Lagerung, chemisch / physikalischen und biologischen Behandlung und Verbrennung von besonders überwachungsbedürftigen Abfällen vom 10.4.1990, GMBl. S. 170.

[285] Im übrigen Bundesgebiet trat die TA Abfall (Teil 1) am 1. Oktober 1990 in Kraft (vgl. Nr. 11 TA Abfall Teil 1: am ersten Tag des auf die Veröffentlichung — 23. April 1990 — folgenden sechsten Kalendermonats).

[286] Vgl. Art. 8 i. V. m. Anlage I, Kap. XII, Sachgebiet D: Abfallwirtschaft, Abschnitt II Buchst. a EV.

[287] Gem. § 32 AbfG, eingefügt durch Art. 8 i. V. m. Anlage I, Kap. XII, Sachgebiet D: Abfallwirtschaft, Abschnitt II Buchst. d EV.

enthält § 8 a AbfG jetzt eine — wenn auch inhaltlich an das Immissionsschutzrecht anknüpfende — eigenständige Regelung. Dies ist nicht zuletzt aus Gründen der Rechtsklarheit zu begrüßen. Zudem wird so die eigenständige Weiterentwicklung des Abfallgesetzes einerseits und des Bundes-Immissionsschutzgesetzes andererseits erleichtert.

aa) Verwaltungshilfe

Bei Anlagen, die der Planfeststellung nach § 7 Abs. 1 AbfG bedürfen, hat die Planfeststellungsbehörde, nachdem sie geprüft hat, ob die geplante Anlage aufgrund der bestehenden Grundstücks- und Planungssituation realisierbar erscheint, dem Antragsteller aufzugeben, eine Stellungnahme einer von ihr benannten Behörde aus dem bisherigen Geltungsbereich des Grundgesetzes zur Erfüllung der Zulassungsvoraussetzungen durch die geplante Anlage beizubringen. Diese Stellungnahme hat die Planfeststellungsbehörde bei der Prüfung der Zulassungsvoraussetzungen zu berücksichtigen (§ 8 a Abs. 1 AbfG in Anlehnung an den früheren Art. 5 § 4 i. V. m. Art. 1 § 5 Abs. 1 URG).

Bei anderen genehmigungsbedürftigen Anlagen nach § 7 Abs. 2 AbfG kann eine Stellungnahme entsprechend § 8 a Abs. 1 AbfG gefordert werden, wenn dies wegen der Art, Menge und Gefährlichkeit der von der geplanten Anlage ausgehenden Emissionen oder wegen der technischen Besonderheiten dieser Anlage erforderlich ist (§ 8 a Abs. 2 AbfG). Daß hier der Begriff der Emissionen verwendet wird, dürfte darauf zurückzuführen sein, daß die entsprechende immissionsschutzrechtliche Regelung (Art. 1 § 5 Abs. 2 S. 1 URG bzw. § 10 a Abs. 2 BImSchG) in das Abfallgesetz übernommen wurde. Ob man allerdings bei der Auslegung des § 8 a Abs. 2 AbfG die Definition des Begriffs „Emissionen“ aus § 3 Abs. 3 BImSchG unbesehen übernehmen kann, erscheint zweifelhaft. Auch wenn diese Definition durch die Aufnahme „ähnlicher Erscheinungen“ eine beachtliche Weite erhält, erfaßt sie lediglich die Abgabe unwägbarer Stoffe, nicht dagegen die Abgabe von Flüssigkeiten oder die Entstehung negativer Einwirkungen durch Tiere, etwa Ratten oder Vögel.[288] Dieser — unter Abfallaspekten — eingeschränkte Emissionsbegriff paßt nicht zu der Forderung des § 2 Abs. 1 AbfG nach einer in einem umfassenderen Sinn verstandenen gemeinwohlverträglichen Entsorgung. Daher sind „Emissionen“ i. S. d. § 8 a Abs. 2 AbfG alle von einer Anlage ausgehenden Einflüsse, die das Wohl der Allgemeinheit i. S. d. § 2 Abs. 1 AbfG gefährden können.

Nach § 8 a Abs. 3 AbfG kann von der Beibringung einer Stellungnahme nach § 8 a Abs. 1 AbfG abgesehen werden, wenn dies wegen der Umstände des Einzelfalls, insbesondere wegen der technischen Auslegung der geplanten Anlage oder des Umfangs der Einzelprüfungen, nicht erforderlich ist. Nach § 8 a Abs. 4 AbfG kann vom Antragsteller (auf dessen Kosten) die Vorlage von

---

[288] Vgl. z. B. *Jarass*, BImSchG, § 3 Rn. 47.

Sachverständigengutachten verlangt werden, soweit dies zur Durchführung von Prüfungen erforderlich ist.

bb) Weitere Verfahrensregelungen

Nach § 8 a Abs. 5 AbfG können Einwendungen im Rahmen des Zulassungsverfahrens innerhalb der festgelegten Frist nur schriftlich erhoben werden, die Zustellung des Zulassungsbescheides nach § 7 Abs. 1 AbfG erfolgt durch öffentliche Bekanntmachung. Versäumt wurde, in das Abfallgesetz eine § 10 Abs. 4 Nr. 5 BImSchG[289] entsprechende Regelung aufzunehmen, wonach bei der Bekanntgabe des Vorhabens bzw. der Auslegung im Beitrittsgebiet darauf hinzuweisen ist, daß die Zustellung der Entscheidung über die Einwendungen durch öffentliche Bekanntmachung erfolgt. Jedoch dürfte diese Regelung im Rahmen des bei der abfallrechtlichen Planfeststellung einschlägigen § 73 Abs. 5 Nr. 4 b VwVfG entsprechend anzuwenden sein.[290]

b) Sonderregelungen für Altanlagen

Art. 4 URG enthielt Sonderregelungen für sog. Altanlagen, die weitgehend denen in Art. 1 §§ 4 und 6 URG entsprachen. Art. 4 § 3 URG beschränkte sich darauf, Art. 1 § 4 URG für entsprechend anwendbar zu erklären, während Art. 4 § 5 URG eine eigenständige, aber an Art. 1 § 6 URG angelehnte Regelung zum Anzeigeverfahren enthielt. Der Einigungsvertrag hat diese Regelungen in der Substanz übernommen und noch weitere Regelungen für Altanlagen hinzugefügt. Soweit dies durch Aufnahme in das Abfallgesetz geschehen ist, hat er — was zu begrüßen ist — eigenständige Regelungen formuliert und sich nicht auf die Inbezugnahme immissionsschutzrechtlicher Regelungen beschränkt.

aa) Nachträgliche Anordnungen, Anzeige

Nach § 9 a Abs. 1 AbfG[291] kann die zuständige Behörde im Beitrittsgebiet für ortsfeste Abfallentsorgungsanlagen, die vor dem 1. Juli 1990 betrieben wurden oder mit deren Errichtung zu diesem Zeitpunkt begonnen war, Befristungen, Bedingungen und Auflagen für deren Einrichtung und Betrieb anordnen bzw. den Betrieb erforderlichenfalls teilweise oder ganz untersagen. Diese Regelung ist erforderlich, da § 8 Abs. 1 S. 3 AbfG, der nachträgliche Auflagen für

---

[289] S. o. S. 69.

[290] Allgemein zum abfallrechtlichen Zulassungsverfahren vgl. *Kloepfer*, Umweltrecht, § 12 Rn. 122ff.

[291] Vgl. Art. 8 i. V. m. Anlage 1, Kap. XII, Sachgebiet D: Abfallwirtschaft, Abschnitt II Buchst. b EV.

Anlagen, die durch Planfeststellung oder Genehmigung zugelassen sind, ermöglicht,[292] nicht ohne weiteres auf die betreffenden Anlagen anwendbar ist, da diese Anlagen gerade nicht solchen gleichgestellt werden, die nach den Vorschriften des Abfallgesetzes zugelassen worden sind.[293] Eine solche Gleichstellung bewirkt insbesondere nicht die nach § 9 a Abs. 2 AbfG vorgeschriebene Anzeige[294] solcher Anlagen.[295] Darüber hinaus sieht § 9 a Abs. 2 S. 2 AbfG eine Erfassungs- und Anzeigepflicht der zuständigen Behörde vor, soweit ein Betreiber nicht ermittelt werden kann.

bb) Stillegung bestehender Abfallentsorgungsanlagen

§ 10 a AbfG[296] sieht eine gegenüber § 10 AbfG modifizierte Regelung für die Stillegung solcher Abfallentsorgungsanlagen im Beitrittsgebiet vor, die vor dem 1. Juli 1990 betrieben wurden oder mit deren Errichtung begonnen worden war.[297] Ist beabsichtigt, solche Anlagen stillzulegen, soll die zuständige Behörde nach § 10 a Abs. 3 AbfG i. V. m. § 10 Abs. 2 AbfG den Inhaber verpflichten, auf seine Kosten das Gelände, das für die Abfallentsorgung verwandt worden ist, zu rekultivieren und sonstige Vorkehrungen zu treffen, die erforderlich sind, um Beeinträchtigungen des Wohls der Allgemeinheit zu verhüten.

Nach § 10 a Abs. 1 S. 1 AbfG haben die Inhaber der betreffenden Anlage deren beabsichtigte Stillegung der zuständigen Behörde unverzüglich anzuzeigen.[298] Nach § 10 a Abs. 2 AbfG sind der Anzeige Unterlagen über Art, Umfang und Betriebsweise sowie die beabsichtigte Rekultivierung sowie sonstige Vorkehrungen zum Schutz des Wohls der Allgemeinheit beizufügen. Die Erfassungs- und Anzeigepflicht der zuständigen Behörde nach § 9 a Abs. 2 S. 2 AbfG gilt gem. § 10 a Abs. 1 S. 2 AbfG auch für die geplante Stillegung solcher Abfallbeseitigungsanlagen entsprechend. Nach § 10 a Abs. 4 AbfG sind auch die Abfallentsorgungsanlagen, die bereits vor dem 1. Juli 1990 stillgelegt wurden, entsprechend § 9 a Abs. 2 AbfG anzuzeigen.

---

[292] Vgl. z. B. *Kloepfer*, Umweltrecht, § 12 Rn. 129.

[293] Vgl. das entsprechende Problem im Immissionsschutzrecht (vgl. oben S. 76f.). Zudem fehlt eine § 17 Abs. 5 BImSchG entsprechende Regelung im Abfallgesetz.

[294] Auch hier ist — wie bei der entsprechenden immissionsschutzrechtlichen Regelung (vgl. o. S. 75f.) — davon auszugehen, daß die anzeigebedürftigen Altanlagen keiner (erneuten) Zulassung bedürfen.

[295] Vgl. insoweit bereits Art. 4 § 5 URG.

[296] Eingefügt durch Art. 8 i. V. m. Anlage I, Kap. XII, Sachgebiet D: Abfallwirtschaft, Abschnitt II Buchst. c EV.

[297] Da § 10 AbfG lediglich auf die Existenz einer solchen Anlage abstellt, nicht auf ihre Zulassung, wäre diese Vorschrift auch auf bereits vor dem 1. Juli 1990 bestehende Anlagen anwendbar.

[298] Die Anzeigepflicht besteht nach § 10 a Abs. 3 AbfG i. V. m. § 10 Abs. 3 AbfG auch für die Inhaber von Anlagen, in denen Abfälle nach § 2 Abs. 2 AbfG anfallen.

cc) Abfallrechtliche Freistellungsregelung

aaa) Abfallrechtliche Freistellungsregelung in der Fassung des Einigungsvertrags

Nach Art. 9 Abs. 2 i. V. m. Anlage II, Kap. XII, Abschnitt III Nr. 1 f EV galt die Freistellungsregelung des Art. 4 § 3 i. V. m. Art. 1 § 4 Abs. 3 URG ebenfalls in der durch Art. 9 Abs. 2 i. V. m. Anlage II, Kap. XII, Abschnitt III Nr. 1 b EV geänderten Fassung fort.[299] Danach konnten also auch im Bereich des Abfallrechts Erwerber von Anlagen,[300] die gewerblichen Zwecken dienten oder im Rahmen wirtschaftlicher Unternehmungen Verwendung fanden, von der Verantwortlichkeit für die durch den Betrieb der Anlage vor dem 1. Juli 1990 verursachten Schäden freigestellt werden. Hinsichtlich der Einzelheiten kann insoweit auf die Ausführungen zur immissionsschutzrechtlichen Freistellungsklausel (a. F.) verwiesen werden.[301]

Abweichungen ergaben sich jedoch hinsichtlich des Anlagenbegriffs. Anders als das Bundes-Immissionsschutzgesetz (vgl. § 3 Abs. 5 BImSchG) enthält das Abfallgesetz, auf das sich die Freistellungsregelung des fortgeltenden Art. 4 § 3 i. V. m. Art. 1 § 4 Abs. 5 URG (a. F.) bezog, keine Definition des abfallrechtlichen Anlagenbegriffs. Aus dem Regelungszusammenhang läßt sich jedoch folgern, daß hier Abfallentsorgungsanlagen gemeint waren. Unter diesen Begriff fallen nicht nur die nach § 7 Abs. 1 AbfG zulassungsbedürftigen Abfallentsorgungsanlagen,[302] sondern alle Anlagen, die der Abfallentsorgung i.S.v. § 1 Abs. 2 AbfG dienen. Dabei war auch hier aus dem Sinn und Zweck der Freistellungsregelung (a. F.) zu fordern, daß eine Freistellung regelmäßig lediglich bei ortsfesten Anlage in Betracht kam.[303]

bbb) Neufassung auch der abfallrechtlichen Freistellungsregelung

Art. 12 des Hemmnisbeseitigungsgesetzes bezieht sich nach seinem Wortlaut lediglich auf die (immissionsschutzrechtliche) Freistellungsklausel nach Art. 1 § 4 Abs. 3 URG „in der Fassung der Nummer 1 Buchstabe b der Anlage II Kapitel XII Abschnitt III des Einigungsvertrages". Danach ist nach dem Wortlaut dieser Vorschrift — jedenfalls unmittelbar — lediglich die immissionsschutzrechtliche Freistellungsklausel geändert worden. Da die abfallrechtliche Freistellungsregelung in Anlage II, Kap. XII, Abschnitt III Nr. 1 f EV als

[299] Vgl. hierzu bereits oben S. 82ff.

[300] Die Vorschrift spricht zwar nur von „Anlagen", aus dem Regelungszusammenhang folgt jedoch, daß es sich um Abfallentsorgungsanlagen handeln muß (zum Begriff vgl. *Kloepfer*, Umweltrecht, § 12 Rn. 119ff.).

[301] Vgl. oben S. 82ff.

[302] Vgl. hierzu *Kloepfer*, Umweltrecht, § 12 Rn. 119ff.

[303] Vgl. oben S. 96.

Verweisung auf die immissionsschutzrechtliche Freistellungsregelung formuliert ist, wäre es zwar theoretisch denkbar, daß durch die Neufassung der in Bezug genommenen immissionsschutzrechtlichen zugleich mittelbar auch die abfallrechtliche Freistellungsregelung geändert worden wäre. Dies ist jedoch ausgeschlossen, da Anlage II, Kap. XII, Abschnitt III Nr. 1 f EV (statisch) auf „Artikel 4 § 3 (URG) in Verbindung mit Artikel 1 § 4 Abs. 3 in der oben (Anlage II, Kap. XII, Abschnitt III Nr. 1 f EV) geänderten Fassung“[304] verweist.[305]

Denkbar erscheint allerdings eine entsprechende teleologisch begründete Korrektur des Wortlautes des Art. 12 des Hemmnisbeseitigungsgesetzes.[306] Zwar enthalten die Gesetzesmaterialien — abgesehen von der Wiederholung der Fundstelle der immissionsschutzrechtlichen Freistellungsklausel im Einigungsvertrag — keine ausdrücklichen Ausführungen zu der Frage, ob nicht nur die immissionsschutzrechtliche, sondern auch die abfallrechtliche Freistellungsklausel geändert werden sollte. Es gibt jedoch hinreichende Anhaltspunkte für einen solchen Sinn und Zweck des Art. 12 des Hemmnisbeseitigungsgesetzes. So bestanden die Unzulänglichkeiten, die den Gesetzgeber zur Neufassung der Freistellungsregelung bewogen, etwa die Begrenzung der Freistellungsregelung auf öffentlich-rechtliche Verantwortlichkeiten, auf Erwerber sowie auf Schäden durch den Betrieb von Anlagen, sowohl bei der immissionsschutzrechtlichen als auch bei der abfallrechtlichen Freistellungsklausel (a. F.). Es bestand also keine Veranlassung, die Neufassung lediglich auf die immissionsschutzrechtliche Freistellungsregelung zu begrenzen.

Darüber hinaus würde eine Begrenzung der Neufassung auf die immissionsschutzrechtliche Freistellungsregelung zu einem ganz erheblichen Rechtsanwendungsproblem führen. Solange die immissionsschutzrechtliche und die abfallrechtliche Freistellungsklausel nämlich — abgesehen davon, daß der Anlagenbegriff einmal immissionsschutzrechtlich und einmal abfallrechtlich zu verstehen ist — inhaltsgleich sind, können Abgrenzungsfragen zwischen beiden Freistellungsregelungen weitgehend auf sich beruhen. Das würde sich jedoch dann ändern, wenn lediglich die immissionsschutzrechtliche Freistellungsregelung geändert wäre. Die Abgrenzung anhand der unterschiedlichen Anlagenbegriffe wäre nicht nur im jeweiligen konkreten Einzelfall möglicherweise recht

---

[304] Ergänzungen durch den Verfasser.

[305] Anders BMU, Auslegungshilfe (n. F.) S. 2. Die Annahme, bei Anlage II, Kap. XII, Abschnitt III Nr. 1 f EV handle es sich um eine dynamische Verweisung, hätte (abgesehen von der Frage der Zulässigkeit einer solchen Verweisung) im übrigen zur Folge, daß sich der Rang der fortgeltenden abfallrechtlichen Freistellungsregelung weiterhin nach Art. 9 Abs. 4 EV richten würde (mit der Folge, daß möglicherweise der Bundesgesetzgeber Landesrecht geändert hätte bzw. die Neufassung der abfallrechtlichen Freistellungsregelung durch den Bundesgesetzgeber auf die als Bundesrecht fortgeltenden Teile zu beschränken wäre).

[306] Vgl. *Larenz*, Methodenlehre der Rechtswissenschaft, 5.Aufl. 1983, S. 381 ff. Von einem bloßen Redaktionsversehen, also einem Vergreifen im Ausdruck (vgl. dens., ebd., S. 384) kann insoweit wohl nicht mehr gesprochen werden.

schwierig, sondern es wäre häufig kaum einzusehen, warum es für beide Anlagenarten unterschiedliche Freistellungsregelungen geben sollte.[307] Daher erscheint die Außerachtlassung der abfallrechtlichen Freistellungsregelung durch den Wortlaut des Art. 12 des Hemmnisbeseitigungsgesetzes als planwidrige Regelungslücke, die durch eine Korrektur des Gesetzestextes aufzufüllen ist. Durch Art. 12 des Hemmnisbeseitigungsgesetzes wurde also nicht nur die immissionsschutzrechtliche, sondern auch die abfallrechtliche Freistellungsregelung neu gefaßt.[308]

c) Modifizierte „Überleitung" der TA Abfall

Nach Art. 4 § 2 Nr. 2 i. V. m. Anlage 2 zum URG, Zu Art. 4 Nr. 3 sollte die TA Abfall zum 1.1.1991 in der ehemaligen DDR in Kraft treten. Nach Art. 9 Abs. 2 i. V. m. Anlage II, Kap. XII, Abschnitt III, Nr. 1 e, bb gilt diese Regelung des Umweltrahmengesetzes mit der Maßgabe fort, daß sich die in Nrn. 9 und 10 TA Abfall genannten Fristen um ein Jahr verlängern.

d) Sonstiges fortgeltendes DDR-Abfallrecht

Auch für das sonstige, nicht in Anlage 2 zum Staatsvertrag aufgenommene DDR-Abfallrecht gilt, daß es nur insoweit gem. Art. 9 Abs. 1 EV als Landesrecht in Kraft bleiben kann, als es dem im Beitrittsgebiet in Kraft gesetzten Bundesrecht nicht widerspricht. Von Interesse sind hier insbesondere die — aus Gründen knapper Rohstoffe — im Vergleich zum bundesdeutschen Abfallrecht weiter entwickelten Vorschriften mit dem Ziel eines möglichst umfassenden Recyclings (Sero-System).[309] Ob die insoweit bestehenden Regelungen des

---

[307] Der immissionsschutzrechtliche Anlagenbegriff nach § 3 Abs. 5 BImSchG ist so weit — er erfaßt z.B. nach § 3 Abs. 5 Nr. 3 BImSchG auch Grundstücke, auf denen Stoffe gelagert oder abgelagert oder Arbeiten durchgeführt werden, die Emissionen verursachen können — daß eine gesonderte Freistellungsregelung für solche Abfallentsorgungsanlagen, die nicht zugleich auch dem immissionsschutzrechtlichen Anlagenbegriff unterfallen, nicht sinnvoll erschiene. Ebenso wenig sinnvoll erschiene die Annahme, in all den Fällen, in denen es um eine Anlage (auch) im abfallrechtlichen Sinne gehe, komme ausschließlich die abfallrechtliche, nicht die immissionsschutzrechtliche Freistellungsregelung in Betracht. Oder sollte etwa eine Freistellung von der privatrechtlichen Verantwortlichkeit möglich sein, wenn durch die Lagerung von Stoffen auf einem Grundstück mit dem Ziel der Verwertung (außerhalb der Abfallentsorgung) Schäden verursacht wurden, nicht dagegen, wenn die Lagerung mit dem Ziel der Entsorgung erfolgte (zu den Begriffen vgl. z. B. *Kloepfer*, Umweltrecht, aaO., § 12 Rn. 66ff.)?

[308] Hinsichtlich der Einzelheiten der Neufassung der abfallrechtlichen Freistellungsregelung kann also auf die obigen Ausführungen zur immissionsschutzrechtlichen Freistellungsregelung verwiesen werden.

[309] Vgl. §§ 32f. LKG, die Verordnung vom 11. Dezember 1980 zur umfassenden Nutzung von Sekundärrohstoffen, GBl. I Nr. 2 S. 23, § 5 der Sechsten Durchführungsverordnung vom 1. September 1983 zum Landeskulturgesetz — Schadlose Beseitigung nicht nutzbarer Abprodukte —, GBl. I Nr. 27 S. 257, sowie die Erste Durchführungsbestim-

bisherigen Umweltrechts der DDR weitergelten können, erscheint jedoch sehr zweifelhaft. § 1 a AbfG ordnet i. V. m. §§ 3 Abs. 2 S. 3, 14 AbfG Abfallvermeidungs- bzw. -verwertungspflichten nur in begrenztem Umfang an. Nach überwiegender und zutreffender Ansicht ist diese bundesrechtliche Regelung abschließend,[310] so daß für die Regelungen der DDR zur Sekundärrohstoffwirtschaft nur wenig Raum bleiben dürfte.

V. Chemikalienrecht (Gefahrstoffrecht)

1. Zweck (Art. 5 § 1 URG)

Nach Art. 5 § 1 URG ist Zweck dieses Artikels des Umweltrahmengesetzes, den Menschen und die Umwelt vor schädlichen Einwirkungen gefährlicher Stoffe und Zubereitungen zu schützen, insbesondere sie erkennbar zu machen, sie abzuwenden und ihrem Entstehen vorzubeugen. Auch diese eigenständige — mit § 1 der Neufassung des Chemikaliengesetzes[311] übereinstimmende — Zweckbestimmung hat der Einigungsvertrag nicht übernommen.

2. Überleitung des Chemikalienrechts des Bundes

a) Übernahme von Vorschriften durch das Umweltrahmengesetz (Art. 5 § 2 URG)

Am 1. Juli 1990 traten in der ehemaligen DDR (rückwirkend) in Kraft: das Chemikaliengesetz (ChemG)[312], die Verordnung über die Gefährlichkeitsmerkmale von Stoffen und Zubereitungen nach dem Chemikaliengesetz (ChemG Gefährlichkeitsmerkmale-V), die Verordnung über Anmeldeunterlagen und Prüfnachweise nach dem Chemikaliengesetz (ChemG Anmelde- und PrüfnachweisV), die Chemikalien-Altstoffverordnung (Chem AltstoffV) sowie das DDT-Gesetz (Art. 5 § 2 Abs. 1 S. 1 Nr. 1 i. V. m. Anlage 1 zum URG). Am 1. Januar 1991 sollten in Kraft treten: die Gefahrstoffverordnung (GefStoffV) mit

mung vom 8. September 1976 zur Sechsten Durchführungsverordnung zum Landeskulturgesetz — Informationssystem für Abprodukte und Sekundärrohstoffe —, GBl. I Nr. 39 S. 465.

310 Vgl. z. B. *Hösel / v. Lersner*, Recht der Abfallbeseitigung, Losebl. (Stand: Mai 1990), § 1 a AbfG Rn. 3.

311 Vom 14. März 1990, BGBl. I S. 521.

312 Nach Art. 5 § 2 Abs. 1 S. 1 Nr. 1 i. V. m. Anlage 1 zum URG, Zu Art. 5, Nr. 1 trat am 1. Juli 1990 das Chemikaliengesetz vom 16. September 1980, zuletzt geändert durch Gesetz vom 14. März 1990, BGBl. I S. 493 in der DDR in Kraft, also einschließlich der Änderungen des Chemikaliengesetzes, die nach Art. 8 Abs. 1 dieses Änderungsgesetzes einen Tag nach der Verkündung (23. März 1990) in Kraft getreten waren. Nach Art. 5 § 2 Abs. 2 URG galt, (entsprechend Art. 8 Abs. 1 des Änderungsgesetzes vom 14. März 1990) das Chemikaliengesetz ab dem 1. August 1990 auch in der DDR in der Fassung der Bekanntmachung vom 14. März 1990, BGBl. I S. 521.

Ausnahme des § 44, die Verordnung zum Verbot von polychlorierten Biphenylen, polychlorierten Terphenylen und zur Beschränkung von Vinylchlorid (PCB-, PCT-, VC-Verbotsverordnung) sowie die Pentachlorphenolverbotsverordnung (PCP-V) (Art. 5 § 2 Abs. 1 S. 1 Nr. 2 i. V. m. Anlage 2 zum URG, Zu Art. 5). Der Umweltrahmengesetzgeber hatte sich nicht dazu verstehen können, das (für die — alte — Bundesrepublik Deutschland) im wesentlichen am 1. Juli 1990 in Kraft getretene Gesetz zur Regelung von Fragen der Gentechnik[313] zu übernehmen.

b) Inkraftsetzung des Chemikalienrechts des Bundes durch den Einigungsvertrag

Grundsätzlich wird auch das Chemikalien- bzw. Gefahrstoffrecht des Bundes nach Art. 8 EV umfassend im Beitrittsgebiet in Kraft gesetzt.[314] Die Inkraftsetzung erfolgt jedoch mit einigen in Anlage I enthaltenen Maßgaben. Dabei erweist sich die im Einigungsvertrag gewählte Gliederung der Anlagen — in erster Linie — nach den Ressortzuständigkeiten besonders im Chemikalienrecht als problematisch. Denn eine eindeutige Zuordnung des Chemikalienrechts zu einem bestimmten Ministerium ist noch weniger möglich als bei anderen umweltschutzrelevanten Materien.[315] So finden sich in Anlage I zum Einigungsvertrag chemikalien- bzw. gefahrstoffrechtliche Maßgaben nicht nur in Kap. XII (Geschäftsbereich des Bundesministers für Umwelt, Naturschutz und Reaktorsicherheit), sondern auch in Kap. VI (Geschäftsbereich des Bundesministers für Ernährung, Landwirtschaft und Forsten), Kap. VIII (Geschäftsbereich des Bundesministers für Arbeit und Sozialordnung), Kap. X (Geschäftsbereich des Bundesministers für Jugend, Familie und Gesundheit) sowie in Kap. XI (Geschäftsbereich des Bundesministers für Verkehr).[316] Anlage II enthält — soweit ersichtlich — keine fortgeltenden chemikalienrechtlichen Vorschriften der DDR.

3. Sonderregelungen für das Beitrittsgebiet

a) Chemikaliengesetz

aa) Gute Labor-Praxis

Das Chemikaliengesetz tritt gem. Art. 8 i. V. m. Anlage I, Kap. XII, Sachgebiet E: Chemikalienrecht, Abschnitt III Buchst. a-c mit folgenden (im URG

---

313 Vom 20. Juni 1990, BGBl. I S. 1080.

314 Das gilt anders als nach dem URG auch für das Gesetz zur Regelung von Fragen der Gentechnik vom 20. Juni 1990, BGBl. I S. 1080.

315 Vgl. hierzu z. B. *Kloepfer*, Umweltrecht, § 13 Rn. 16.

316 Die nachfolgenden Ausführungen erheben keinen Anspruch auf Vollständigkeit.

noch nicht vorhandenen) Maßgaben im Beitrittsgebiet in Kraft: In § 19 a Abs. 5 S. 1 und 2 ChemG tritt an Stelle der Daten „5. April 1989“ und „1. April 1990“ das Datum „1. August 1990“. § 19 a Abs. 5 S. 1 Nr. 2 Buchst. a ChemG findet keine Anwendung. Danach ist § 19 a Abs. 1 und 2 ChemG (Einhaltung bzw. Nachweis der Einhaltung der „Guten Laborpraxis“) im Beitrittsgebiet nicht anwendbar auf

1. vor dem 1. August 1990 begonnene, aber zu diesem Zeitpunkt noch nicht abgeschlossene Prüfungen
   a) auf krebserzeugende und chronisch schädigende Eigenschaften, wenn sie bis zum 1. Januar 1995 abgeschlossen sind,
   b) auf sonstige Eigenschaften, wenn sie bis zum 1. Januar 1992 abgeschlossen sind,
2. vor dem 1. August 1990 abgeschlossene Prüfungen,
   a) (findet keine Anwendung)
   b) wenn die zuständige Behörde im Einzelfall festgestellt hat, daß die Prüfung auch unter Berücksichtigung der Grundsätze der Guten Laborpraxis noch verwertbar ist.

Bei Prüfungen, deren Ergebnisse für die Zulassung von Arzneimitteln oder Pflanzenschutzmitteln verwendet werden, tritt an die Stelle des Datums „1. Januar 1992“ das Datum „1. Januar 1993“.

bb) Alte Stoffe / Im Verkehr befindliche Stoffe

Der Einigungsvertrag hat die Regelung des Art. 5 § 3 URG („Alte Stoffe“) nicht übernommen. Nach dieser Vorschrift galten Stoffe, die vor dem Inkrafttreten des Umweltrahmengesetzes in der DDR in Verkehr gebracht wurden und nicht in dem zu erstellenden Europäischen Altstoffverzeichnis EINECS erfaßt waren, als alte Stoffe im Sinne des Chemikaliengesetzes. Bekannterweise unterfallen Stoffe der Anmeldepflicht nach §§ 4 ff. ChemG nur, wenn sie nicht alte Stoffe nach § 3 Nr. 2 ChemG sind.[317] Danach sind alte Stoffe solche, welche die Bundesregierung durch Rechtsverordnung mit Zustimmung des Bundesrates auf der Grundlage des von der Kommission der Europäischen Gemeinschaften gemäß Artikel 13 der Richtlinie 79 / 831 / EWG des Rates vom 18. September 1979 zur sechsten Änderung der Richtlinie 67 / 548 / EWG zur Angleichung der Rechts- und Verwaltungsvorschriften für die Einstufung, Verpackung und Kennzeichnung gefährlicher Stoffe zu erstellenden Europäischen Altstoffverzeichnisses EINECS als solche bezeichnet.[318] Darüber hinaus galt nach § 28 Abs. 1 S. 1 ChemG bis zum Ablauf einer Frist von sechs Monaten nach Veröffentlichung dieses Europäischen Altstoffverzeichnisses ein nicht in diesem

[317] Die Anmeldepflicht besteht nach § 4 Abs. 1 und 2 ChemG lediglich für neue Stoffe i.S.d. § 3 Nr. 3 ChemG.

[318] Vgl. § 1 Chemikalien-Altstoffverordnung (ChemAltstoffV) vom 22. November 1990, BGBl. I S. 2544 i.V.m. dem Altstoffverzeichnis der Europäischen Gemeinschaften — EINECS —, ABl. EG Nr. C 146 A vom 15. Juni 1990.

Verzeichnis genannter Stoff dann als alter Stoff, wenn der Hersteller oder Einführer der Anmeldestelle nachweisen konnte, daß der Stoff als solcher oder als Bestandteil einer Zubereitung vor dem 18. September 1981 in einem Mitgliedstaat der Europäischen Gemeinschaft bereits an andere veräußert worden war.

Diese Regelungen des Chemikaliengesetzes sind durch Art. 1 Abs. 4 Buchst. a der Richtlinie des Rates vom 18. September 1979 zur sechsten Änderung der Richtlinie 67/548/EWG zur Angleichung der Rechts- und Verwaltungsvorschriften für die Einstufung, Verpackung und Kennzeichnung gefährlicher Stoffe (79/831/EWG) vorgegeben. Insoweit wäre die Übernahme der Regelung des Art. 5 § 3 URG durch den Einigungsvertrag EG-rechtlich problematisch gewesen. Modifizierungen waren bzw. sind daher durch die EG vorzunehmen bzw. als nationale Regelungen zu ermöglichen. Einen Schritt in diese Richtung bedeutet Art. 1 der Richtlinie des Rates vom 4. Dezember 1990 über die in Deutschland geltenden Übergangsmaßnahmen für bestimmte Gemeinschaftsvorschriften über den Umweltschutz im Zusammenhang mit dem Binnenmarkt (90/660/EWG)[319] der ein Abweichen von der einschlägigen Richtlinie erlaubt: Nach Absatz 1 kann die Bundesrepublik Deutschland in Abweichung von der Richtlinie 67/548/EWG des Rates die erforderlichen Maßnahmen treffen, um die Einhaltung der Bestimmungen dieser Richtlinie im Gebiet der ehemaligen Deutschen Demokratischen Republik bis zum 31. Dezember 1992 zu gewährleisten. Nach Absatz 2 trifft die Bundesrepublik Deutschland die erforderlichen Maßnahmen, um sicherzustellen, daß die mit der Richtlinie 67/548/EWG nicht übereinstimmenden Stoffe und Zubereitungen nicht in der Gemeinschaft, mit Ausnahme des Gebiets der ehemaligen Deutschen Demokratischen Republik, in den Verkehr gebracht werden,[320] wobei diese Maßnahmen andererseits mit dem (EWG-) Vertrag, insbesondere mit Art. 8 a (EWGV), in Einklang stehen müssen und nicht zu Kontrollen oder Formalitäten an den Grenzen zwischen den Mitgliedstaaten führen dürfen. Nach Absatz 3 müssen die Stoffe, die in der in Artikel 13 der Richtlinie 67/584/EWG genannten Liste (EINECS) nicht aufgeführt sind, entsprechend den Bestimmungen dieser Richtlinie notifiziert werden. Die Bedingungen für die Notifizierung von Stoffen, die vor dem 18. September 1981 auf dem Markt der ehemaligen Deutschen Demokratischen Republik erhältlich waren und nicht in der EINECS-Liste genannt sind, werden von der Kommission beschlossen.

Zusammenfassend läßt sich festhalten, daß die Richtlinie 90/660/EWG nur ein räumlich und zeitlich eng begrenztes Abweichen von der Richtlinie 67/548/EWG vorsieht. Insbesondere sieht sie kein Abweichen von dem für die Abgrenzung von alten und neuen Stoffen maßgeblichen Zeitpunkt 18. September 1981 vor. Vorgesehen ist lediglich, daß die zu diesem Zeitpunkt in der

---

[319] ABl. EG Nr. L 353/79.

[320] Ob eine solche auf einen Teil des Staatsgebietes beschränkte Verkehrsfähigkeit jedoch praktikabel ist, erscheint zweifelhaft.

ehemaligen DDR in Verkehr befindlichen Stoffe in diese Liste aufgenommen werden.

Solange die EINECS-Liste sowie die Altstoffverordnung nicht um die „DDR-Altstoffe" ergänzt sind, dürfte § 28 Abs. 1 ChemG analog anzuwenden sein, so daß ein Stoff als alter Stoff gilt, wenn der Hersteller oder Einführer der Anmeldestelle nachweist, daß der Stoff als solcher oder als Bestandteil einer Zubereitung vor dem 18. September 1981 in der ehemaligen DDR bereits an andere veräußert worden ist.

Für Stoffe, die nach diesem Zeitpunkt erstmals in Verkehr gebracht wurden, bleibt es bei dem aus Gründen der Übergangsgerechtigkeit unbefriedigenden Ergebnis, daß sie ohne Anmeldung nicht in Verkehr gebracht werden dürfen.[321] Das Fehlen einer Übergangsregelung erscheint nicht nur rechtspolitisch fragwürdig, sondern darüber hinaus auch rechtsstaatlich bedenklich.[322] Oben wurde aus diesem Grunde hinsichtlich der im Beitrittsgebiet vorhandenen Einleitungen eine analoge Anwendung des § 15 WHG vorgeschlagen. Diese Möglichkeit, Abhilfe im Wege einer Analogie zu schaffen, erscheint jedoch im Chemikalienrecht verschlossen. Als Grundlage für eine solche Analogie böte sich insoweit die Regelung des Chemikaliengesetzes bzw. der entsprechenden EG-Richtlinie an, die auf den 18. September 1981, also auf den Zeitpunkt abstellt, an dem die Richtlinie 67/548/EWG erlassen wurde. Es läge nahe, diese Regelung analog anzuwenden und den Zeitpunkt zugrundezulegen, zu dem diese Richtlinie oder das Chemikaliengesetz in der ehemaligen DDR erstmals galten. Es dürfte jedoch an der für eine solche Analogie erforderlichen planwidrigen Regelungslücke fehlen. Denn die EG hat an dem für die Abgrenzung von alten und neuen Stoffen maßgebenden Zeitpunkt des 18. September 1981 ausdrücklich festgehalten. Daher ist der bundesdeutsche Gesetzgeber gefordert, im Rahmen der ihm durch die EG eröffneten (begrenzten) Möglichkeiten eine möglichst sachgerechte Übergangsregelung zu schaffen. Hierbei könnte er möglicherweise Bezug nehmen auf das beim Ministerium für Gesundheit der ehemaligen DDR geführte Verzeichnis der eingestuften Gifte.[323]

b) PCB-, PCT-, VC-Verbotsverordnung, Pentachlorphenolverbotsverordnung

Während Art. 5 § 2 Abs. 1 S. 1 Nr. 2 i. V. m. Anlage 2 zum URG, Zu Art. 5 Nrn. 2 und 3 die Übernahme der PCB-, PCT-, VC-Verbotsverordnung und der Pentachlorphenolverbotsverordnung erst zum 1. Januar 1991 vorsah, werden sie nach Art. 8 i. V. m. Anlage I, Sachgebiet E: Chemikalienrecht, Abschnitt III

[321] Verstöße gegen dieses Verbot sind Ordnungswidrigkeiten oder gar Straftaten (§ 26 Abs. 1 Nr. 1, § 27 Abs. 2, 3 ChemG).

[322] Vgl. etwa *Badura*, Staatsrecht, Teil D, Rn. 47, S. 204f. m.w.N.

[323] Vgl. § 5 Abs. 1 des Gesetzes über den Verkehr mit Giften — Giftgesetz — vom 7. April 1977, GBl. I Nr. 10 S. 103.

Nrn. 2 und 3 sofort mit dem Beitritt, jedoch mit folgenden Maßgaben im Beitrittsgebiet in Kraft gesetzt: Die PCB-, PCT-, VC-Verbotsverordnung ist im Beitrittsgebiet mit den Maßgaben anzuwenden, daß in § 3 Abs. 4 S. 1 und 2 jeweils an Stelle des Datums „31. Dezember 1990" das Datum „31. Dezember 1991" tritt und § 4 auf vor dem Wirksamwerden des Beitritts in den Verkehr gebrachte Erzeugnisse vom 1. Januar 1991 an Anwendung findet. Die Pentachlorphenolverbotsverordnung ist mit den Maßgaben anzuwenden, daß in § 1 Abs. 2 an die Stelle des Zeitpunkts des Inkrafttretens der Verordnung der Zeitpunkt des Wirksamwerdens des Beitritts tritt, und in § 4 die Worte „bis zum 22. März 1990" durch die Worte „bis zum Ablauf von 3 Monaten nach Wirksamwerden des Beitritts" sowie die Worte „vor Inkrafttreten dieser Verordnung" durch die Worte „vor Wirksamwerden des Beitritts" ersetzt werden.

c) Gefahrstoffverordnung

Der Einigungsvertrag enthält auch einige auf das Beitrittsgebiet bezogene Übergangsregelungen hinsichtlich der Gefahrstoffverordnung.[324] Die Gefahrstoffverordnung ist im Beitrittsgebiet u. a. mit folgenden Maßgaben in Kraft getreten: Eine nach dem bis zum Wirksamwerden des Beitritts geltenden Recht erteilte Erlaubnis oder erstattete Anzeige gilt als Erlaubnis oder Anzeige im Sinne der Gefahrstoffverordnung. Vor dem Wirksamwerden des Beitritts in den Verkehr gebrachte gefährliche Stoffe, Zubereitungen oder Erzeugnisse dürfen noch bis zum 31. Dezember 1991 nach den bisher geltenden Vorschriften gekennzeichnet sein, soweit sie im Beitrittsgebiet verbleiben. Personen, die bis zum Wirksamwerden des Beitritts nach den bisher geltenden Vorschriften eine Prüfung abgelegt haben, die der Prüfung nach § 13 Abs. 2 entspricht, besitzen die erforderliche Sachkenntnis.[325]

d) Düngemittel- / Pflanzenschutzrecht

Auch hinsichtlich des Düngemittel- und Pflanzenschutzrechts[326] sieht der Einigungsvertrag Sonderregelungen für das Beitrittsgebiet vor.[327] Danach ist etwa das Düngemittelgesetz[328] im Beitrittsgebiet u. a. mit der Maßgabe in Kraft

[324] Vom 26. August 1986, BGBl. I S. 1470, zuletzt geändert durch Verordnung vom 23. April 1990, BGBl. I S. 790.

[325] Art. 8 i. V. m. Anlage 1, Kap.VIII, Sachgebiet B: Technischer Arbeitsschutz, Abschnitt III Nr. 14.

[326] Zur Zuordnung dieser Regelungen zum Gefahrstoffrecht vgl. *Kloepfer*, Umweltschutz, § 13 Rn. 10.

[327] Art. 8 i. V. m. Anlage I, Kap. VI, Sachgebiet A: Bodennutzung und Tierhaltung, Veterinärwesen, Abschnitt III Nrn. 1-3, 6, 7 EV.

[328] Vom 15. November 1977, BGBl. I S. 2134, geändert durch § 11 des Gesetzes vom 12. Juli 1989, BGBl. I S. 1435.

getreten, daß Düngemittel, die im Beitrittsgebiet hergestellt worden sind oder hergestellt werden, dort bis zum 30. Juni 1992 abweichend von § 2 Abs. 1 auch dann in den Verkehr gebracht werden dürfen, wenn ihre Beschaffenheit den Vorschriften genügt, die im Beitrittsgebiet am Tag vor dem Wirksamwerden des Beitritts gegolten haben.[329]

Das Pflanzenschutzgesetz[330] ist im Beitrittsgebiet u.a. mit den Maßgaben in Kraft getreten, daß die Meldungen nach § 19 Abs. 1 erstmals zum 30. Juni 1992 zu erstatten sind, und daß Pflanzenschutzmittel, die bis zum Tag des Wirksamwerdens des Beitritts nach Maßgabe des (DDR-) Gesetzes zum Schutze der Kultur- und Nutzpflanzen vom 25. November 1953[331] in der Fassung des Gesetzes vom 11. Juni 1968[332] zugelassen und nach den Vorschriften, die am Tag vor dem Wirksamwerden des Beitritts gegolten haben, verpackt und gekennzeichnet sind, grundsätzlich noch bis zum 31. Dezember 1992 im Beitrittsgebiet in den Verkehr gebracht und, vorbehaltlich der Pflanzenschutz-Anwendungsverordnung vom 27. Juli 1988[333], angewandt werden dürfen.[334]

e) Arzneimittelrecht, Gentechnikrecht

Hinsichtlich des Arzneimittelrechts enthält der Einigungsvertrag eine ganze Reihe von Übergangsregelungen für das Beitrittsgebiet,[335] die hier aus Raumgründen nicht näher erörtert werden können. Auch in das Gentechnikgesetz[336] wird in Gestalt des neuen § 41 a GenTG[337] eine Übergangsregelung eingefügt, die sich (entsprechend der auch in anderen Bereichen festgestellten Regelungssystematik[338]) an die in § 41 GenTG vorgefundene Übergangsregelung anlehnt. Nach § 41 a Abs. 3 GenTG gilt eine Erlaubnis des Ministeriums für Gesundheitswesen der Deutschen Demokratischen Republik für gentechnische Arbeiten gemäß der Richtlinie zur in-vitro-Rekombination von gentechnischem Material vom 26. November 1985[339] befristet bis zum 30. September 1991 fort.

---

329 Art. 8 i.V.m. Anlage I, Kap. VI, Sachgebiet A: Bodennutzung und Tierhaltung, Veterinärwesen, Abschnitt III Nr. 1 a EV.

330 Vom 15. September 1986, BGBl. I S. 1505, zuletzt geändert durch Artikel 15 des Gesetzes vom 28. Juni 1990, BGBl. I S. 1221.

331 GBl. Nr. 125 S. 1179.

332 GBl. I Nr. 11 S. 242.

333 BGBl. I S. 1196.

334 Art. 8 i.V.m. Anlage I, Kap. VI, Sachgebiet A: Bodennutzung und Tierhaltung, Veterinärwesen, Abschnitt III Nr. 6 a, c EV.

335 Art. 8 i.V.m. Anlage I, Kap. X, Sachgebiet D: Gesundheitspolitik, Abschnitt II Nrn. 23-32 EV.

336 Vom 1. Juli 1990, BGBl. I S. 1080.

337 Eingefügt durch Art. 8 i.V.m. Anlage I, Kap. X, Sachgebiet D: Gesundheitspolitik, Abschnitt II Nr. 33 EV.

338 Vgl. o. S. 75f., 124ff., 135f., 140f.

f) Gefahrgutbeförderungsrecht

Gefahrstoffrechtliche Sonderregelungen enthält der Einigungsvertrag schließlich für das Gefahrstoffbeförderungsrecht,[340] auf die hier jedoch ebenfalls nicht näher eingegangen werden kann.

VI. Naturschutz und Landschaftspflege

1. Zweck (Art. 6 § 1 URG)

Nach Art. 6 § 1 URG sollten die Bestimmungen dieses Artikels des Umweltrahmengesetzes dem Schutz, der Pflege und der Entwicklung von Natur- und Landschaft im besiedelten und unbesiedelten Bereich dienen. Auch diese an § 1 BNatSchG angelehnte Vorschrift ist vom Einigungsvertrag nicht übernommen worden.

2. Überleitung des Naturschutz- und Landschaftspflegerechts des Bundes

a) Übernahme von Vorschriften durch das Umweltrahmengesetz (Art. 6 § 2 URG)

Nachdem bei der Schaffung des Umweltrahmengesetzes anfangs daran gedacht war, das Natur- und Artenschutzrecht der DDR zunächst weitgehend unberührt zu lassen und Anpassungen lediglich hinsichtlich des internationalen Handels vorzunehmen, wurde letztlich doch das Natur- und Artenschutzrecht des Bundes bereits durch das Umweltrahmengesetz weitgehend übernommen. Am 1. Juli 1990 traten (rückwirkend) in der DDR in Kraft: das Bundesnaturschutzgesetz (BNatSchG) mit Ausnahme des § 38, die Bundesartenschutzverordnung sowie zwei EG-Verordnungen zum Washingtoner Artenschutzübereinkommen (Art. 6 § 2 i.V.m. Anlage 1 zum URG, Zu Art. 6).

b) Inkraftsetzung des Naturschutz- und Landschaftspflegerechts des Bundes durch den Einigungsvertrag

Auch das Bundesnatur- und -artenschutzrecht ist nach Art. 8 EV grundsätzlich umfassend, d.h. unter Einschluß von Art. 38 BNatSchG im Beitrittsgebiet in Kraft getreten.[341] Eine Modifizierung enthält lediglich Art. 8 i.V.m. Anlage I, Kap. XII, Sachgebiet F: Naturschutz- und Landschaftspflege, Abschnitt III.

---

[339] Verfügungen und Mitteilungen des Ministeriums für Gesundheitswesen der Deutschen Demokratischen Republik vom 10. Februar 1986, Sonderdruck.

[340] Art. 8 i.V.m. Anlage I, Kap. XI, Sachgebiet G: Allgemeine verkehrsrechtliche Bestimmungen, Abschnitt III Nrn. 1-7 EV; Art. 9 Abs. 2 i.V.m. Anlage II, Kap. XI, Sachgebiet E: Allgemeine verkehrsrechtliche Bestimmungen, Abschnitt III Nrn. 1-8 EV.

Auch hier erfaßt die Überleitung lediglich Rechtsvorschriften, also z. B. nicht — jedenfalls nicht ausdrücklich — die Richtlinien des Bundesministers für Umwelt, Naturschutz und Reaktorsicherheit zur Förderung von Erprobungs- und Entwicklungsvorhaben im Bereich Naturschutz und Landschaftspflege[342] oder die Allgemeine Verwaltungsvorschrift zu dem Gesetz zum Washingtoner Artenschutzübereinkommen.[343]

3. Sonderregelungen für das Beitrittsgebiet

a) Modifizierte Inkraftsetzung des Bundesnaturschutzgesetzes

Im Einigungsvertrag selbst findet sich nur eine einzige ausdrückliche naturschutzrechtliche Sonderregelung für das Beitrittsgebiet. Nach Art. 8 i.V.m. Anlage I, Kap. XII, Sachgebiet F: Naturschutz und Landschaftspflege, Abschnitt III EV gilt das Bundesnaturschutzgesetz im Beitrittsgebiet mit der Maßgabe, daß für die Anwendung des § 4 S. 2 BNatSchG — Anpassungspflicht für die Landesgesetzgebung — und des § 38 Abs. 1 BNatSchG — Übergangsvorschrift für Landesverteidigung und sonstige besondere Fälle —[344] als Datum des Inkrafttretens des Bundesnaturschutzgesetzes der 1. Juli 1990 gilt.

b) Vorläufige Regelung (Art. 6 § 3 Abs. 1 URG)

Bei den Regelungen des Bundesnaturschutzgesetzes handelt es sich zu einem erheblichen Teil um (nicht unmittelbar anwendbare) Rahmenvorschriften (vgl. § 4 S. 1 BNatSchG). Da im Zeitpunkt des Inkrafttretens des Umweltrahmengesetzes Länder in der DDR erst aufgebaut werden mußten und absehbar war, daß bis zur Schaffung entsprechender Landesgesetze möglicherweise längere Zeit vergehen würde,[345] bestimmte Art. 6 § 3 Abs. 1 S. 1 und 2 URG, daß die Bestimmungen des Bundesnaturschutzgesetzes, soweit sie sich nicht ausdrücklich oder nach Sinn und Zweck an die Länder richten, bis zum Inkrafttreten von Naturschutzgesetzen der Länder in der ehemaligen DDR unmittelbar gelten sollten. Darüber hinaus blieben nach Art. 6 § 3 Abs. 1 S. 3 URG die Vorschriften der §§ 10 bis 16 des Landeskulturgesetzes und der Naturschutzverordnung unberührt, soweit sie den Vorschriften des Bundesnaturschutzgesetzes nicht widersprachen.

---

[341] Zum Natur- und Artenschutzrecht nach dem Einigungsvertrag vgl. auch *Vierhaus*, NVwZ 1991, 341 ff.

[342] Vom 16. Dezember 1987, GMBl. 1988 S. 109.

[343] In der Fassung vom 4. November 1981, Beil. BAnz. Nr. 220-43/81.

[344] Mit dieser Regelung soll die Entscheidung des URG revidiert werden, das die Privilegierungsvorschrift des § 38 BNatSchG nicht für die ehemalige DDR übernahm.

[345] Zur Entstehung von Naturschutzgesetzen in den „neuen Bundesländern" vgl. *Hübler*, DÖV 1991, 85 ff. [87] (kritisch zur Anlehnung an die unterschiedlichen Modelle der „alten Bundesländer").

Die Problematik fehlender naturschutzrechtlicher Regelungen der Länder bestand (und besteht) im Beitrittsgebiet auch nach dem Inkrafttreten des Einigungsvertrages zunächst fort. Dennoch enthält der Einigungsvertrag keine ausdrückliche Vorschrift zur Ausfüllung dieser Regelungslücke. Jedoch dürfte Art. 6 § 3 Abs. 1 S. 1 und 2 URG im Rahmen des Art. 9 Abs. 1 EV insoweit als Landesrecht fortgelten, so daß insoweit durch die (analoge) unmittelbare Anwendbarkeit von Vorschriften des Bundesnaturschutzgesetzes eine gewisse Lückenfüllung gewährleistet sein dürfte.

Zweifel an der Fortgeltung von Art. 6 § 3 Abs. 1 S. 1 und 2 URG könnte allerdings ein Hinweis der Bundesregierung wecken, der lautet: „Ergänzend ist darauf hinzuweisen, daß gemäß Art. 9 Abs. 1 des Vertrages die bisherigen naturschutzrechtlichen Bestimmungen des Umweltrahmengesetzes, soweit sie kein Bundesrecht übergeleitet haben, als Landesrecht fortgelten."[346] Dieser Hinweis trägt jedoch nicht die mögliche Folgerung, Art. 6 Abs. 1 S. 1 und 2 URG gelte als Vorschrift zur Überleitung von Bundesrecht nicht nach Art. 9 Abs. 1 fort. Nach Art. 9 Abs. 1 S. 2 EV gilt DDR-Recht, das Gegenstände der Rahmengesetzgebung des Bundes betrifft, als Landesrecht fort, sofern es (u. a.) nicht bundeseinheitlich geregelte Gegenstände betrifft. Diese Voraussetzungen erfüllt Art. 6 § 3 Abs. 1 S. 1 und 2 URG, da das nach Art. 8 EV übergeleitete Bundesnaturschutzgesetz insoweit lediglich Rahmenvorschriften enthält und deren — ggf. „inhaltsgleiche" — Ausfüllung den Ländern überläßt.[347] Gegenüber diesem objektiven Inhalt des Art. 9 Abs. 1 EV kann dem „Hinweis" der Bundesregierung keine entscheidende Bedeutung zukommen. Darüber hinaus war Art. 6 § 3 Abs. 1 S. 1 URG auch keine Vorschrift, die selbst Bundesrecht überleitete. Übergeleitet wurde das Bundesnaturschutzgesetz vielmehr durch Art. 6 § 2 i. V. m. Anlage 1 zum URG, Zu Art. 6, Nr. 1. Demgegenüber traf Art. 6 § 3 Abs. 1 S. 1 und 2 URG eine zwar an das Bundesnaturschutzgesetz angelehnte, aber doch neue DDR-Regelung zur Ausfüllung der naturschutzrechtlichen Rahmenvorschriften des Bundes.

c) Fortgeltung von nach Unterzeichnung des Einigungsvertrages erfolgten Unterschutzstellungen

Nach Art. 9 Abs. 3 EV i.V.m. Art. 3 Nr. 30 der Vereinbarung zwischen der Bundesrepublik Deutschland und der Deutschen Demokratischen Republik zur Durchführung und Auslegung des am 31. August 1990 unterzeichneten Vertrages zwischen der Bundesrepublik Deutschland und der Deutschen Demokratischen Republik über die Herstellung der Einheit Deutschlands — Einigungsvertrag —[348] gelten vierzehn Verordnungen der DDR über die

[346] Erläuterungen zu den Anlagen des Einigungsvertrages, Zu Kap. XII der Anlage II, Abschnitt III, Nr. 1, 3. Absatz, BT-Drucks. 11/7817, BR-Drucks. 605/90.

[347] Zur Fortgeltung solcher DDR-Regelungen nach Art. 9 Abs. 1 EV vgl. o. S. 60f.

[348] BGBl. II 1990, S. 885ff. [1239ff.] (vgl. unten Anlage I, 4).

Festsetzung von Naturschutzgebieten und Naturparks fort, die erst nach der Unterzeichnung des Einigungsvertrages erlassen wurden. Deren Fortgeltung ist allerdings mit der umweltpolitisch höchst fragwürdigen[349] Maßgabe verbunden, daß diese Festsetzungen auf den Neubau, den Ausbau und die Unterhaltung von Bundesverkehrswegen keine Anwendung finden. Bei der Durchführung der genannten Maßnahmen ist der Schutzzweck der Verordnungen (lediglich) zu berücksichtigen. Obwohl diese Verordnungen nach Art. 9 Abs. 4 S. 2 EV als Landesrecht fortgelten, sind die betreffenden Länder aufgrund der genannten Vereinbarung daran gehindert, die betreffenden Gebiete auf der Grundlage des jetzt im Beitrittsgebiet geltenden Natur- und Landschaftsschutzrechts erneut und ohne Bindung an die o.a. Maßgabe unter Schutz zu stellen. Ob die vereinbarte Maßgaberegelung mit ihrer undifferenzierten Privilegierung von Bundesverkehrswegen Bestand haben kann, ist fraglich: Einerseits ist zweifelhaft, ob die Abwägung zwischen Naturschutz und Verkehrsbelangen wirklich pauschal zum Vorrang der letzteren führen darf,[350] und zum andern ist die Ungleichbehandlung zwischen Bundes- und Landesstraßen höchst zweifelhaft.

VII. Umweltverträglichkeitsprüfung

1. Zweck (Art. 7 § 1 URG)

Auch hinsichtlich der Regelung über die Umweltverträglichkeitsprüfung enthielt das Umweltrahmengesetz eine — an § 1 UVPG[351] angelehnte — eigenständige Zweckbestimmung. Nach Art. 7 § 1 URG sollten zur wirksamen Umweltvorsorge die Auswirkungen von Vorhaben auf die Umwelt nach einheitlichen Grundsätzen frühzeitig ermittelt, beschrieben und bewertet sowie das Ergebnis der Umweltverträglichkeitsprüfung so früh wie möglich bei allen behördlichen Entscheidungen über die Zulässigkeit von Vorhaben berücksichtigt werden.

2. Überleitung des bundesdeutschen Gesetzes über die Umweltverträglichkeitsprüfung (UVPG)

a) Übernahme von Vorschriften durch das Umweltrahmengesetz (Art. 7 § 2 URG)

Bereits vor dem Beitritt war man seit einiger Zeit in der DDR bemüht, ein EG-rechtskonformes UVP-Gesetz zu schaffen. Diese Bemühungen mündeten in

[349] Krit. auch *Hübler*, DÖV 1991, 85ff. [88].

[350] Möglicherweise könnte man geltend machen, diese Regelung führe nicht dazu, daß naturschutzrechtliche Belange bei der Planung von Verkehrswegen (vgl. etwa § 17 FStrG sowie *Kloepfer*, Umweltrecht, § 9 Rn. 63f.) außer acht gelassen werden dürften. Andererseits wird man in der hier in Rede stehenden Zusatzvereinbarung eine Spezialregelung sehen müssen, die Auswirkungen auch auf die Abwägung im Rahmen von Verkehrswegeplanungen haben dürfte.

einen Referentenentwurf eines UVP-Gesetzes für die DDR, dessen Regelungen erheblich von denen des bundesdeutschen UVP-Gesetzes abwichen. Der Entwurf sah nicht nur ein eigenständiges Prüfungsverfahren vor, sondern auch weitreichende Modifizierungen materieller Zulassungsanforderungen. Die DDR hatte diese Absicht nach Einholung auswärtiger Stellungnahmen[352] vor allem deshalb aufgegeben, weil durch solche Modifizierungen der Prozeß der deutsch-deutschen Umweltrechtsharmonisierung erheblich erschwert worden wäre.[353] Nach Art. 7 § 2 S. 1 URG traten Art. 1 (Gesetz über die Umweltverträglichkeitsprüfung) und Art. 14 des Gesetzes zur Umsetzung der Richtlinie des Rates vom 27. Juni 1985 über die Umweltverträglichkeitsprüfung bei bestimmten öffentlichen und privaten Projekten (85/337/EWG)[354] in der DDR am 1. August 1990 in Kraft. Durch die Übernahme von Art. 14 Abs. 2 des Gesetzes zur Umsetzung der UVP-Richtlinie wurde erreicht, daß auch in der DDR das UVP-Gesetz auf bestimmte kerntechnische Vorhaben erst nach dem Inkrafttreten einer Rechtsverordnung nach § 7 Abs. 4 S. 3 und § 7 a Abs. 2 AtG, welche die Anforderungen des UVP-Gesetzes für den Bereich des atomrechtlichen Genehmigungsverfahrens näher bestimmt, angewandt werden sollte. Nach Art. 7 § 2 S. 2 URG fand darüber hinaus das UVP-Gesetz in der DDR keine Anwendung, soweit in ihm auf Gesetze oder Rechtsverordnungen der Bundesrepublik Deutschland verwiesen wurde, die in der DDR noch nicht oder in einer an das UVP-Gesetz noch nicht angepaßten Fassung in Kraft waren.[355]

b) Inkraftsetzung des Gesetzes über die Umweltverträglichkeitsprüfung (UVPG) durch den Einigungsvertrag

Der Einigungsvertrag enthält — anders als das Umweltrahmengesetz — keinerlei spezielle Regelung über die Umweltverträglichkeitsprüfung. Daher bleibt es bei der allgemeinen Regelung des Art. 8 EV, wonach alle Rechtsvorschriften des Bundes im Beitrittsgebiet in Kraft gesetzt werden. Das gilt nicht nur für das Gesetz über die Umweltverträglichkeitsprüfung (UVPG), sondern auch für den bereits durch Art. 7 § 2 S. 1 URG in Bezug genommenen Art. 14 des Gesetzes zur Umsetzung der Richtlinie des Rates vom 27. Juni 1985 über die Umweltverträglichkeitsprüfung bei bestimmten öffentlichen und privaten Pro-

---

351 Art. 1 des Gesetzes zur Umsetzung der Richtlinie des Rates vom 27. Juni 1985 über die Umweltverträglichkeitsprüfung bei bestimmten öffentlichen und privaten Projekten (85/337/EWG) vom 12. Februar 1990, BGBl. I S. 205.

352 Vgl. *Kloepfer*, Stellungnahme zum Entwurf eines Gesetzes über die Umweltverträglichkeitsprüfung (UVPG), erstellt für das Ministerium für Umwelt, Naturschutz, Energie und Reaktorsicherheit, Berlin (Ost), MS, 1990.

353 Vgl. auch *Jürk*, in: Kloepfer, Umweltrechtliche Instrumente, S. 26ff. [37].

354 Vom 12. Februar 1990, BGBl. I S. 205.

355 Zumindest theoretisch lag insoweit eine Abweichung von §4 UVPG vor, wonach das UVP-Gesetz ihm nicht entsprechende Regelungen modifiziert.

jekten (85/337/EWG). Im Ergebnis bedeutet dies, daß insbesondere das UVP-Gesetz im Gebiet der ehemaligen DDR vom 1. Juni 1990 bis 2. Oktober 1990 als DDR-Recht und nach dem Beitritt als Bundesrecht galt bzw. gilt.

VIII. Sonstige umweltrechtliche Regelungen im Einigungsvertrag

Es wurde bereits darauf hingewiesen, daß die grundsätzliche Gliederung der Anlagen zum Einigungsvertrag nach den Geschäftsbereichen der Bundesminister dazu führt, daß die beitrittsbedingten umweltrechtlichen „Sonder"-Regelungen nicht ausschließlich in den jeweiligen Kapiteln XII der Anlagen (Geschäftsbereich des Bundesministers für Umwelt, Naturschutz und Reaktorsicherheit) zu finden sind, weil auch andere Bundesminister über Umweltkompetenzen verfügen. Eine vollständige Bestandsaufnahme der umweltrelevanten Regelungen des Einigungsvertrages würde jedoch den Rahmen der vorliegenden Untersuchung sprengen. Auf einige umweltrechtliche Regelungen außerhalb des jeweiligen Kapitels XII der Anlage I und II wurde bereits im Zusammenhang mit den in diesen Kapiteln behandelten Sachgebieten hingewiesen. Darüber hinaus soll im folgenden noch kurz auf einige weitere umweltschutzrelevante Regelungen eingegangen werden.

1. Sprengstoffgesetz

Nach Art. 8 i.V.m. Anlage I, Kap. II, Sachgebiet C: Öffentliche Sicherheit, Abschnitt III Nr. 1 EV tritt das Sprengstoffgesetz im Beitrittsgebiet mit den dort festgelegten Maßgaben in Kraft.[356]

2. Umweltprivatrecht

Soweit das Umweltprivatrecht[357] aus spezialgesetzlichen (Haftungs-) Regelungen in einzelnen Umweltgesetzen (vgl. z.B. §§ 13ff., 25ff. AtG, § 22 WHG, § 33ff. LuftVG) besteht, enthält der Einigungsvertrag (soweit ersichtlich) eine Sonderregelung für das Beitrittsgebiet lediglich hinsichtlich der §§ 33-56 LuftVG. Diese treten nach Art. 8 i.V.m. Anlage I, Kap. XI, Sachgebiet C: Luftfahrt, Abschnitt III Nr. 1 a EV im Beitrittsgebiet mit der Maßgabe in Kraft, daß sie nur auf solche Schadensereignisse Anwendung finden, die nach dem Wirksamwerden des Beitritts eingetreten sind.[358]

---

356 Das Sprengstoffgesetz dürfte allerdings kaum zum Umweltrecht i. e. S. zu rechnen sein (vgl. *Kloepfer*, Umweltrecht, § 13 Rn. 11.

357 Vgl. hierzu etwa den Überblick bei *Kloepfer*, Umweltrecht, § 4 Rn. 292ff.

358 Unklar ist allerdings, was unter „Schadensereignis" i.S.d. Vorschrift zu verstehen ist. Der Wortlaut erfaßt sowohl die schadenstiftende Handlung als auch den Schadenseintritt.

Auch hinsichtlich der umweltschützenden Normen des Bürgerlichen Gesetzbuches (vor allem §§ 823ff., §§ 906ff., § 1004 BGB)[359] enthält der Einigungsvertrag besondere Regelungen für das Beitrittsgebiet. Nach Art. 230 Abs. 2 EGBGB tritt das Bürgerliche Gesetzbuch im Beitrittsgebiet nach Maßgabe der Art. 231ff. EGBGB in Kraft.[360] Nach Art. 232 § 10 EGBGB sind die Bestimmungen der §§ 823 bis 853 BGB nur auf Handlungen anzuwenden, die am Tag des Wirksamwerdens des Beitritts oder danach begangen werden. Nach Art. 233 § 2 EGBGB finden auf das am Tag des Wirksamwerdens des Beitritts bestehende Eigentum an Sachen die Vorschriften des Bürgerlichen Gesetzbuchs Anwendung, soweit nicht in Art. 233 § 2 Abs. 2, §§ 3ff. EGBGB etwas anderes bestimmt ist. Umweltrechtlich bedeutsam dürfte — im Hinblick auf §§ 906ff., § 1004 BGB — hier lediglich die Regelung des Art. 233 § 4 Abs. 1 und 3 EGBGB sein, die das Gebäudeeigentum nach dem Recht der ehemaligen DDR weitgehend dem Grundeigentum gleichstellt.

Hinzuweisen ist auch auf das Umwelthaftungsgesetz[361], das am 1. Januar 1991 in Kraft getreten ist (Art. 5 UmweltHG). Der Gesetzgeber sah keine Veranlassung, in dieses Gesetz Übergangsregelungen für das Beitrittsgebiet aufzunehmen. Damit wird eine spezifische Schwäche des bundesdeutschen Rechts bewußt, das kurz nach dem Beitritt in Kraft trat. Hier konnte der Einigungsvertrag notwendigerweise keine Übergangsvorschriften für das Beitrittsgebiet vorsehen. Da hier die Gesetzgebungsverfahren regelmäßig längere Zeit vor dem Beitritt begonnen wurden, sind dabei die beitrittsbedingten Regelungsprobleme noch nicht behandelt worden. Um diesem Defizit abzuhelfen, hätte man das Gesetzgebungsverfahren — jedenfalls politisch — weitgehend neu anlaufen lassen müssen, was nicht selten — wie beim Umwelthaftungsgesetz — aus anderen Gründen politisch inopportun schien. So gehört dieses Gesetz zu dem Recht, das im Windschatten der Einigung einigungsblind ist.

3. Umweltstrafrecht

Soweit das Umweltstrafrecht[362] außerhalb des Strafgesetzbuchs in einzelnen Umweltgesetzen geregelt ist (insbesondere § 30 a i. V. m. § 30 BNatSchG, § 39 PflSchG, § 7 DDTG, §§ 59-62 LuftVG, § 148 GewO), enthält — soweit

---

[359] Vgl. *Kloepfer*, Umweltrecht, Rn. 296ff.

[360] Die Art. 230ff. EGBGB wurden eingefügt durch Art. 8 i. V. m. Anlage I, Kap. III, Sachgebiet B: Bürgerliches Recht, Abschnitt II Nr. 1 EV. Während das modifizierte Inkrafttreten von Vorschriften im Beitrittsgebiet üblicherweise in Abschnitt III geregelt ist (vgl. Absatz 3 der Vorbemerkungen zu Anlage I zum Einigungsvertrag), geht der Einigungsvertrag hier den Weg über die Änderung des betreffenden Einführungsgesetzes, die entsprechend der üblichen Systematik in Abschnitt II geregelt ist.

[361] Gesetz über die Umwelthaftung vom 10. Dezember 1990, BGBl. I S. 1634.

[362] Vgl. hierzu etwa den Überblick bei *Kloepfer*, Umweltrecht, § 4 Rn. 334ff. Zum Strafrecht im vereinten Deutschland vgl. allgemein z. B. *Samson*, Neue Justiz 1991, 143ff.

ersichtlich — der Einigungsvertrag keine Sonderregelungen für das Beitrittsgebiet. Soweit Umweltstrafrecht im Strafgesetzbuch selbst enthalten ist (insbesondere §§ 310 b — 311 e, 319, 324 ff. StGB) werden diese selbst nach Art. 8 EV ohne Modifikationen in Anlage I im Beitrittsgebiet in Kraft gesetzt. Hingewiesen sei aber auf die allgemeinen Überleitungsregelungen in Art. 315 - 315 e EGStGB.[363]

Eine spezifisch umweltstrafrechtliche Regelung enthält jedoch Art. 9 Abs. 2 i. V. m. Anlage II, Kap. III, Sachgebiet C: Strafrecht und Ordnungswidrigkeitenrecht, Abschnitt II EV. Danach bleibt im Beitrittsgebiet § 191 a StGB (DDR) in folgender Fassung in Kraft:

„§ 191 a

Verursachung einer Umweltgefahr

(1) Wer unter Verletzung verwaltungsrechtlicher Pflichten eine Verunreinigung des Bodens mit schädlichen Stoffen oder Krankheitserregern in bedeutendem Umfang verursacht, wird mit Freiheitsstrafe bis zu fünf Jahren oder mit Geldstrafe bestraft.

(2) Der Versuch ist strafbar.

(3) Handelt der Täter fahrlässig, so ist die Strafe Freiheitsstrafe bis zu zwei Jahren oder Geldstrafe.

(4) Verwaltungsrechtliche Pflichten im Sinne des Absatzes 1 verletzt, wer gegen eine Rechtsvorschrift, eine vollziehbare Untersagung, Anordnung oder Auflage verstößt, die dem Schutz des Bodens vor Verunreinigung dient."

Diese Vorschrift ist vor dem Hintergrund der Bemühungen um einen verbesserten strafrechtlichen Bodenschutz zu sehen. Der betreffende Gesetzesentwurf der Bundesregierung[364] sieht die Einführung eines § 324 a StGB vor, der Bodenverunreinigungen unter bestimmten Voraussetzungen unter Strafe stellt. In Erwartung dieser Änderung des Strafgesetzbuches wurde im Einigungsvertrag die Fortgeltung des modifizierten § 191 a StGB (DDR) vereinbart, um nicht auch nur für eine Übergangszeit den strafrechtlichen Bodenschutz im Beitrittsgebiet zurückzunehmen.[365]

Aus diesem Grunde erscheint es — auch im Interesse einer fortschreitenden Rechtsangleichung — angebracht, zur Auslegung des § 191 a StGB (DDR) i.d.F. des Einigungsvertrages den im Entwurfsstadium befindlichen § 324 a StGB und dessen Begründung durch die Bundesregierung heranzuziehen. Freilich wäre es hilfreich gewesen, wenn sich die Partner des Einigungsvertrages stärker an den vorgeschlagenen Wortlaut des § 324 a StGB angelehnt hätten.

---

[363] Vgl. Anlage I, Kap. III, Sachgebiet C: Strafrecht und Ordnungswidrigkeitenrecht, Abschnitt II Nr. 1 b und c EV. Vgl. hierzu etwa *Schneiders*, Die Regelung über das materielle Strafrecht im Einigungsvertrag, MDR 1990, 1049 ff. [1050 f.].

[364] BT-Drucks. 11/7101.

[365] Vgl. Erläuterungen zu den Anlagen des Einigungsvertrages, Zu Kapitel III der Anlage II, Zu Sachgebiet C, Abschnitt II, BR-Drucks. 605/90, sowie *Schneiders*, MDR 1990, 1049 ff. [1052].

4. Energierecht

Der Einigungsvertrag enthält auch einige energierechtliche[366] Sonderregelungen für das Beitrittsgebiet. Nach § 8 i.V.m. Anlage I, Kap. V, Sachgebiet D: Recht des Bergbaus und der Versorgungswirtschaft, Abschnitt III, Nrn. 8ff. EV treten die dort genannten Rechtsvorschriften mit den ebenfalls dort festgelegten Maßgaben in Kraft. Umweltrechtlich relevant dürften insbesondere die rgangsregelungen zur Wärmeschutzverordnung, zur Heizungsanlagenverordnung und zur Verordnung über Heizkostenabrechnung sein.

IX. Allgemeine Vorschriften

Das Umweltrahmengesetz enthielt in Art. 8 URG — gewissermaßen als Allgemeinen Teil des Umweltrahmengesetzes — ganz unterschiedliche (und z. T. nicht ganz unbedenkliche) Regelungen, die grundsätzlich für alle vorhergehenden Artikel galten. Im Einigungsvertrag, der einer anderen Regelungstechnik folgt, finden sich (teilweise) entsprechende Regelungen an den verschiedensten Stellen, aber nicht mehr zusammengefaßt.

1. Anpassungspflichten an geänderte bundesdeutsche Vorschriften, Änderungsverbot (Art. 8 § 1 Abs. 1 und 4 URG)

Ein wesentliches Anliegen des Umweltrahmengesetzes war das in ihm enthaltene (und deutschlandrechtlich vorgegebene) Rückschrittsverbot im Prozeß der deutsch-deutschen Rechtsvereinheitlichung. Eine solche Gefahr hätte bei späteren Gesetzesänderungen der Bundesrepublik Deutschland oder der DDR auftreten können. Deshalb begründete Art. 8 § 1 Abs. 1 URG eine Änderungsfolgepflicht für die DDR (bei Gesetzesänderungen des Bundesrechts) bzw. Art. 8 § 1 Abs. 4 URG ein Verbot selbständiger DDR-Änderungen des übernommenen Bundesrechts. Mit dem Beitritt sind solche Regelungen überflüssig geworden und daher im Einigungsvertrag nicht vorhanden.

2. Handhabung von Verweisungen in übernommenen bundesdeutschen Vorschriften auf andere bundesdeutsche Regelungen

Nach Art. 8 § 1 Abs. 2 S. 1 URG sollten, soweit die in Art. 1-7 URG genannten oder gemäß Art. 8 § 1 Abs. 1 URG übernommenen Vorschriften Verweisungen auf andere Vorschriften des Rechts der Bundesrepublik Deutschland enthielten, an deren Stelle inhaltlich entsprechende Vorschriften der Deutschen Demokratischen Republik treten. Nach Art. 8 § 1 Abs. 2 S. 2 URG sollten, wenn solche entsprechenden Vorschriften der Deutschen Demokrati-

[366] Zur Umweltrelevanz des Energierechts, insbesondere des Energieeinsparungsrechts vgl. *Kloepfer*, Umweltrecht, § 8 Rn. 72ff.

schen Republik nicht bestanden, die in Bezug genommenen Vorschriften der Bundesrepublik Deutschland in der Deutschen Demokratischen Republik in Kraft gesetzt werden.[367] Auch der Einigungsvertrag enthält — inhaltlich aber abweichende — Regelungen für den Fall, daß Verweisungsnormen im Widerspruch zum Umfang des übergeleiteten Rechts stehen.[368]

3. Außerkrafttreten von Regelungen der DDR (Art. 8 § 1 Abs. 3 URG)

Nach Art. 8 § 1 Abs. 3 URG traten Bestimmungen der Deutschen Demokratischen Republik außer Kraft, soweit sie den gleichen Gegenstand regelten wie die in den Art. 1 - 7 URG genannten Vorschriften. Die Regelung war so zu verstehen, daß die umweltrechtlichen Vorschriften der DDR weiterhin anzuwenden waren, soweit sie nicht Sinn und Zweck der übernommenen Vorschriften der Bundesrepublik Deutschland widersprachen.[369] Der Einigungsvertrag hat die Frage der Fortgeltung des DDR-Rechts umfassender in Art. 9 EV geregelt.[370]

4. Übergangsfristen

Bei der Überleitung bundesdeutscher Regelungen stellte sich das Problem, daß dort häufig Übergangsfristen vorgesehen sind, die sich am Zeitpunkt des Inkrafttretens der jeweiligen Vorschriften orientieren. Diese Übergangsfristen wären weitgehend sinnlos bzw. z. T. infolge Zeitablaufs bereits mit der Übernahme durch die DDR bzw. ihrer Inkraftsetzung im Beitrittsgebiet obsolet gewesen, wenn man auf den Zeitpunkt des erstmaligen Inkrafttretens der übernommenen Regelungen in der Bundesrepublik Deutschland abstellen würde bzw. abgestellt hätte.

Das Umweltrahmengesetz enthielt daher in Art. 8 § 2 URG eine grundsätzlich für das gesamte Umweltrahmengesetz geltende Anpassungsregelung. Nach Art. 8 § 2 Abs. 1 URG galten, soweit die in den Art. 1 - 7 URG genannten Vorschriften Regelungen enthielten, nach denen bis zu einem festgesetzten

---

[367] Die Bedeutung dieser Vorschrift war dunkel. Wer sollte diese Vorschriften in Kraft setzen? War der Ministerrat, die Volkskammer (Gesetzgebungsauftrag) oder eine sonstige Stelle gemeint? Sinnvoller wäre es gewesen, die (bedingte) Geltung bundesdeutscher Vorschriften unmittelbar durch das Umweltrahmengesetz anzuordnen.

[368] Vgl. den jeweiligen Absatz 4 der Vorbemerkungen zu Anlage I und Anlage II zum Einigungsvertrag (vgl. oben S. 40, 44).

[369] Die von *Schrader* vorgeschlagene an einem Vergleich von systematischen Regelungsschwerpunkten der Gesetze orientierte Auslegung (IUR 1990, 22ff. [24]) scheint — wie die von ihm angeführten Beispiele zeigen — tendenziell eher darauf angelegt zu sein, der von dem Gesetz angestrebten Vereinheitlichung des Umweltrechts in beiden deutschen Staaten partiell entgegenzuwirken.

[370] Vgl. hierzu oben S. 42ff.

Termin Maßnahmen durchzuführen oder Erklärungen abzugeben waren, die sich hieraus ergebenden Fristen (lediglich) entsprechend.[371] Dies galt unabhängig davon, ob in den übernommenen Regelungen Übergangsfristen ausdrücklich unter Bezugnahme auf den Zeitpunkt des Inkrafttretens der Regelung (vgl. etwa § 36 Abs. 2 und 3 GroßfeuerungsanlagenV) oder durch Festlegung eines bestimmten Stichtages (vgl. etwa Nr. 4.2 TA Luft) eingeräumt wurden. Nach Art. 8 § 2 Abs. 2 URG wurde der Ministerrat ermächtigt, bis zum 31. Dezember 1990 kürzere Fristen als die sich aus den Rechtsverordnungen der Anlage 2 zu Art. 5 URG (GefStoffV, PCB-, PCT-, VC-Verbotsverordnung, PCP-Verbotsverordnung) i.V.m. Art. 8 § 2 Abs. 1 URG ergebenden zu bestimmen.

Der Einigungsvertrag hat von einer generellen Vorschrift zur Anpassung von Übergangsfristen abgesehen, sondern Anpassungen im Zusammenhang mit den jeweiligen Einzelregelungen vorgenommen.

5. Zuständigkeiten

a) Zuständigkeitsregelungen

Nach Art. 8 § 3 Abs. 1 URG sollten an die Stelle der Behörden und sonstigen Stellen in der Bundesrepublik Deutschland einschließlich Berlin (West), die in den in Art. 1 - 7 URG genannten Vorschriften bezeichnet waren, die entsprechenden Behörden oder sonstigen Stellen in der Deutschen Demokratischen Republik treten.[372] Welche Behörden im einzelnen zuständig waren, überließ das Gesetz internen Organisationsakten der öffentlichen Gewalt (der ehemaligen DDR).

Art. 8 § 3 Abs. 2 URG betraf die durch die DDR übergeleiteten Verordnungsermächtigungen. Nach Art. 8 § 3 Abs. 2 S. 1 URG traten, soweit die in den Art. 1 - 7 URG genannten Vorschriften die Bundesregierung oder einen Bundesminister zum Erlaß von Rechtsverordnungen oder allgemeinen Verwaltungsvorschriften ermächtigten, an deren Stelle der Ministerrat oder der zuständige Minister der Deutschen Demokratischen Republik. Soweit das Bundesrecht Landesregierungen ermächtigte, traten nach Art. 8 § 3 Abs. 2 S. 2 URG an deren Stelle die Landesregierungen im Gebiet der DDR bzw. der Magistrat von Berlin, solange noch keine Landesregierungen bestanden, an deren Stelle die Regierungsbevollmächtigten in den Bezirken. Einer entsprechenden Regelung im

[371] Für immissionsschutzrechtliche Anforderungen an Altanlagen wurde diese Fristenregelungen dadurch modifiziert, daß insoweit, als die in Art. 1 § 2 Abs. 1 Nr. 1 URG genannten Vorschriften die Durchführung von Sanierungsmaßnahmen oder die Abgabe von Verzichtserklärungen innerhalb bestimmter Fristen vorsahen, Art. 8 § 2 URG mit der Maßgabe galt, daß sich die dort genannten Fristen um jeweils ein Jahr verlängerten. Entsprechendes galt nach Art. 4 § 3 URG auch für abfallrechtliche Anforderungen an Altanlagen.

[372] Besondere Zuständigkeitsregelungen enthielten z.B. Art. 1 § 7, Art. 2 § 5, Art. 5 § 4, Art. 6 §§ 6 und 7 URG.

Einigungsvertrag bedurfte es nicht mehr. Es gibt allerdings im Einigungsvertrag einige verstreute Zuständigkeitsregelungen.[373]

b) Entwicklung der Umweltverwaltung im Beitrittsgebiet

Der Umbau der Umweltverwaltung in der ehemaligen DDR vollzog sich z.T. bereits parallel zur Entstehung des Umweltrahmengesetzes. Nach der Auflösung der Bezirkstage[374] und dem Erlaß einer neuen Kommunalverfassung[375] waren die Zuständigkeiten zum Vollzug des Umweltrahmengesetzes bis zur Bildung von Ländern mit Vollzugsbehörden wie folgt verteilt[376]: Der Ministerrat nahm die Aufgaben der Länderregierungen wahr, die Fachminister die Aufgaben der jeweiligen Länderfachminister. Das Ministerium für Umwelt, Naturschutz, Energie und Reaktorsicherheit in Berlin (Ost)[377] fungierte als oberste Landesumweltbehörde mit 15 nachgeordneten Fachinstituten bei den Regierungsbevollmächtigten (welche die Aufgaben der späteren Regierungspräsidenten wahrnahmen) in den Bezirken. Beim Regierungsbevollmächtigten des Bezirks wurden die Aufgaben der oberen Umweltbehörde wahrgenommen durch die Staatliche Umweltinspektion für die Durchsetzung des Bundes-Immissionsschutzgesetzes, die Staatliche Gewässeraufsicht für die Durchsetzung des Wasserrechts, die Abteilung Umweltschutz und Wasserwirtschaft zu Fragen des Abfallrechts und des Naturschutzes sowie durch die Staatliche Hygieneinspektion und das Staatliche Amt für Atomsicherheit und Strahlenschutz.[378] Untere Umweltbehörden waren die Landkreise und die kreisfreien Städte.

Zum Aufbau einer Umweltverwaltung in den Ländern hatte das Ministerium für Umwelt, Naturschutz, Energie und Reaktorsicherheit in der DDR einen Entwurf für

---

373 Vgl. z.B. Art. 9 Abs. 2 i.V.m. Anlage II, Kap. XII, Abschnitt III Nr. 1 b und f EV (Freistellung im Einvernehmen mit der obersten Landesbehörde). Zu dem praktisch sehr relevanten Problem der Verwaltungszuständigkeiten im Beitrittsgebiet angesichts weitgehender Unklarheiten vgl. *Müggenborg*, NVwZ 1991, 735ff. [737ff.].

374 Vgl. den Beschluß der Volkskammer der Deutschen Demokratischen Republik zur Beendigung der Legislaturperiode der Bezirkstage vom 17. Mai 1990, GBl. I Nr. 28 S. 269. Dort hieß es: „1. Die Legislaturperiode der Bezirkstage wird mit Wirkung vom 31. Mai 1990 beendet. ... 4. Der Ministerpräsident wird beauftragt, zur Sicherung der Regierbarkeit des Landes bis zur Länderbildung in den Bezirken Regierungsbevollmächtigte einzusetzen und dazu die erforderlichen Regelungen zu erlassen."

375 Gesetz über die Selbstverwaltung der Gemeinden und Landkreise in der DDR (Kommunalverfassung) vom 17. Mai 1990, GBl. I Nr. 28 S. 255.

376 Vgl. die „Hinweise für den Vollzug des Umweltrahmengesetzes bis zur Bildung von Ländern mit Vollzugsbehörden" des Ministeriums (der DDR) für Umwelt, Naturschutz, Energie und Reaktorsicherheit — Z II 5 — vom 11.6.1990. Vgl. auch die Allgemeine Verwaltungsvorschrift über die Zuständigkeiten nach Art. 1 (Immissionsschutz) des Umweltrahmengesetzes vom 27. Juli 1990, die Verfügung des Ministers für Umwelt, Naturschutz, Energie und Reaktorsicherheit über die Wahrnehmung von Aufgaben des wasserrechtlichen Vollzuges bis zur Länderbildung auf dem Territorium der DDR vom 13. Juli 1990 sowie die Zuarbeit des Ministeriums für Umwelt, Naturschutz, Energie und Reaktorsicherheit zur Allgemeinen Verwaltungsvorschrift über Zuständigkeiten in Vollzug des Umweltrahmengesetzes (Übergangslösung).

377 Zu dessen Struktur und Entwicklung vgl. *Jürk*, IUR 1991, 70ff.

(unverbindliche) Empfehlungen erarbeitet.[379] Danach sollten in den Ländern als oberste Umweltbehörden Ministerien für den Umweltschutz gebildet werden, deren Zuständigkeit sich auf folgende Gebiete erstrecken sollte (Kernbereiche): Wasserwirtschaft, Luftreinhaltung, Schutz des Bodens, Abfallwirtschaft, Naturschutz, Strahlenschutz, Schutz vor Lärm, Chemikalien / Gefahrstoffe sowie zweckmäßigerweise Raumordnung und Landesplanung. In ihren Zuständigkeitsbereichen sollten die Landesumweltministerien (lediglich) oberste Aufsichtsbehörden sein.[380] Neben Umweltministerien sollten ebenfalls auf Landesebene Landesämter bzw. -anstalten für Umweltschutz gebildet werden, die unter der Fach- und Dienstaufsicht des jeweiligen (Landes-) Umweltministeriums im wesentlichen mit dessen Unterstützung, wissenschaftlichen Aufgaben und Öffentlichkeitsarbeit betraut sein sollten.

Das Schwergewicht beim Vollzug des Umweltrahmengesetzes sollte bei den Bezirksregierungen als Landesmittelbehörden liegen, bei denen Abteilungen eingerichtet werden sollten, die für alle Kernbereiche des Umweltschutzes (entsprechend der obigen Aufzählung) zuständig sein sollten. Sie sollten zudem die Fachaufsicht über die Kreisverwaltungen ausüben. Auch auf der Ebene der Bezirksregierungen sahen die „Empfehlungen" Ämter für Umweltschutz vor, die als nachgeordnete Fachbehörden die Bezirksregierung unterstützen sollten, denen aber auch ausgewählte Aufgaben übertragen werden können sollten. Auch die Kreisverwaltungen sollten diese Ämter für Umweltschutz in Anspruch nehmen können.

Bei den Kreisverwaltungen bzw. den kreisfreien Städten sollten als untere Umweltämter entsprechende Dezernate bzw. Umweltämter geschaffen werden, deren Hauptaufgaben sein sollten: Umweltplanung, ökologische Flächennutzungsplanung, Koordinierung aller Umweltangelegenheiten, Schutz, Pflege und Entwicklung von Natur und Landschaft, Sicherung der durch Landesgesetz zugeordneten Vollzugsaufgaben, kommunale Aufgaben der Wasserversorgung, Abwasserbeseitigung, Abfallbeseitigung.

Es würde den Rahmen der vorliegenden Untersuchung sprengen, wenn versucht würde, einen Überblick über die derzeitige Organisation der Umweltverwaltung im Beitrittsgebiet zu geben. Zudem dürfte der Aufbau der Umweltverwaltung derzeit noch nicht abgeschlossen sein. Es ist jedoch davon auszugehen, daß sich die Länder im Beitrittsgebiet weitgehend an bestehende Modelle der alten Bundesländer angelehnt

---

[378] Die Festlegung der Zuständigkeiten zum Vollzug auf den Gebieten den Chemikalienrechts, die Festlegung der Anmeldestelle nach § 12 ChemG, der zentralen Meldestelle nach §16 e ChemG und der zentralen GLP-Stelle nach § 19 d ChemG überließen die „Hinweise" der zuständigen Fachabteilung.

[379] "Entwurf Empfehlungen für den Aufbau einer einheitlichen Organisation des Umweltschutzes" (Stand: 20. Juni 1990). Daneben wurden bereits parallel zur Bildung von Ländern in der ehemaligen DDR mit bundesdeutscher Unterstützung z. T. von den „Empfehlungen" abweichende Modelle in Anlehnung an bundesdeutsche Organisationsstrukturen entwickelt.

[380] Vgl. „Empfehlungen" S. 2. Ob den Empfehlungen gefolgt werden und den Landesumweltbehörden ausschließlich Aufsichtsbefugnisse eingeräumt werden sollten, erscheint angesichts der relativ geringen Größe der durch das Ländereinführungsgesetz geschaffenen 5 Länder der DDR (bzw. im Beitrittsgebiet) zweifelhaft. Es bestehen insoweit aber auch rechtliche Bedenken. So schreibt etwa § 24 Abs. 2 AtG verbindlich vor, daß die von den Landesregierungen bestimmten obersten Landesbehörden für bestimmte Aufgaben, etwa Genehmigungen nach §§ 7, 7 a und 9 AtG zuständig sind.

haben bzw. anlehnen werden. In allen neuen Bundesländern sind inzwischen Umweltministerien (z.T. mit Zusatzzuständigkeiten) geschaffen worden.[381]

6. Ordnungswidrigkeiten

Während es anfänglich Bestrebungen gegeben hatte, die in den übernommenen bundesrechtlichen Regelungen enthaltenen Vorschriften über Ordnungswidrigkeiten nicht in der ehemaligen DDR anzuwenden, enthielt bereits die letztlich in Kraft getretene Fassung des Umweltrahmengesetzes eine solche Einschränkung nicht mehr. Art. 8 § 4 Abs. 1 URG enthielt vielmehr lediglich eine terminologische Anpassung an den Sprachgebrauch des (DDR-) Gesetzes zur Bekämpfung von Ordnungswidrigkeiten — OWG —[382], indem an die Stelle der Begriffe „Bußgeld" und „Geldbuße" der Begriff „Ordnungsstrafe" trat. Nach Art. 8 § 4 Abs. 2 URG waren die Ordnungsstrafverfahren durch den Leiter der zuständigen Aufsichtsbehörde nach dem OWG durchzuführen.

Der Einigungsvertrag enthält keine umweltspezifische Regelung zum Ordnungswidrigkeitenrecht. Das Ordnungswidrigkeitengesetz[383] ist nach Art. 8 i. V. m. Anlage I, Kap. III, Sachgebiet C: Strafrecht und Ordnungswidrigkeitenrecht, Abschnitt III Nr. 4 EV mit den dort aufgeführten Maßgaben im Beitrittsgebiet in Kraft getreten.

7. Inkrafttreten

Nach Art. 9 URG sollte das Umweltrahmengesetz am 1. Juli 1990 in Kraft treten. Da es zu diesem Zeitpunkt zwar verkündet,[384] aber — aus technischen Gründen der Druckkapazitäten des Gesetzblattes der DDR — noch nicht veröffentlicht war — die Veröffentlichung erfolgte erst am 20. Juli 1990[385] — schied ein Inkrafttreten zu diesem Zeitpunkt wegen zwingender rechtsstaatlicher Gründe aus,[386] dies gilt jedenfalls für ein Inkrafttreten zum vorgesehenen Zeitpunkt ex nunc. Anzunehmen ist aber, daß mit seiner Veröffentlichung das Umweltrahmengesetz rückwirkend in Kraft getreten war.[387] Der Wille des Gesetzgebers des Umweltrahmengesetzes, die Wirkungen des Gesetzes auf jeden Fall zum 1. Juli 1990 eintreten zu lassen, ergibt sich nicht nur aus dem klaren

---

[381] Vgl. Anlage III.

[382] Vom 12. Januar 1968, GBl. I Nr. 3 S. 101.

[383] Gesetz über Ordnungswidrigkeiten in der Fassung der Bekanntmachung vom 19. Februar 1987 (BGBl. I S. 602), zuletzt geändert durch Art. 2 des Gesetzes vom 30. August 1990 (BGBl. I S. 1853).

[384] Die Verkündung von Gesetzen nach DDR-Recht entspricht der Ausfertigung von Gesetzen i. S. d. Art. 82 Abs. 1 GG.

[385] GBl. I Nr. 42 S. 649.

[386] Vgl. z. B. *Schneider*, Gesetzgebung, 1982, Rn. 481 ff.

[387] *Kloepfer*, DVBl. 1991, 1 ff. [3].

Wortlaut des Art. 9 URG, sondern vor allem aus der essentiellen Entscheidung, die in Anlage 1 genannten Vorschriften (grundsätzlich) zu diesem Zeitpunkt in Kraft treten zu lassen (Art. 1 § 2 Abs. 1 Nr. 1, Art. 2 § 2 Abs. 1, Art. 3 § 2 Abs. 1 Nr. 1, Art. 4 § 2 Nr. 1 1. Alt., Art. 5 § 2 Abs. 1 S. 1 Nr. 1, Art. 6 § 2 URG). Mögliche rechtsstaatliche Einwände gegen die Rückwirkung greifen im Ergebnis nicht durch, weil seit dem Gesetzesbeschluß in der Volkskammer am 29. Juni 1990 mit dem Inkrafttreten des Umweltrahmengesetzes zum 1. Juli 1990 für jedermann erkennbar zu rechnen war.[388]

Der Einigungsvertrag einschließlich des anliegenden Protokolls und der Anlagen I bis III ist gem. Art. 45 EV am 29. September 1991 in Kraft getreten.[389]

---

[388] Vgl. allgemein zur Rückwirkung z. B. *BVerfGE* 72, 200 [260ff.].

[389] Vgl. die Bekanntmachung in BGBl. II 1990 S. 1360. Nach Art. 45 EV trat der Einigungsvertrag an dem Tag in Kraft, an dem die Regierungen der Bundesrepublik Deutschland und der Deutschen Demokratischen Republik einander mitgeteilt hatten, daß die erforderlichen innerstaatlichen Voraussetzungen für das Inkrafttreten erfüllt waren. Zum parlamentarischen Ratifizierungsverfahren vgl. *Stern*, in: Stern / Schmidt-Bleibtreu, Einigungsvertrag, S 5f.

F. Schlußbetrachtung

Der Einigungsvertrag hat zu einer sehr weitgehenden Angleichung des Umweltrechts in ganz Deutschland geführt. Damit ist zwar ein wichtiger Schritt in Richtung einer „Einheitlichkeit der ökologischen Lebensverhältnisse" (Art. 34 Abs. 1 EV) getan, vollendet ist sie freilich noch lange nicht. Der nunmehr gesamtdeutsche Gesetzgeber ist nun gefordert, auf dem Weg zur Vereinheitlichung des Umweltrechts voranzuschreiten. Dabei kann nicht übersehen werden, daß das Hemmnisbeseitigungsgesetz mit seiner in Teilbereichen nahezu unverantwortlich weitgehenden Freistellungsmöglichkeit ein schweres Hemmnis für die Rechtseinheit in Deutschland darstellt. Ob und in welchen Zeiträumen einheitliche ökologische Lebensverhältnisse erreicht werden können, hängt freilich nicht allein von der Ausgestaltung des Umweltrechts ab, sondern auch von dessen Verwirklichung in der Praxis. Es kommt insoweit entscheidend darauf an, wie schnell es gelingt, im Beitrittsgebiet eine wirkungsvolle Verwaltung und eine funktionierende Verwaltungsgerichtsbarkeit aufzubauen. Die Entwicklung ist insoweit bei weitem noch nicht abgeschlossen.

Die Herstellung „einheitlicher ökologischer Lebensverhältnisse" ist aber nicht nur — und vielleicht nicht einmal in erster Linie — ein juristisches Problem. Vielmehr zeigt sich immer wieder, daß effektiver Umweltschutz nur bei entsprechenden positiven wirtschaftlichen Rahmenbedingungen verwirklicht werden kann. Den im Beitrittsgebiet bestehenden wirtschaftlichen Problemen wird sich daher auch ein Umweltschutzgesetzgeber nicht verschließen können. Ohne eine Verbesserung der wirtschaftlichen Verhältnisse im Beitrittsgebiet werden einheitliche ökologische Lebensverhältnisse kaum zu erreichen sein. Politisch verhängnisvoll wäre auch eine Entwicklung des Beitrittsgebiets zu einem ökologisch intakten, jedoch wirtschaftlich unterprivilegierten Teil des vereinigten Deutschland. Das Ziel kann nur darin bestehen, das Beitrittsgebiet wirtschaftlich zu entwickeln und gleichzeitig ökologisch zu sanieren. Der Gesetzgeber ist gefordert, ökologische und ökonomische Gesichtspunkte so weit wie möglich in Ausgleich zu bringen.

Zusammenfassung

Wesentliche Stationen auf dem *Weg zur Umweltrechtsvereinheitlichung* zwischen den beiden ehedem getrennten deutschen Staaten waren der Vertrag über die Schaffung einer Währungs-, Wirtschafts- und Sozialunion zwischen der Bundesrepublik Deutschland und der Deutschen Demokratischen Republik vom 18. Mai 1990 (Staatsvertrag), das Umweltrahmengesetz der ehemaligen DDR vom 29. Juni 1990 sowie der Vertrag zwischen der Bundesrepublik Deutschland und der Deutschen Demokratischen Republik über die Herstellung der Einheit Deutschlands (Einigungsvertrag) vom 31. August 1990. Der Einigungsvertrag bildete jedoch lediglich einen markanten Punkt, nicht jedoch den Abschluß des Prozesses Rechtsangleichung.

Die *zentrale Vorschrift des Staatsvertrages* zum Umweltschutz ist dessen Art. 16, der vor allem die ehemalige DDR zur schrittweisen Anpassung ihres Umweltrechts an das der Bundesrepublik Deutschland verpflichtete.

Das *Umweltrahmengesetz der früheren DDR* war kein Rahmengesetz i. S. d. Art. 75, 75 a GG, vielmehr enthielt es größtenteils Vollregelungen, ja transformierte sogar vereinzelt (in Art. 6 §3 Abs. 1 S. 1 URG) bundesrechtliche Rahmengesetze in unmittelbar vollziehbares Recht. Es war seinem Hauptinhalt nach ein Gesetz zur Übernahme wesentlicher Teile des bundesdeutschen Umweltrechts durch die DDR, also weniger ein Umweltrahmengesetz als ein Umweltrechtsanpassungs- bzw. ein Umweltrechtsübernahmegesetz. Seine Regelungen wurden der Sache nach weitgehend vom Einigungsvertrag übernommen.

Abgesehen von seinen Anlagen finden sich *im Einigungsvertrag selbst* nur wenige Regelungen, die speziell auf den Umweltschutz ausgerichtet sind. Art. 5, 3. Spiegelstrich EV und Art. 34 EV enthalten lediglich (mehr oder weniger vage) Vorgaben für zukünftige staatliche Aktivitäten.

Die *Vorschriften zur Rechtsangleichung* (insb. Art. 8 und 9 i. V. m. Anlagen I und II EV) sind für das Umweltrecht im Beitrittsgebiet von ganz entscheidender Bedeutung. Die Art. 8 und 9 EV folgen grundsätzlich einem Regel-Ausnahme-Schema, nach dem Bundesrecht grundsätzlich im Beitrittsgebiet in Kraft tritt. Darüber hinaus enthält Art. 9 EV Regelungen über die Fortgeltung von Recht der DDR, die auch außerhalb dieses Regel-Ausnahme-Schemas von Bedeutung sind oder jedenfalls sein können.

Nach *Art. 8 EV* ist mit dem Wirksamwerden des Beitritts grundsätzlich das gesamte Bundesrecht im Beitrittsgebiet in Kraft getreten. Ausgenommen hiervon ist sog. partielles oder partikulares Bundesrecht, dessen Geltungsbereich auf bestimmte bereits vor der Vereinigung zur Bundesrepublik Deutschland gehörende Länder oder Landesteile beschränkt ist.

Allgemeine Verwaltungsvorschriften sind nicht „Recht" i. S. des Art. 8 EV. Umweltrechtliche Allgemeine Verwaltungsvorschriften waren allerdings bereits durch das Umweltrahmengesetz der ehemaligen DDR übergeleitet worden. Die entsprechenden Überleitungsvorschriften des Umweltrahmengesetzes gelten nach Art. 9 Abs. 2 i. V. m. Anlage 2 EV fort.

Eine *Abweichung vom Grundsatz des Inkrafttretens des Bundesrechts* im Beitrittsgebiet besteht unter anderem dann, wenn in Anlage I zum Einigungsvertrag etwas anderes bestimmt wird. Hinsichtlich der Normen aus dem Geschäftsbereich des Bundesministers für Umwelt, Naturschutz und Reaktorsicherheit (Kap. XII) werden in Anlage I zum Einigungsvertrag keine spezifischen Umweltschutzgesetze bzw. -verordnungen von der Überleitung ausgeschlossen. Allerdings sind eine ganze Reihe von Modifizierungen in Anlehnung an das Umweltrahmengesetz der früheren DDR geregelt.

Ausnahmen von der Überleitung des Umweltrechts enthält auch Art. 9 EV in seinen Absätzen 2 bis 5, welche die *Fortgeltung von Recht der DDR* vorsehen, auch wenn es nicht mit dem grundsätzlich umfassend übergeleiteten Bundesrecht übereinstimmt. Darüber hinaus gilt nach Art. 9 Abs. 1 EV unter bestimmten Voraussetzungen solches Recht der DDR als Landesrecht fort, das mit dem im Beitrittsgebiet in Kraft gesetzten Bundesrecht vereinbar ist.

DDR-Umweltrecht gilt nach Art. 9 Abs. 2 i.V.m. Anlage II, Kap. XII, Abschnitt III EV nur in geringem Umfang fort. Das schließt jedoch nicht aus, daß es darüber hinaus aufgrund des Art. 9 Abs. 1 EV in Kraft bleibt. Dabei ist jedoch zu beachten, daß DDR-Recht nur fortgilt, soweit es dem übergeleiteten Bundesrecht nicht widerspricht. DDR-Umweltrecht wird daher insbesondere in den Bereichen fortgelten können, für die dem Bund lediglich eine Rahmengesetzgebungskompetenz zusteht.

Nach Art. 19 S. 1 EV bleiben vor dem Wirksamwerden des Beitritts ergangene *Verwaltungsakte der DDR* grundsätzlich zunächst wirksam. Somit gelten nach Art. 19 EV etwa von Behörden der ehemaligen DDR erteilte Genehmigungen, Zulassungen oder Erlaubnisse als solche fort. Soweit dies nicht ausdrücklich geregelt ist (wie z. B. in § 57 a Abs. 1 S. 2 AtomG), gelten diese Genehmigungen allerdings regelmäßig nicht materiell als solche nach dem neuen Recht, vielmehr als solche nach dem ursprünglichen DDR-Recht fort. Das Fortwirken von DDR-Genehmigungen hat jedoch, auch wenn sie nicht als solche nach dem neuen Recht gelten, zur Folge, daß die von ihnen erfaßten Tatbestände, die nach dem mit dem Beitritt geltenden Recht einer Genehmigungspflicht unterliegen, nicht formell rechtswidrig werden. Neben Art. 19 EV enthält der Einigungsvertrag eine Reihe spezieller Übergangsregelungen im Hinblick auf Vorgänge aus der Zeit vor dem Beitritt.

Immissionsschutzrecht: Bei Genehmigungsverfahren leisten Behörden aus den „alten" Bundesländern Verwaltungshilfe. Darüber hinaus sind Verfahrenserleichterungen vorgesehen. Aus Gründen der Erleichterung von Investitionen in fortschrittliche Anlagen darf unter bestimmten Voraussetzungen eine Genehmigung nicht versagt werden, auch wenn Immissionswerte bereits durch die Immissionsvorbelastung eines Gebietes überschritten sind. Für Altanlagen (i. S. d. Einigungsvertrages) tritt an die Stelle eines ansonsten erforderlichen Genehmigungsverfahrens ein Anzeigeverfahren, ohne daß diese den aufgrund des Bundes-Immissionschutzgesetzes genehmigten Anlagen gleichgestellt werden. Die in ihren Einzelheiten problematische sog. Freistellungsregelung des Umweltrahmengesetzes für Altlasten, die nach Art. 9 Abs. 2 EV zunächst als Recht der DDR fortgalt, wurde durch das Hemmnisbeseitigungsgesetz als bundesgesetzliche Regelung neu gefaßt und bedenklich ausgeweitet.

Kerntechnische Sicherheit und Strahlenschutz: Nach § 57 a Abs. 1 AtG gelten die (bis zum 30. Juni 1990 im Beitrittsgebiet erteilten) Genehmigungen, Erlaubnisse und Zulassungen befristet fort. Wegen deren Fortgeltung als solche nach dem Atomgesetz bzw. den aufgrund des Atomgesetzes erlassenen Verordnungen steht den Behörden das übliche rechtliche Instrumentarium (insbesondere nach § 17 Abs. 1 S. 3, Abs. 2 bis 5 AtG) zur Verfügung.

Wasserwirtschaft: Wegen der Ausfüllungsbedürftigkeit des Wasserhaushaltsgesetzes als Rahmengesetz bleibt für die Fortgeltung von DDR-Wasserrecht (in der Fassung des Umweltrahmengesetzes) nach Art. 9 Abs. 1 EV grundsätzlich ein gewisser Spielraum. Nur wenig Raum bleibt angesichts der (modifizierten) Überleitung des Abwasserabgabengesetzes allerdings für die Fortgeltung der wasserwirtschaftlichen Abgabenregelungen der früheren DDR.

Abfallwirtschaft: Behörden aus den „alten" Bundesländern leisten bei Planfeststellungs- bzw. Genehmigungsverfahren Verwaltungshilfe. Darüber hinaus sind Verfahrenserleichterungen vorgesehen. Die Regelungen über nachträgliche Anordnungen und die Stillegung bestehender Abfallentsorgungsanlagen werden modifiziert. Auch die abfallrechtliche Freistellungsregelung wurde durch das Hemmnisbeseitigungsgesetz als Bundesrecht neu gefaßt.

Chemikalienrecht: Die Regelungen über die Gute Labor-Praxis sind modifiziert. Wegen der engen EG-rechtlichen Vorgaben hinsichtlich der sog. „alten Stoffe" waren Modifikationen des Chemikaliengesetzes insoweit kaum möglich. Insbesondere bleibt es bei dem für die Abgrenzung von alten und neuen Stoffen maßgeblichen Termin 18. September 1981.

Naturschutz und Landschaftspflege: Bis zur Schaffung entsprechenden Landesrechts dürften zur Ausfüllung des Bundesnaturschutzgesetzes Vorschriften dieses Gesetzes nach Art. 6 § 3 Abs. 1 S. 1 und 2 URG i. V. m. Art. 9 Abs. 1 EV (analog) unmittelbar anwendbar sein. Vierzehn Verordnungen der früheren DDR über die Festsetzung von Naturschutzgebieten und Naturparks, die erst nach der Unterzeichnung des Einigungsvertrages erlassen wurden, gelten fort, allerdings mit der umweltpolitisch höchst fragwürdigen Maßgabe, daß diese Festsetzungen auf den Neubau, den Ausbau und die Unterhaltung von Bundesverkehrswegen keine Anwendung finden.

Der Einigungsvertrag hat zu einer sehr weitgehenden Angleichung des Umweltrechts in ganz Deutschland geführt. Damit ist zwar ein wichtiger *Schritt in Richtung einer „Einheitlichkeit der ökologischen Lebensverhältnisse"* (Art. 34 Abs. 1 EV) getan, vollendet ist sie freilich noch lange nicht.

Anlagen

I. Zum Staatsvertrag und zum Einigungsvertrag

1. Vertrag über die Schaffung einer Währungs-, Wirtschafts- und Sozialunion (Auszug)*

(Präambel)

Die Hohen Vertragschließenden Seiten —

...

IN DEM GEMEINSAMEN WILLEN, die Soziale Marktwirtschaft als Grundlage für die weitere wirtschaftliche und gesellschaftliche Entwicklung mit sozialem Ausgleich und sozialer Absicherung und Verantwortung gegenüber der Umwelt auch in der Deutschen Demokratischen Republik einzuführen und hierdurch die Lebens- und Beschäftigungsbedingungen ihrer Bevölkerung stetig zu verbessern,

...

Artikel 3
Rechtsgrundlagen

Für die Errichtung der Währungsunion und die Währungsumstellung gelten die in der Anlage I aufgeführten vereinbarten Bestimmungen. Bis zur Errichtung der Währungsunion werden die in der Anlage II bezeichneten Rechtsvorschriften der Bundesrepublik Deutschland auf den Gebieten des Währungs-, Kredit-, Geld- und Münzwesens sowie der Wirtschafts- und Sozialunion in der Deutschen Demokratischen Republik in Kraft gesetzt; danach gelten sie in der jeweiligen Fassung im gesamten Währungsgebiet nach Maßgabe der Anlage II, soweit sich aus diesem Vertrag nichts anderes ergibt. Die Deutsche Bundesbank, das Bundesaufsichtsamt für das Kreditwesen und das Bundesaufsichtsamt für das Versicherungswesen üben die ihnen nach diesem Vertrag und nach diesen Rechtsvorschriften zustehenden Befugnisse im gesamten Geltungsbereich dieses Vertrags aus.

Artikel 4
Rechtsanpassung

...

(2) Die in der Bundesrepublik Deutschland beabsichtigten Änderungen von Rechtsvorschriften sind in der Anlage V aufgeführt. Die in der Deutschen Demokratischen Republik beabsichtigten Regelungen sind in der Anlage VI aufgeführt.

...

---

* Zustimmungsgesetze: BGBl. II 1990 S. 518, GBl. I 1990 Nr. 34.

Kapitel III
Bestimmung über die Wirtschaftsunion

Artikel 11
Wirtschaftspolitische Grundlagen

...

(2) Die Deutsche Demokratische Republik schafft die Rahmenbedingungen für die Entfaltung der Marktkräfte und der Privatinitiative, um den Strukturwandel, die Schaffung moderner Arbeitsplätze, eine breite Basis aus kleinen und mittleren Unternehmen sowie freien Berufen und den Schutz der Umwelt zu fördern. Die Unternehmensverfassung wird so gestaltet, daß sie auf den in Artikel 1 beschriebenen Prinzipien der Sozialen Marktwirtschaft mit der freien Entscheidung der Unternehmen über Produkte, Mengen, Produktionsverfahren, Investitionen, Arbeitsverhältnisse, Preise und Gewinnverwendung beruht.

...

Artikel 16
Umweltschutz

(1) Der Schutz von Menschen, Tieren und Pflanzen, Boden, Wasser, Luft, Klima und Landschaft sowie von Kultur- und sonstigen Sachgütern vor schädlichen Umwelteinwirkungen ist besonderes Anliegen beider Vertragsparteien. Sie lassen sich dabei von dem Vorsorge-, Verursacher- und Kooperationsprinzip leiten. Sie streben die schnelle Verwirklichung einer deutschen Umweltunion an.

(2) Die Deutsche Demokratische Republik trifft Regelungen, die mit Inkrafttreten dieses Vertrags sicherstellen, daß auf ihrem Gebiet für neue Anlagen und Einrichtungen die in der Bundesrepublik Deutschland geltenden Sicherheits- und Umweltschutzanforderungen Voraussetzung für die Erteilung umweltrechtlicher Genehmigungen sind. Für bestehende Anlagen und Einrichtungen trifft die Deutsche Demokratische Republik Regelungen, die möglichst schnell zu entsprechenden Anforderungen führen.

(3) Die Deutsche Demokratische Republik wird parallel zur Entwicklung des föderativen Staatsaufbaus auf Länderebene und mit dem Entstehen einer Verwaltungsgerichtsbarkeit das Umweltrecht der Bundesrepublik Deutschland übernehmen.

(4) Bei der weiteren Gestaltung eines gemeinsamen Umweltrechtes werden die Umweltanforderungen der Bundesrepublik Deutschland und der Deutschen Demokratischen Republik so schnell wie möglich auf hohem Niveau angeglichen und weiterentwickelt.

(5) Die Deutsche Demokratische Republik harmonisiert die Bestimmungen zur staatlichen Förderung von Umweltschutzmaßnahmen mit denen der Bundesrepublik Deutschland

Anlage II

Von der Deutschen Demokratischen Republik in Kraft zu setzende Rechtsvorschriften

I. Allgemeines

1. Gemäß Artikel 3 Satz 2 des Vertrags setzt die Deutsche Demokratische Republik bis zum Zeitpunkt seines Inkrafttretens die nachfolgend aufgeführten Gesetze oder Teile von Gesetzen der Bundesrepublik Deutschland in ihrer geltenden Fassung in Kraft und erläßt die erforderlichen Übergangsvorschriften.

   Die Inkraftsetzung der Gesetze oder Teile von Gesetzen gemäß Absatz 1 erfaßt auch die zu ihrer Durchführung erlassenen Rechtsverordnungen sowie die Regelungen und Anordnungen der Deutschen Bundesbank, des Bundesaufsichtsamtes für das Kreditwesen und des Bundesaufsichtsamtes für das Versicherungswesen.

   Soweit diese Gesetze und Rechtsverordnungen auf andere Rechtsvorschriften verweisen, ist zwischen den Vertragsparteien festzulegen, welche vergleichbaren Rechtsvorschriften der Deutschen Demokratischen Republik an deren Stelle treten oder ob die in Bezug genommenen Vorschriften der Bundesrepublik Deutschland Anwendung finden.

III. Wirtschaftsunion

2. Atomgesetz in der Fassung der Bekanntmachung vom 15. Juli 1985 (BGBl. I S. 1565), zuletzt geändert durch Gesetz vom 14. März 1990 (BGBl. I S. 478) mit der Maßgabe, daß im Zeitpunkt des Inkrafttretens dieses Vertrages bestehende atomrechtliche und strahlenschutzrechtliche Genehmigungen, Erlaubnisse und Zulassungen für Kernkraftwerke längstens fünf Jahre und für sonstige Anlagen und Tätigkeiten längstens zehn Jahre fortgelten und insoweit die Überwachungsvorschriften des Atomgesetzes über Auflagen, Widerruf und Aufsicht sowie über wesentliche Veränderungen Anwendung finden. Die Deutsche Demokratische Republik verpflichtet sich, das Nähere im Einvernehmen mit den zuständigen Stellen der Bundesrepublik Deutschland zu regeln.

Anlage VI

Regelungen, die in der Deutschen Demokratischen Republik im weiteren Verlauf anzustreben sind

Im Verlauf der Errichtung der Währungs-, Wirtschafts- und Sozialunion sind folgende weitere Regelungen in der Deutschen Demokratischen Republik anzustreben:

I. Umweltrecht

Die Deutsche Demokratische Republik wird die Voraussetzungen dafür schaffen, daß auf dem Gebiet des Umweltschutzes baldmöglichst dem Recht der Bundesrepublik Deutschland entsprechende Regelungen getroffen werden können:

1. Bundes-Immissionsschutzgesetz nebst Durchführungsregelungen
2. Abfallgesetz nebst Durchführungsregelungen
3. Benzinbleigesetz nebst Durchführungsregelungen

4. Chemikaliengesetz nebst Durchführungsregelungen
5. Wasserhaushaltsgesetz nebst Durchführungsregelungen

2. Gesetz zu dem Vertrag vom 31. August 1990 zwischen der Bundesrepublik Deutschland und der Deutschen Demokratischen Republik über die Herstellung der Einheit Deutschlands — Einigungsvertragsgesetz — und der Vereinbarung vom 18. Septemer 1990 — vom 23. September 1990 (Auszug)*

Artikel 1
Zustimmung zum Vertrag

Dem in Berlin am 31. August 1990 unterzeichneten Vertrag zwischen der Bundesrepublik Deutschland und der Deutschen Demokratischen Republik über die Herstellung der Einheit Deutschlands einschließlich des Protokolls und der Anlagen I bis III sowie der in Bonn und Berlin am 18. September 1990 unterzeichneten Vereinbarung wird zugestimmt. Der Vertrag und die vorgenannten weiteren Urkunden sowie die dazu gehörige Vereinbarung werden nachstehend veröffentlicht.

Artikel 6
Rückkehr zum einheitlichen Verordnungsrang, Aufhebung und Änderung von Verwaltungsvorschriften

(1) Die auf der Anlage I zu Artikel 8 des Vertrages beruhenden Teile der dort geänderten Rechtsverordnungen sowie die Maßgaben zu Rechtsverordnungen können auf Grund und im Rahmen der jeweils einschlägigen Ermächtigungen durch Rechtsverordnung geändert werden. Das auf Grund von Artikel 9 Abs. 2 bis 4 in Verbindung mit Anlage II zu dem Vertrag im Range einer Rechtsverordnung fortbestehende Bundesrecht sowie die Maßgabe dazu können durch Rechtsverordnung geändert oder aufgehoben werden.

(2) Soweit Verwaltungsvorschriften der Deutschen Demokratischen Republik nach Artikel 9 Abs. 2 in Verbindung mit Anlage II zu dem Vertrag fortbestehen, können sie durch Verwaltungsvorschrift geändert oder aufgehoben werden.

3. Vertrag zwischen der Bundesrepublik Deutschland und der Deutschen Demokratischen Republik über die Herstellung der Einheit Deutschlands — Einigungsvertrag — (Auszug)*

Artikel 4
Beitrittsbedingte Änderungen des Grundgesetzes

Das Grundgesetz für die Bundesrepublik Deutschland wird wie folgt geändert:

...

5. In das Grundgesetz wird folgender neuer Artikel 143 eingefügt:

„Artikel 143

(1) Recht in dem in Artikel 3 des Einigungsvertrags genannten Gebiet kann längstens

---

* BGBl. II S. 885

bis zum 31. Dezember 1992 von Bestimmungen dieses Grundgesetzes abweichen, soweit und solange infolge der unterschiedlichen Verhältnisse die völlige Anpassung an die grundgesetzliche Ordnung noch nicht erreicht werden kann. Abweichungen dürfen nicht gegen Artikel 19 Abs. 2 verstoßen und müssen mit den in Artikel 79 Abs. 3 genannten Grundsätzen vereinbar sein.

(2) Abweichungen von den Abschnitten II, VIII, VIII a, IX, X und XI sind längstens bis zum 31. Dezember 1995 zulässig.

...

Artikel 5
Künftige Verfassungsänderungen

Die Regierungen der beiden Vertragsparteien empfehlen den gesetzgebenden Körperschaften des vereinten Deutschlands, sich innerhalb von zwei Jahren mit den im Zusammenhang mit der deutschen Einigung aufgeworfenen Fragen zur Änderung oder Ergänzung des Grundgesetzes zu befassen, insbesondere

...

— mit den Überlegungen zur Aufnahme von Staatszielbestimmungen in das Grundgesetz sowie

...

Artikel 8
Überleitung von Bundesrecht

Mit dem Wirksamwerden des Beitritts tritt in dem in Artikel 3 genannten Gebiet Bundesrecht in Kraft, soweit es nicht in seinem Geltungsbereich auf bestimmte Länder oder Landesteile der Bundesrepublik Deutschland beschränkt ist und soweit durch diesen Vertrag, insbesondere dessen Anlage I, nichts anderes bestimmt wird.

Artikel 9
Fortgeltendes Recht der Deutschen Demokratischen Republik

(1) Das im Zeitpunkt der Unterzeichnung dieses Vertrags geltende Recht der Deutschen Demokratischen Republik, das nach der Kompetenzordnung des Grundgesetzes Landesrecht ist, bleibt in Kraft, soweit es mit dem Grundgesetz ohne Berücksichtigung des Artikels 143, mit in dem in Artikel 3 genannten Gebiet in Kraft gesetztem Bundesrecht sowie mit dem unmittelbar geltenden Recht der Europäischen Gemeinschaften vereinbar ist und soweit in diesem Vertrag nichts anderes bestimmt wird. Recht der Deutschen Demokratischen Republik, das nach der Kompetenzordnung des Grundgesetzes Bundesrecht ist und das nicht bundeseinheitlich geregelte Gegenstände betrifft, gilt unter den Voraussetzungen des Satzes 1 bis zu einer Regelung durch den Bundesgesetzgeber als Landesrecht fort.

(2) Das in Anlage II aufgeführte Recht der Deutschen Demokratischen Republik bleibt mit den dort genannten Maßgaben in Kraft, soweit es mit dem Grundgesetz unter Berücksichtigung dieses Vertrags sowie mit dem unmittelbar geltenden Recht der Europäischen Gemeinschaften vereinbar ist.

---

* Zustimmungsgesetze: BGBl. II 1990 S. 885 (889 ff.), GBl. I 1990 Nr. 64 S. 1629.

(3) Nach Unterzeichnung dieses Vertrags erlassenes Recht der Deutschen Demokratischen Republik bleibt in Kraft, sofern es zwischen den Vertragsparteien vereinbart wird. Absatz 2 bleibt unberührt.

(4) Soweit nach den Absätzen 2 und 3 fortgeltendes Recht Gegenstände der ausschließlichen Gesetzgebung des Bundes betrifft, gilt es als Bundesrecht fort. Soweit es Gegenstände der konkurrierenden Gesetzgebung oder der Rahmengesetzgebung betrifft, gilt es als Bundesrecht fort, wenn und soweit es sich auf Sachgebiete bezieht, die im übrigen Geltungsbereich des Grundgesetzes bundesrechtlich geregelt sind.

(5) Das gemäß Anlage II von der Deutschen Demokratischen Republik erlassene Kirchensteuerrecht gilt in den in Artikel 1 Abs. 1 genannten Ländern als Landesrecht fort.

Artikel 10
Recht der Europäischen Gemeinschaften

(1) Mit dem Wirksamwerden des Beitritts gelten in dem in Artikel 3 genannten Gebiet die Verträge über die Europäischen Gemeinschaften nebst Änderungen und Ergänzungen sowie die internationalen Vereinbarungen, Verträge und Beschlüsse, die in Verbindung mit diesen Verträgen in Kraft getreten sind.

(2) Die auf der Grundlage der Verträge über die Europäischen Gemeinschaften ergangenen Rechtsakte gelten mit dem Wirksamwerden des Beitritts in dem in Artikel 3 genannten Gebiet, soweit nicht die zuständigen Organe der Europäischen Gemeinschaften Ausnahmeregelungen erlassen. Diese Ausnahmeregelungen sollen den verwaltungsmäßigen Bedürfnissen Rechnung tragen und der Vermeidung wirtschaftlicher Schwierigkeiten dienen.

(3) Rechtsakte der Europäischen Gemeinschaften, deren Umsetzung oder Ausführung in die Zuständigkeit der Länder fällt, sind von diesen durch landesrechtliche Vorschriften umzusetzen oder auszuführen.

Artikel 19
Fortgeltung von Entscheidungen der öffentlichen Verwaltung

Vor dem Wirksamwerden des Beitritts ergangene Verwaltungsakte der Deutschen Demokratischen Republik bleiben wirksam. Sie können aufgehoben werden, wenn sie mit rechtsstaatlichen Grundsätzen oder mit den Regelungen dieses Vertrags unvereinbar sind. Im übrigen bleiben die Vorschriften über die Bestandskraft von Verwaltungsakten unberührt.

Artikel 34
Umweltschutz

(1) Ausgehend von der in Artikel 16 des Vertrags vom 18. Mai 1990 in Verbindung mit dem Umweltrahmengesetz der Deutschen Demokratischen Republik vom 29. Juni 1990 (GBl. I Nr. 42 S. 649) begründeten deutschen Umweltunion ist es Aufgabe der Gesetzgeber, die natürlichen Lebensgrundlagen des Menschen unter Beachtung des Vorsorge-, Verursacher- und Kooperationsprinzips zu schützen und die Einheitlichkeit der ökologischen Lebensverhältnisse auf hohem, mindestens jedoch dem in der Bundesrepublik Deutschland erreichten Niveau zu fördern.

(2) Zur Förderung des in Absatz 1 genannten Ziels sind im Rahmen der grundgesetzlichen Zuständigkeitsregelungen ökologische Sanierungs- und Entwicklungsprogramme für das in Artikel 3 genannte Gebiet aufzustellen. Vorrangig sind Maßnahmen zur Abwehr von Gefahren für die Gesundheit der Bevölkerung vorzusehen.

Anlage I

Besondere Bestimmungen zur Überleitung von Bundesrecht gemäß Artikel 8 und Artikel 11 des Vertrages

Vorbemerkungen

Vor dem Inkrafttreten des Bundesrechts gemäß Artikel 8 des Vertrages sind die in Abschnitt I des jeweiligen Kapitels aufgeführten Rechtsvorschriften ausgenommen. Entsprechendes gilt gemäß Artikel 11 des Vertrages für die in Abschnitt I des Kapitels I genannten völkerrechtlichen Verträge.

Gemäß Abschnitt II des jeweiligen Kapitels werden die dort aufgeführten Rechtsvorschriften aufgehoben, geändert oder ergänzt.

Gemäß Abschnitt III des jeweiligen Kapitels treten die Rechtsvorschriften mit den dort bestimmten Maßgaben in dem in Artikel 3 des Vertrages genannten Gebiet in Kraft.

Soweit in übergeleitetem Bundesrecht auf andere Rechtsvorschriften der Bundesrepublik Deutschland verwiesen wird, ist die Verweisung auch wirksam, wenn die in Bezug genommenen Rechtsvorschriften nicht übergeleitet worden sind. Sollen an die Stelle der in Bezug genommenen Rechtsvorschriften der Bundesrepublik Deutschland Rechtsvorschriften der Deutschen Demokratischen Republik treten, ist dies ausdrücklich bestimmt.

Kapitel XII

Geschäftsbereich des Bundesministers für Umwelt, Naturschutz und Reaktorsicherheit

Sachgebiet A: Immissionsschutzrecht

Abschnitt II

Bundesrecht wird wie folgt geändert:

Bundes-Immissionsschutzgesetz in der Fassung der Bekanntmachung vom 14. Mai 1990 (BGBl. I S. 880)

a) § 10 wird wie folgt geändert:

aa) Nach Absatz 3 Satz 2 wird folgender Satz eingefügt:

„In dem in Artikel 3 des Einigungsvertrages genannten Gebiet können während dieser Zeit Einwendungen nur schriftlich erhoben werden.“

bb) Im Absatz 4 Nummer 4 wird der Punkt durch ein Semikolon ersetzt und folgende Nummer angefügt:

„5. in dem in Artikel 3 des Einigungsvertrages genannten Gebiet darauf hinzuweisen, daß die Zustellung der Entscheidung über die Einwendungen durch öffentliche Bekanntmachung erfolgt."

cc) Im Absatz 8 wird nach Satz 1 folgender Satz eingefügt:

„In dem in Artikel 3 des Einigungsvertrages genannten Gebiet erfolgt die Zustellung des Genehmigungsbescheides mit Ausnahme an den Antragsteller durch öffentliche Bekanntmachung."

b) Es wird folgender § 10a eingefügt:

„§ 10a
Verwaltungshilfe

(1) Bei Anlagen, die der Genehmigung nach Spalte 1 des Anhangs zur Vierten Verordnung zur Durchführung des Bundes-Immissionsschutzgesetzes bedürfen, hat in dem in Artikel 3 des Einigungsvertrages genannten Gebiet die zuständige Genehmigungsbehörde, nachdem sie geprüft hat, ob die geplante Anlage auf Grund der bestehenden Grundstücks- und Planungssituation realisierbar erscheint, dem Antragsteller aufzugeben, eine Stellungnahme einer von ihr benannten Behörde zur Erfüllung der Genehmigungsvoraussetzungen durch die geplante Anlage beizubringen. Die Behörde muß in dem Gebiet des bisherigen Geltungsbereiches des Grundgesetzes liegen. Die Genehmigungsbehörde hat die Stellungnahme bei der Prüfung der Genehmigungsvoraussetzungen zu berücksichtigen.

(2) Bei anderen genehmigungsbedürfigen Anlagen kann eine Stellungnahme nach Absatz 1 gefordert werden, wenn dies wegen der Art, Menge und Gefährlichkeit der von der geplanten Anlage ausgehenden Emissionen oder wegen der technischen Besonderheiten dieser Anlage erforderlich ist.

(3) Von der Beibringung einer Stellungnahme nach Absatz 1 kann abgesehen werden, wenn dies wegen der Umstände des Einzelfalls, insbesondere wegen der technischen Auslegung der geplanten Anlage oder des Umfangs der Einzelprüfung, nicht erforderlich ist.

(4) Soweit dies zur Durchführung von Prüfungen erforderlich ist, kann vom Antragsteller die Vorlage von Sachverständigengutachten verlangt werden."

c) Nach § 67 wird folgender § 67a eingefügt:

„§ 67a
Überleitungsregelung aus Anlaß
der Herstellung der Einheit Deutschlands

(1) In dem in Artikel 3 des Einigungsvertrages genannten Gebiet muß eine genehmigungsbedürftige Anlage, die vor dem 1. Juli 1990 errichtet worden ist oder mit deren Errichtung vor diesem Zeitpunkt begonnen wurde, innerhalb von sechs Monaten nach diesem Zeitpunkt der zuständigen Behörde angezeigt werden. Der Anzeige sind Unterlagen über Art, Umfang und Betriebsweise beizufügen.

(2) In dem in Artikel 3 des Einigungsvertrages genannten Gebiet darf die Erteilung einer Genehmigung zur Errichtung und zum Betrieb oder zur wesentlichen Änderung der Lage, Beschaffenheit oder des Betriebs einer genehmigungsbedürftigen Anlage

wegen der Überschreitung eines Immissionswertes durch die Immissionsvorbelastung nicht versagt werden, wenn

1. die Zusatzbelastung geringfügig ist und mit einer deutlichen Verminderung der Immissionsbelastung im Einwirkungsbereich der Anlage innerhalb von fünf Jahren ab Genehmigung zu rechnen ist

   oder

2. im Zusammenhang mit dem Vorhaben Anlagen stillgelegt oder verbessert werden und dadurch eine Verminderung der Vorbelastung herbeigeführt wird, die im Jahresmittel mindestens doppelt so groß ist wie die von der Neuanlage verursachte Zusatzbelastung.

(3) Soweit die Technische Anleitung zur Reinhaltung der Luft vom 27. Februar 1986 (GMBl. S. 95, 202) die Durchführung von Maßnahmen zur Sanierung von Altanlagen bis zu einem bestimmten Termin vorsieht, verlängern sich die hieraus ergebenden Fristen für das in Artikel 3 des Einigungsvertrages genannte Gebiet um ein Jahr; als Fristbeginn gilt der 1. Juli 1990."

d) Dem § 74 wird folgender Satz angefügt:
„§ 10a tritt am 30. Juni 1992 außer Kraft."

Abschnitt III

Bundesrecht tritt in dem in Artikel 3 des Vertrages genannten Gebiet mit folgenden Maßgaben in Kraft:

1. Verordnung über Kleinfeuerungsanlagen in der Fassung vom 15. Juli 1988 (BGBl. I S. 1059)

   mit folgender Maßgabe:

   Die Anforderungen des § 3 Abs. 2 sind abweichend von § 23 Abs. 1 bei Feuerungsanlagen für den Einsatz von Braunkohlenbriketts oder nicht pechgebundenen Steinkohlenbriketts spätestens nach Ablauf von vier Jahren nach dem 1. Januar 1991 einzuhalten.

2. § 4 Abs. 1 der Verordnung über Schwefelgehalt von leichtem Heizöl und Dieselkraftstoff vom 15. Januar 1975 (BGBl. I S. 264), zuletzt geändert durch Verordnung vom 14. Dezember 1987 (BGBl. I S. 2671),

   mit folgender Maßgabe:

   Eine Ausnahme kann auch insoweit erteilt werden, als die Einhaltung des zulässigen Gehalts an Schwefelverbindungen für den Antragsteller eine unzumutbare Härte bedeuten würde. Die Bewilligung ist im Hinblick auf eine rasche Verwirklichung des Verordnungsziels mit Auflagen zu versehen.

3. Störfall-Verordnung in der Fassung der Bekanntmachung vom 19. Mai 1988 (BGBl. I S. 625)

   mit folgender Maßgabe:

   Der Betreiber einer genehmigungsbedürftigen Anlage, die vor dem 1. Juli 1990 errichtet worden ist oder mit deren Errichtung begonnen wurde, hat

   a) die Anzeige nach § 12 Abs. 1 innerhalb von acht Monaten abzugeben und

b) die nach § 7 anzufertigende Sicherheitsanalyse bis zum 31. Dezember 1992 bereitzuhalten; in begründeten Fällen kann die zuständige Behörde diese Frist bis zu zwei Jahren verlängern.

4. Verordnung über Großfeuerungsanlagen vom 22. Juni 1983 (BGBl. I S. 719)

   mit folgender Maßgabe:

   Soweit Vorschriften der Verordnung die Durchführung von Maßnahmen oder die Abgabe bestimmter Verzichtserklärungen des Betreibers innerhalb bestimmter Fristen vorsehen, verlängern sich diese in dem in Artikel 3 des Vertrages genannten Gebiet um ein Jahr; Fristbeginn ist der 1. Juli 1990.

5. Verordnung über Anlagen der Landesverteidigung vom 9. April 1986 (BGBl. I S. 380)

   mit folgender Maßgabe:

   § 1 Abs. 2 der Verordnung findet in dem in Artikel 3 des Vertrages genannten Gebiet keine Anwendung.

6. Benzinbleigesetz vom 5. August 1971 (BGBl. I S. 1234), zuletzt geändert durch Gesetz vom 18. Dezember 1987 (BGBl. I S. 2810),

   mit folgender Maßgabe:

   In § 3 Abs. 3 Satz 2 finden die Worte

   „, im Falle des Absatzes 2 bei einer Ausnahme von der Begrenzung auf 0,40 g Blei im Liter längstens bis zum 31. Dezember 1973 und bei einer Ausnahme von der Begrenzung auf 0,15 g Blei im Liter längstens bis zum 31. Dezember 1977"

   keine Anwendung.

Sachgebiet B: Kerntechnische Sicherheit und Strahlenschutz

Abschnitt II

Bundesrecht wird wie folgt geändert:

1. Atomgesetz in der Fassung der Bekanntmachung vom 15. Juli 1985 (BGBl. I S. 1565), zuletzt geändert durch Artikel 4 des Gesetzes vom 14. März 1990 (BGBl. I S. 478)

   Nach § 57 wird folgender § 57a eingefügt:

   „§ 57a
   Überleitungsregelung aus Anlaß
   der Herstellung der Einheit Deutschlands

   (1) Für bis zum 30. Juni 1990 in dem in Artikel 3 des Einigungsvertrages genannten Gebiet erteilte Genehmigungen, Erlaubnisse und Zulassungen gilt folgendes:

   1. Genehmigungen und Erlaubnisse für Kernkraftwerke werden mit Ablauf des 30. Juni 1995, für Beförderungen radioaktiver Stoffe mit Ablauf des 30. Juni 1992 sowie alle sonstigen Genehmigungen, Erlaubnisse und Zulassungen mit Ablauf des 30. Juni 2000 unwirksam, soweit in den genannten Genehmigungen, Erlaubnissen und Zulassungen nicht eine kürzere Befristung festgelegt ist; die Genehmigungen, Erlaubnisse und Zulassungen gelten mit diesen Befristungen als Genehmigungen nach den entsprechenden Vorschriften dieses Gesetzes und den auf Grund dieses Gesetzes erlassenen Verordnungen fort. Eine Genehmigung zur wesentlichen

Veränderung einer Anlage oder ihres Betriebes im Sinne des § 7 Abs. 1 läßt eine Genehmigung nach Satz 1 insoweit unberührt, als die Genehmigung sich auf Teile der Anlage bezieht, die nicht von der Änderung betroffen sind.

2. Auf nach Nummer 1 befristet fortgeltende Genehmigungen findet § 18 keine Anwendung, wenn der Genehmigungsinhaber ein Rechtsträger ist, auf den das Gesetz zur Privatisierung und Reorganisation des volkseigenen Vermögens (Treuhandgesetz) der Deutschen Demokratischen Republik vom 17. Juni 1990 (GBl. I Nr. 33 S. 300) Anwendung findet.

3. Bei Umwandlung von Rechtsträgern auf Grund des Treuhandgesetzes der Deutschen Demokratischen Republik gelten erteilte Genehmigungen, Erlaubnisse und Zulassungen mit den Befristungen nach Nummer 1 fort, soweit eine Anordnung der Fortgeltung im Zeitpunkt des Wirksamwerdens des Beitritts noch nicht erfolgt ist; die zuständige Behörde hat in angemessener Zeit zu prüfen, ob der neue Inhaber durch organisatorische Maßnahmen und durch die Bereitstellung von sachlichen und persönlichen Mitteln die Fortführung der Errichtung und des Betriebes der Anlage oder der Tätigkeit gewährleistet. § 18 findet keine Anwendung.

(2) Beförderungen radioaktiver Stoffe, die bisher in dem in Artikel 3 des Einigungsvertrages genannten Gebiet keiner Genehmigung bedurften, unterliegen ab 1. Juli 1992 den Genehmigungsvorschriften dieses Gesetzes und den auf Grund dieses Gesetzes erlassenen Rechtsverordnungen."

2. Strahlenschutzverordnung in der Fassung der Bekanntmachung vom 30. Juni 1989 (BGBl. I S. 1321, 1926), geändert durch Verordnung vom 3. April 1990 (BGBl. I S. 607)

Nach § 89 wird folgender § 89a eingefügt:

„§ 89a
Überleitungsregelung aus Anlaß
der Herstellung der Einheit Deutschlands

Die Regelungen des § 1 Abs. 1 Nr. 1, des § 3 Abs. 3 und des § 29 Abs. 1 Satz 1, Abs. 2 Satz 1 und Abs. 6 für die Aufsuchung, Gewinnung und Aufbereitung radioaktiver Bodenschätze finden in dem in Artikel 3 des Einigungsvertrages genannten Gebiet keine Anwendung."

3. Strahlenschutzvorsorgegesetz vom 19. Dezember 1986 (BGBl. I S. 2610), geändert durch Artikel 3 Nr. 1 des Gesetzes vom 9. Oktober 1989 (BGBl. I S. 1830)

Dem § 11 wird folgender Absatz angefügt:

„(9) Die Ermittlung der Umweltradioaktivität, die aus bergbaulicher Tätigkeit in Gegenwart natürlicher radioaktiver Stoffe stammt, ist in dem in Artikel 3 des Einigungsvertrages genannten Gebiet Aufgabe des Bundes im Sinne von § 2. Zuständig ist das Bundesamt für Strahlenschutz."

Sachgebiet C: Wasserwirtschaft

Abschnitt III

Bundesrecht tritt in dem in Artikel 3 des Vertrages genannten Gebiet mit folgenden Maßgaben in Kraft:

1. Abwasserabgabengesetz in der Fassung der Bekanntmachung vom 5. März 1987 (BGBl. I S. 880)

   mit folgender Maßgabe:

   Das Gesetz tritt für Einleiter, die nach der Anordnung vom 2. Februar 1984 über Abwassereinleitungsentgelt (GBl. I Nr. 5 S. 70), geändert durch Anordnung Nr. 2 vom 1. Juni 1987 (GBl. I Nr. 14 S. 164), am 30. Juni 1990 entgeltpflichtig waren, am 1. Januar 1991, im übrigen am 1. Januar 1993 in Kraft; die Länder können zu den Verfahren der Bewertung der Schadstoffe, der Schadstoffgruppen und der Schwellenwerte Übergangsregelungen treffen, die spätestens am 31. Dezember 1992 außer Kraft treten.

2. Wasch- und Reinigungsmittelgesetz in der Fassung der Bekanntmachung vom 5. März 1987 (BGBl. I S. 875)

   mit folgender Maßgabe:

   Das Gesetz findet ab dem 1. Januar 1992 Anwendung.

3. Tensidverordnung vom 30. Januar 1977 (BGBl. I S. 244), zuletzt geändert durch Verordnung vom 4. Juni 1986 (BGBl. I S. 851),

   mit folgender Maßgabe:

   Die Verordnung findet ab dem 1. Januar 1992 Anwendung.

4. Phosphathöchstmengenverordnung vom 4. Juni 1980 (BGBl. I S. 664)

   mit folgender Maßgabe:

   Die Verordnung findet ab dem 1. Januar 1992 Anwendung.

Sachgebiet D: Abfallwirtschaft

Abschnitt II

Bundesrecht wird wie folgt geändert:

Abfallgesetz vom 27. August 1986 (BGBl. I S. 1410, 1501), zuletzt geändert durch Artikel 2 des Gesetzes vom 11. Mai 1990 (BGBl. I S. 870)

a) Nach § 8 wird folgender § 8a eingefügt:

„§ 8a

Prüfung der Zulassungsvoraussetzungen

(1) In dem in Artikel 3 des Einigungsvertrages genannten Gebiet hat bei Anlagen, die der Planfeststellung nach § 7 Abs. 1 bedürfen, die zuständige Planfeststellungsbehörde, nachdem sie geprüft hat, ob die geplante Anlage auf Grund der bestehenden Grundstücks- und Planungssituation realisierbar erscheint, dem Antragsteller aufzugeben, eine Stellungnahme einer von ihr benannten Behörde zur Erfüllung der Zulassungsvoraussetzungen durch die geplante Anlage beizubringen; die Behörde muß im bisherigen Geltungsbereich des Grundgesetzes liegen. Die Planfeststellungsbehörde hat die Stellungnahme bei der Prüfung der Zulassungsvoraussetzungen zu berücksichtigen.

(2) Bei anderen genehmigungsbedürftigen Anlagen nach § 7 Abs. 2 kann eine Stellungnahme nach Absatz 1 gefordert werden, wenn dies wegen der Art, Menge und Gefährlichkeit der von der geplanten Anlage ausgehenden Emissionen oder wegen der technischen Besonderheiten dieser Anlage erforderlich ist.

(3) Von der Beibringung einer Stellungnahme nach Absatz 1 kann abgesehen werden, wenn dies wegen der Umstände des Einzelfalls, insbesondere wegen der technischen Auslegung der geplanten Anlage oder des Umfangs der Einzelprüfungen, nicht erforderlich ist.

(4) Soweit dies zur Durchführung von Prüfungen erforderlich ist, kann vom Antragsteller die Vorlage von Sachverständigengutachten verlangt werden.

(5) Einwendungen im Rahmen des Zulassungsverfahrens können innerhalb der gesetzlich festgelegten Frist nur schriftlich erhoben werden. Die Zustellung des Zulassungsbescheides nach § 7 Abs. 1 erfolgt durch öffentliche Bekanntmachung."

b) Nach § 9 wird folgender § 9a eingefügt:

„§ 9a
Nachträgliche Anordnungen

(1) In dem in Artikel 3 des Einigungsvertrages genannten Gebiet kann die zuständige Behörde für ortsfeste Abfallentsorgungsanlagen, die vor dem 1. Juli 1990 betrieben wurden oder mit deren Errichtung begonnen war, Befristungen, Bedingungen und Auflagen für deren Einrichtung und Betrieb anordnen. § 9 Satz 2 gilt entsprechend.

(2) Bestehende Anlagen nach Absatz 1 Satz 1 sind bis zum 31. Dezember 1990 der zuständigen Behörde anzuzeigen.

Soweit ein Betreiber nicht ermittelt werden kann, ist die zuständige Behörde erfassungs- und anzeigepflichtig. Der Anzeige sind Unterlagen über Art, Umfang und Betriebsweise beizufügen."

c) Nach § 10 wird folgender § 10a eingefügt:

„§ 10a
Stillegung bestehender Abfallentsorgungsanlagen

(1) In dem in Artikel 3 des Einigungsvertrages genannten Gebiet hat der Inhaber einer bestehenden Abfallentsorgungsanlage nach § 9a ihre beabsichtigte Stillegung der zuständigen Behörde unverzüglich anzuzeigen. § 9a Abs. 2 Satz 2 gilt entsprechend.

(2) Der Anzeige nach Absatz 1 sind Unterlagen über Art, Umfang und Betriebsweise sowie die beabsichtigte Rekultivierung sowie sonstige Vorkehrungen zum Schutz des Wohls der Allgemeinheit beizufügen.

(3) § 10 Abs. 2 und 3 gelten entsprechend.

(4) Für Abfallentsorgungsanlagen, die vor dem 1. Juli 1990 stillgelegt wurden, gilt § 9a Abs. 2 entsprechend. Satz 1 gilt für Anlagen nach § 10 Abs. 3 entsprechend."

d) Nach § 31 wird folgender § 32 eingefügt:

„§ 32
Außerkrafttreten

§ 8a Abs. 1 bis 4 treten am 30. Juni 1992 außer Kraft."

Sachgebiet E: Chemikalienrecht

Abschnitt III

Bundesrecht tritt in dem in Artikel 3 des Vertrages genannten Gebiet mit folgenden Maßgaben in Kraft:

1. Chemikaliengesetz in der Fassung der Bekanntmachung vom 14. März 1990 (BGBl. I S. 521)

   mit folgenden Maßgaben:

   a) § 19a Abs. 5 ist mit der Maßgabe anzuwenden, daß in Satz 1 und 2 jeweils an Stelle des Datums „5. April 1989" das Datum „1. August 1990" tritt.

   b) § 19a Abs. 5 Satz 1 Nr. 2 Buchstabe a findet keine Anwendung.

   c) § 19a Abs. 5 ist mit der Maßgabe anzuwenden, daß in Satz 2 an Stelle des Datums „1. April 1990" das Datum „1. August 1990" tritt.

2. PCB-, PCT-, VC-Verbotsverordnung vom 18. Juli 1989 (BGBl. I S. 1482)

   mit folgenden Maßgaben:

   a) § 3 Abs. 4 ist mit der Maßgabe anzuwenden, daß in Satz 1 und 2 jeweils an Stelle des Datums „31. Dezember 1990" das Datum „31. Dezember 1991" tritt.

   b) § 4 findet auf vor dem Wirksamwerden des Beitritts bereits in den Verkehr gebrachte Erzeugnisse vom 1. Januar 1991 an Anwendung.

3. Pentachlorphenolverbotsverordnung vom 12. Dezember 1989 (BGBl. I S. 2235)

   mit folgenden Maßgaben:

   a) § 1 Abs. 2 ist mit der Maßgabe anzuwenden, daß an Stelle des Zeitpunkts des Inkrafttretens der Verordnung der Zeitpunkt des Wirksamwerdens des Beitritts tritt.

   b) § 4 ist mit der Maßgabe anzuwenden, daß die Worte „bis zum 22. März 1990" durch die Worte „bis zum Ablauf von 3 Monaten nach Wirksamwerden des Beitritts sowie die Worte „vor Inkrafttreten dieser Verordnung" durch die Worte „vor Wirksamwerden des Beitritts" ersetzt werden.

Sachgebiet F: Naturschutz und Landschaftspflege

Abschnitt III

Bundesrecht tritt in dem in Artikel 3 des Vertrages genannten Gebiet mit folgenden Maßgaben in Kraft:

Bundesnaturschutzgesetz in der Fassung der Bekanntmachung vom 12. März 1987 (BGBl. I S. 889), zuletzt geändert durch Artikel 6 des Gesetzes vom 12. Februar 1990 (BGBl. I S. 205),

mit folgender Maßgabe:

Für die Anwendung des § 4 Satz 2 und des § 38 Abs. 1 gilt als Datum des Inkrafttretens dieses Gesetzes der 1. Juli 1990.

Anlage II

Besondere Bestimmungen für fortgeltendes Recht der Deutschen Demokratischen Republik

Vorbemerkungen

Das in Abschnitt I des jeweiligen Kapitels aufgeführte Recht der Deutschen Demokratischen Republik bleibt in Kraft. Entsprechendes gilt für die in Abschnitt I des Kapitels I genannten völkerrechtlichen Verträge gemäß Artikel 12 des Vertrages.

Gemäß Abschnitt II des jeweiligen Kapitels werden die dort aufgeführten Rechtsvorschriften der Deutschen Demokratischen Republik aufgehoben, geändert oder ergänzt.

Gemäß Abschnitt III des jeweiligen Kapitels bleibt Recht der Deutschen Demokratischen Republik mit den dort bestimmten Maßgaben in Kraft.

Soweit in Rechtsvorschriften der Deutschen Demokratischen Republik, die als Bundesrecht fortgelten, auf nicht fortgeltende Vorschriften verwiesen wird, treten an ihre Stelle grundsätzlich die entsprechenden Vorschriften des Bundesrechts, soweit nichts anderes bestimmt ist.

Soweit in Rechtsvorschriften der Deutschen Demokratischen Republik, die als Bundesrecht fortgelten, eine Ermächtigung zum Erlaß von Rechtsverordnungen, Anordnungen oder allgemeinen Verwaltungsvorschriften enthalten ist, findet Art. 129 des Grundgesetzes entsprechend Anwendung.

Soweit Rechtsvorschriften ausdrücklich aufgeführt sind, die von der Deutschen Demokratischen Republik zwischen der Unterzeichnung dieses Vertrages und dem Wirksamwerden des Beitritts erlassen werden, treten sie gemäß Artikel 9 Abs. 3 des Vertrags in Verbindung mit Absatz 2 und Anlage II auch ohne zusätzliche Vereinbarung zwischen der Bundesrepublik Deutschland und der Deutschen Demokratischen Republik mit den in dieser Anlage niedergelegten Maßgaben in Kraft.

Kapitel XII

Geschäftsbereich des Bundesministers für Umwelt, Naturschutz und Reaktorsicherheit

Fortgeltendes Recht der Deutschen Demokratischen Republik

Abschnitt III

1. Umweltrahmengesetz vom 29. Juni 1990 (GBl. I Nr. 42 S. 649)

   mit folgenden Maßgaben:

   Folgende Regelungen gelten fort:

   a) Artikel 1 § 2 Abs. 1 in Verbindung mit

      aa) Anlage 1 zu Artikel 1

         aaa) Nummer 1 f) aa) (Erste Allgemeine Verwaltungsvorschrift zur Störfall-Verordnung (1. StörfallVwV) vom 26. August 1988 (GMBl. S. 398)

         bbb) Nummer 1 f) bb) (Zweite Allgemeine Verwaltungsvorschrift zur Störfall-Verordnung (2. StörfallVwV) vom 27. April 1982 (GMBl. S. 205)

         ccc) Nummer 1 h) Erste Allgemeine Verwaltungsvorschrift zum Bundes-Immissionsschutzgesetz (Technische Anleitung zur Reinhaltung der Luft — TA Luft) vom 27. Februar 1986 (GMBl. S. 95, 202) ddd) Nummer 1 i) Allgemeine Verwaltungsvorschrift über genehmigungsbedürftige Anlagen nach § 16 der Gewerbeordnung — Technische Anleitung zum Schutz gegen Lärm (TA Lärm) vom 16. Juli 1968 (Beilage zum BAnz. Nr. 137 vom 26. Juli 1968); übergeleitet gemäß § 66 Abs. 2 des Bundes-Immissionsschutzgesetzes

eee) Nummer 2c) Allgemeine Verwaltungsvorschrift zur Durchführung der Benzinqualitätsangabeverordnung vom 6. November 1985 (Bundesanzeiger vom 13. November 1985)

bb) Anlage 2 zu Artikel 1 Nr. 7 und 8

b) Artikel 1 § 4 Abs. 3 in folgender Fassung:

„Erwerber von Anlagen, die gewerblichen Zwecken dienen oder im Rahmen wirtschaftlicher Unternehmungen Verwendung finden, sind für die durch den Betrieb der Anlage vor dem 1. Juli 1990 verursachten Schäden nicht verantwortlich, soweit die zuständige Behörde im Einvernehmen mit der obersten Landesbehörde sie von der Verantwortung freistellt. Eine Freistellung kann erfolgen, wenn dies unter Abwägung der Interessen des Erwerbers, der Allgemeinheit und des Umweltschutzes geboten ist. Der Antrag auf Freistellung muß spätestens bis zum 31. Dezember 1991 gestellt sein. Die Haftung auf Grund privatrechtlicher Ansprüche bleibt unberührt."

c) Artikel 2 § 2 Abs. 1 in Verbindung mit Anlage 1 zu Artikel 2 Nr. 6 und 7

d) Artikel 3 § 2 Abs. 1 Nr. 1 in Verbindung mit Anlage 1 zu Artikel 3 Nr. 3

e) Artikel 4

aa) § 2 Nr. 1 in Verbindung mit Anlage 1 zu Artikel 4 Nr. 4

bb) § 2 Nr. 2 in Verbindung mit Anlage 2 zu Artikel 4 Nr. 3 mit folgender Maßgabe:

Die in den Nummern 9 und 10 dieser Anleitung genannten Fristen verlängern sich um ein Jahr.

f) Artikel 4 § 3 in Verbindung mit Artikel 1 § 4 Abs. 3 in der oben geänderten Fassung.

2. Verordnung über die Gewährleistung von Atomsicherheit und Strahlenschutz vom 11. Oktober 1984 (GBl. I Nr. 30 S. 341) nebst Durchführungsbestimmung zur Verordnung über die Gewährleistung von Atomsicherheit und Strahlenschutz vom 11. Oktober 1984 (GBl. I Nr. 30 S. 348; Ber. GBl. I 1987 Nr. 18 S. 196)

mit folgender Maßgabe:

Die Vorschriften gelten fort für bergbauliche und andere Tätigkeiten, soweit dabei radioaktive Stoffe, insbesondere Radonfolgeprodukte, anwesend sind. An die Stelle des in den fortgeltenden Regelungen genannten Staatlichen Amtes für Atomsicherheit und Strahlenschutz oder des Präsidenten dieses Amtes treten die zuständigen Stellen.

3. Anordnung zur Gewährleistung des Strahlenschutzes bei Halden und industriellen Absetzanlagen und bei der Verwendung darin abgelagerter Materialien vom 17. November 1980 (GBl. I Nr. 34 S. 347) mit der in Nummer 2 genannten Maßgabe.

4. Anordnung vom 2. Februar 1984 über Abwassereinleitungsentgelt (GBl. I Nr. 5 S. 70), geändert durch Anordnung Nr. 2 vom 1. Juni 1987 (GBl. I Nr. 14 S. 164)

   mit folgender Maßgabe:

   Die Anordnung tritt am 31. Dezember 1990 außer Kraft.

4. Vereinbarung zwischen der Bundesrepublik Deutschland und der Deutschen Demokratischen Republik zur Durchführung und Auslegung des am 31. August 1990 in Berlin unterzeichneten Vertrages zwischen der Bundesrepublik Deutschland und der Deutschen Demokratischen Republik über die Herstellung der Einheit Deutschlands — Einigungsvertrag — (Auszug)*

Die Bundesrepublik Deutschland und die Deutsche Demokratische Republik —

...

IN AUSFÜLLUNG des Artikel 9 Abs. 3 des Einigungsvertrags —

SIND ÜBEREINGEKOMMEN, eine Vereinbarung mit den nachfolgenden Bestimmungen zu schließen:

Artikel 3

Das nachfolgend aufgeführte Recht der Deutschen Demokratischen Republik bleibt nach Wirksamwerden des Beitritts in Kraft. Artikel 9 Abs. 4 des Vertrages gilt entsprechend.

...

Zu Kapitel XII (Geschäftsbereich des Bundesministers für Umwelt, Naturschutz und Reaktorsicherheit)

30. a) Verordnung über die Festsetzung des Nationalparks Vorpommersche Boddenlandschaft vom 12. September 1990 (Sonderdruck Nr. 1466 des Gesetzblattes)

    b) Verordnung über die Festsetzung des Nationalparks Jasmund vom 12. September 1990 (Sonderdruck Nr. 1467 des Gesetzblattes)

    c) Verordnung über die Festsetzung des Nationalparkes „Müritz-Nationalpark" vom 12. September 1990 (Sonderdruck Nr. 1468 des Gesetzblattes)

    d) Verordnung über die Festsetzung des Nationalparks Hochharz vom 12. September 1990 (Sonderdruck Nr. 1469 des Gesetzblattes)

    e) Verordnung über die Festsetzung des Nationalparks Sächsische Schweiz vom 12. September 1990 (Sonderdruck Nr. 1470 des Gesetzblattes)

    f) Verordnung über die Festsetzung von Naturschutzgebieten und einem Landschaftsschutzgebiet von zentraler Bedeutung mit der Gesamtbezeichnung „Biosphärenreservat Südost-Rügen" vom 12. September 1990 (Sonderdruck Nr. 1471 des Gesetzblattes)

    g) Verordnung über die Festsetzung von Naturschutzgebieten und einem Landschaftsschutzgebiet von zentraler Bedeutung mit der Gesamtbezeichnung „Bio-

---

* BGBl. II 1990 S. 885 (1239 ff.).

sphärenreservat Schorfheide-Chorin" vom 12. September 1990 (Sonderdruck Nr. 1472 des Gesetzblattes)

h) Verordnung über die Festsetzung von Naturschutzgebieten und einem Landschaftsschutzgebiet von zentraler Bedeutung mit der Gesamtbezeichnung „Biosphärenreservat Spreewald" vom 12. September 1990 (Sonderdruck Nr. 1473 des Gesetzblattes)

i) Verordnung über die Festsetzung von Naturschutzgebieten und einem Landschaftsschutzgebiet von zentraler Bedeutung „Biosphärenreservat Mittlere Elbe" vom 12. September 1990 (Sonderdruck Nr. 1474 des Gesetzblattes)

j) Verordnung über die Festsetzung von Naturschutzgebieten und einem Landschaftsschutzgebiet von zentraler Bedeutung mit der Gesamtbezeichnung „Biosphärenreservat Vessertal" vom 12. September 1990 (Sonderdruck Nr. 1475 des Gesetzblattes)

k) Verordnung über die Festsetzung von Naturschutzgebieten und einem Landschaftsschutzgebiet von zentraler Bedeutung mit der Gesamtbezeichnung „Biosphärenreservat Rhön" vom 12. September 1990 (Sonderdruck Nr. 1476 des Gesetzblattes)

l) Verordnung über die Festsetzung von Naturschutzgebieten und einem Landschaftsschutzgebiet von zentraler Bedeutung mit der Gesamtbezeichnung „Naturpark Schaalsee" vom 12. September 1990 (Sonderdruck Nr. 1477 des Gesetzblattes)

m) Verordnung über die Festsetzung von Naturschutzgebieten und einem Landschaftsschutzgebiet von zentraler Bedeutung als Naturpark „Drömling" vom 12. September 1990 (Sonderdruck Nr. 1478 des Gesetzblattes)

n) Verordnung über die Festsetzung von Naturschutzgebieten und einem Landschaftsschutzgebiet von zentraler Bedeutung als Naturpark „Märkische Schweiz" vom 12. September 1990 (Sonderdruck Nr. 1479 des Gesetzblattes)

mit folgender Maßgabe:

Die Verordnungen gelten mit der Maßgabe, daß sie auf den Neubau, den Ausbau und die Unterhaltung von Bundesverkehrswegen keine Anwendung finden. Bei der Durchführung der genannten Maßnahmen ist der Schutzzweck der Verordnungen zu berücksichtigen.

5. Gesetz zur Beseitigung von Hemmnissen bei der Privatisierung von Unternehmen und zur Förderung von Investitionen (Auszug)*

Artikel 12
Änderung des Umweltrahmengesetzes

Artikel 1 § 4 Abs. 3 des Umweltrahmengesetzes der Deutschen Demokratischen Republik vom 29. Juni 1990 (GBl. I Nr. 42 S. 649) in der Fassung der Nummer 1 Buchstabe b der Anlage II Kapitel XII Abschnitt III des Einigungsvertrages vom

* Vom 22. März 1991, BGBl. I S. 766ff.

31. August 1990 in Verbindung mit Artikel 1 des Gesetzes vom 23. September 1990 (BGBl. 1990 II S. 1226) enthält folgende Fassung:

„(3) Eigentümer, Besitzer oder Erwerber von Anlagen und Grundstücken, die gewerblichen Zwecken dienen oder im Rahmen wirtschaftlicher Unternehmungen Verwendung finden, sind für die durch den Betrieb der Anlage oder die Benutzung des Grundstücks vor dem 1. Juli 1990 verursachten Schäden nicht verantwortlich, soweit die zuständige Behörde im Einvernehmen mit der obersten Landesbehörde sie von der Verantwortung freistellt. Eine Freistellung kann erfolgen, wenn dies unter Abwägung der Interessen des Eigentümers, des Besitzers oder des Erwerbers, der durch den Betrieb der Anlage oder die Benutzung des Grundstücks möglicherweise Geschädigten, der Allgemeinheit und des Umweltschutzes geboten ist. Die Freistellung kann mit Auflagen versehen werden. Der Antrag auf Freistellung muß spätestens innerhalb eines Jahres nach Inkrafttreten des Gesetzes zur Beseitigung von Hemmnissen bei der Privatisierung von Unternehmen und zur Förderung von Investitionen gestellt sein. Im Falle der Freistellung treten an Stelle privatrechtlicher, nicht auf besonderen Titeln beruhender Ansprüche zur Abwehr benachteiligender Einwirkungen von einem Grundstück auf ein benachbartes Grundstück Ansprüche auf Schadensersatz. Die zuständige Behörde kann vom Eigentümer, Besitzer oder Erwerber jedoch Vorkehrungen zum Schutz vor benachteiligenden Einwirkungen verlangen, soweit diese nach dem Stand der Technik durchführbar und wirtschaftlich vertretbar sind. Im übrigen kann die Freistellung nach Satz 1 auch hinsichtlich der Ansprüche auf Schadensersatz nach Satz 4 sowie nach sonstigen Vorschriften erfolgen; auch in diesem Falle ist das Land Schuldner der Schadensersatzansprüche."

Artikel 13
Überleitungsbestimmungen

Artikel 2, 3 und 7 sind auch auf Verfahren anzuwenden, die vor Inkrafttreten dieses Gesetzes begonnen, aber noch nicht durch eine Entscheidung der Behörde abgeschlossen worden sind. Bereits erteilte Genehmigungen, Bescheinigungen und Übergabeprotokolle haben die ihnen nach den bisherigen Vorschriften zukommende Wirkung. Übergabeprotokolle, die vor dem Inkrafttreten dieses Gesetzes auf Grund des Kommunalvermögensgesetzes erstellt wurden, sind wirksam.

6. Hinweise zur Auslegung der sog. „Freistellungsklausel für Altlasten" im Einigungsvertrag des Bundesministers für Umwelt, Naturschutz und Reaktorsicherheit*

Hinweise zur Auslegung der sog. „Freistellungsklausel für Altlasten" im Einigungsvertrag

I.

Nach Artikel 9 Abs. 2 i.V.m. Anlage II Kapitel XII Abschnitt III Nr. 1 Buchst. b) des Einigungsvertrages vom 31. August 1990 i.V.m. Art. 1 des Gesetzes vom 23. September

* In der Fassung des Einigungsvertrages.

1990 (BGBl. 1990 II S. 885) gilt Artikel 1 § 4 Abs. 3 des Umweltrahmengesetzes der ehemaligen Deutschen Demokratischen Republik vom 29. Juni 1990 (GBl. I Nr. 42 S. 649) in folgender Fassung:

„Erwerber von Anlagen, die gewerblichen Zwecken dienen oder im Rahmen wirtschaftlicher Unternehmungen Verwendung finden, sind für die durch den Betrieb der Anlage vor dem 1. Juli 1990 verursachten Schäden nicht verantwortlich, soweit die zuständige Behörde im Einvernehmen mit der obersten Landesbehörde sie von der Verantwortung freistellt. Eine Freistellung kann erfolgen, wenn dies unter Abwägung der Interessen des Erwerbers, der Allgemeinheit und des Umweltschutzes geboten ist. Der Antrag auf Freistellung muß spätestens bis zum 31. Dezember 1991 gestellt sein. Die Haftung auf Grund privatrechtlicher Ansprüche bleibt unberührt."

Ebensogilt gemäß Artikel 9 Abs. 2 i. V. m. Anlage II Kapitel XII Abschnitt III Nr. 1 f) des Einigungsvertrages Artikel 4 § 3 fort, wonach auf (abfallrechtliche) Anlagen Artikel 1 § 4 Abs. 3 in der durch den Einigungsvertrag geänderten Fassung entsprechende Anwendung findet.

II.

Zur Auslegung der Vorschrift werden folgende Hinweise gegeben; sie haben empfehlenden Charakter:

1. Die Freistellungsklausel gibt den zuständigen Behörden die befristete Möglichkeit, die Erwerber von Anlagen von der öffentlich-rechtlichen Verantwortlichkeit freizustellen, wenn dies im *Einzelfall* unter Abwägung der Interessen des Erwerbers, der Allgemeinheit und des Umweltschutzes geboten erscheint. Die genannten Elemente der Vorschrift machen deutlich, daß es sich nicht um eine generelle Freistellung des Anlagenerwerbers von seiner Haftung für Altlasten handelt. Vielmehr eröffnet die Norm die Möglichkeit, einen Anlagenbewerber von der Inanspruchnahme zur Beseitigung von Schäden, die von einem eine Gefahr für die öffentliche Sicherheit und Ordnung darstellenden Zustand der Anlage ausgehen, freizustellen; auf die Regelung in § 4 Abs. 3 Satz 4 des Umweltrahmengesetzes wird hingewiesen. Die Freistellungsklausel soll die Übernahme der bisher staatlichen Anlagen durch private Investoren erleichtern, indem die Erwerber von weitreichenden Kostenbelastungen durch von ihnen nicht verursachte Umweltbeeinträchtigungen befreit werden können.

   Die zeitliche Befristung der Antragstellung schafft einerseits einen Anreiz für Investitionen in der jetzigen Aufbauphase und zum anderen wird die erforderliche Rechtsangleichung in Deutschland nicht über Gebühr verzögert.

   Mit den Regelungen sollen die Belange des Umweltschutzes — insbesondere die des Gesundheitsschutzes der betroffenen Anwohner — und die wirtschaftlichen Interessen der Erwerber von Anlagen in einer gemeinwohlverträglichen Weise harmonisiert werden.

2. Freigestellt werden können *Erwerber*, wobei die Freistellungsklausel auf einen Erwerbsvorgang und den damit verbundenen Rechtsübergang abstellt. Für die Antragstellung reicht es aus, wenn ein Erwerber sein Erwerbsinteresse glaubhaft macht; zum Zeitpunkt der Entscheidung über den Freistellungsantrag muß der Erwerbsvorgang allerdings abgeschlossen sein.

   Die Wiedereinsetzung von Grundstückseigentümern in ihre früher inne gehabten Eigentums- oder Besitzrechte kann einem Erwerb gleichgestellt werden. In solchen

Fällen wäre eine Freistellung allerdings nur insoweit sachgerecht, als die Schäden *nach* dem Verlust der früheren Eigentums- oder Besitzrechte verursacht worden sind.

Die Vorschrift ist so auszulegen, daß nicht nur der durch den Erwerbsvorgang begünstigte neue Eigentümer, sondern auch die erworbene Gesellschaft des Handelsrechts (AG, GmbH), die als juristische Person die Anlage betreibt, freigestellt werden kann. Vollständige Freistellung ist nur bei solchen Erwerbern gerechtfertigt, die beherrschenden rechtlichen Einfluß auf die übernommene Anlage gewinnen. Dies setzt Übernahme zu wenigstens 51% voraus. Bei darunter liegendem Teilerwerb ist eine teilweise Freistellung zu prüfen.

Kein Erwerb liegt insbesondere vor

— wenn bei wirtschaftlicher Betrachtungsweise Veräußerer und Erwerber im wesentlichen als gleiches Wirtschaftssubjekt erscheinen; insbesondere unterfallen solche Erwerbsvorgänge nicht der Freistellungsregelung, deren alleiniger oder bestimmender Zweck die Freistellung darstellt

— bei Betriebsfortführungsgesellschaften, die lediglich die tatsächliche Gewalt über die Anlage ausüben

— bei den Kraft Gesetzes eintretenden Rechtsnachfolgen im Falle der Umwandlung oder Verschmelzung von Betrieben. Zu den nicht freistellungsfähigen Formen der Rechtsnachfolge zählt auch die Umwandlung eines Betriebes nach dem nach Maßgabe des Einigungsvertrages (BGBl. 1990 II S. 897) fortgeltenden Treuhandgesetz vom 17. Juni 1990. Gleiches gilt, wenn die Rechtsnachfolge auf Grund der Verordnung zur Umwandlung von volkseigenen Kombinaten, Betrieben und Einrichtungen in Kapitalgesellschaften (UmwandlungsVO; GBl. I Nr. 14 der ehemaligen DDR vom 8. März 1990) eintrat.

3. Der *Anlagen*begriff folgt § 3 Abs. 5 des Bundes-Immissionsschutzgesetzes i. d. F. der Bekanntmachung vom 14. 5. 1990 (BGBl. I S. 880). Danach sind Anlagen im Sinne des Gesetzes:

„1. Betriebsstätten und sonstige ortsfeste Einrichtungen,

2. Maschinen, Geräte und sonstige ortsveränderliche technische Einrichtungen sowie Fahrzeuge, soweit sie nicht der Vorschrift des § 38 unterliegen, und

3. Grundstücke, auf denen Stoffe gelagert oder abgelagert oder Arbeiten durchgeführt werden, die Emissionen verursachen können, ausgenommen öffentliche Verkehrswege."

Allerdings wird eine Freistellung hinsichtlich der Anlagen nach § 3 Abs. 5 Nr. 2 BImSchG nur in Betracht kommen, wenn für sie eine Risikoabschätzung erfolgen kann, was bei ortsveränderlichen Anlagen in der Regel nicht der Fall sein wird.

Die Vorschrift des § 38 BImSchG ist im Anhang abgedruckt.

Der Begriff der Anlage umfaßt sowohl genehmigungsbedürftige als auch nicht genehmigungsbedürftige Anlagen.

Die Anlagen mußten oder müssen gewerblichen Zwecken dienen oder im Rahmen wirtschaftlicher Unternehmungen Verwendung finden oder gefunden haben.

Unter den Anlagenbegriff fallen auch Grundstücke, die lediglich Lager- oder Ablagerungszwecken dienten oder dienen oder stillgelegte Anlagen, bei denen die erforderlichen Sanierungsarbeiten noch nicht abgeschlossen sind. Es reicht aus, wenn wenigstens eine Teilfläche des erworbenen Grundstücks als Anlage anzusehen ist; allerdings wird in diesen Fällen nur eine auf diese Teilfläche bezogene Freistellung in Betracht kommen. Eine weitergehende Freistellung auch solcher Grundstücke (etwa landwirtschaftlich genutzter Flächen), die nicht dem Anlagenbegriff des Bundes-Immissionsschutzgesetzes unterfallen, ist in der Regelung nicht vorgesehen.

4. Die Schäden, die von der Freistellung erfaßt werden können, müssen *vor dem 1. Juli 1990* — dem Zeitpunkt des Inkrafttretens des Umweltrahmengesetzes in der ehemaligen DDR — „durch den Betrieb der Anlage" verursacht sein. Vor dem 1. Juli 1990 entstanden sind solche Schäden auch dann, wenn Bodenkontaminationen vor dem 1. Juli 1990 stattfanden, aber durch Ausbreitung der Altlast (z. B. Grundwasser-, Lufttransport) nach diesem Datum der Schadensumfang noch zunahm. Eine weitergehende Möglichkeit zur Freistellung des Erwerbers von der Verantwortlichkeit auch für Schäden, die nach dem genannten Zeitpunkt, aber vor Ablauf des Erwerbsvorgangs durch den Betrieb der Anlage entstanden sind, ist dem Wortlaut der Vorschrift nicht zu entnehmen. In der überwiegenden Zahl der Fälle dürfte allerdings auch eine relevante Zusatzbelastung nicht feststellbar sein.

5. Der *Antrag auf Freistellung* ist an die zuständige Landesbehörde zu richten. Bis zur Länderbildung waren die Regierungsbevollmächtigten in den Bezirken als zuständige Behörde zu betrachten. Mit der Länderbildung sind durch die Landesregierungen eigene Zuständigkeitsregelungen zu schaffen. Bis zu diesem Zeitpunkt ist davon auszugehen, daß die Regierungsbevollmächtigten weiterhin zuständige Behörde für die Entscheidung über Freistellungsanträge sind; sie entscheiden im Einvernehmen mit der jeweils zuständigen obersten Landesbehörde.

   Formenerfordernisse für den Antrag bestehen nicht. Er kann also formlos gestellt werden.

   Er muß neben den für einen Grundstücks-/Anlagenerwerb notwendigen Angaben enthalten:

   — Erwerbsabsicht einschließlich vorhandener Unterlagen über die zu übernehmende Anlage

   — Beschreibung des geplanten Vorhabens

   — Beschreibung der Altlast nach vorliegendem Kenntnisstand

   — Einschätzung der Risikosituation

   — Höhe der geschätzten Kostenbelastung

   — Erklärung, daß die Schäden vor dem 1. Juli 1990 verursacht worden sind.

   Die Angaben müssen glaubhaft gemacht werden; hierbei wird es in der Regel ausreichend sein, auf vorhandene Informationen zurückzugreifen. Im übrigen kann die Behörde weitere Angaben und Nachweise vom Erwerber verlangen sowie Stellungnahmen anderer Behörden einholen.

   Die Behörde kann von dem Erwerber insbesondere dann eine Zustandserfassung verlangen, wenn durch den weiteren Betrieb der Anlage eine Intensivierung der Schäden zu erwarten ist.

   Ein Antrag auf Freistellung kann nur bis zum 31. 12. 1991 gestellt werden.

6. Die *Entscheidung* über den Antrag auf Freistellung steht im pflichtgemäßen *Ermessen der Behörde*.

Voraussetzung für die Freistellung ist, daß bei einer umfassenden Interessenabwägung im Einzelfall die Freistellung geboten erscheint. In die Abwägung sind insbesondere folgende Belange einzubeziehen:

— Nutzen des Erwerbs der Anlage für die Allgemeinheit,
— wirtschaftspolitische Erwägungen, insbesondere Auswirkungen auf die Fortführung des Unternehmens und die Erhaltung oder Schaffung von Arbeitsplätzen,
— die Verbesserung der Umweltsituation durch das geplante Vorhaben,
— die durch die Freistellung des Erwerbers der Allgemeinheit entstehenden Sanierungsrisiken einschließlich etwaiger Sanierungskosten,
— das wirtschaftliche Interesse des Erwerbers und die für ihn ohne Freistellung bestehenden Haftungsrisiken.

Die Entscheidung über die Freistellung von der öffentlich-rechtlichen Zustandsverantwortlichkeit ergeht als Verwaltungsakt. Der Bescheid soll enthalten

— die Angabe des Namens und des Wohnsitzes oder des Sitzes des Antragstellers,
— die Angabe der Rechtsgrundlage,
— die genaue Bezeichnung des Standortes der Anlage,
— die Nebenbestimmungen zur Freistellung,
— die Begründung,
— die Rechtsbehelfsbelehrung.

Die Freistellung kann mit Bedingungen und Auflagen verbunden werden. Eine Auflage kann u. a. darin bestehen, daß der Erwerber bestimmte Sanierungsarbeiten durchzuführen hat. Vor der Entscheidung ist das *Einvernehmen der obersten Landesbehörde* einzuholen.

Mit der Entscheidung über die Freistellung wird keine Vorentscheidung darüber getroffen, zu wessen Lasten die Sanierungsmaßnahmen gehen. Im übrigen bleiben die Pflichten des Betreibers, im Falle einer Neugenehmigung oder wesentlichen Änderung der Anlage diese entsprechend den in § 5 BImSchG genannten Anforderungen zu betreiben sowie ggf. Maßnahmen zur Verminderung der Immissionsbelastung durchzuführen (§ 67a Abs. 2 BImSchG) durch die Freistellung unberührt.

7. Die Freistellungsklausel befreit lediglich von der öffentlich-rechtlichen Verantwortlichkeit, so wie sie nach der zum Zeitpunkt der Freistellungsentscheidung geltenden Rechtslage begründet war. Dies wird regelmäßig fortgeltendes oder neues Polizei- und Ordnungsrecht der beigetretenen Länder sein. Nach diesem Recht richtet sich auch, inwieweit eine Verantwortlichkeit für — in der Vergangenheit liegende — Vorgänge begründet wird.

8. Die Haftung auf Grund privatrechtlicher Ansprüche (z. B. auf Grund der §§ 906 BGB oder § 22 WHG) bleibt durch die Freistellung unberührt.

   Zivilrechtliche Vereinbarungen zur Freistellung sind im Rahmen der Vertragsfreiheit möglich.

7. Hinweise zur Auslegung der sog. „Freistellungsklausel für Altlasten" im Einigungsvertrag (in der Fassung von Artikel 12 des Gesetzes zur Beseitigung von Hemmnissen bei der Privatisierung von Unternehmen und zur Förderung von Investitionen) des Bundesministers für Umwelt, Naturschutz und Reaktorsicherheit vom 2. August 1991

I.

Nach Artikel 12 des Gesetzes zur Beseitigung von Hemmnissen bei der Privatisierung von Unternehmen und zur Förderung von Investitionen vom 22. März 1991 (BGBl. 1991 I S. 766) — Hemmnisbeseitigungsgesetz — gilt Artikel 1 § 4 Abs. 3 des Umweltrahmengesetzes der Deutschen Demokratischen Republik vom 29. Juni 1990 (GBl. Nr. 42 S. 649) in der Fassung der Nummer 1 Buchstabe b der Anlage II Kapitel XII Abschnitt III des Einigungsvertrages vom 31. August 1990 in Verbindung mit Artikel 1 des Gesetzes vom 23. September 1990 (BGBl. 1990 II S. 1226) in folgender Fassung fort:

„(3) Eigentümer, Besitzer oder Erwerber von Anlagen und Grundstücken, die gewerblichen Zwecken dienen oder im Rahmen wirtschaftlicher Unternehmungen Verwendung finden, sind für die durch den Betrieb der Anlage oder die Benutzung des Grundstücks vor dem 1. Juli 1990 verursachten Schäden nicht verantwortlich, soweit die zuständige Behörde im Einvernehmen mit der obersten Landesbehörde sie von der Verantwortung freistellt. Eine Freistellung kann erfolgen, wenn dies unter Abwägung der Interessen des Eigentümers, des Besitzers oder des Erwerbers, der durch den Betrieb der Anlage oder die Benutzung des Grundstücks möglicherweise Geschädigten, der Allgemeinheit und des Umweltschutzes geboten ist. Die Freistellung kann mit Auflagen versehen werden. Der Antrag auf Freistellung muß spätestens innerhalb eines Jahres nach Inkrafttreten des Gesetzes zur Beseitigung von Hemmnissen bei der Privatisierung von Unternehmen und zur Förderung von Investitionen gestellt sein. Im Falle der Freistellung treten an Stelle privatrechtlicher, nicht auf besonderen Titeln beruhender Ansprüche zur Abwehr benachteiligender Einwirkungen von einem Grundstück auf ein benachbartes Grundstück Ansprüche auf Schadensersatz. Die zuständige Behörde kann vom Eigentümer, Besitzer oder Erwerber jedoch Vorkehrungen zum Schutz vor benachteiligenden Einwirkungen verlangen, soweit diese nach dem Stand der Technik durchführbar und wirtschaftlich vertretbar sind. Im übrigen kann die Freistellung nach Satz 5 auch hinsichtlich der Ansprüche auf Schadensersatz nach Satz 1 sowie nach sonstigen Vorschriften erfolgen; auch in diesem Falle ist das Land Schuldner der Schadensersatzansprüche."

Ebenso gilt gemäß Artikel 9 Abs. 2 i. V. m. Anlage II Kapitel XII Abschnitt III Nr. 1 f) des Einigungsvertrages Artikel 4 § 3 fort, wonach auf (abfallrechtliche) Anlagen Artikel 1 § 4 Abs. 3 in der geänderten Fassung entsprechende Anwendung findet.

II.

Zur Auslegung der Vorschrift werden den für die Freistellung zuständigen Behörden sowie den Eigentümern, Besitzern und Erwerbern von Anlagen und Grundstücken, die in den neuen Ländern gelegen sind, die folgenden Hinweise gegeben:

1. Bei der Auslegung ist vom Sinn und Zweck der Vorschrift auszugehen. Die Verantwortlichkeit von Eigentümern, Besitzern oder Erwerbern von Anlagen und

Grundstücken für Schäden, die von Altlasten ausgehen und die vor dem 1. Juli 1990 verursacht wurden, beinhaltet in der Regel ein schwerwiegendes Investitionshemmnis. Mit der Freistellungsregelung soll den neuen Ländern eine rechtliche Möglichkeit bereitgestellt werden, die Übernahme oder Fortführung der bisher staatlichen Anlagen und Grundstücke dort zu erleichtern, wo dem nicht Interessen der Allgemeinheit oder des Umweltschutzes entgegenstehen.

Bei der Freistellung handelt es sich um eine auf den *Einzelfall* bezogene Entscheidung.

2. Freigestellt werden können Eigentümer, Besitzer und Erwerber.

   a) Wer Eigentümer oder Besitzer ist, bestimmt sich nach den sachenrechtlichen Vorschriften des Bürgerlichen Gesetzbuches. *Besitzer* sind insbesondere Pächter und sonstige Nutzungsberechtigte (z. B. aus Nießbrauch, Grunddienstbarkeiten am Grundstück).

   b) Hinsichtlich der Freistellung von *Erwerbern* wird in der Freistellungsklausel auf den Erwerbsvorgang und den damit verbundenen Rechtsübergang abgestellt. Für die Antragstellung reicht es aus, wenn ein Erwerber sein Erwerbsinteresse glaubhaft macht.

   Zum Zeitpunkt der Entscheidung über den Freistellungsantrag muß der Erwerbsvorgang nicht in allen Teilen abgeschlossen sein. *Nicht* erforderlich ist, daß bereits alle formalen Akte (z. B. Grundbucheintragungen) vollzogen sind. Der entscheidenden Behörde muß zumindest ein unterschriebener Kaufvertrag vorgelegt werden. Ein Vertragsabschluß unter der Bedingung, daß eine Freistellung ausgesprochen wird, ist zulässig.

   Die Behörde kann die Freistellung mit der auflösenden Bedingung versehen, daß die Freistellung erlischt, wenn der Erwerbsvorgang nicht zur Vollendung kommen wird.

3. Die Freistellung kann für Schäden erfolgen, die durch den Betrieb einer *Anlage* oder die Benutzung eines *Grundstücks* verursacht worden sind.

   Der *Anlagen*begriff folgt § 3 Abs. 5 des Bundes-Immissionsschutzgesetzes i. d. F. der Bekanntmachung vom 14. 5. 1990 (BGBl. I S. 880). Danach sind Anlagen im Sinne des Gesetzes:

   „1. Betriebsstätten und sonstige ortsfeste Einrichtungen,

   2. Maschinen, Geräte und sonstige ortsveränderliche technische Einrichtungen sowie Fahrzeuge, soweit sie nicht der Vorschrift des § 38 unterliegen, und

   3. Grundstücke, auf denen Stoffe gelagert oder abgelagert oder Arbeiten durchgeführt werden, die Emissionen verursachen können, ausgenommen öffentliche Verkehrswege."

   Eine Freistellung für einzelne Maschinen und sonstige Anlagen nach § 3 Abs. 5 Nr. 2 BImSchG wird allerdings nur in Betracht kommen, wenn für sie eine Zuordnung der von ihr verursachten Schäden erfolgen kann.

   Die Vorschrift des § 38 BImSchG über Beschaffenheit und Betrieb von Fahrzeugen ist im Anhang abgedruckt.

   Der Begriff der Anlage umfaßt sowohl genehmigungsbedürftige als auch nicht genehmigungsbedürftige Anlagen.

Die Freistellung kann sich nunmehr auch auf Schäden erstrecken, die durch die Benutzung von *Grundstücken* verursacht worden sind. Es kommt nicht mehr — wie nach der früheren Regelung zur Altlastenfreistellung — darauf an, ob das Grundstück zugleich als „Anlage“ im Sinne des § 3 Abs. 5 BImSchG angesehen werden kann.

Die Anlagen oder Grundstücke mußten oder müssen gewerblichen Zwecken dienen oder im Rahmen wirtschaftlicher Unternehmungen Verwendung finden oder gefunden haben. Diese Voraussetzungen sind bei den Gewerbebetrieben im engeren Sinne (z. B. Handwerks-, Industrie-, Handelsbetriebe) und den sonstigen auf Gewinnerzielung gerichteten Unternehmungen wie Betrieben der Urproduktion (Aufsuchen und Gewinnung von Bodenschätzen, land- und forstwirtschaftliche Betriebe) und der Energiewirtschaft auch bei den der öffentlichen Versorgung — wie Gas-, Elektrizitäts-, Wasserwerke, Tierkörperbeseitigungsanstalten, Müllverbrennungsanlagen, Verkehrsbetriebe, Krankenhäuser usw. — dienenden Unternehmungen gegeben.

Soweit die Freistellung für eine abfallrechtliche Anlage erfolgen soll (Artikel 4 § 3 Umweltrahmengesetz), ist zu prüfen, ob es sich um eine Abfallentsorgungsanlage im Sinne des § 4 Abs. 1 Satz 1 AbfG handelt.

4. Die *Schäden,* die von der Freistellung erfaßt werden können, müssen *vor dem 1. Juli 1990* — dem Zeitpunkt des Inkrafttretens des Umweltrahmengesetzes in der ehemaligen DDR — „durch den Betrieb der Anlage oder die Benutzung des Grundstücks“ *verursacht* sein. Vor dem 1. Juli 1990 verursacht sind solche Schäden auch dann, wenn Bodenkontaminationen vor dem 1. Juli 1990 stattfanden, aber durch Ausbreitung der Altlasten (z. B. Grundwasser-, Lufttransport) nach diesem Datum der Schadensumfang noch zunahm.

   Eine weitergehende Möglichkeit zur Freistellung von der Verantwortlichkeit auch für Schäden, die nach dem 1. Juli 1990, aber vor Ablauf des Erwerbsvorgangs bzw. vor dem Erlangen des Eigentums oder des Besitzes durch den Betrieb der Anlage oder die Benutzung des Grundstücks entstanden sind, ist nicht vorgesehen.

5. *Privatrechtliche Ansprüche,* die auf Einstellung des Anlagenbetriebs oder der Grundstücksnutzung wegen nachteiliger Umwelteinwirkungen von Grundstücksnachbarn oder anderen Personen geltend gemacht werden können, sowie Schadensersatzansprüche können im Einzelfall erhebliche Investitionshindernisse bilden. Mit der Neufassung der Freistellungsklausel kann nunmehr auch von privatrechtlichen Ansprüchen ganz oder teilweise freigestellt werden.

   Mit Freistellung treten an die Stelle möglicherweise bestehender Ansprüche Dritter auf Abwehr und Unterlassung nachteiliger Einwirkungen vom Altlastengrundstück Ansprüche auf Schadensersatz in Geld.

   Da über das Bestehen und die Größenordnung von Schadensersatzansprüchen eine große Unsicherheit bei Investoren besteht, eröffnet Satz 6 der Freistellungsklausel zusätzlich die Möglichkeit, den Eigentümer, Besitzer oder Erwerber von allen Schadensersatzansprüchen freizustellen. Auf welcher Rechtsgrundlage die Ansprüche beruhen, ist unerheblich.

   Im Falle einer Freistellung von solchen Ersatzansprüchen muß daher die Rechtsgrundlage nicht genannt werden. Die Behörde kann ihre Inanspruchnahme aber auf bestimmte Risiken oder Höchstbeträge beschränken.

In keinem Fall kann von solchen privatrechtlichen Ansprüchen gegen den Eigentümer, Besitzer oder Erwerber freigestellt werden, die auf „besonderen Titeln" beruhen. Hierbei handelt es sich im allgemeinen um Ansprüche, die sich auf eine am 1. Juli 1990 bestehende privatrechtliche Vereinbarung, eine Dienstbarkeit, einen Nießbrauch oder das Eigentum am Grundstück (Anlagengrundstück) stützen.

Die Behörde hat vor einer Freistellung von möglichen privatrechtlichen Ansprüchen die Belange der Nachbarschaft und die Erforderlichkeit von Schutzvorkehrungen zu prüfen. Zum Schutz der Grundstücks- und Anlagennachbarn kann die Behörde „Vorkehrungen" verlangen, „soweit diese nach dem Stand der Technik durchführbar und wirtschaftlich vertretbar sind".

6. Der Antrag auf Freistellung ist an die zuständige Landesbehörde zu richten; sie entscheidet im Einvernehmen mit der jeweils zuständigen obersten Landesbehörde. Mit der Länderbildung sind durch die Landesregierungen eigene Zuständigkeitsregelungen zu schaffen. Bis zu diesem Zeitpunkt sollen Anträge an die Umweltminister der Länder gerichtet werden.

   Formerfordernisse für den Antrag bestehen nicht. Soweit die Länder Vordrucke für die Antragstellung erarbeitet haben, sind diese zu verwenden.

   Dem Antrag müssen bei Eigentümern und Besitzern die zum Nachweis der Eigentums- oder Besitzrechte erforderlichen Unterlagen (z.B. Grundbuch- oder Handelsregisterauszüge, Pacht- oder Mietverträge) beigefügt werden.

   Bei Erwerbern muß der Antrag neben den für einen Grundstücks-/Anlagenerwerb notwendigen Angaben enthalten:

   — Erwerbsabsicht einschließlich vorhandener Unterlagen über die zu übernehmende Anlage/das zu übernehmende Grundstück

   — Beschreibung des geplanten Vorhabens.

   Darüber hinaus müssen *alle* Anträge enthalten:

   — Beschreibung der Altlast nach vorliegendem Kenntnisstand

   — Einschätzung der Risikosituation nach vorliegendem Kenntnisstand

   — Vorläufige Schätzung der Kosten nach eigenem Kenntnisstand

   — Erklärung, daß die Schäden, soweit sie bekannt sind, vor dem 1. Juli 1990 verursacht worden sind.

   Die Angaben müssen glaubhaft gemacht werden; hierbei wird es in der Regel ausreichend sein, auf vorhandene Informationen zurückzugreifen. Im übrigen kann die Behörde weitere Angaben und Nachweise vom Eigentümer, Besitzer oder Erwerber verlangen sowie selbst Stellungnahmen anderer Behörden einholen.

   Der Anspruch aus dem Antrag auf Freistellung kann abgetreten werden; eine solche Abtretung kommt insbesondere dann in Betracht, wenn bei einer Veräußerung der Anlage/des Grundstücks der Erwerber infolge Fristablaufs keinen eigenen Antrag mehr stellen könnte. Die Abtretung ist der zuständigen Behörde anzuzeigen. Die Antragsunterlagen sind soweit erforderlich vom Rechtsnachfolger zu ergänzen.

   Ein Antrag auf Freistellung kann nur bis zum 28. März 1992 gestellt werden.

7. Die *Entscheidung* über den Antrag auf Freistellung steht im pflichtgemäßen *Ermessen der Behörde*. Der Antragsteller hat einen Anspruch auf eine Entscheidung.

Voraussetzung für die Freistellung ist, daß sie nach einer Interessenabwägung im Einzelfall geboten ist. In die Abwägung sind entsprechend den gesetzlichen Vorgaben folgende Belange einzubeziehen:

— Das wirtschaftliche Interesse des Eigentümers, Besitzers oder Erwerbers und der für diese ohne eine Freistellung bestehenden Verantwortlichkeit.

— Die Interessen der durch den Betrieb der Anlage oder die Nutzung des Grundstücks möglicherweise Geschädigten.

— Wirtschaftspolitische Erwägungen, insbesondere Auswirkungen auf die Fortführung des Unternehmens und die Erhaltung oder Schaffung von Arbeitsplätzen; sonstige Nutzen für die Allgemeinheit; die durch die Freistellung dem Land entstehenden Risiken hinsichtlich der Inanspruchnahme auf Schadensersatz sowie der Sanierungsrisiken einschließlich etwaiger Sanierungskosten. Eine abschließende Ermittlung dieser Risiken ist hierbei allerdings vor allem dann nicht erforderlich, wenn die für eine Freistellung sprechenden Belange die Inkaufnahme von Risiken geboten erscheinen lassen.

— Auswirkungen auf die Umwelt.

Neben der vollständigen Freistellung kommt auch eine Teilfreistellung in Betracht; dies folgt daraus, daß die Regelung als Ermessensvorschrift ausgestaltet ist. Die Freistellung kann zum einen dadurch beschränkt werden, daß nur hinsichtlich bestimmter Risiken (z. B. Gewässerverunreinigungen) freigestellt wird. Sie kann zum anderen dadurch beschränkt werden, daß sie mit Auflagen verbunden wird. Eine Auflage kann u. a. darin bestehen, daß bestimmte Messungen durch dafür geeignete Sachverständige oder daß bestimmte Sanierungsarbeiten durchzuführen sind. Bei Festsetzung einer Auflage ist der Zweck der Freistellungsregelung, Investitionen zu erleichtern und bestehende Betriebe zu erhalten, in die Entscheidung einzubeziehen.

8. Die Entscheidung über die Freistellung ergeht als Verwaltungsakt. Der Bescheid soll enthalten

— die Angabe des Namens und des Wohnsitzes oder des Sitzes des Antragstellers,

— die Angabe der Rechtsgrundlage,

— die genaue Bezeichnung des Standortes der Anlage,

— die Angabe, ob und auf welche Schadensersatzansprüche sich die Freistellung erstreckt,

— die Nebenbestimmungen zur Freistellung,

— den Zustimmungsvorbehalt bei Abtretung der Rechte aus der Freistellung (siehe hierzu auch unter 10.),

— die Kostenentscheidung,

— die Begründung,

— die Rechtsbehelfsbelehrung.

Vor der Entscheidung ist das *Einvernehmen der obersten Landesbehörde* einzuholen.

9. Die Freistellung befreit lediglich von der Verantwortlichkeit, so wie sie nach der zum Zeitpunkt der Freistellungsentscheidung geltenden Rechtslage begründet war.

Unabgängig von der erfolgten Freistellung bestehen die Pflichten des Betreibers einer Anlage weiter, diese im Falle einer Neugenehmigung oder wesentlichen Änderung der

Anlage entsprechend den in § 5 BImSchG genannten Anforderungen zu betreiben sowie ggf. Maßnahmen zur Verminderung der Immissionsbelastung durchzuführen (§ 67a Abs. 2 BImSchG).

10. Die Rechte aus der Freistellung können durch Abtretung bei Veräußerung der Anlage oder des Grundstücks grundsätzlich auf den Rechtsnachfolger übergehen. Die Abtretung der aus der Freistellung folgenden Rechte bedarf daher der behördlichen Zustimmung; im Hinblick darauf, daß in der Freistellung auch Elemente mit einfließen, die in der Person des Antragstellers begründet sind, muß die Behörde die Möglichkeit zur Prüfung haben, ob die für die Freistellung entscheidenden individuellen Elemente auch beim Rechtsnachfolger vorliegen. Es empfiehlt sich, den Zustimmungsvorbehalt und die Bedingungen für die Zustimmung ausdrücklich in den Freistellungsbescheid aufzunehmen.

    Ist bereits der Anspruch aus dem Antrag auf Freistellung abgetreten worden (s. oben unter 6.), so ist die Freistellung gegenüber dem Rechtsnachfolger auszusprechen. Soweit es für die Entscheidung auf individuelle Elemente ankommt, hat die Behörde die dafür erforderlichen Prüfungen hinsichtlich der Person des Rechtsnachfolgers durchzuführen.

11. Im letzten Halbsatz der Freistellungsklausel ist geregelt, daß das Land Schuldner von Schadensersatzansprüchen ist. Diese — klarstellende — Regelung ist Folge der Verantwortlichkeit der Länder für die Freistellung.

Anhang

§ 38
Beschaffenheit und Betrieb von Fahrzeugen

(1) Kraftfahrzeuge und ihre Anhänger, Schienen-, Luft- und Wasserfahrzeuge sowie Schwimmkörper und schwimmende Anlagen müssen so beschaffen sein, daß ihre durch die Teilnahme am Verkehr verursachten Emissionen bei bestimmungsgemäßem Betrieb die zum Schutz vor schädlichen Umwelteinwirkungen einzuhaltenden Grenzwerte nicht überschreiten. Sie müssen so betrieben werden, daß vermeidbare Emissionen verhindert und unvermeidbare Emissionen auf ein Mindestmaß beschränkt bleiben.

(2) Der Bundesminister für Verkehr und der Bundesminister für Umwelt, Naturschutz und Reaktorsicherheit bestimmen nach Anhörung der beteiligten Kreise (§ 51) durch Rechtsverordnung mit Zustimmung des Bundesrates die zum Schutz vor schädlichen Umwelteinwirkungen notwendigen Anforderungen an die Beschaffenheit, die Ausrüstung, den Betrieb und die Prüfung der in Absatz 1 Satz 1 genannten Fahrzeuge und Anlagen, auch soweit diese den verkehrsrechtlichen Vorschriften des Bundes unterliegen. Dabei können Emissionsgrenzwerte unter Berücksichtigung der technischen Entwicklung auch für einen Zeitpunkt nach Inkrafttreten der Rechtsverordnung festgesetzt werden.

(3) Wegen der Anforderungen nach Absatz 2 gilt § 7 Abs. 5 entsprechend.

II. Zum Umweltrahmengesetz

1. Umweltrahmengesetz vom 29. Juni 1990*

Umweltrahmengesetz
vom 29. Juni 1990

Präambel

Zum Schutz von Menschen, Tieren und Pflanzen, Boden, Wasser, Luft, Klima und Landschaft sowie Kultur- und sonstigen Sachgütern,

zur wirksamen Umweltvorsorge sowie zur Durchsetzung des Kooperationsprinzips im europäischen Einigungsprozeß zur Lösung globaler Umweltprobleme,

zur Gewährleistung von Verfahren, in denen die Öffentlichkeit einbezogen wird und die Auswirkungen von Vorhaben auf die Umwelt frühzeitig und umfassend durch eine Umweltverträglichkeitsprüfung ermittelt, beschrieben und bewertet werden,

und

in dem Bestreben, die Umweltunion mit der Bundesrepublik Deutschland auf der Grundlage des Vertrages vom 18. Mai 1990 zu verwirklichen,

beschließt die Volkskammer der Deutschen Demokratischen Republik

Artikel 1
Immissionsschutz

§ 1
Zweck

Die Bestimmungen dieses Artikels dienen dem Schutz von Menschen, Tieren und Pflanzen, Boden, Wasser, Atmosphäre sowie Kultur- und sonstigen Sachgütern vor schädlichen Umwelteinwirkungen und, soweit es sich um genehmigungsbedürftige Anlagen handelt, auch vor sonstigen Gefahren, erheblichen Nachteilen und erheblichen Belästigungen sowie der Vorsorge gegen schädliche Umwelteinwirkungen.

§ 2
Übernahme von Vorschriften

(1) Nach Maßgabe der nachfolgenden Bestimmungen treten die in der Bundesrepublik Deutschland geltenden immissionsschutzrechtlichen Vorschriften

— der Anlage 1 am 1. Juli 1990

— der Anlage 2 am 1. Januar 1991

in der jeweiligen Rechtsform als Gesetz, Rechtsverordnung oder allgemeine Verwaltungsvorschrift in der Deutschen Demokratischen Republik in Kraft.

(2) Das Bundes-Immissionsschutzgesetz gilt ab 1. September 1990 in der Fassung der Bekanntmachung vom 14. Mai 1990 (BGBl. I S. 880).

---

* GBl. I S. 649.

§ 3

Neuanlagen

Die Erteilung einer Genehmigung zur Errichtung und zum Betrieb oder zur wesentlichen Änderung der Lage, Beschaffenheit oder des Betriebs einer genehmigungsbedürftigen Anlage darf wegen der Überschreitung eines Immissionswertes durch die Immissionsvorbelastung nicht versagt werden, wenn

a) die Zusatzbelastung geringfügig ist und mit einer deutlichen Verminderung der Immissionsbelastung im Einwirkungsbereich der Anlage innerhalb von fünf Jahren ab Genehmigung zu rechnen ist,

oder

b) im Zusammenhang mit dem Vorhaben Anlagen stillgelegt oder verbessert werden und dadurch eine Verminderung der Vorbelastung herbeigeführt wird, die im Jahresmittel mindestens doppelt so groß ist wie die von der Neuanlage verursachte Zusatzbelastung.

§ 4

Altanlagen

(1) Altanlagen sind Anlagen, die bis zum Zeitpunkt des Inkrafttretens der in § 2 Abs. 1 Nr. 1 dieses Artikels genannten Vorschriften errichtet worden sind oder mit deren Errichtung begonnen wurde.

(2) Die Errichtung, die Beschaffenheit und der Betrieb von Altanlagen, die zum Kreis der im Anhang der Vierten Verordnung zur Durchführung des Bundes-Immissionsschutzgesetzes genannten Anlagen gehören, hat unter Beachtung des Grundsatzes der Verhältnismäßigkeit und der sozialen Verträglichkeit so bald wie möglich den für Neuanlagen geltenden Anforderungen zu genügen. Soweit die im § 2 Absatz 1 Nr. 1 dieses Artikels genannten Vorschriften die Durchführung von Sanierungsmaßnahmen oder die Abgabe von Verzichtserklärungen innerhalb bestimmter Fristen vorsehen, gilt § 2 des Artikels 8 mit der Maßgabe, daß sich die dort genannten Fristen um jeweils 1 Jahr verlängern. Die zum Schutz vor Gesundheitsgefahren für die Nachbarschaft oder die Allgemeinheit nach diesem Gesetz erforderlichen Maßnahmen sind unverzüglich zu treffen.

(3) Erwerber von Altanlagen sind für die durch den Betrieb der Anlage vor dem 1. Juli 1990 verursachten Schäden nicht verantwortlich, soweit die zuständige Behörde im Einvernehmen mit dem Ministerium für Umwelt, Naturschutz, Energie und Reaktorsicherheit sie von der Verantwortlichkeit freistellt. Eine Freistellung kann erfolgen, wenn dies unter Abwägung der Interessen des Erwerbers, der Allgemeinheit und des Umweltschutzes geboten ist. Der Antrag auf Freistellung muß spätestens bis zum 31. Dezember 1991 gestellt sein. Die Haftung aufgrund privatrechtlicher Ansprüche bleibt unberührt.

§ 5

Genehmigungsverfahren

(1) Bei Anlagen, die der Genehmigung nach Spalte 1 des Anhangs zur Vierten Verordnung zur Durchführung des Bundes-Immissionsschutzgesetzes bedürfen, hat die zuständige Genehmigungsbehörde dem Antragsteller aufzugeben, nachdem sie geprüft hat, ob die geplante Anlage aufgrund der bestehenden Grundstücks- und Planungssituation realisierbar erscheint, eine Stellungnahme einer von ihr benannten Behörde in der

Bundesrepublik Deutschland einschließlich Berlin (West) zur Erfüllung der Genehmigungsvoraussetzungen durch die geplante Anlage beizubringen. Die Genehmigungsbehörde hat die Stellungnahme bei der Prüfung der Genehmigungsvoraussetzungen zu berücksichtigen.

(2) Bei anderen genehmigungsbedürftigen Anlagen kann eine Stellungnahme nach Absatz 1 gefordert werden, wenn dies wegen der Art, Menge und Gefährlichkeit der von der geplanten Anlage ausgehenden Emissionen oder wegen der technischen Besonderheiten dieser Anlage erforderlich ist. Die Entscheidung, ob die genannten Voraussetzungen vorliegen, trifft der Regierungsbevollmächtigte im Bezirk oder der Oberbürgermeister von Berlin; im übrigen bleiben die Zuständigkeiten der Genehmigungsbehörde unberührt.

(3) Von der Beibringung einer Stellungnahme nach Absatz 1 kann abgesehen werden, wenn dies wegen der Umstände des Einzelfalls, insbesondere wegen der technischen Auslegung der geplanten Anlage oder des Umfangs der Einzelprüfungen, nicht erforderlich ist.

(4) Soweit dies zur Durchführung von Prüfungen erforderlich ist, kann vom Antragsteller die Vorlage von Sachverständigengutachten verlangt werden.

(5) Einwendungen gegen die Erteilung des Genehmigungsantrages können innerhalb der gesetzlich festgelegten Frist nur schriftlich erhoben werden. Die Zustellung des Genehmigungsbescheides erfolgt durch öffentliche Bekanntmachung.

§ 6
Anzeigeverfahren

Altanlagen, die zum Kreis der im Anhang der Vierten Verordnung zur Durchführung des Bundes-Immissionsschutzgesetzes genannten Anlagen gehören, sind innerhalb von sechs Monaten nach dem Inkrafttreten der in § 2 Abs. 1 Nr. 1 dieses Artikels genannten Vorschriften der zuständigen Behörde anzuzeigen. Der Anzeige sind Unterlagen über Art, Umfang und Betriebsweise der Anlagen beizufügen.

§ 7
Zuständigkeiten und Eigenüberwachung nach der Straßenverkehrs-Zulassungs-Ordnung

(1) Technischer Dienst und Prüfstelle nach § 47 Abs. 9 Satz 1 der in der Anlage 1 Nr. 3 genannten Straßenverkehrs-Zulassungs-Ordnung ist die Abgasprüfstelle der DDR, Rudower Chaussee 6, 1199 Berlin. Technischer Dienst und Prüfstelle nach § 49 Abs. 5 Satz 1 der Straßenverkehrs-Zulassungs-Ordnung in Verbindung mit den dort genannten Regelwerken ist der Kraftfahrzeugüberwachungsverein e. V., Ho-Chi-Mingh-Straße 62, 8027 Dresden.

(2) Die Nationale Volksarmee, die Deutsche Reichsbahn, die Deutsche Post und die Deutsche Volkspolizei können die Abgassonderuntersuchung nach § 47a Abs. 10 in Verbindung mit Absatz 1 der Straßenverkehrs-Zulassungs-Ordnung selbst durchführen sowie die Ausgestaltung der Prüfbescheinigung selbst bestimmen. Für die Fahrzeuge der Nationalen Volksarmee entfällt die Plakette nach Absatz 5.

Artikel 2
Kerntechnische Sicherheit und Strahlenschutz

§ 1
Zweck

Die Bestimmungen dieses Artikels dienen dem Schutz von Leben, Gesundheit und Sachgütern vor den Gefahren der Kernenergie und vor den schädlichen Wirkungen ionisierender Strahlen und dem Ausgleich von durch Kernenergie oder ionisierende Strahlen verursachter Schäden.

§ 2
Übernahme und Außerkrafttreten von Vorschriften

(1) Neben dem gemäß § 15 des Gesetzes vom 21. 6. 1990 über die Inkraftsetzung von Rechtsvorschriften der Bundesrepublik Deutschland in der Deutschen Demokratischen Republik in Kraft gesetzen Gesetz über die friedliche Verwendung der Kernenergie und den Schutz gegen ihre Gefahren — Atomgesetz — treten die in der Bundesrepublik Deutschland geltenden atomrechtlichen und strahlenschutzrechtlichen Vorschriften der Anlage 1 am 1. 7. 1990, der Anlage 2 am 1. 1. 1991 in der jeweiligen Rechtsform als Rechtsverordnung oder allgemeine Verwaltungsvorschrift in Kraft.

(2) Gesetze und Verordnungen der Deutschen Demokratischen Republik treten, soweit sie sich auf in den in Absatz 1 genannten Vorschriften geregelte Gegenstände beziehen, in dem Zeitpunkt außer Kraft, in dem die in Absatz 1 genannten Vorschriften in Kraft treten. Es gelten insbesondere fort die §§ 1, 5, 9, 11 und 12 des Atomenergiegesetzes vom 8. Dezember 1983 (GBl. I Nr. 34 S. 325), wobei in § 11 Abs. 1 Ziff. 1 die Worte „gemäß § 2 Abs. 5 und § 7“ durch das Wort „gesetzlich“ und in Ziff. 2 die Worte „den Bestimmungen des § 2 Abs. 6“ durch die Worte „gesetzliche Bestimmungen“ ersetzt werden, sowie für bergbauliche und andere Tätigkeiten die Verordnung über die Gewährleistung von Atomsicherheit und Strahlenschutz, soweit dabei radioaktive Stoffe, insbesondere Radonfolgeprodukte, anwesend sind.

§ 3
Übergangsbestimmungen

(1) Im Zeitpunkt des Inkrafttretens dieses Gesetzes erteilte atomrechtliche und strahlenschutzrechtliche Genehmigungen, Erlaubnisse und Zulassungen gelten als Genehmigungen nach den entsprechenden atom- und strahlenschutzrechtlichen Vorschriften der Bundesrepublik Deutschland mit den in Satz 2 bestimmten Befristungen fort. Genehmigungen und Erlaubnisse für Kernkraftwerke erlöschen fünf Jahre, für Transporte radioaktiver Stoffe zwei Jahre, alle übrigen Genehmigungen, Erlaubnisse und Zulassungen zehn Jahre nach Inkrafttreten dieses Gesetzes; in fortgeltenden Genehmigungen, Erlaubnissen und Zulassungen festgesetzte kürzere Befristungen bleiben unberührt. Für Transporte, die nach dem Recht der Deutschen Demokratischen Republik keiner Genehmigung bedürfen, treten in Anlage 1 genannte Vorschriften über die Genehmigungspflicht solcher Transporte spätestens bis zum 1. Juli 1992 in Kraft.

(2) Die zuständige atomrechtliche Aufsichtsbehörde hat bei nach Absatz 1 fortgeltenden Genehmigungen, Erlaubnissen und Zulassungen insbesondere anzuordnen, daß ein

Zustand beseitigt wird, aus dem sich durch die Wirkung ionisierender Strahlen Gefahren für Leben, Gesundheit oder Sachgüter ergeben können. § 18 des Atomgesetzes findet keine Anwendung, wenn der Inhaber der Genehmigung, Erlaubnis oder Zulassung ein Staatsorgan oder ein Betrieb im Sinne des § 1 Absatz 2 des Atomenergiegesetzes der Deutschen Demokratischen Republik ist.

(3) Wesentliche Veränderungen von Anlagen der in § 7 des Atomgesetzes genannten Art bedürfen der Genehmigung nach den Bestimmungen des Atomgesetzes. Die Veränderungsgenehmigung läßt die Genehmigung nach Absatz 1 insoweit unberührt, als die Genehmigung sich auf Teile der Anlage bezieht, die nicht von der Änderung betroffen sind.

(4) Von den zuständigen Behörden der Bundesrepublik Deutschland erteilte Bauartzulassungen, Genehmigungen für Tätigkeiten in fremden Anlagen oder Einrichtungen, die Beförderung radioaktiver Stoffe sowie den nicht ortsgebundenen Umgang mit radioaktiven Stoffen oder die nicht ortsgebundene Anwendung ionisierender Strahlen gelten auch im Gebiet der Deutschen Demokratischen Republik.

(5) Genehmigungen und Erlaubnisse zur Ausfuhr radioaktiver Stoffe sind zu widerrufen, sofern nicht gewährleistet ist, daß die auszuführenden radioaktiven Stoffe nicht in einer die internationalen Verpflichtungen der Bundesrepublik Deutschland auf dem Gebiet der Kernenergie oder die innere oder äußere Sicherheit der Bundesrepublik Deutschland oder der Deutschen Demokratischen Republik gefährdenden Weise verwendet werden. Beruht die Ausfuhr auf einer internationalen Verpflichtung der Deutschen Demokratischen Republik, so kann die zuständige Behörde in den Fällen des Satzes 1 vom Widerruf absehen, wenn der Widerruf die außenpolitischen Beziehungen der Deutschen Demokratischen Republik schwerwiegend stören würde; die zuständige Behörde stimmt sich dazu mit dem Ministerium für Auswärtige Angelegenheiten und den zuständigen Stellen der Bundesrepublik Deutschland ab. Die Vorschriften der Strahlenschutzverordnung über die Einfuhr und Ausfuhr sonstiger radioaktiver Stoffe finden im Verhältnis zur Bundesrepublik keine Anwendung.

(6) Sind Staatsorgane oder Betriebe im Sinne des § 1 Abs. 2 des Atomenergiegesetzes der Deutschen Demokratischen Republik Inhaber von im Zeitpunkt des Inkrafttretens dieses Gesetzes erteilten atomrechtlichen und strahlenschutzrechtlichen Genehmigungen, Erlaubnissen oder Zulassungen und werden diese Inhaber aufgrund gesetzlicher Bestimmungen in Rechtspersonen des Privatrechts umgewandelt, so kann die zuständige Behörde die Fortgeltung der erteilten Genehmigungen, Erlaubnisse oder Zulassungen anordnen, wenn der neue Inhaber durch organisatorische Maßnahmen und durch die Bereitstellung von sachlichen und persönlichen Mitteln die Fortführung der Errichtung oder des Betriebes der Anlage oder der Tätigkeit gewährleistet. Die Befristungen gemäß § 3 Abs. 1 bleiben unberührt. Absätze 2, 3, und 5 finden Anwendung. § 18 des Atomgesetzes gilt nicht.

§ 4
Haftung und Deckung

(1) Die §§ 25 und 25a des Atomgesetzes gelten mit der Maßgabe, daß das Pariser Übereinkommen und das Brüsseler Reaktorschiff-Übereinkommen unabhängig von ihrer völkerrechtlichen Verbindlichkeit für den Bereich der Deutschen Demokratischen Republik innerstaatlich anzuwenden sind, soweit nicht die Regeln dieser Übereinkommen eine im Verhältnis zu ihren Vertragsstaaten bewirkte Gegenseitigkeit voraussetzen.

(2) Inhaber von Genehmigungen, die gemäß § 3 fortgelten, haben der zuständigen Genehmigungsbehörde Art, Umfang und Höhe der Vorsorge für die Erfüllung gesetzlicher Schadensersatzverpflichtungen (Deckungsvorsorge) nach Maßgabe behördlicher Festsetzung gemäß § 13 des Atomgesetzes in Verbindung mit der Verordnung über die Deckungsvorsorge nach dem Atomgesetz (Atomrechtliche Deckungsvorsorge-Verordnung) vom 25. Januar 1977 (BGBl. I S. 220) nachzuweisen, soweit es sich um Anlagen oder Tätigkeiten handelt, die auch aufgrund des Atomgesetzes und der aufgrund des Atomgesetzes ergangenen Rechtsverordnungen des Nachweises einer Deckungsvorsorge bedürfen. Soweit die Schadensersatzverpflichtungen durch die Deckungsvorsorge nicht gedeckt sind oder aus ihr nicht erfüllt werden können, stellt das Ministerium für Umwelt, Naturschutz, Energie und Reaktorsicherheit den Inhaber der Genehmigung von Schadensersatzverpflichtungen frei und übernimmt diese. Das Ministerium kann den Inhaber einer Genehmigung auch freistellen, soweit eine private Deckungsvorsorge auf dem Versicherungsmarkt oder in anderer Weise nicht zu erlangen ist.

(3) Gemäß § 3 fortgeltende Genehmigungen, Erlaubnisse und Zulassungen sind zu widerrufen, wenn die Deckungsvorsorge nicht den Anforderungen des Absatzes 2 entspricht und der zur Deckungsvorsorge Verpflichtete eine entsprechende Deckungsvorsorge nicht binnen einer von der zuständigen Behörde festzusetzenden angemessenen Frist nachweist. § 18 des Atomgesetzes gilt nicht.

§ 5
Zuständigkeiten

Soweit die im Atomgesetz und in der Anlage 1 aufgeführten atomrechtlichen und strahlenschutzrechtlichen Vorschriften Regelungen über Behörden und sonstige Stellen der Bundesrepublik Deutschland enthalten, treten anstelle

— des Bundesministers für Umwelt, Naturschutz und Reaktorsicherheit der Minister für Umwelt, Naturschutz, Energie und Reaktorsicherheit,
— des Bundesamtes für Strahlenschutz, der Physikalisch-Technischen Bundesanstalt und des Bundesamtes für Wirtschaft das Staatliche Amt für Atomsicherheit und Strahlenschutz,
— zuständiger Landesbehörden, das Staatliche Amt für Atomsicherheit und Strahlenschutz und im übrigen die entsprechenden Behörden und Stellen der Deutschen Demokratischen Republik.

Artikel 3
Wasserwirtschaft

§ 1
Zweck

Die Gewässer sind als Bestandteil des Naturhaushaltes so zu bewirtschaften, daß sie dem Wohl der Allgemeinheit und im Einklang mit ihm auch dem Nutzen einzelner dienen und daß jede vermeidbare Beeinträchtigung unterbleibt.

§ 2
Übernahme von Vorschriften

(1) Nach Maßgabe der nachfolgenden Vorschriften treten die in der Bundesrepublik

Deutschland geltenden wasserwirtschaftlichen Vorschriften in der jeweiligen Rechtsform als Gesetz, Rechtsverordnung oder allgemeine Verwaltungsvorschrift in der Deutschen Demokratischen Republik wie folgt in Kraft:

1. die der Anlage 1 am 1. Juli 1990,
2. die der Ziffer 1 der Anlage 2 für Einleiter, die nach der Anordnung vom 2. Februar 1984 über Abwassereinleitungsentgelt (GBl. I Nr. 5 S. 70) in der Fassung der Anordnung Nr. 2 vom 1. Juni 1987 (GBl. I Nr. 14 S. 164) am 30. Juni 1990 abgabenpflichtig sind, am 1. Januar 1991 und im übrigen am 1. Januar 1993. Der Minister für Umwelt, Naturschutz, Energie und Reaktorsicherheit wird ermächtigt, zu den Verfahren der Bewertung der Schadstoffe, der Schadstoffgruppen und der Schwellenwerte Übergangsregelungen zu treffen.
3. die der Ziffer 2 der Anlage 2 am 1. Januar 1991.

(2) Das Wassergesetz vom 2. Juli 1982 (GBl. I Nr. 26 S. 467) und die hierzu erlassenen Folgebestimmungen, insbesondere Regelungen über das Verfahren und die Behördenzuständigkeiten, die den Vorschriften des Absatzes 1 nicht widersprechen, bleiben unberührt. Näheres dazu regelt der Ministerrat der Deutschen Demokratischen Republik.

Artikel 4
Abfallwirtschaft

§ 1
Zweck

Soweit Abfälle nicht vermieden oder nicht verwertet werden können, sind sie so zu entsorgen, daß das Wohl der Allgemeinheit nicht beeinträchtigt wird.

§ 2
Übernahme von Vorschriften

Nach Maßgabe der nachfolgen Bestimmungen treten die in der Bundesrepublik Deutschland geltenden abfallrechtlichen Vorschriften

1. der Anlage 1 Nr. 1 bis 6 und 9 am 1. 7. 1990
   Nr. 7 und 8 am 1. 10. 1990
2. der Anlage 2 am 1. 1. 1991

in der jeweiligen Rechtsform als Gesetz, Rechtsverordnung oder allgemeine Verwaltungsvorschrift in Kraft.

§ 3
Altanlagen

Auf Altanlagen findet Artikel 1 § 4 entsprechende Anwendung.

§ 4
Planfeststellungs- und Genehmigungsverfahren

Auf Abfallentsorgungsanlagen, die einer Zulassung nach § 7 des Abfallgesetzes bedürfen, findet Artikel 1 § 5 mit der Maßgabe entsprechende Anwendung, daß

Abfallentsorgungsanlagen, die der Planfeststellung bedürfen, den Anlagen nach Absatz 1 dieser Vorschrift und Abfallentsorgungsanlagen, die einer abfallrechtlichen Genehmigung bedürfen, den Anlagen nach Absatz 2 gleichstehen.

§ 5

Anzeigeverfahren

Altanlagen sind bis zum 31. Dezember 1990 der zuständigen Behörde anzuzeigen. Soweit ein Betreiber nicht ermittelt werden kann, ist die zuständige Behörde erfassungs- und anzeigepflichtig. Der Anzeige sind Unterlagen über Art, Umfang und Betriebsweise beizufügen.

§ 6

Transportgenehmigung

Abfalltransporte zwischen der Bundesrepublik Deutschland einschließlich Berlin (West) und der Deutschen Demokratischen Republik bedürfen einer Genehmigung nach § 13 des Abfallgesetzes. Satz 1 ist auf Reststoffe im Sinne der Reststoffbestimmungsverordnung (Nummer 8 der Anlage 1 zu § 2 dieses Artikels) entsprechend anzuwenden.

Artikel 5

Chemikalienrecht

§ 1

Zweck

Zweck dieses Artikels ist es, den Menschen und die Umwelt vor schädlichen Einwirkungen gefährlicher Stoffe und Zubereitungen zu schützen, insbesondere sie erkennbar zu machen, sie abzuwenden und ihrem Entstehen vorzubeugen.

§ 2

Übernahme von Rechtsvorschriften

(1) Nach Maßgabe der nachfolgenden Bestimmungen treten die in der Bundesrepublik Deutschland geltenden chemikalienrechtlichen Vorschriften

1. der Anlage 1 am 1. 7. 1990
2. der Anlage 2 am 1. 1. 1991

in ihrer jeweiligen Rechtsform als Gesetz, Rechtsverordnung oder allgemeine Verwaltungsvorschrift in Kraft. Die vom Bundesminister für Arbeit und Sozialordnung oder vom ehemaligen Bundesminister für Jugend, Familie und Gesundheit oder vom Bundesminister für Umwelt, Naturschutz und Reaktorsicherheit nach der Arbeitsstoffverordnung oder nach § 44 Abs. 1 Satz 1 Gefahrstoffverordnung im Bundesarbeitsblatt oder im Bundesgesundheitsblatt bekanntgegebenen sicherheitstechnischen, arbeitsmedizinischen und hygienischen Regeln sowie die sonstigen gesicherten und arbeitswissenschaftlichen Erkenntnisse werden mit Inkrafttreten des Gesetzes angewandt.

(2) Das Chemikaliengesetz gilt ab 1. August 1990 in der Fassung der Bekanntmachung vom 14. März 1990 (BGBl. I S. 521).

§ 3

Alte Stoffe

Stoffe, die vor Inkrafttreten dieses Gesetzes in der Deutschen Demokratischen Republik in Verkehr gebracht worden sind und nicht in dem zu erstellenden Europäischen

Altstoffverzeichnis EINECS erfaßt sind, gelten als alte Stoffe im Sinne des Chemikaliengesetzes.

§ 4
Zuständigkeit und Beteiligung

Der Ministerrat legt die Anmeldestelle nach § 12 des Chemikaliengesetzes, die zentrale Meldestelle nach § 16e des Chemikaliengesetzes und die zentrale GLP-Stelle[1] nach § 19d des Chemikaliengesetzes fest. Diese Stellen können bei der Wahrnehmung ihrer Aufgaben die entsprechenden Stellen der Bundesrepublik Deutschland beteiligen.

Artikel 6
Naturschutz und Landschaftspflege

§ 1
Zweck

Die Bestimmungen dieses Artikels dienen dem Schutz, der Pflege und der Entwicklung von Natur und Landschaft im besiedelten und unbesiedelten Bereich.

§ 2
Übernahme von Vorschriften

Nach Maßgabe der nachfolgenden Bestimmungen treten die in der Bundesrepublik Deutschland geltenden naturschutzrechtlichen Vorschriften der Anlage 1 am 1. Juli 1990 in Kraft.

§ 3
Vorläufige Regelungen

(1) Abweichend von § 4 Satz 1 des Gesetzes über Naturschutz und Landschaftspflege (Bundesnaturschutzgesetz) gelten die Bestimmungen dieses Gesetzes bis zum Inkrafttreten von Naturschutzgesetzen der Länder unmittelbar. Dies gilt nicht, soweit sich die Bestimmungen ausdrücklich oder nach Sinn und Zweck an die Länder richten. Die Vorschriften der §§ 10 bis 16 des Landeskulturgesetzes vom 14. Mai 1970 (GBl. I Nr. 12 S. 67) und der Ersten Durchführungsverordnung zum Landeskulturgesetz — Schutz und Pflege der Pflanzen- und Tierwelt und der landschaftlichen Schönheiten (Naturschutzverordnung) vom 18. Mai 1989 (GBl. I Nr. 12 S. 159) — bleiben unberührt, soweit sie den Vorschriften des Bundesnaturschutzgesetzes nicht widersprechen.

(2) Bis zu den in Absatz 1 genannten Zeitpunkten erläßt der für Naturschutz und Landschaftspflege zuständige Minister (Minister) im Einvernehmen mit den jeweils fachlich betroffenen Ministern Durchführungsbestimmungen zum Bundesnaturschutzgesetz. §§ 7 und 8 bleiben unberührt.

(3) Die in § 4 Satz 2 des Bundesnaturschutzgesetzes genannte Frist beginnt mit dem Inkrafttreten nach § 2 dieses Artikels.

(4) Die Anerkennungsvoraussetzungen nach § 29 Absatz 2 des Bundesnaturschutzgesetzes vom 12. März 1987 werden in der Deutschen Demokratischen Republik sinngemäß angewandt.

---

[1] Gute-Labor-Praxis-Stelle.

§ 4
Grundsätze für die Landschaftsplanung

Der Minister wird ermächtigt, in Abstimmung mit den fachlich betroffenen Ministern Grundsätze über die Landschaftsplanung nach Maßgabe der in den §§ 1 und 2 des Bundesnaturschutzgesetzes enthaltenen Ziele und Grundsätze des Naturschutzes und der Landschaftspflege aufzustellen.

§ 5
Einstweilige Sicherung

(1) Für die einstweilige Sicherung zu schützender Gebiete nach § 6 Nr. 2 und 3 gilt § 25 der Ersten Durchführungsverordnung zum Landeskulturgesetz — Schutz und Pflege der Pflanzen- und Tierwelt und der landschaftlichen Schönheiten — (Naturschutzverordnung) vom 18. Mai 1989 (GBl. I Nr. 12 S. 159) entsprechend.

(2) Die in dem Beschluß des Ministerrates vom 16. März 1990 „Zur Information über den Stand und die vorgesehene Entwicklung von Biosphärenreservaten, Nationalparks und Naturschutzparks in der DDR" bezeichneten Gebiete gelten unbeschadet bereits erfolgter Maßnahmen der einstweiligen Sicherung oder endgültigen Unterschutzstellung nach den Vorschriften der Naturschutzverordnung mit Inkrafttreten dieses Gesetzes im Sinne des § 25 der genannten Verordnung als einstweilig gesichert.

§ 6
Vorläufige Zuständigkeitsregelungen

Bis zur Errichtung von Landesverwaltungen und zum Erlaß entsprechender Zuständigkeitsbestimmungen gelten folgende Regelungen:

1. Nationalparks sowie Naturschutz- und Landschaftsschutzgebiete von zentraler Bedeutung werden durch Beschluß des Ministerrates festgesetzt.
2. Für die einstweilige Sicherung sowie Regelung über die Einrichtung und Tätigkeit der Verwaltung der in Nr. 1 genannten Gebiete ist der Minister zuständig.
3. Für die Festsetzung sonstiger Naturschutz- und Landschaftsschutzgebiete, von Naturdenkmalen und geschützten Landschaftsbestandteilen sowie die einstweilige Sicherung dieser Gebiete sind die Regierungsbevollmächtigten in den Bezirken oder der Oberbürgermeister von Berlin zuständig, soweit diese Festsetzung die in den § 21 Abs. 3 und § 85 Abs. 3 des Gesetzes vom 17. Mai 1990 über die Selbstverwaltung der Gemeinden und Landkreise in der DDR (Kommunalverfassung) (GBl. I Nr. 28 S. 255) genannten Zuständigkeiten überschreitet.
4. Soweit im Bundesnaturschutzgesetz und in der Bundesartenschutzverordnung Aufgaben den für Naturschutz und Landschaftspflege oder den nach Landesrecht zuständigen oder anderen Behörden übertragen sind, werden diese Aufgaben von den Regierungsbevollmächtigten in den Bezirken und dem Oberbürgermeister von Berlin wahrgenommen.
5. Für die Anerkennung von Verbänden nach § 29 Abs. 2 des Bundesnaturschutzgesetzes ist der Minister zuständig.

§ 7
Zuständigkeiten beim grenzüberschreitenden Artenschutz

(1) § 21 c des Bundesnaturschutzgesetzes gilt mit folgenden Maßgaben:

1. An die Stelle der in Absatz 1 Nr. 2, Absatz 3 Nr. 4 und Absatz 4 genannten Ämter tritt,
   a) für Tiere der Leiter des Grenz-Veterinärdienstes der DDR beim Ministerium für Ernährung, Land- und Forstwirtschaft,
   b) für Pflanzen der Direktor des Zentralen Staatlichen Amtes für Pflanzenschutz und Pflanzenquarantäne der DDR beim Ministerium für Ernährung, Land- und Forstwirtschaft.
2. An die Stelle des in Absatz 2 genannten Amtes tritt
   a) für Tiere nichtheimischer Arten der Tierpark Berlin
   b) für Tiere heimischer Arten und für Pflanzen das Institut für Landschaftsforschung und Naturschutz Halle der Akademie der Landwirtschaftswissenschaften.

(2) Die Aufgaben der in § 30 Abs. 4 Nr. 1 des Bundesnaturschutzgesetzes genannten Verwaltungsbehörde nimmt die nach Absatz 1 Nr. 1 jeweils zuständige Stelle wahr.

(3) Im Rahmen der in den Absätzen 1 und 2 bezeichneten Aufgaben unterstehen die dort genannten Stellen der fachlichen Aufsicht des Ministers.

(4) Der Minister wird ermächtigt, die Zuständigkeiten im Einvernehmen mit dem Minister für Ernährung, Land- und Forstwirtschaft abweichend von den Absätzen 1 und 2 zu regeln.

§ 8
Überleitung bestehender Vorschriften

Die aufgrund der §§ 11 bis 19 und 25 erlassenen und nach § 37 Abs. 4 der Naturschutzverordnung übergeleiteten Vorschriften bleiben bis zu einer anderweitigen Regelung in Kraft.

§ 9
Strafvorschriften

(1) Wer eine in § 30 Abs. 1 Bundesnaturschutzgesetz bezeichnete vorsätzliche Handlung gewerbs- oder gewohnheitsmäßig begeht, wird mit Freiheitsstrafe bis zu drei Jahren, Verurteilung auf Bewährung oder mit Geldstrafe bestraft.

(2) Wer eine in § 30 Abs. 1 Bundesnaturschutzgesetz bezeichnete vorsätzliche Handlung begeht, die sich auf Tiere oder Pflanzen einer vom Aussterben bedrohten Art bezieht, wird mit Freiheitsstrafe bis zu fünf Jahren, Verurteilung auf Bewährung oder mit Geldstrafe bestraft.

(3) Wer in den Fällen des Absatzes 2 die Tat gewerbs- oder gewohnheitsmäßig begeht, wird mit Freiheitsstrafe von drei Monaten bis zu fünf Jahren, Verurteilung auf Bewährung oder mit Geldstrafe bestraft.

(4) Handelt der Täter fahrlässig, wird er mit Freiheitsstrafe bis zu sechs Monaten, Verurteilung auf Bewährung oder mit Geldstrafe bestraft.

Artikel 7
Umweltverträglichkeitsprüfung

§ 1
Zweck

Zur wirksamen Umweltvorsorge werden die Auswirkungen von Vorhaben auf die Umwelt nach einheitlichen Grundsätzen frühzeitig ermittelt, beschrieben und bewertet und das Ergebnis der Umweltverträglichkeitsprüfung so früh wie möglich bei allen behördlichen Entscheidungen über die Zulässigkeit von Vorhaben berücksichtigt.

§ 2
Anwendung

Artikel 1 (Gesetz über die Umweltverträglichkeitsprüfung) und Artikel 14 des Gesetzes zur Umsetzung der Richtlinie des Rates vom 27. Juni 1985 über die Umweltverträglichkeitsprüfung bei bestimmten öffentlichen und privaten Projekten (85/337/EWG) vom 12. Februar 1990 (Bundesgesetzblatt I S. 205), Artikel 1 geändert durch Artikel 3 des Gesetzes vom 11. Mai 1990 (BGBl. I S. 870), treten am 1. August 1990 in Kraft. Das Gesetz über die Umweltverträglichkeitsprüfung findet keine Anwendung, soweit in ihm auf Gesetze oder Rechtsverordnungen der Bundesrepublik Deutschland verwiesen wird, die in der Deutschen Demokratischen Republik noch nicht oder in einer an das Gesetz über die Umweltverträglichkeitsprüfung noch nicht angepaßten Fassung in Kraft sind.

Artikel 8
Schlußbestimmungen

§ 1
Verhältnis von Vorschriften der Deutschen Demokratischen Republik und der Bundesrepublik Deutschland

(1) Vorschriften, die zur Änderung oder Durchführung der in den Artikeln 1 bis 7 genannten Vorschriften nach dem Inkrafttreten dieses Gesetzes in der Bundesrepublik Deutschland in Kraft treten, sind sobald als möglich in der Deutschen Demokratischen Republik in Kraft zu setzen.

(2) Soweit die in den Artikeln 1 bis 7 genannten oder gemäß Absatz 1 übernommenen Vorschriften Verweisungen auf andere Vorschriften des Rechts der Bundesrepublik Deutschland enthalten, treten an deren Stelle inhaltlich entsprechende Vorschriften der Deutschen Demokratischen Republik. Bestehen solche Vorschriften nicht, sind die in bezug genommenen Vorschriften der Bundesrepublik Deutschland in Kraft zu setzen.

(3) Bestimmungen der Deutschen Demokratischen Republik treten außer Kraft, soweit sie den gleichen Gegenstand regeln, wie die in den Artikeln 1 bis 7 genannten Vorschriften.

(4) Eine Änderung der nach diesem Gesetz übernommenen Vorschriften ist auf der Grundlage der hiervon betroffenen Ermächtigungen nicht zulässig.

§ 2
Übergangsfristen

(1) Soweit die in den Artikeln 1 bis 7 genannten Vorschriften Regelungen enthalten, nach denen bis zu einem festgesetzten Termin Maßnahmen durchzuführen oder Erklärungen abzugeben waren, gelten die sich hieraus ergebenden Fristen entsprechend.

(2) Der Ministerrat wird ermächtigt, durch Rechtsverordnung bis zum 31. Dezember 1990 kürzere Fristen als die sich aus den Rechtsverordnungen der Anlage 2 zu Artikel 5 in Verbindung mit Absatz 1 ergebenden zu bestimmen.

§ 3
Zuständigkeiten

(1) An die Stelle der Behörden und sonstigen Stellen in der Bundesrepublik Deutschland einschließlich Berlin (West), die in den in Artikeln 1 bis 7 genannten Vorschriften bezeichnet sind, treten die entsprechenden Behörden oder sonstigen Stellen in der Deutschen Demokratischen Republik.

(2) Soweit die in den Artikeln 1 bis 7 genannten Vorschriften die Bundesregierung oder einen Bundesminister zum Erlaß von Rechtsverordnungen oder allgemeinen Verwaltungsvorschriften ermächtigen, tritt an deren Stelle der Ministerrat oder der zuständige Minister der Deutschen Demokratischen Republik. Soweit Landesregierungen im Gebiet der Bundesrepublik Deutschland ermächtigt werden, treten an deren Stelle die Landesregierungen im Gebiete der Deutschen Demokratischen Republik oder der Magistrat von Berlin; solange in der Deutschen Demokratischen Republik noch keine Landesregierungen bestehen, treten an deren Stelle die Regierungsbevollmächtigten in den Bezirken.

§ 4
Ordnungswidrigkeiten

(1) Soweit in den Gesetzen, Teilen von Gesetzen oder Rechtsverordnungen die Begriffe „Bußgeld" oder „Geldbuße" verwandt werden, tritt an ihre Stelle der Begriff „Ordnungsstrafe".

(2) Für die Durchführung des Ordnungsstrafverfahrens und den Ausspruch von Ordnungsstrafmaßnahmen gilt das Gesetz vom 12. Januar 1968 zur Bekämpfung von Ordnungswidrigkeiten — OWG — (GBl. I Nr. 3 S. 101). Die Durchführung des Ordnungsstrafverfahrens obliegt dem Leiter der zuständigen Aufsichtsbehörde.

Artikel 9
Inkrafttreten

Dieses Gesetz tritt am 1. Juli 1990 in Kraft.

Das vorstehende, von der Volkskammer der Deutschen Demokratischen Republik am neunundzwanzigsten Juni neunzehnhundertneunzig beschlossene Gesetz wird hiermit verkündet.

Berlin, den neunundzwanzigten Juni neunzehnhundertneunzig

Die Präsidentin der Volkskammer
der Deutschen Demokratischen Republik
Bergmann-Pohl

Anlage 1
zu vorstehendem Gesetz

Zu Artikel 1 Immissionsschutz

1. Gesetz zum Schutz vor schädlichen Umwelteinwirkungen durch Luftverunreinigungen, Geräusche, Erschütterungen und ähnliche Vorgänge (Bundes-Immissionsschutzgesetz — BImSchG) vom 15. März 1974 (BGBl. I S. 721, 1193), zuletzt geändert durch Gesetz[1] vom 11. Mai 1990 (BGBl. I S. 870).

   Einzubeziehen sind folgende Rechts- und Verwaltungsvorschriften zur Durchführung des Bundes-Immissionsschutzgesetzes:

   a) Vierte Verordnung zur Durchführung des Bundes-Immissionsschutzgesetzes (Verordnung über genehmigungsbedürftige Anlagen — 4. BImSchV) vom 24. Juli 1985 (BGBl. I S. 1586), zuletzt geändert durch Artikel 2 der Verordnung vom 15. Juli 1988 (BGBl. I S. 1059).

   b) Fünfte Verordnung zur Durchführung des Bundes-Immissionsschutzgesetzes (Verordnung über Immissionsschutzbeauftragte — 5. BImSchV) vom 14. Februar 1975 (BGBl. I S. 504, 727), zuletzt geändert durch Artikel 3 der Verordnung vom 19. Mai 1988 (BGBl. I S. 608).

   c) Sechste Verordnung zur Durchführung des Bundes-Immissionsschutzgesetzes (Verordnung über die Fachkunde und Zuverlässigkeit von Immissionsschutzbeauftragten — 6. BImSchV) vom 12. April 1975 (BGBl. I S. 957).

   d) Neunte Verordnung zur Durchführung des Bundes-Immissionsschutzgesetzes (Grundsätze des Genehmigungsverfahrens) — 9. BImSchV — vom 18. Februar 1977 (BGBl. I S. 274), zuletzt geändert durch Artikel 4 der Verordnung vom 19. Mai 1988 (BGBl. I S. 608).

   e) Elfte Verordnung zur Durchführung des Bundes-Immissionsschutzgesetzes (Emissionserklärungsverordnung) — 11. BImSchV — vom 20. Dezember 1978 (BGBl. I S. 2027), geändert durch Artikel 4 der Verordnung vom 24. Juli 1985 (BGBl. I S. 1586).

   f) Zwölfte Verordnung zur Durchführung des Bundes-Immissionsschutzgesetzes (Störfall-Verordnung) — 12. BImSchV — in der Fassung der Bekanntmachung vom 19. Mai 1988 (BGBl. I S. 625) — nebst

      aa) Erste Allgemeine Verwaltungsvorschrift zur Störfall-Verordnung (1. StörfallVwV) vom 26. August 1988 (GMBl. S. 398).

      bb) Zweite Allgemeine Verwaltungsvorschrift zur Störfall-Verordnung (2. StörfallVwV) vom 27. April 1982 (GMBl. S. 205)

   g) Dreizehnte Verordnung zur Durchführung des Bundes-Immissionsschutzgesetzes (Verordnung über Großfeuerungsanlagen — 13. BImSchV) vom 22. Juni 1983 (BGBl. I S. 719).

   h) Erste Allgemeine Verwaltungsvorschrift zum Bundes-Immissionsschutzgesetz (Technische Anleitung zur Reinhaltung der Luft — TA Luft) vom 27. Februar 1986 (GMBl. S. 95, 202).

Anmerkungen

[1] korrekt: Drittes Gesetz zur Änderung des Bundes-Immissionsschutzgesetzes

i) Allgemeine Verwaltungsvorschrift über genehmigungsbedürftige Anlagen nach § 16 der Gewerbeordnung — Technische Anleitung zum Schutz gegen Lärm (TA Lärm) vom 16. Juli 1968 (Beilage zum BAnz. Nr. 137 vom 26. Juli 1968); übergeleitet gemäß § 66 Abs. 2 des Bundes-Immissionsschutzgesetzes.

2. Benzinbleigesetz vom 5. August 1971 (BGBl. I S. 1234), zuletzt geändert durch Gesetz vom 18. Dezember 1981[2] (BGBl. I S. 2810), nebst

a) 1. Verordnung zur Durchführung des Benzinbleigesetzes vom 7. Dezember 1971 (BGBl. I S. 1966)

b) Benzinqualitätsverordnung vom 27. Juni 1988 (BGBl. I S. 969)

c) Allgemeine Verwaltungsvorschrift zur Durchführung der Benzinqualitätsangabeverordnung vom 6. November 1985 (Bundesanzeiger vom 13. November 1985).

3. Die Straßenverkehrs-Zulassungs-Ordnung mit folgender Maßgabe

a) §§ 47 und 49 in der Fassung der Bekanntmachung vom 28. September 1988 (BGBl. I S. 1793), geändert durch Artikel 1 der Verordnung vom 16. Dezember 1988 (BGBl. I S. 2355).

b) Die in § 72 Abs. 2 in der Fassung der Bekanntmachung vom 28. September 1988 (BGBl. I S. 1793), geändert durch Artikel 1 der Verordnung vom 16. Dezember 1988 (BGBl. I S. 2355), enthaltenen Übergangsvorschriften zu den §§ 47 und 49.

c) Die Anlagen XV, XVI, XXIV und XXV der Straßenverkehrs-Zulassungs-Ordnung in der Fassung der Bekanntmachung vom 28. September 1988 (BGBl. I S. 1793), geändert durch Artikel 1 der Verordnung vom 16. Dezember 1988 (BGBl. I S. 2355).

d) Anlage XXIII der Straßenverkehrs-Zulassungs-Ordnung in der Fassung der Bekanntmachung vom 28. September 1988 (BGBl. I S. 1793), zuletzt geändert durch Artikel 3 der Verordnung[3] vom 22. Dezember 1989 (BGBl. I S. 2436).

e) Die Anlagen XX und XXI der Straßenverkehrs-Zulassungs-Ordnung in der Fassung der Bekanntmachung vom 28. September 1988 (BGBl. I S. 1793).

Zu Artikel 2 Kerntechnische Sicherheit und Strahlenschutz

1. Strahlenschutzverordnung[4] vom 13. Oktober 1976 i. d. F. der Bekanntmachung vom 30. Juni 1989 (BGBl. I S. 1321, 1926), zuletzt geändert durch Verordnung vom 3. April 1990 (BGBl. I S. 607),

2. Verordnung über das Verfahren bei der Genehmigung von Anlagen nach § 7 des Atomgesetzes (Atomrechtliche Verfahrensverordnung — AtVfV) vom 18. Februar 1977 (BGBl. I S. 280) i. d. F. der Bekanntmachung vom 31. März 1982 (BGBl. I S. 441),

3. Verordnung über die Deckungsvorsorge nach dem Atomgesetz (Atomrechtliche Deckungsvorsorge-Verordnung — AtDeckV) vom 25. Januar 1977 (BGBl. I S. 220),

4. Verordnung über den Schutz vor Schäden durch Röntgenstrahlen (Röntgenverordnung — RöV) vom 8. Januar 1987 (BGBl. I S. 114), zuletzt geändert durch Verordnung vom 3. April 1990 (BGBl. I S. 607),

[2] korrekt: 1987

[3] korrekt: des Gesetzes

5. Kostenverordnung zum Atomgesetz (AtKostV) vom 17. Dezember 1981 (BGBl. I S. 1457),
6. Allgemeine Verwaltungsvorschrift zu § 45 Strahlenschutzverordnung: Ermittlung der Strahlenexposition durch die Ableitung radioaktiver Stoffe aus kerntechnischen Anlagen oder Einrichtungen vom 21. Februar 1990 (Bundesanzeiger Nr. 64a[5] vom 31. März 1990),
7. Allgemeine Verwaltungsvorschrift zu § 62 Abs. 2 Strahlenschutzverordnung (AVV-Strahlenpaß) vom 3. Mai 1990 (Bundesanzeiger Nr. 94 vom 19. März[6] 1990).

Zu Artikel 3 Wasserwirtschaft

1. Gesetz zur Ordnung des Wasserhaushalts (Wasserhaushaltsgesetz — WHG) in der Fassung der Bekanntmachung vom 23. September 1986 (BGBl. I S. 1529, 1654), geändert durch Artikel 5 des Gesetzes vom 12. Februar 1990 (BGBl. I S. 205).
2. Verordnung über die Herkunftsbereiche von Abwasser (Abwasserherkunftsverordnung — AbwHerkV) vom 3. Juli 1987 (BGBl. I S. 1578).
3. Allgemeine Verwaltungsvorschriften nach § 7a WHG:

   Allgemeine Rahmen-Verwaltungsvorschrift über Mindestanforderungen an das Einleiten von Abwasser in Gewässer[1)] vom 8. 9. 1989 (GMBl. S. 518), geändert durch Allgemeine Verwaltungsvorschrift vom 19. 12. 1989 (GMBl. S. 798).

4. AbwasserVwV vom 17. 3. 1981 (GMBl. S. 139)

7. AbwasserVwV vom 17. 3. 1981 (GMBl. S. 142)

13. AbwasserVwV vom 17. 3. 1981 (GMBl. S. 148)

16. AbwasserVwV vom 5. 2. 1982[7] (GMBl. S. 56)

17. AbwasserVwV vom 5. 2. 1982[7] (GMBl. S. 57)

18. AbwasserVwV vom 5. 2. 1982[7] (GMBl. S. 58)

19. AbwasserVwV Teil A vom 18. 5.1989 (GMBl. S. 399)

19. a) AbwasserVwV vom 5. 2. 1982 (GMBl. S. 59), geändert durch Allgemeine Verwaltungsvorschrift vom 18. 5. 1983 (GMBl. S. 399)

20. AbwasserVwV vom 19. 5. 1982 (GMBl. S. 293), geändert durch Allgemeine Verwaltungsvorschrift vom 10. 11. 1986 (GMBl. S. 618)

22. AbwasserVwV vom 19. 5. 1982 (GMBl. S. 295)

23. AbwasserVwV vom 19. 5. 1982 (GMBl. S. 296)

24. AbwasserVwV vom 19. 5. 1982 (GMBl. S. 297)

26. AbwasserVwV vom 3. 3. 1983 (GMBl. S. 142)

27. AbwasserVwV vom 3. 3. 1983 (GMBl. S. 145)

---

1) Gewässer-Rahmen-Abwasser-Verwaltungsvorschrift

4 korrekt: Verordnung über den Schutz vor Schäden durch ionsierende Strahlen (Strahlenschutzverordnung — StrlSchV)

5 korrekt: Nr. **64**

6 korrekt: 19. **Mai** 1990

7 korrekt: 5. **1.** 1982

28. AbwasserVwV vom 13. 9. 1983 (GMBl. S. 397)
29. AbwasserVwV vom 13. 9. 1983 (GMBl. S. 398)
31. AbwasserVwV vom 13. 9. 1983 (GMBl. S. 400)
32. AbwasserVwV vom 5. 9. 1984 (GMBl. S. 338)
33. AbwasserVwV vom 5. 9. 1984 (GMBl. S. 339)
34. AbwasserVwV vom 5. 9. 1984 (GMBl. S. 340)
35. AbwasserVwV vom 5. 9. 1984 (GMBl. S. 341)
36. AbwasserVwV vom 5. 9. 1984 (GMBl. S. 342)
37. AbwasserVwV vom 5. 9. 1984 (GMBl. S. 346)
38. AbwasserVwV vom 5. 9. 1984 (GMBl. S. 348)
42. AbwasserVwV vom 5. 9. 1984 (GMBl. S. 358)
43. AbwasserVwV vom 5. 9. 1984 (GMBl. S. 359)
44. AbwasserVwV vom 5. 9. 1984 (GMBl. S. 361)
45. AbwasserVwV vom 5. 9. 1984 (GMBl. S. 362)
46. AbwasserVwV vom 25. 8. 1986 (GMBl. S. 486)
48. AbwasserVwV vom 9. 1. 1989 (GMBl. S. 42), geändert durch VwV vom 19. 12. 1989 (GMBl. S. 811).

Zu Artikel 4 Abfallwirtschaft

1. Gesetz über die Vermeidung und Entsorgung von Abfällen (Abfallgesetz — AbfG) vom 27. August 1986 (BGBl. I S. 1410, S. 1501), geändert[8] durch Artikel 2 des Gesetzes vom 11. Mai 1990 (BGBl. I S. 870) mit Ausnahme des § 11 Abs. 2, Abs. 3 sowie §§ 12 und 13b. Die §§ 72 bis 78 Verwaltungsverfahrensgesetz (VwVfG) vom 25. Mai 1976 (BGBl. I S. 1253), geändert durch Artikel 7 des Gesetzes vom 2. Juli 1976 (BGBl. I S. 1749) finden Anwendung.
2. Verordnung über die Rücknahme und Pfanderhebung von Getränkeverpackungen aus Kunststoffen vom 20. Dezember 1988 (BGBl. I S. 2455).
3. Verordnung über die Entsorgung gebrauchter halogenierter Lösemittel (HKWAbfV) vom 23. Oktober 1989 (BGBl. I S. 1918).
4. Allgemeine Abfallverwaltungsvorschrift zum Schutz[9] des Grundwassers bei der Lagerung und Ablagerung von Abfällen vom 31. Januar 1990 (GMBl. S. 74).
5. Verordnung über die grenzüberschreitende Verbringung von Abfällen (Abfallverbringungs-Verordnung — AbfVerbrV) vom 18. November 1988 (BGBl. I S. 2126).[10]
6. Verordnung über Betriebsbeauftragte für Abfall vom 26. Oktober 1977 (BGBl. I S. 1913).
7. Verordnung zur Bestimmung von Abfällen nach § 2 Abs. 2 des Abfallgesetzes (Abfallbestimmungs-Verordnung — Abf-BestV)[11] vom 3. April 1990 (BGBl. I S. 614).

[8] korrekt: zuletzt geändert

[9] korrekt: ... **über Anforderungen** zum Schutz ...

[10] korrekt: (BGBl. I S. 2126, **ber. 2418**)

8. Verordnung zur Bestimmung von Reststoffen nach § 2 Abs. 3 des Abfallgesetzes (RestDestV)[12] vom 3. April 1990 (BGBl. I S. 631).
9. Gesetz zu dem Übereinkommen vom 15. Februar 1972 und 29. Dezember 1972 zur Verhinderung von[13] Meeresverschmutzung durch das Einbringen von Abfällen durch Schiffe und Luftfahrzeuge (Hohe-See-Einbringungsgesetz)[14] vom 11. Februar 1977 (BGBl. III 2129-10).

Zu Artikel 5 Chemikalienrecht

1. Gesetz zum Schutz von gefährlichen Stoffen (Chemikaliengesetz — ChemG) vom 16. September 1980 (BGBl. I S. 1718), zuletzt geändert durch Gesetz vom 14. März 1990 (BGBl. I S. 493)
2. Verordnung über die Gefährlichkeitsmerkmale von Stoffen und Zubereitungen nach dem Chemikaliengesetz (ChemG Gefährlichkeitsmerkmale V) vom 18. Dezember 1981 (BGBl. I S. 1487)
3. Verordnung über Anmeldeunterlagen und Prüfnachweise nach dem Chemikaliengesetz (ChemG Anmelde- und Prüfnachweis V) vom 30. November 1981 (BGBl. I S. 1234), zuletzt geändert durch VO vom 31. Mai 1989 (BGBl. I S. 1074)
4. Chemikalien — Altstoffverordnung (ChemG Altstoff V) vom 2. Dezember 1981 (BGBl. I S. 1239)
5. Gesetz über den Verkehr mit DDT (DDT-Gesetz) vom 7. August 1973[15] (BGBl. I S. 1385), zuletzt geändert durch Gesetz vom 15. September 1986 (BGBl. I S. 1505).

Zu Artikel 6 Naturschutz und Landschaftspflege

1. Gesetz über Naturschutz und Landschaftspflege (Bundesnaturschutzgesetz) in der Fassung der Bekanntmachung vom 12. März 1987 (BGBl. I S. 889), zuletzt geändert durch Artikel 6 des Gesetzes vom 12. Februar 1990 (BGBl. I S. 205) mit Ausnahme des § 38
2. Verordnung zum Schutz wildlebender Tier- und Pflanzenarten (Bundesartenschutzverordnung) in der Fassung der Bekanntmachung vom 18. September 1989 (BGBl. I S. 1677,[16] ber. S. 2011)
3. Verordnung (EWG) Nr. 3626/83 des[17] Rates vom 3. Dezember 1982 zur Anwendung des Übereinkommens über den internationalen Handel mit gefährdeten[18] Arten freilebender Tiere und Pflanzen in der Gemeinschaft (ABl. EG Nr. L 384 S. 1), zuletzt geändert durch Verordnung (EWG) Nr. 197/90 vom 17. Januar 1990 (ABl. EG Nr. L 29 S. 1)

---

[11] korrekt: (. . . — AbfBestV)

[12] korrekt: (Reststoffbestimmungs-Verordnung — Rest**B**estV)

[13] korrekt: . . . Verhütung der . . .

[14] Klammerzusatz entfällt!

[15] korrekt: 7. August 197**2**

[16] korrekt: S. 167**8**

[17] korrekt: Nr. 3626/8**2**

[18] korrekt: gefährd**e**ten

4. Verordnung (EWG) Nr. 3418/83 der Kommission vom 28. November 1983 mit Bestimmungen für eine einheitliche Erteilung und Verwendung der bei der Anwendung des Übereinkommens über den internationalen Handel mit gefährdeten Arten freilebender Tiere und Pflanzen in der Gemeinschaft erforderlichen Dokumente (ABl. EG Nr. L 344 S. 1).

Anlage 2
zu vorstehendem Gesetz

Zu Artikel 1 Immissionsschutz

1. Erste Verordnung zur Durchführung des Bundes-Immissionsschutzgesetzes (Verordnung über Kleinfeuerungsanlagen — 1. BImSchV) in der Fassung vom 15. Juli 1988 (BGBl. I S. 1059).
2. Zweite Verordnung zur Durchführung des Bundes-Immissionsschutzgesetzes (Verordnung zur Emissionsbegrenzung von leichtflüchtigen Halogenkohlenwasserstoffen — 2. BImSchV) vom 21. April 1986 (BGBl. I S. 571).
3. Dritte Verordnung zur Durchführung des Bundes-Immissionsschutzgesetzes (Verordnung über Schwefelgehalt von leichtem Heizöl und Dieselkraftstoff — 3. BImSchV) vom 15. Januar 1975 (BGBl. I S. 264), zuletzt geändert durch Verordnung vom 14. Dezember 1987 (BGBl. I S. 2671) nebst Durchführungsverwaltungsvorschriften.
4. Siebente Verordnung zur Durchführung des Bundes-Immissionsschutzgesetzes (Verordnung zur Auswurfbegrenzung von Holzstaub — 7. BImSchV) vom 18. Dezember 1975 (BGBl. I S. 3133).
5. Achte Verordnung zur Durchführung des Bundes-Immissionsschutzgesetzes (Rasenmäherlärm — Verordnung — 8. BImSchV) vom 23. Juli 1987 (BGBl. I S. 1687).
6. Fünzehnte Verordnung zur Durchführung des Bundes-Immissionsschutzgesetzes (Baumaschinenlärm — Verordnung — 15. BImSchV) vom 10. November 1986 (BGBl. I S. 1729), geändert durch Verordnung vom 23. Februar 1988 (BGBl. I S. 166).
7. Vierte allgemeine[19] Verwaltungsvorschrift zum Bundes-Immissionsschutzgesetz (Ermittlung von Immissionen in Belastungsgebieten — 4. BImSchVwV) vom 8. April 1975 (GMBl. S. 358).
8. Fünfte allgemeine[20] Verwaltungsvorschrift zum Bundes-Immissionsschutzgesetz (Emissionskataster in Belastungsgebieten) — 5. BImSchVwV vom 30. Januar 1979 (GMBl. S. 42).
9. Die Straßenverkehrs-Zulassungs-Ordnung mit folgender Maßgabe
   a) §§ 47a, 47b in der Fassung der Bekanntmachung vom 28. September 1988 (BGBl. I S. 1793).
   b) Die in § 72 Abs. 2 in der Fassung der Bekanntmachung vom 28. September 1988 (BGBl. I S. 1793), geändert durch Artikel 1 der Verordnung vom 16. Dezember 1988 (BGBl. I S. 2355), enthaltene Übergangsvorschrift zu § 47a der Straßenverkehrs-Zulassungs-Ordnung.

---

[19] korrekt: Allgemeine

[20] korrekt: Allgemeine

c) Anlage IXa der Straßenverkehrs-Zulassungs-Ordnung in der Fassung der Bekanntmachung vom 28. September 1988 (BGBl. I S. 1793), geändert durch Artikel 1 der Verordnung vom 24. Juli 1989 (BGBl. I S. 1510).

d) Anlage XI der Straßenverkehrs-Zulassungs-Ordnung in der Fassung der Bekanntmachung vom 28. September 1988 (BGBl. I S. 1793).

e) Siebenunddreißigste Verordnung über Ausnahmen von den Vorschriften der Straßenverkehrs-Zulassungs-Ordnung (37. Ausnahmeverordnung zur StVZO) vom 19. Dezember 1988 (BGBl. I S. 2412).

Zu Artikel 2 Kerntechnische Sicherheit und Strahlenschutz

a) EG-Verordnung zur Festlegung von Höchstwerten an Radioaktivität in Nahrungsmitteln und Futtermitteln im Fall eines nuklearen Unfalls oder einer anderen radiologischen Notstandssituation

1. EG-Ratsverordnung (EURATOM) 3954/97[21] vom 22. 12. 1987, EG-ABl Nr. L 371/11 vom 30. 12. 1987
2. EG-Ratsverordnung (EURATOM) Nr. 2218/89 vom 18. 7. 1989, EG-ABl Nr. L 211/1 vom 22. 7. 1989
3. EG-Kommissionsverordnung (EURATOM) Nr. 944/89 vom 12. 4. 1989, EG-ABl. Nr. L 101/7 vom 13. 4. 1989
4. EG-Kommissionsverordnung (EURATOM) Nr. 770/90 vom 29. 3. 1990, EG-Abl Nr. L 83/78 vom 30. 3. 1990

b) EG-Ratsverordnung (EWG) Nr. 2219/89 des Rates vom 18. 7. 1989 über besondere Bedingungen für die Ausfuhr von Nahrungsmitteln und Futtermitteln im Falle eines nuklearen Unfalls oder einer anderen radiologischen Notstandssituation, EG-ABl. Nr. L 211/4 vom 22. 7. 1989,

c) EG-Verordnung (EWG) Nr. 737/90 des Rates vom 22. 3. 1990 über die Einfuhrbedingungen für landwirtschaftliche Erzeugnisse mit Ursprung in Drittländern nach dem Unfall im Kernkraftwerk Tschernobyl, EG-ABl. Nr. L 82/1 vom 29. 3. 1990.

Zu Artikel 3 Wasserwirtschaft

1. Gesetz über Abgaben für das Einleiten von Abwasser in Gewässer (Abwasserabgabengesetz — AbwAG) i. d. F. der Bekanntmachung vom 5. März 1987 (GBGl. S. 880).
2. Gesetz über die Umweltverträglichkeit von Wasch- und Reinigungsmitteln (Wasch- und Reinigungsmittelgesetz — WRMG) in der Fassung der Bekanntmachung vom 5. März 1987 (GBGl.[22] I S. 875) nebst

   a) Verordnung über die Abbaubarkeit anionischer und nichtionischer grenzflächenaktiver Stoffe in Wasch- und Reinigungsmitteln[23] vom 30. Januar 1977 (BGBl. I S. 244), zuletzt geändert durch Verordnung vom 4. 6. 1986 (BGBl. I S. 851),

   b) Verordnung über Höchstmengen für Phosphate in Wasch- und Reinigungsmitteln (Phosphathöchstmengenverordnung — PHöchstMengV) vom 4. Juni 1980 (BGBl. I S. 664).

---

[21] korrekt: (EURATOM) 3954/87

[22] korrekt: BGBl.

Zu Artikel 4 Abfallwirtschaft

1. Altölverordnung (AltölV) vom 27. Oktober 1987 (BGBl. I S. 2325)[24]
2. Klärschlammverordnung (AbfKlärV) vom 25. Juni 1982 (BGBl. I S. 734)
3. Zweite Allgemeine[25] Verwaltungsvorschrift zum Abfallgesetz (TA Abfall), Teil 1: Technische Anleitung zur Lagerung, chemisch/physikalischen und biologischen Behandlung und Verbrennung von besonders überwachungsbedürftigen Abfällen vom 10. 4. 1990 (GMBl. S. 242)[26]
4. § 11 Abs. 2, Abs. 3 sowie §§ 12 und 13b des Gesetzes über die Vermeidung und Entsorgung von Abfällen (Abfallgesetz — AbfG) vom 27. August 1986 (BGBl. I S. 1410), berichtigt am 11. September 1986 (BGBl. I S. 1501)
5. Verordnung über das Einsammeln und Befördern sowie über die Überwachung von Abfällen und Reststoffen (Abfall- und Reststoffüberwachungs-Verordnung — AbfRestÜberwV) vom 3. April 1990 (BGBl. I S. 648).

Zu Artikel 5 Chemikalienrecht

1. Verordnung über gefährliche Stoffe (Gefahrstoffverordnung — GefStoffV) vom 26. August 1986 (BGBl. I S. 147),[27] zuletzt geändert durch die 2. Verordnung zur Änderung der Gefahrstoffverordnung vom 23. April 1990 (BGBl. I S. 790) mit Ausnahme des § 44
2. Verordnung zum Verbot von polychlorierten Biphenylen, polychlorierten Terphenylen und zur Beschränkung von Vinylchlorid (PCB-, PCT-, VC-Verbotsverordnung) vom 18. Juli 1989 (BGBl. I S. 1482)
3. Pentachlorphenolverbotsverordnung (PCP-Verbotsverordnung)[28] vom 12. Dezember 1989 (BGBl. I S. 2235).

---

[23] korrekt: ... Reinigungsmitteln **(Tensidverordnung — TensV)**

[24] korrekt: S. 2335

[25] korrekt: **a**llgemeine

[26] korrekt: S. **170**

[27] korrekt: S. 14**70**

[28] korrekter Klammerzusatz: (PCP-V)

2. Verwaltungsvereinbarung der Länder der Bundesrepublik Deutschland zur Durchführung des Umweltrahmengesetzes der Deutschen Demokratischen Republik vom 26. Juli 1990

Verwaltungsvereinbarung der Länder der Bundesrepublik Deutschland zur Durchführung des Umweltrahmengesetzes der Deutschen Demokratischen Republik

Das Land Baden-Württemberg,
der Freistaat Bayern,
das Land Berlin,
die Freie Hansestadt Bremen,
die Freie und Hansestadt Hamburg,
das Land Hessen,
das Land Niedersachsen,
das Land Nordrhein-Westfalen,
das Land Rheinland-Pfalz,
das Saarland und
das Land Schleswig-Holstein
(im folgenden: die Länder)

schließen auf der Grundlage des Art. 16 des Vertrages zwischen der Bundesrepublik Deutschland und der Deutschen Demokratischen Republik vom 18. 5. 1990 zur Durchführung des Umweltrahmengesetzes der Deutschen Demokratischen Republik folgende Vereinbarung:

§ 1

Die Länder leisten durch ihre Behörden Verwaltungshilfen im Rahmen der Artikel 1 § 5 und Artikel 4 § 4 des Umweltrahmengesetzes der Deutschen Demokratischen Republik, indem sie Stellungnahmen zur Erfüllung der Genehmigungsvoraussetzungen abgeben.

§ 2

Zuständig sind für:

Berlin-Ost:
das Land Berlin, Senatsverwaltung für Stadtentwicklung und Umweltschutz,

für die Bezirke Rostock[1] mit Ausnahme der Stadt und des Landkreises Rostock und Neubrandenburg[1]:
das Land Schleswig-Holstein:
für die Aufgaben nach Art. 1 § 5 des Umweltrahmengesetzes das Gewerbeaufsichtsamt Lübeck,
für die Aufgaben nach Art. 4 § 4 des Umweltrahmengesetzes das Landesamt für Wasserhaushalt und Küsten, Kiel,

---

[1] für die Anlagen der
— Ziffern 4.4, 4.5, 9.2 Anhang 4. BImSchV
— Ziffer 3.18 (Anhang 4. BImSchV)
Ziffern 3.1, 3.2, 3.4, 3.6, 3.8, 9.11 (Anhang BImSchV) sofern es sich um Anlagenteile bzw.

für den Bezirk Schwerin:
die Freie und Hansestadt Hamburg, Umweltbehörde,

Für die Stadt[1] und den Landkreis Rostock[1]:
für die Aufgaben nach Art. 1 § 5 des Umweltrahmengesetzes die Freie Hansestadt Bremen, Gewerbeaufsichtsamt Bremen,
für die Aufgaben nach Art. 4 § 4 des Umweltrahmengesetzes die Freie Hansestadt Bremen, Senator für Umweltschutz und Stadtentwicklung,

Für die Bezirke Potsdam, Frankfurt/Oder und Leipzig:
das Land Nordrhein-Westfalen, Staatliches Gewerbeaufsichtsamt Düsseldorf,

für den Bezirk Cottbus:
für die Aufgaben nach Art. 1 § 5 des Umweltrahmengesetzes das Land Nordrhein-Westfalen, Staatliches Gewerbeaufsichtsamt Düsseldorf,
für die Aufgaben nach Art. 4 § 4 des Umweltrahmengesetzes das Saarland, Ministerium für Umwelt,

für den Bezirk Magdeburg:
das Land Niedersachsen, Bezirksregierung Lüneburg,

Für den Bezirk Halle[2]:
der Freistaat Bayern, Regierung von Oberfranken, Bayreuth,
das Land Baden-Württemberg, Regierungspräsidium Karlsruhe,
das Land Hessen, Regierungspräsidium Kassel,

für den Bezirk Erfurt:
das Land Rheinland-Pfalz, Landesamt für Umweltschutz und Gewerbeaufsicht in Oppenheim und das Landesamt für Wasserwirtschaft in Mainz,

für den Bezirk Gera:
der Freistaat Bayern, Regierung von Oberfranken, Bayreuth,

für den Bezirk Suhl:
das Land Hessen, Regierungspräsidium in Darmstadt,

für die Bezirke Dresden und Chemnitz:
das Land Baden-Württemberg, Regierungspräsidium Stuttgart.

Protokollnotizen:

1) Die Länder Bayern, Bremen und das Saarland unterzeichnen die Verwaltungsvereinbarung vorbehaltlich eines zustimmenden Kabinettsbeschlusses.

2) Die Länder Berlin, Bremen, Hamburg, Niedersachsen, Saarland und Schleswig-Holstein sind sich ihrer Mitverantwortung für den Vollzug des Umweltrahmengesetzes und damit für die Verbesserung der Umweltsituation in der DDR bewußt. Trotz Bedenken gegen die Abwälzung von Kosten auf die Länder tragen sie die Verwaltungsvereinbarung mit.

   Entsprechend der Vereinbarung der Regierungschefs von Bund und Ländern vom 16. Mai 1990 sehen die genannten Länder die Höhe der Länderbeteiligung an den

---

um Nebeneinrichtungen nichteisenerzeugender Hütten handelt, ist zuständig: die Freie und Hansestadt Hamburg, Umweltbehörde

[2] Über die Zuordnung werden die Länder Baden-Württemberg, Bayern und Hessen kurzfristig Gespräche führen.

Kosten der Deutschen Einheit mit den Länderanteilen am Fonds „Deutsche Einheit" als abschließend geregelt an.

3) Aus grundsätzlichen förderativen Gesichtspunkten verlangen die Länder Bayern, Baden-Württemberg, Hessen, Nordrhein-Westfalen und Rheinland-Pfalz keine Kostenbeteiligung durch den Bund. Sie gehen außerdem von der Erhebung verursachergerechter, kostendeckender Verwaltungsgebühren aus.

   Im übrigen weisen sie auf die Vereinbarung der Regierungschefs von Bund und Ländern vom 16. 5. 1990 hin, daß die Höhe der Länderbeteiligung an den Kosten der Deutschen Einheit mit den Länderanteilen am Fonds „Deutsche Einheit" als abschließend geregelt worden ist.

4) Der Bund weist darauf hin, daß aus Mitteln der Anschubfinanzierung des Bundes im Rahmen des Vertrages über die Herstellung einer Wirtschafts-, Währungs- und Sozialunion vom 18. 5. 1990 mit der Verabschiedung des Haushaltes der DDR beim Minister für Umwelt, Naturschutz, Energie und Reaktorsicherheit Mittel zur Erstattung der den Ländern im Rahmen ihrer Verwaltungshilfe entstehenden Kosten bereit stehen und abgefordert werden können.

   Der Bund stellt fest, daß von einer Überwälzung von Kosten auf die Länder bei dieser Sachlage nicht die Rede sein kann.

III. Umweltminister in den neuen Ländern

Mecklenburg-Vorpommern

Minister für Natur und Umwelt
Dr. Petra Uhlmann
Schloßstr. 6-8
O-2750 Schwerin

(BMU-Berater für das Land: Dr. Fechner, Schloßstr. 9, O-2750 Schwerin)

Sachsen

Minister für Umwelt und Landesplanung
Dr. Karl Weise
Ostraallee 23
O-8010 Dresden

(BMU-Berater für das Land: Dr. Fleischhauer, Dr. Rudolf-Friedrichs-Ufer 2, O-8060 Dresden)

Thüringen

Thüringer Umweltminister
Harthmuth Sieckmann
Johann-Sebastian-Bach-Str. 1
O-5010 Erfurt

(BMU-Berater für das Land: Dr. Stolz, Johann-Sebastian-Bach-Str. 1, O-5010 Erfurt)

Brandenburg

Minister für Raumordnung, Umwelt- und Naturschutz
Matthias Platzek
Heinrich-Mann-Allee 107
O-1500 Potsdam

(BMU-Berater für das Land: Dr. Mader)

Sachsen-Anhalt

Minister für Umwelt- und Naturschutz
Wolfgang Rauls
Olvenstedter Straße 1 - 2
O-3010 Magdeburg

(BMU-Berater: Dr. Reimann, Olvenstedter Straße 1 - 2, O-3010 Magdeburg)

FSC
www.fsc.org
MIX
Papier | Fördert gute Waldnutzung
FSC® C083411

Kolibri 360 GmbH
Ferdinand-Jühlke-Straße 7
99095 Erfurt, Deutschland
produktsicherheit@kolibri360.de

Druck:
CPI Druckdienstleistungen GmbH
im Auftrag der
Kolibri 360 GmbH
Ferdinand-Jühlke-Str. 7
99095 Erfurt